"十二五"普通高等教育本科国家级规划教材
国家社会科学基金资助项目
新编21世纪社会学系列教材

社会调查教程

第八版·数字教材版

江立华 主编

Social Survey Course

中国人民大学出版社
·北京·

内容简介

《社会调查教程（第八版·数字教材版）》是华中师范大学国家级精品课程“社会学研究方法”的配套教材。它对社会调查的理论基础和指导思想、一般程序和主要环节、基本类型和主要方法，特别是收集资料和开展调查研究的方法、手段和技术，以及调查报告的撰写等做了全面阐述。全书立足本土调查的实践，结构合理、层次分明、知识丰富、观点明确、论述清晰、文字简洁，具有鲜明的中国化、时代化和科学化特色。

第八版对教材进行了大幅修订与完善，对数据、内容进行了更新与增补，对内文框架进行了科学调整，增加了第二章“社会调查的理论基础”，在第四章补充了“个案研究”一节，并将“网络调查法”一章扩充为“网络调查法”和“大数据调查法”两章。本书既可作为高等院校人文社会科学各专业、各级党校与各类干校有关课程的教材、考研参考书目，又可作为行政、企业、事业单位调研人员和社会科学工作者的参考读物。

作者简介

江立华　华中师范大学社会学院教授、博士生导师。湖北省社会发展与社会政策研究中心主任，中国社会学会常务理事，教育部马克思主义理论研究和建设工程教材《中国社会学史》首席专家，教育部“新世纪优秀人才”，国家级精品课程“社会学研究方法”负责人，美国加利福尼亚大学访问学者（2011—2012年），享受国务院特殊津贴。近年来主要从事城市社会学和人口社会学研究，主持国家社会科学基金重大项目2项，重点项目和一般项目3项，出版有《从浮萍到扎根：农业转移人口的市民化》《农民工的转型与政府的政策选择》《中国城市社区福利》《中国农民工权益保障研究》《中国流民史（古代卷）》《转型期留守儿童问题研究》等专著8部，在《社会学研究》《中国人口科学》《人口研究》等刊物上发表论文130余篇，其中多篇论文被《新华文摘》《中国社会科学文摘》转载，多项成果获教育部或省级人文社会科学研究优秀成果奖。

第八版前言

《社会调查教程》是1987年国家社会科学基金资助项目（社科〔1987〕基字014号）成果，它既是一本社会调查方法教材，又是一本社会调查学专著。《社会调查教程》自1988年6月问世以来，转眼间已过了36个春秋。回顾36年历程，《社会调查教程》出版后在水延凯教授带领下历经了7次修订，编写团队坚持以中国化的马克思主义为指导，以中国特色社会主义实践为基础，认真汲取中华传统文化和世界先进科学知识精华，不断吸收反映时代进步和学术发展的新观点、新内容，保持了中国风格、中国气派、中国话语体系，突出了“中国化、时代化和大众化”特色。正如中国社会科学院社会学研究所原所长、中国社会学会原会长陆学艺教授评价时所说的：“学科化、中国化是这部教材最突出的特色。”

1988年6月—2024年6月，《社会调查教程》印刷40次，发行396 300册。读者群已有相当规模，社会影响已相当广泛。36年来，它的变化主要体现在以下方面：

结构：日趋合理。教程分5篇16章：第一篇“概述”，2章；第二篇“准备阶段”，3章；第三篇“调查阶段”，7章；第四篇“研究阶段”，3章；第五篇“总结阶段”，1章。

版式：逐步改进。每篇篇目后增加简短导语，概述全篇学习的主要目的。每章论述后加4个小标题——“本章要点”“基本概念”“思考与练习”和“推荐阅读书目”，简要说明有关内容，以利于读者对本章的学习、把握、复习、思考、应用和知识扩展。增设电子板块，以利于读者扩展知识和实际应用。

内容：不断充实。如第五版，新增“网络调查法”。第六版，完善社会调查的历史发展相关内容。第七版，新增“大数据分析”等内容。第八版，新增“社会调查的理论基础”等内容。

资料：及时更新。每一个版本的修订，都尽可能从当时国内正式出版的具有权威性的报纸、期刊、杂志、著作、统计年鉴等资料中摘取、引用最近、最新、最可靠、最权威的资料或数据，及时更新书稿中介绍、列举的各种历史文献、文字资料、数据资料、实际例证、统计软件，以及各种表格和图形等，从而使读者在学习过程中，不仅能从中学到有关社会调查历史、理论和方法等方面的知识，而且能从引用、列举的资料或数据中，获得许多最近、最新、最可靠的关于社会现实的情况和知识。

值得一提的是，36 年来《社会调查教程》的另一重要成果，是培养了一大批从事社会调查学研究的人才。在《社会调查教程》编撰和修订的过程中，水延凯教授为了提携年轻学者，不断物色编写成员、扩大编写队伍，不断注入新生力量，以带动更多人参与中国社会调查学研究。据统计，先后参与编撰和修订的学者共计 40 余名，其中许多人为其学科领域的骨干或领军人物。参与编撰、修订的学者有：水延凯、江立华、钟涨宝、田北海、罗教讲、徐晓军、张小山、俞礼祥、刘能传、祝彭华、王启亮、连凤桐、王一哲、曹仁杰、刘洪海、阮观勋、柳祥珍、胡崇基、张传平、倪纯德、胡卓发、赵长鹏、张学清、赵晓平、水一波、水迎波、赵雪滢、吴浩、郝会兵、王正宇、李法运、张必春、朱华臣、陈文超、陶双宾、刘飞、汤素素、闫文霞、王娟、范长煜、李雪燕、张蒙、田丹、陈雯。

《社会调查教程（第八版·数字教材版）》的修订，秉承前几次修订的原则，力求反映时代特点、中国国情和最新学术研究成果，使该教材成为一部兼具学术性、实用性和创新性的社会调查学专著，具体要求是：

一是思想性。力求以辩证唯物主义、历史唯物主义为指导，结合党和国家的最新政策、文件、精神等，以中国社会调查实践为基础，认真吸取西方现代科学社会研究方法中的有益经验，形成具有鲜明中国特色的社会调查学。

二是实用性。按照中国社会调查实践需要，根据社会调查中的实际问题，提出相应的解决办法或思路，突出实用性和可操作性，努力提高读者分析问题和解决问题的能力。

三是研究性。从内容到形式，从结构到文字，坚持实事求是，敢于突破西方社会研究方法专著的模式，突出中国化、本土化的特色，反映国家和社会最新发展，遴选最能体现当今时代发展特色、最符合当代社会调查实操要求的本土化案例。

本次修订，年过九旬的水延凯教授，出于对后生的无私厚爱和殷切期望，不再担任主编，希望这次修订能进一步促进学术传承、学脉延续，不负重托。参与本次修订的有：张蒙（第六章）、田丹（第四章）、陈雯（第十章、第十一章）、范长煜（第十四章）。由我负责其他章的修订以及统稿工作。

由于主编和修订者的水平有限，修订是否达到了预定目标，有待读者评判。我们殷切期望广大读者和有关专家能坦率给予批评和指教，以便我们在今后的修订中不断改进和提高，共同为创建具有中国特色、中国风格、中国气派、中国话语体系的社会调查学做出贡献。

《社会调查教程（第八版·数字教材版）》的编辑、出版，得到了中国人民大学出版社的大力支持和帮助，盛杰女士、版式设计人员为本书的出版付出了辛勤劳动，特在此表示衷心感谢！

江立华

2024 年 6 月于桂子山

目 录

导 语

21世纪以来，科学技术日新月异，经济全球化、政治多极化、文化多样化、社会信息化、安全多元化快速推进。当前，世界百年未有之大变局加速演进，不确定、难预料因素增多，国内改革发展稳定面临不少深层次矛盾，躲不开、绕不过，各种风险挑战、困难问题比以往更加严峻复杂，迫切需要通过调查研究把握事物的本质和规律，找到破解难题的办法和路径，推动中国式现代化取得新进展、新突破。

毛泽东同志曾指出："调查就像'十月怀胎'，解决问题就像'一朝分娩'。调查就是解决问题。"习近平总书记指出："调查研究是谋事之基、成事之道。"社会调查是一种系统的、科学的方法，通过收集大量的数据和信息，对社会现象进行深入分析和研究，从而对社会问题做出科学的解释和预测。中国式现代化是一条前无古人的新道路，与其他社会的现代化道路最大的不同之处，就是始终坚持和贯彻在中国共产党领导下以人民为中心的发展理念，向共同富裕的美好生活迈进。这样的道路始终要求理论联系实际，一刻都离不开真实、准确、全面、及时的社会信息。社会调查作为一种搜集、研究社会信息，正确认识社会的方法，将发挥越来越重要的作用。

社会调查的中国化、时代化和大众化，是中国特色社会主义现代化建设的客观要求。高等院校人文社会科学各专业的师生、社会科学工作者、各级党校和行政院校的教研人员、国家公务员、社会管理者、社会工作者、企事业单位的经营者和管理者，特别是各类调查机构的工作人员，都应该学习和掌握科学的社会调查方法，并为社会调查的中国化、时代化和大众化做出贡献。

《社会调查教程（第八版·数字教材版）》分5篇16章：第一篇"概述"，2章；第二篇"准备阶段"，3章；第三篇"调查阶段"，7章；第四篇"研究阶段"，3章；第五篇"总结阶段"，1章。它们分别论述社会调查不同阶段的有关问题。

第一篇

概　述

本篇是全书的概述。学习这一篇的目的是：

了解社会调查和社会调查学的一般知识。主要是弄清楚什么是社会、社会现象的特点和认识社会现象的困难，社会调查的定义，科学社会调查的任务；了解社会调查的社会功能和基本原则；明确社会调查的研究对象、知识体系、学科特点，以及学习社会调查的目的、方法等问题。

掌握社会调查的基础理论知识。主要是明确社会调查的指导思想和基本原则，坚持辩证唯物主义和历史唯物主义思想，树立正确的价值观和方法论。调查研究是谋事之基、成事之道。回顾党的百年历程，调查研究已成为中国共产党的优良传统作风，解决了许多历史性、关键性和战略性的重大问题，在党和国家事业全局中具有十分重要的地位和作用。通过学习明确社会调查的指导思想和基本原则，总结中国共产党社会调查的经验和教训，促进社会调查学的中国化、时代化。

第一章
社会调查概述

社会调查是人们有意识开展的认识活动。要掌握科学社会调查方法，就必须了解社会调查及其任务、社会调查的指导思想和社会功能、社会调查的类型、社会调查的方法体系等。

第一节　社会和社会调查

社会调查是针对“社会”的调查，是透过社会现象的主观目的性、偶然性、复杂性、流动性和模糊性去认识社会的客观性、必然性、规律性和确定性。因此，要掌握社会调查方法，必须理解社会与社会现象。

一、社会的含义和社会现象的特点

（一）什么是社会

在中国古籍中，“社”是指土地神。此外，它还有祭祀社神节日、祭祀社神之所、基层行政单位等含义，如秋社、里社等。“会”是指聚会、组织、团体等，如开会、辩论会、农会、学生会。“社会”两字连用，往往泛指人们在一定地方聚集起来从事某种活动①，或表示志同道合者结成的组织或团体。

在现实中，社会是由多种要素构成的极其复杂的人类生活共同体。一定数量的人口、一定的地域和生态环境、一定的生产方式和经济结构、一定的社会组织和政治制度、一定的社会文化和社会意识、一定的行为规范和生活方式等，是构成社会不可缺少的要素。其中，人是最基本的要素。因为，人是社会存在的体现者、社会关系的承担者、社会生活的开拓者、社会发展的推动者，没有人，就没有人类社会。在社会中，人总是生活在

---

① 在古代，社会指社逢节日的酬神庆祝活动。如宋代吴自牧的《梦粱录·卷二·三月》云：“诸军寨及殿司衙奉侍香火者，皆安排社会，结缚台阁，迎列于道，观睹者纷纷。”明代的《白兔记·第三出》云：“今年社会，可胜似上年么？（净）今年齐整，跳鬼判的，踹跷的，做百戏的，不能尽述。”

一定的人群共同体之中。一般地说，人群共同体可分为两类：一类是非政治性人群共同体，如家庭、部落、民族、邻里、街坊、一般社会团体（如同乡会、校友会、行业协会）等；另一类是政治性人群共同体，如政党、国家、军队等。任何人都生活在一定的人群共同体之中，并彼此发生交互作用。马克思说：社会不管其形式如何，都是“人们交互活动的产物”①。

构成社会的各种要素不是杂乱无章地堆砌在一起的，而是按照一定结构组合而成一个有机整体。社会结构具有多类型、多层次的特点。有经济结构、政治结构、文化结构、社会结构、生态结构，有宏观结构、中观结构、微观结构，等等。就经济结构而言，既有生产力结构（如技术结构、企业结构、产业结构、地区结构等），又有生产关系结构（如所有制结构、交换结构、分配结构、消费结构等）。在上述各种结构中，由一定生产力与一定生产关系结合而成的生产方式，是整个社会的基础，即社会的政治制度、法律制度、社会意识、社会文化、社会生活的现实基础。

综上所述，我们认为：所谓社会，就是人类生活的共同体，是以人和人群共同体为活动主体、以生产方式为基础的各种要素、各种结构按照一定方式组合而成的有机整体。

（二）社会现象的特点

社会是不断运动、变化、发展的。社会运动是一种高级物质运动形态。社会运动及其现象具有一些共同特点：

（1）实践性。马克思主义认为，“社会生活在本质上是**实践的**”②。实践是人们交互作用的基础，是构成社会关系的桥梁，是推动社会发展的动力，是划分社会领域的依据。一切社会活动和社会现象，如经济活动和经济现象、政治活动和政治现象、文化活动和文化现象等，都是人们在有关领域从事自觉活动的反映或结果。

（2）目的性。恩格斯说，在自然界中，“没有任何事情是作为预期的自觉的目的发生的。相反，在社会历史领域内进行活动的，是具有意识的、经过思虑或凭激情行动的、追求某种目的的人；任何事情的发生都不是没有自觉的意图，没有预期的目的的”③。这就是说，与自然活动、自然现象不同，社会生活的一切现象无不打上了人类主观意志的烙印。

（3）变动性。社会现象的变化极其迅速，社会发展速度往往是自然界变化不可比拟的。在现代社会，由于科学技术的迅猛发展，社会生产力的巨大进步，特别是现代交通、通信、网络、人工智能等技术的出现和应用，社会生活各个领域的节奏已大大加快，因而，全面、准确把握社会真实情况及其发展趋势，已成为一件愈来愈紧迫、愈来愈困难的任务了。

（4）复杂性。社会生活极其复杂，任何一种社会现象的产生，都是由多种多样的原因引起的；任何一种社会现象的出现，又必然会引起多种多样的结果和一系列连锁反应。

---

① 马克思，恩格斯．马克思恩格斯选集：第4卷．3版．北京：人民出版社，2012：408.

② 马克思，恩格斯．马克思恩格斯选集：第1卷．3版．北京：人民出版社，2012：139.

③ 同①253.

由于社会现象之间的联系纵横交错，历史发展的制约因素纷繁复杂，因而人们对同一社会现象的看法，对同一历史事件或历史人物的评价，就往往因人而异，甚至截然相反。

（5）偶然性。恩格斯说，社会生活中“无数的单个愿望和单个行动的冲突，在历史领域内造成了一种同没有意识的自然界中占统治地位的状况完全相似的状况。行动的目的是预期的，但是行动实际产生的结果并不是预期的……这样，历史事件似乎总的说来同样是由偶然性支配着的”①。因此，人们往往认为社会历史好像没有任何必然性可言。

（6）模糊性。恩格斯指出，在自然界里，“**僵硬和固定的界线**是和进化论不相容的”，“一切差异都在中间阶段融合，一切对立都经过中间环节而互相转移”②。在现实生活中，人们对于许多社会现象的认识呈现出高度模糊状态。例如，真与假、善与恶、美与丑、优与劣、好与坏等因素往往混杂在一起，有时人们很难明确地将它们区别开来。

社会现象本身的这些特点，决定了人们认识社会现象的困难。因此，人们虽然天天生活在社会之中，却不一定能够正确认识社会。特别是在现代社会，社会现象的上述特点已变得更加显著、更加复杂，再加上各种人为的假象、伪装和欺骗，人们全面、准确、及时地认识社会生活的真实情况及其发展趋势，就成为一件更加困难、更加紧迫的任务了。

二、社会调查及其任务

（一）何谓社会调查

社会调查是社会“调查”和“研究”的简称。在古代汉语中，“调”，指计算、算度；“查”，指查核、考察；“研”，指细磨、审察；“究”，指彻底推求、追根究底。调查研究是一种有目的、有意识的认识活动。其中，“调查”主要是通过对社会现象的考察、计算来了解社会事实的一种感性认识活动；“研究”则主要是对考察、了解的客观现象进行推求和思维加工的一种理性认识活动。

任何调查研究，都有一定目的，而不是为调查而调查。所谓社会调查，就是人们为达到一定目的，有意识地通过对社会现象的考察、了解和分析、研究，来了解社会真实情况的一种自觉认识活动。它包含以下四层意思：

（1）社会调查是一种自觉认识活动。任何社会调查都是有计划、有意识的认识活动，它与人们日常生活中对社会现象自发的、一般的观察和了解有原则区别。

（2）社会调查的对象是社会现象。它既可以是以人或人群共同体为主的各种社会要素，也可以是以生产方式为基础的各种社会结构，以及与它们相联系的各种社会现象和问题。

（3）社会调查要使用一定的方法。它既包括考察、了解社会实际情况的各种感性认识方法，又包括对搜集的感性材料进行统计分析和思维加工的各种理性认识方法。

（4）社会调查都是有一定目的的。它的直接目的是掌握社会真实情况，最终目的是

① 马克思，恩格斯．马克思恩格斯选集：第4卷．3版．北京：人民出版社，2012：254.

② 马克思，恩格斯．马克思恩格斯文集．北京：人民出版社，2009：471.

实现调查者在经济、政治、文化、社会、生态等方面的某种任务。

上述社会调查定义，适用于一切社会调查，包括科学社会调查。

科学社会调查，是指以科学理论为指导，以科学调查研究方法为手段，以了解社会真实情况、认识社会生活本质及其发展规律、探索建设社会的道路或方法为目的的一种自觉认识活动。

（二）社会调查的任务

与一般社会调查不同，科学社会调查的任务是：

第一，认识社会现象的真实情况。由于认识能力、社会地位、历史时代等主客观条件限制，任何人都不可能绝对准确地认识社会现象。但是，任何事物都有质的规定性和相对的稳定性，人的认识能力和条件总是不断提高的。因而，在相对确实、相对明晰、相对稳定的范围内正确认识社会现象是完全可能的。

第二，研究社会现象的因果联系。社会现象的发生都是有一定主观动机或愿望的。但是，为什么会产生这种动机或愿望呢？在寻求这个问题的答案时，不难发现，任何动机和愿望——不管是国家的、集团的还是个人的，都是由特定的经济、政治、社会等客观状况决定的。因此，只要不停留在动机面前，而是透过思想动机，探索出隐藏在这些动机背后的经济、政治等动因，就有可能揭示出产生某种社会现象的客观的、复杂的因果联系。

第三，探索社会现象的本质及其发展规律。社会现象总是个别的、多样的、变动不居的、不可再现的，总带有某种程度的偶然性。社会规律则是同类事物中具有普遍性、可重复性和相对稳定性的东西，是事物内在本质必然的联系。因此，只要从大量个别的、复杂多变的同类社会现象中，去寻找那些共同的、不断重复的、相对稳定的东西，从各种偶然事件和现象中去寻找那些内在的、必然的东西，就有可能揭示出社会现象的内在本质及发展规律。

第四，寻求建设新社会的道路或方法。通过社会调查认识社会现象，不是为调查而调查、为认识而认识，最终目的是以客观规律为基础，寻求建设新社会的道路或方法，服务于国家、社会乃至整个人类。

第二节　社会调查的指导思想和社会功能

社会调查是一种自觉认识活动，必须以科学的世界观和方法论为指导，发挥识世、善政、成才、悟人、正风等社会功能。

一、社会调查的指导思想

科学社会调查，必须以科学理论为指导。它包括两个层次：一是科学的世界观和方法论，二是与调查课题相联系的各专门学科的科学理论。

（一）唯物史观

在方案设计和思维加工过程中，社会调查必须以唯物史观为理论指导。因为，唯物史观是马克思发现的“人类历史的发展规律”[①]，对社会调查和研究具有重要指导意义。唯物史观的内涵丰富，其中关于社会存在与社会意识相互关系的原理、生产力与生产关系相互关系的原理、经济基础与上层建筑相互关系的原理、社会阶级阶层相互关系的原理、领袖人物与人民群众相互关系的原理、科学技术与社会变革相互关系的原理、生态环境与社会发展相互关系的原理、社会进步与人的发展相互关系的原理等，对于调查方案设计和思维加工具有特别重要的指导意义。社会调查的大量实践证明：如果不以唯物史观为指导，就不可能设计出科学的社会调查方案；如果思维加工违背了唯物史观的基本原理，就不可能得出科学的社会调查结论。因此，学习和运用唯物史观，自觉把唯物史观作为理论指导，是一切社会调查工作者的基本功和必修课，是科学社会调查不可或缺的根本条件。

从调查研究主要是为了解决问题的角度考察，上面所说通过调查获得“各种材料”并对之进行“周密思索”“改造制作”的过程，或“从感性认识跃进到理性认识”“实事求是”的过程，实际上也就是运用对立统一观点，通过分析和综合来“发现问题，揭露问题，解决问题”的过程，亦即“应用马克思主义的方法去观察问题、提出问题、分析问题和解决问题”的过程。搞调查研究进行分析综合最根本的还是要坚持对立统一观点亦即矛盾观点。1942 年 2 月，毛泽东在《反对党八股》中着重讲了运用对立统一观点或矛盾观点进行调查研究或分析综合，由观察问题、提出问题直至解决问题的整个过程：“哪里有没有解决的矛盾，哪里就有问题。既有问题，你总得赞成一方面，反对另一方面，你就得把问题提出来。提出问题，首先就要对于问题即矛盾的两个基本方面加以大略的调查和研究，才能懂得矛盾的性质是什么，这就是发现问题的过程。大略的调查和研究可以发现问题，提出问题，但是还不能解决问题。要解决问题，还须作系统的周密的调查工作和研究工作，这就是分析的过程。”[②] 提出问题也要用分析，不然，对着模糊杂乱的一大堆事物的现象，你就不能知道问题即矛盾的所在。这里所讲的分析过程，是指系统的周密的分析过程。问题是提出了，但还不能解决，往往就是因为还没有暴露事物的内部联系，就是因为还没有经过这种系统的周密的分析过程，因而问题的面貌还不明晰，还不能做综合工作，也就不能好好地解决问题。

科学调查研究就是应用马克思主义的方法观察问题、提出问题、分析问题和解决问题的过程。在这个过程中要特别注意“对具体问题作出具体的分析”[③]。毛泽东说，要“认真调查研究，对具体问题作出具体的分析，而不是抽象的主观主义的分析，这是马克思主义的灵魂”[④]。在调查研究过程中分析解决各种问题时，我们都必须坚持“对具体问

① 马克思，恩格斯．马克思恩格斯选集：第 3 卷．3 版．北京：人民出版社，2012：1002.
② 毛泽东．毛泽东选集：第 3 卷．2 版．北京：人民出版社，1991：839.
③ 中共中央文献研究室．建国以来重要文献选编：第 14 册．北京：中央文献出版社，1997：798.
④ 同③.

题作出具体的分析”[①] 这一马克思主义的活的灵魂，反对“抽象的主观主义的分析”[②]。这是因为我们在调查研究中所面对的各种问题亦即各种矛盾都是各有特点的具体问题或具体矛盾。在调查研究过程中只有具体分析各种问题或矛盾的具体情况，具体分析其所处的具体环境、具体条件，才能在此基础上进行正确的综合，从而正确地认识各种问题或矛盾的特点，并针对其不同特点找出正确的解决办法。否则，“离开具体的分析，就不能认识任何矛盾的特性”[③]，从而也就不能正确认识和解决任何矛盾或问题，这样也就不能达到调查研究的目的。

（二）实事求是

实事求是，是马克思主义哲学的基本原则。在社会调查中，要坚持实事求是，就必须克服形形色色的主观主义，努力做到：不“唯上”，即不能为了迎合上级领导或某些权威人士的意图，去任意剪裁或歪曲客观事实；不“唯书”，即不能为书本上已有结论或过时的老框框所禁锢，而不尊重活生生的现实；不“唯众”，即不能“随大流”，不能为多数人不符合客观实际的看法所左右；不“唯己”，即不能以自己的看法为转移，害怕否定自己不符合实际的观点；不“唯法”，即不能为已不符合实际、不利于社会发展的某些法律、法规所束缚；不“唯洋”，即不能盲目以西方理论的是非为是非，以西方人的好恶为好恶。此外，还必须与形式主义和各种“假调研”“被调研”做斗争。

总之，只有坚决排除一切主客观因素干扰，才能真正做到实事求是。实事求是是科学社会调查的活的灵魂，是一切社会调查工作者必须坚持的首要的最基本的观点。

（三）群众观点

群众观点，是马克思主义哲学的基本观点。“要了解情况，唯一的方法是向社会作调查，调查社会各阶级的生动情况。”“要做这件事，第一是眼睛向下，不要只是昂首望天。没有眼睛向下的兴趣和决心，是一辈子也不会真正懂得中国的事情的。”“第二是开调查会。东张西望，道听途说，决然得不到什么完全的知识。”[④] 坚持群众观点，就要全心全意为人民服务。在社会调查中，贯彻为人民服务宗旨，首先要坚持一个“敢”字，即抛开一切私心杂念，敢于反映现实，敢于揭露矛盾，敢于秉笔直书，敢于做人民群众的忠实代言人。其次要突出一个“真”字，即相信群众，依靠群众，向群众讲真话、交真心、寻真相、求真知。此外，还要有一套优良的调查作风：一是深入的作风，一定要深入基层，深入群众，深入生产和工作的第一线。二是谦虚的作风，“要拜人民为师，向人民学习，放下架子、扑下身子，接地气、通下情，‘身入’更要‘心至’”[⑤]。三是艰苦的作风，要与群众同甘共苦，不怕困难，不怕劳累，不怕受冷遇、坐冷板凳。四是勤奋的作风，要脚勤、眼勤、口勤、手勤、脑勤，要勤于调查，勤于记载，勤于思考，勤于研究。为

---

① 中共中央文献研究室．建国以来重要文献选编：第 14 册．北京：中央文献出版社，1997：798.

② 同①.

③ 毛泽东．毛泽东选集：第 1 卷．2 版．北京：人民出版社，1991：317.

④ 毛泽东．毛泽东选集：第 3 卷．2 版．北京：人民出版社，1991：789－790.

⑤ 习近平关于“不忘初心、牢记使命”论述摘编．北京：中央文献出版社，2019：220.

人民服务是群众观点的集中体现，也是科学社会调查的最终目的和根本指导思想。

二、社会调查的原则

社会调查要坚持科学性原则、客观性原则、法律与伦理道德原则。

（一）科学性原则

首先，社会调查必须以科学理论为指导，必须坚持中国共产党的领导，坚持马克思列宁主义、毛泽东思想、邓小平理论、“三个代表”重要思想、科学发展观、习近平新时代中国特色社会主义思想；必须促进把中国建设成为富强、民主、文明、和谐、美丽的社会主义现代化强国，实现中华民族伟大复兴。其次，必须按照人的认识规律科学安排社会调查程序，采用科学的调查方法、调查工具搜集和分析资料，以得出科学的调查结论。

（二）客观性原则

客观性原则是指在调查研究中应尊重客观事实，一切从实际出发，实事求是，准确地、真实地反映客观的社会现象、社会问题、社会事实。社会调查必须有可靠的数据来源和方法，确保数据收集的准确性和数据分析的可靠性。不能凭主观愿望或根据领导的意愿去夸大或缩小事实，更不能违背客观事实去任意编造和篡改统计数字和调查资料。社会调查还必须有代表性，调查者需要选择合适的调查对象，以确保结论的科学。

（三）法律与伦理道德原则

社会调查在法律方面必须遵守《中华人民共和国宪法》《中华人民共和国刑法》《中华人民共和国民法通则》《中华人民共和国妇女权益保障法》《中华人民共和国未成年人保护法》《中华人民共和国老年人权益保障法》《中华人民共和国残疾人保障法》《中华人民共和国民族区域自治法》等相关法律的规定，尊重调查对象的生命权、财产权、姓名权、名誉权、肖像权、隐私权、人格尊严、宗教信仰自由，以及有关少数民族的各项合法权利和自由，不能有任何违法活动。

社会调查在道德方面对调查对象必须遵守平等、尊重、自愿、知情、诚实、无害、匿名、保密等原则。尊重每一个人的人格，是社会调查最基本的伦理原则。要把每一个调查对象作为一个独立的法律主体来看待，不论他是何民族、是否富有、是否受过良好的教育等；要做到知情同意，不能强迫和引诱调查对象接受访问；要保护个人的隐私，涉及调查对象个人隐私的内容，在未取得其同意的情况下不能公开。一般情况下，不记录调查对象的名字，资料中不出现能够辨认出调查对象身份的个人信息；要尊重保护个人利益和生命财产的原则。社会调查的最终目的是服务大众，在调查过程中，如果产生调查者与调查对象之间的利益冲突，那么调查者在任何情况下都无权侵害调查对象的利益。

三、社会调查的社会功能

（一）识世之途：正确认识社会的根本途径

人们常说："实践出真知。"从认识来源看，这是对的。但是，一个只埋头实践而不重视调查研究的人，只能积累一些实践经验，而不可能获得关于社会本质及其规律的认识。然而，认识的真正任务在于透过现象把握事物的本质及其规律。怎样才能做到这一点呢？这就要求人们不仅勇于实践，而且善于对实践过程和结果做系统周密的调查研究。因为，调查研究的过程，既是了解真实情况的过程，又是概念、判断、推理形成的过程。人们只有在实践基础上反复调查研究，才能逐渐接近社会真实，认识事物的本质及其规律。世界上各种科学社会理论的形成和发展，就是这些理论创始人和继承者在实践基础上不断调查研究的结果。从人类关于社会的知识的总体看，只有科学社会调查才是正确认识社会的根本途径。

（二）善政之基：科学施政的客观基础

科学制定政策离不开社会调查。要科学制定政策，就必须以现实的东西而不是可能的东西为基础。要了解现实的东西，就必须调查研究。习近平总书记强调："调查研究是谋事之基、成事之道。没有调查，就没有发言权，更没有决策权。研究、思考、确定全面深化改革的思路和重大举措，刻舟求剑不行，闭门造车不行，异想天开更不行，必须进行全面深入的调查研究。"① 中国革命、建设、改革和发展的全部历史证明，正确方针、政策的制定过程和完善过程，就是不断调查研究的过程。例如，以农村包围城市的革命道路，独立自主、自力更生的建设方针，改革开放，走中国式现代化道路，等等，都是在革命、建设和改革实践中反复调查研究的结晶。

正确执行政策也离不开社会调查。要正确执行政策，就必须一切以时间、地点、条件为转移，具体情况具体对待。为此，就必须调查研究。如果不调查研究，不从实际出发，只满足于当"留声机""收发室"，搞"一律化""一刀切"，就不可能正确执行政策。毛泽东说："盲目地表面上完全无异议地执行上级的指示，这不是真正在执行上级的指示，这是反对上级指示或者对上级指示怠工的最妙方法。"②

（三）成才之道：培养开拓型人才的基本道路

社会调查不仅能促进对客观世界的改造，而且有利于对主观世界的改造，有利于为革命和建设事业培养开拓型人才。

毛泽东说："无产阶级和革命人民改造世界的斗争，包括实现下述的任务：改造客观世界，也改造自己的主观世界——改造自己的认识能力，改造主观世界同客观世界的关

---

① 习近平关于"不忘初心、牢记使命"论述摘编．北京：中央文献出版社，2019：211.

② 毛泽东．毛泽东选集：第1卷．2版．北京：人民出版社，1991：111.

系。”[①] 所谓“改造自己的认识能力”，就是提高了解情况的能力、分析和解决问题的能力；所谓“改造主观世界同客观世界的关系”，就是努力使主观符合客观。怎样才能提高认识能力，使主观符合客观呢？毛泽东说：“你对于那个问题不能解决么？那末，你就去调查那个问题的现状和它的历史吧！你完完全全调查明白了，你对那个问题就有解决的办法了。”[②] 社会调查既是提高认识能力的根本方法，又是促使主观世界符合客观世界的重要纽带或桥梁。

社会调查还是培养人才，特别是培养开拓型人才的重要手段。以毛泽东为代表的中国共产党人，通过调查、实践开辟了中国革命的独特道路。以邓小平、江泽民、胡锦涛为代表的中国共产党人，通过调查、实践开创了中国特色社会主义的伟大事业。以习近平为代表的中国共产党人，通过调查、实践创立了习近平新时代中国特色社会主义思想，为国家发展、民族复兴指明了前进方向。事实证明，科学社会调查既是开拓型人才手中最强大的思想武器，又是开拓型人才成长和发展的基本道路。

（四）悟人之术：进行思想教育的有效方法

社会调查是纠正错误倾向、进行思想教育的一种有效办法。人为什么犯错误？归根到底，是由于脱离了当时当地的实际情况，主观地决定工作方针和政策。认识和实践相脱离，主观与客观相分离，是唯心论和机械唯物论、教条主义和经验主义以及一切错误思想的共同根源。科学社会调查，有利于主观与客观相结合、认识与实践相统一，因而成为克服各种错误思想的有效办法。改革开放以来，许多人曾对实施家庭联产承包责任制、发展个体私营经济、对外开放、加入 WTO 等决策产生过种种疑虑，但一经实地调查，很快就统一了认识，得出了肯定的结论。实践证明，通过社会调查进行思想教育有几个显著特点：（1）它不是被动的、外来的灌输，而是调查者主动通过观察、访问而自觉形成的看法；（2）它不是依靠个别人的说服和教育，而是通过群众行动和情绪的感染而产生的认识；（3）它不是一种抽象的理性启示，而是一种活生生的事实教育。显然，社会调查是一种悟人之术，它往往能起到其他教育方法所不能起的巨大教育作用。

（五）正风之策：端正党风政风学风的重要对策

科学社会调查是端正党风、政风、学风的重要对策。调查研究不仅是一种工作方法，而且是关系党和人民事业得失成败的大问题。

对于执政党来说，克服形式主义、主观主义和官僚主义现象，是党风、政风、学风建设的根本课题。社会调查是密切联系实际和群众的重要桥梁。大兴调查研究之风，有利于克服形形色色的形式主义、官僚主义，有利于接地气、察社情、体民意，有利于把理论和实际结合起来，克服主观主义学风。习近平总书记强调：“调查研究要注重实效，使调研的过程成为加深对党的创新理论领悟的过程，成为保持同人民群众血肉联系的过

---

① 毛泽东．毛泽东著作选读：上册．北京：人民出版社，1986：135.

② 同①49.

程，成为推动事业发展的过程。”①

总之，科学社会调查绝不仅仅是一种认识方法和工作方法，它对于正确认识社会、有效改造社会、科学管理社会和顺利建设社会，对于加强和改善执政党领导，对于促进执政党、国家机关、企事业单位的组织建设、思想建设和作风建设，都具有十分重要的意义。

第三节　社会调查的类型

根据不同的标准，社会调查可以划分为不同的类型。

一、以调查目的分类

根据调查目的的不同，社会调查可以分为探索性调查、描述性调查、解释性调查。

（一）探索性调查

探索性调查是在正式调查的内容与性质不太明确时，为了了解现象的性质，确定调查的方向与范围而进行的搜集初步资料的调查。从理论上说，探索性调查可以分为两类：一类是独立的探索性调查，如人类学家到一个与世隔绝的原始部落进行考察，社会学家对某个刚刚被发现的、人类对它的认识几乎空白的社会现象的调查。一般来说，这样的探索性调查在社会调查领域比较少。另一类是正式调查前的先导性调查，其基本目的是帮助调查者准确定义问题、确定研究思路或获取更多的信息资料。

探索性调查的形式比较灵活。经验表明，二手资料分析、经验调查、小组座谈和选择性案例分析在探索性调查中特别有用。二手资料就是那些可以从现有资料中获取的资料，如人口统计资料、公开发布的调查报告、公司的内部记录等。经验调查也称为关键人物调查，是通过调查那些熟悉调查对象的人来解决问题的一种方法，对被调查者一般不使用概率抽样来抽取，而是根据问题的特点由调查者慎重决定。小组座谈是探索性调查的另一种十分有效的方法，在小组座谈中，一些人坐在一起讨论调查者感兴趣的课题。选择性案例分析是指选取若干实例或情况，进行广泛、深入的调查，并把调查到的情况同调查的具体问题进行比较，期望从案例分析中得到经验或教训，帮助决策。

（二）描述性调查

描述性调查，是通过对社会现象的现状进行准确、全面的描述，反映总体在某些特征上的分布状况的调查。它关注的是社会现象“是什么”“怎么样”的问题。例如我们在

---

① 习近平．在“不忘初心、牢记使命”主题教育工作会议上的讲话（2019 年 5 月 31 日）．北京：中央文献出版社，2019：10－11.

研究青年农民工的婚姻问题时，首先要清楚了解的就是：婚姻的形式是什么？不同形式的婚姻在青年农民工群体中的分布如何？青年农民工的择偶标准是什么？配偶双方的年龄、受教育程度、职业、家庭背景等方面的特征如何？这些都属于描述性调查的内容。我们只有全面清楚地了解和掌握社会现象的状况、过程、特征及其分布，才有可能发现社会现象之间的因果关系及其内在规律。

描述性调查可以是定量调查，也可以是定性调查。在定量调查中，普遍调查和抽样调查都可以用来做描述性调查，尤其是抽样调查有着更为广泛的运用，通过采用问卷调查方法收集资料，经过统计分析，可以精确地描述和说明社会现象的基本状况和分布特征，能够反映总体及各个部分的一般状况或普遍现象。在定性调查中，个案研究可以用来做描述性调查。调查者在对个案的反复观察中，记录下大量的观察和访问资料，经过对资料的分析和综合，可以获得对个案基本状况和特征的了解。

（三）解释性调查

解释性调查，是以一定的命题或假设为前提，运用演绎方法探讨现象之间的相关关系或因果关系的调查。它是在描述性调查的基础上进行的，因为只有在对社会现象的状况及其特征有了清楚了解后，才能深入地发现社会现象间存在的相关关系，才能进一步解释社会现象发展变化的规律。

由于解释性调查的目的是回答社会现象"为什么"的问题，是解释原因、说明关系，因而它通常是从理论假设出发，设计问卷，经过深入实地收集资料，并通过对资料的分析来检验假设，从而达到对社会现象进行理论解释的层次。例如，对于青年农民工的不同择偶倾向，就可以通过性别、经济条件、个人素质等变量或因素来进行调查分析，通过考察这些变量或因素与青年农民工择偶倾向之间的关系，我们就能够解释青年农民工择偶倾向的最大影响变量或因素是什么，并且上升到理论层面进行解释和分析。

当然，解释性调查也可以采用其他调查方法，在对个案基本状况有了清楚的了解与掌握后，调查者基于个人对社会现象的感悟与洞察能力，对社会现象之间的相关关系做出合理的理论解释。但是由个案研究所得出的结论的正确性取决于调查者的"顿悟"和理解能力，相比于定量调查通过统计分析获得的理论解释，其往往缺乏普遍意义。

二、以调查对象范围分类

根据调查对象的选取范围，社会调查可以分为不同的类型。

（一）普查

普查，是"普遍调查"的简称，是指为了某种特定的目的而专门组织的对调查对象总体无一例外地逐个进行的调查。如全国人口普查，就是对全国人口中每个人进行的调查。社区家庭普查，就是对全社区每个家庭进行的调查。普查有宏观、中观和微观之分，但只要是对调查对象总体中每个单位进行的调查，就是普查。

传统的普查有两种方式。一是填报表，即由上级制定普查表，由下级根据已掌握资料填报，如国家各系统、各部门实施的年报制度。二是直接登记，即组织专门的普查机构和人员，对调查对象的全部单位进行直接登记，如人口普查、经济普查、农业普查等。在大数据时代，出现了一种新的普查方式，即以身份证、通信卡、信用卡、医疗卡、读者卡等以及各种电子档案、电子记录为调查对象进行的普查。

普查的最大特点是调查资料的全面性和准确性。因为，普查是对全部调查对象逐个进行的调查，与其他类型调查相比，它所搜集的资料最全面、误差最小、精确度最高。其缺点是工作量大、花费多、组织工作复杂和时效性较差。例如，2020 年第七次全国人口普查，动用工作人员 700 多万人，直到 2021 年 5 月才公布主要数据。此外，其调查内容有限，只能调查一些最基本、最重要的项目，很难对有关问题进行深入研究。因此，普查的应用范围比较狭窄，适应性较差，只适用于调查某些全局性的基本情况。

（二）抽样调查

抽样调查，是指一种非全面的调查方式，它是按照科学的原理和计算，先将调查对象编制成抽样框，然后按照一定规则从抽样框中抽取一部分单位作为样本，并以对样本进行调查的结果来推断调查总体的调查方法。

抽样调查，是在现代统计学和概率论基础上发展起来的一种调查方法，是对普查和典型调查的逻辑补充和发展。与普查和典型调查相比较，抽样调查的主要特点是：

（1）调查对象只是样本，而不是全部调查对象，也不是个别或少数调查对象。

（2）调查样本一般按照随机原则从总体中抽取，而不由调查者主观确定。在随机抽样过程中，每个调查对象都有被抽中的同等概率。

（3）调查目的不只是了解调查样本，更重要的是推断调查总体。

（4）样本数量和抽样误差可以准确计算，可把样本数量控制在合理范围，可把抽样误差控制在最小范围之内。

（5）调查规模较小，有利于节约调查成本，提高调查效率和质量。

抽样调查大多按照随机原则抽取调查样本，这就可从根本上排除调查者主观因素的干扰，保证样本的代表性和客观性，为调查结果的真实性、可靠性奠定坚实基础。同时，抽样调查的数学基础是概率论和大数定律，抽样误差不仅可以准确计算，而且可以适当控制。因此，抽样调查是对调查总体进行定量研究的有效方法，它对调查总体的推断比较准确。现代社会具有多元化、快速变动等特点，抽样调查是对具有高度异质性、高速流动性的社会现象进行调查的有效方法。但对调查总体规模过小、异质性过大、边界不明晰的调查对象（如新生事物、隐秘社会现象），不宜使用或无法使用抽样调查。

（三）典型调查与重点调查

1. 典型调查

典型调查，是从若干同类调查对象中选取一个或几个有代表性的单位作为典型，通过对典型的调查来认识同类社会现象的本质及其发展规律的方法。

典型调查是中国共产党的重要调查方法，它不仅在民主革命和社会主义革命时期起过巨大作用，而且在社会主义现代化建设时期仍然具有广泛用途。“解剖麻雀”是毛泽东对典型调查方法的形象比喻。他认为解剖一个麻雀，首先要选好麻雀，也就是要选好调查研究的典型，要从个别问题深入，深入解剖一个麻雀，深切地了解一处地方或一个问题，“往后调查别处地方、别个问题，便容易找到门路了”①。

典型调查的步骤是：首先，根据研究目的，通过多种途径了解研究对象的总体情况；其次，从总体中初选出备选单位，加以比较，慎重选出有较好代表性的典型；再次，进行（典型）调查，具体搜集资料；最后，分析研究资料，得出结论。

典型调查的特点是：调查对象的数量，是个别单位或少数单位；调查对象的确定，由调查者有目的、有意识地选择；调查的方式方法，主要是与调查对象直接接触的面对面调查，而且多是比较系统、深入的定性调查。它比较适用于调查总体同质性比较大的情形。同时，研究者有较丰富的经验，在划分类别、选择典型上有较大的把握（表1-1提供了不同类型的典型调查如何选好“典型”的指南）。

表1-1　不同类型的典型调查如何选好“典型”

调查研究的目的	对应选择的“典型”
为了了解总体的一般情况	选择中等水平的调查对象
为了总结经验教训	选择最先进和最落后的调查对象
为了研究新情况、新问题	选择出现这些苗头、趋势的调查对象
为了研究事物发展的过程和规律	选择发展形态完整的调查对象

典型调查方法，是人类认识规律的具体体现。因为人们对客观事物的认识，总是由个别到一般、由个性到共性，再由一般到个别、由共性到个性，不断循环往复、不断向前发展的。因此，它是社会调查的一种基本类型。

2. 重点调查

重点调查，是指对某种社会现象比较集中的、对全局具有决定性作用的一个或几个单位进行的调查。重点调查方法目前主要在针对部分行业、企业的统计调查中使用。例如，通过对全国70个大中城市的房地产价格进行统计调查，就可了解全国城市住房价格的大体变动趋势。

重点调查类似于典型调查，但又不同于典型调查，其区别在于：

一是调查目的和性质不同。典型调查的主要目的是认识同类事物的本质及其发展规律，主要是定性调查；重点调查的主要目的是对某种社会现象总体的数量状况做出基本估计，主要是定量调查。例如，通过对几个重点钢铁公司开展调查，就能掌握全国钢铁生产、销售的基本情况；通过对40多家重点网上零售交易平台开展调查，就能掌握网上零售交易的基本情况；通过对全国大中型城市零售物价开展调查，就可了解全国城市零售物价变动的大体趋势；等等。

二是调查对象的选择标准不同。典型调查是选择同类事物中具有代表性的单位作为调查对象。要实事求是地选择有限的、相对的典型，而不应把典型理想化、绝对化，更

① 毛泽东．毛泽东选集：第1卷．2版．北京：人民出版社，1991：118.

不应搞无所不包、无所不能的“万能”典型。如果时间允许，可以选择多层次、多类型的典型，通过多层次、多类型对比调查，可以提高典型调查的全面性和科学性。重点调查则是选择同类社会现象中具有集中性的单位作为调查对象，集中地、有力地体现问题和情况的主要方面。一般来讲，选取的重点单位数量要尽可能少，但其标志值在所研究现象的标志总体中所占比重却要尽可能大，在总体中具有举足轻重的作用，以保证足够的代表性。

三是调查的具体方法不同。典型调查只能是面对面的直接调查；重点调查则既可以是直接调查，也可以是通过电话、传真、电子邮件、网络等方式进行的间接调查。

四是调查结论的意义不同。典型调查是系统、周密的调查，能获得比较真实、可靠的资料，便于把调查与研究结合起来，有利于揭示社会现象的因果关系，探索解决社会问题的途径和方法。重点调查投入少、调查速度快，所反映的主要情况或基本趋势比较准确，但所取得的数据只能反映调查对象总体的基本发展趋势，不能用以推断总体，因而只是一种补充性的调查方法。

三、以调查内容分类

根据调查内容的不同，社会调查可以分为全面调查和专题调查。

（一）全面调查

全面调查或称“综合调查”，是对调查对象进行全面、系统的调查。例如，把一个县、镇或村作为一个调查单位，全面了解其社会、经济、人口、自然环境、社会组织、婚姻家庭、文化和宗教等状况，收集一手资料作为分析的依据。全面调查的特点是调查对象范围广、单位多，调查内容比较全面，但一般需耗费大量人力、物力和时间，组织难度较大。

始于 1988 年由中国社会科学院组织牵头的“百县市经济社会调查”就属于全面调查。这一调查历时 7 年，成果出版为 105 卷著作——《中国国情丛书——百县市经济社会调查》，是改革开放后中国社会学界开展的规模史无前例的国情调研，涉及 1979 年改革开放以来我国经济、社会、政治、文化乃至人们的思想观念、婚姻、家庭、生活方式等诸方面。该项调查使用了文献调查法、问卷调查法、开调查会和个别访问法等方法，既为中国社会研究提供了大量珍贵资料，也为后来许多县、市制定本地区发展战略规划提供了重要依据。

（二）专题调查

专题调查即围绕某一专题或某一问题进行深入、系统的调查。专题调查又分两类，一类是大专题调查，另一类是小专题调查。大专题调查即对社会体系中的某一组成部分的调查，如经济问题普查、人口社会问题普查、文化资源调查、宗教问题调查等。小专题调查则是大专题下的分支调查，如民营企业发展问题调查、农村人口状况调查、互联网问题调查等。对个别具体问题的调查，也属于专题调查。

四、以时间维度分类

根据调查的时间维度差异，社会调查可以分为横剖研究和纵贯研究两种类型。

（一）横剖研究

横剖研究，也称为横向研究，是通过收集在某一时间点上出现的信息资料，进而描述社会现象在这一时间点上的状况，并分析其中不同变量之间关系的研究。其主要目标是对某种社会现象或某一社会总体的横截面进行了解。它也可以用来分析和比较某一社会现象或社会总体中的不同部分的特点及其相互关系。例如，对同一时间内不同年龄的个体进行差异研究。它是人们在从事各种共时性社会现象研究时所常用的一种研究或思考方法。

（二）纵贯研究

纵贯研究，也称为纵向研究，是指在比较长的时间范围内的若干个不同时间点上收集信息资料，对现象进行的系统研究，用以描述社会现象发生的变化，解释不同时间点上所发生的现象间的关系，进而揭示社会现象的变化趋势和发展规律。纵贯研究主要有三种不同的类型，分别是趋势研究、同期群研究和同组研究。趋势研究，是对某种社会现象随时间推移而发生变化的研究。其目的是通过对一般总体在不同时期的状况进行比较，以揭示和发现社会现象的变化趋势和规律。该类研究要求在不同时间点进行的若干次横向研究，其研究方法和研究内容必须相同。同期群研究，又叫队列研究，是对同一时期、同一类型的研究对象随时间推移而发生变化的研究。同期群研究注重的是某一类型，而不是某一个体的特征，所以在不同时间可以调查不同的人。同组研究，又称追踪研究，是对同一组研究对象随时间推移而发生变化的研究。

第四节　社会调查的方法体系

任何一门科学都有自己的一套严密的方法体系。社会调查也有特有的方法体系，这是一个有着不同层次、包含众多内容的综合体系。通常人们将社会调查的方法体系划分为方法论、基本方法、具体方法及技术三大层次或部分。

一、社会调查的方法论

哲学上的方法论是指认识世界、改造世界的根本方法，或是指一门具体学科所采用的研究方式方法的综合。社会调查方法论，即关于社会调查方法的基本理论，所涉及的主要是社会研究过程的逻辑和研究的立场。

（一）辩证唯物主义历史唯物主义的认识论

辩证唯物主义历史唯物主义的认识论认为，人类的认识活动有三个不可缺少的要素，即认识主体、认识客体和认识过程。作为科学认识方法的社会调查，也有三个不可缺少的要素，即调查主体、调查客体和调查过程。

调查主体就是调查者自身。每一个调查者都生活在一定的经济、政治、文化、社会关系之中，都具有一定的世界观、人生观和价值观，一定的知识水平、实践经验、社会意识和心理特征等等，这一切构成了调查者自身所特有的社会本质。因而，任何调查者都不是一个抽象的纯粹生物学意义上的人，而是一个具有特殊社会本质的现实的人。

调查客体就是调查对象。一般地说，调查对象可分为两大类：一类是社会生活中的物质现象，即社会物质生活中存在的一切事物；一类是社会生活中的精神现象，即人们的思想、感情、态度、愿望、心理特征等等。为什么说社会精神现象也是调查客体呢？因为，人们的思想、感情、态度、愿望和心理特征等是独立于调查者之外的一种客观存在，它们不是人们主观意志随心所欲的产物，而是人们特定物质生活条件的反映，并对社会存在和发展产生巨大反作用。因此，社会精神现象同社会物质现象一样，都是社会调查所要研究的对象，这是社会调查不同于自然调查的一个根本区别。在社会调查中，人们对于社会物质现象和精神现象的认识，有时是通过对客观事物的实地观察获得的，有时是通过对调查对象的询问获得的。因此，被调查的“人”和“物”（即客观事物），就成了社会调查的直接对象。

调查主体与调查客体的关系，是在调查实践基础上反映者与被反映者的关系。调查主体对调查客体的反映，不是照镜子式的纯客观的、消极的、被动的反映，而是调查主体的主观素质参与其中的积极的、能动的反映。调查主体素质不同、调查工作实际状况不同，对同一调查客体所得出的调查结果就往往不一样：有的能够深入认识调查客体的内在本质，有的仅能反映调查客体的一些表面现象，有的甚至可能对调查客体做出歪曲反映。这说明，调查主体的主观素质和工作状况，对于调查结果往往具有决定性作用。调查客体独立于调查主体，是调查主体的反映对象，并制约着调查结果。但是，不同的调查客体与调查主体的关系是不一样的。当调查对象是“物”时，它发展到什么程度，调查主体才可能认识到什么程度，这种制约是客观的、不以调查主体意志为转移的。当调查对象是“人”时，情况则不相同。调查对象在调查过程中不是消极地被反映，而是能动地被反映。这种能动性表现在两个方面：一方面，调查对象总是基于自己的客观地位、思想状况、知识结构、认识能力等社会素质来提供社会信息；另一方面，调查对象在接受调查时，也在对调查者进行观察，并根据自己的结论来决定对调查工作的合作程度。调查对象的社会素质和合作程度不同，他们所提供的社会信息就不相同。这说明，当调查对象是“人”时，调查主体对社会现象的认识，在很大程度上受调查对象社会素质和合作程度的制约。不过，这些制约的某些方面（如合作程度等）是为调查对象的主观状况所左右的，是可以通过耐心细致的工作加以改变的。

总之，调查主体对调查客体的反映，是在调查实践基础上的能动的反映，是调查主体和调查客体相互作用的结果；调查主体的主观素质和工作状况对调查结果具有主导性、决定性作用，调查客体的社会素质和合作程度也对调查结果具有不同程度的制约作用。

（二）研究范式

社会调查必须以一定的理论和方法论为指导，但不同的理论流派有着迥异而非统一的方法论和研究范式。在社会调查中应遵循何种方法论和研究范式，是一个实践的问题，因为研究社会现象有各种可供选择的方法论、研究途径和判断标准，这就要具体情况具体分析。有些现象适合用自然科学的数理化方法来分析，有些社会现象只适合用历史的、哲学的或人类学的方法来分析。因此，在做具体研究时，研究者一般是根据调查课题的性质选择更适合这一课题的方法论和学科理论作为指导，或者根据自己在理论、方法论方面的特长来选择。一般地说，在社会调查中主要有四种研究范式①。

1. 实证主义研究范式

实证主义研究范式被认为是在过去几个世纪里最重要的一种研究范式。实证主义的历史渊源最早可以追溯到亚里士多德，之后又以各种不同的方式不断发展。对其发展做出重要贡献的学者主要包括弗兰西斯·培根和勒内·笛卡儿等。他们在寻求解释自然科学和社会科学的统一研究方法的过程中将自然科学作为社会科学的典范。

与实证主义相关的重要术语包括：经验主义、客观主义、科学主义，以及自然主义等。虽然这些术语在存在论观点以及学科观点上存在差异，但是它们都拥有以下共同原则：（1）实证主义者相信做出因果陈述的可能性，认为与自然界一样，人类社会也存在着模式和规律、原因和结果。（2）强调通过科学的观察和研究，验证假设来发现知识，追求知识的客观性，认为量化的测量与分析既能带来具有客观性、精确性的知识，也能为研究者提供重复性实验的可能性。（3）强调对社会事实的解释而不是理解，认为解释的真正目的是预测。（4）强调经验性实践中的观察和验证，即事实可以通过人类的感知而获得。同时，实证主义者需要清楚地区分“事实”和“价值”，并且更倾向于强调事实而不是价值。

2. 解释主义研究范式

解释主义术语下包含了许多不同的立场，例如相对主义、理解、现象学、解释学、理想主义、符号学，以及构成主义等。对解释主义发展做出重要贡献的学者主要包括康德、黑格尔、韦伯、赫伯特以及当代的安塞尔姆·斯特劳斯等。

解释主义的核心思想包括：（1）认为人类对世界的体验并非对外界物质世界的被动感知与接受，而是主动的认识与解释。存在论的基础是视现实世界为人类对于不同行为与状况的解释的产物，亦即现实世界的真相是由人的思想主观构建出来的而不是客观且唯一的。（2）强调对社会事实的理解而不是解释。解释主义者不相信仅仅依靠观察就能解释社会现象，也不企图在社会科学中建立因果解释。（3）“事实”与“价值”之间的界限不像实证主义所认为的那样分明。（4）将自然科学和社会科学看作两种截然不同的科

---

① 范式（paradigm）的概念和理论是美国著名科学哲学家托马斯·库恩提出的，是指科学共同体成员所共享的信仰、价值、技术等的集合，是科学所赖以运作的理论基础和实践规范，是某一学科的研究者群体所共同遵从的世界观、观察社会现象的视野、解释社会现象的模式。

学。解释主义者主张对于复杂世界的认知是通过研究生活在这个世界中的人群的经验以及观点而实现的，研究者应该深入现实生活去领会，并且通过科学化的手段及语言去解释并重建这些概念与含义，例如使用访问、参与观察等调查手段。（5）社会现象不可能独立存在于人类对它的理解中，并且正是这些理解影响了调查结果。因此，研究者将不可避免地成为其所调查的社会现象的一部分。他们不可能与其正在研究的对象相分离。（6）客观（或者是与价值无关）的分析是不存在的。因为知识在理论上是分别获得的，所以研究者需要的是所有个人的和主观的观点、态度以及价值的总和。（7）在研究社会现象时，解释主义者倾向于强调赋予世界的含义，以及语言在构建"现实"中的作用。

3. 批判主义研究范式

批判主义术语下包括近年兴起的结构主义、后结构主义、解构主义、马克思主义、女性主义等新兴理论。

批判主义的核心思想包括：（1）批判主义处在实证主义与解释主义之间，不仅试图解释，同时也试图理解人类社会，认为在因果解释上，可以应用自然科学的方法，同时也需要使用理解以摆脱纯粹的自然科学方法。（2）主张以辩证的"总体分析"方法来观察和分析社会现实，即将社会现象置于社会的与历史的总体过程中，从它们在社会的与历史的总体过程中的地位与作用来确定它们的性质、意义，来考察它们的产生、变化和发展。（3）批判主义传统强调"批判"和"解放"功能，主张对一切现实都应持有批判性，通过对社会的批判来推动知识的反思性发展，以引导社会秩序的建立。这就是说，批判主义在对社会的研究上采取了两方面的态度，一方面是在研究途径上采用一种客观的态度来认识自然界，另一方面则是在研究目的上采用一种主观的态度来批判和改造自然界。也就是说，其既要求对客观社会有一种客观性的认识，最终目的是了解其中的深层矛盾所在，又要求对现实社会采取一种审视、批评、修正的态度。（4）批判主义也强调因果陈述，识别因果机制。但是，其认为因果关系不是决定性关系，倾向于在直接原因（参与者）与物质原因（社会现实）之间做出区分，这意味着两种原因同时表现出因果关系力量。

4. 后实证主义研究范式

后实证主义，其思想源于实证主义，但在"知识的绝对真理性"这一观念上挑战实证主义传统，认为当我们研究人类的行为和行动时，我们的知识观是无法"实证"的。

后实证主义有以下几个特征：（1）强调以经验观察与形而上学的双向互动为研究出发点。实证主义强调研究过程中基于经验环境而采用的实验法、比较法、观察法和问卷法的重要性，既重视以经验观察为基础，从经验观察中归纳概括出认识，也重视以一般性理论分析为指导，从一般性理论分析过渡到具体研究。科学研究是一种理论研究与经验观察双向启迪、无限循环的过程。（2）强调定量研究与定性研究相结合。从认识论层面来说，实证主义遵循经验主义传统，认为经过经验观察和经验归纳而得出的知识才是科学的。后实证主义主动放弃主客观二元对立思维方式，认为定量研究并非唯一的科学研究方法，将定性研究与定量研究相结合，或许能开创社会科学研究的新局面。（3）放弃证实假设，而改为证伪假设。后实证主义反对实证主义将通过个人内在的感官经验来正确地描述外在的客观世界作为科学研究的目的，认为科学研究的主要目的是否证命题，即“证伪”，而非证实命题。从进化认识论的角度来看，科学理论只能说是一种“近似的真理”，并不能代表真理；科学研究者只是真理的“探求者”，而不是真理的“占有者”。因此，科学研究本身就是一种永无止境的演化过程。

5. 四种研究范式的比较

四种研究范式的存在都具有一定的合理性，它们在解释与研究不同现象时都具有各自的优势和劣势，而且相互之间也存在一些共同点，如都注重在自然情景而不是人为的实验情景下进行研究，都强调对社会现象进行整体性的探究，而不是对其中的一些孤立变量进行调查，它们在本体论、认识论和方法论上也存在本质上的区别（如表1-2所示）。

表1-2　四种研究范式的比较

	实证主义研究范式	解释主义研究范式	批判主义研究范式	后实证主义研究范式
本体论	朴素现实主义，即认为现实是“真实的”，而且是可以被人们认识和了解的。	相对主义，即认为现实具有地方性、情景性特点，是被具体地建构、阐释出来的。	历史现实主义，即认为真实的现实是由社会、政治、文化、经济、种族和性别等价值观塑造而成的，是在时间中结晶而成的。	批判现实主义，即认为现实是“真实的”，但只能被不完全地、可能性地了解。
认识论	二元论的、客观主义的认识论，强调研究结果是真实、可信的。	交往的、主观的认识论，认为研究结果是被创造出来的。	交往的、主观的认识论，认为研究结果受到了价值观念的过滤。	修正的、二元论/客观主义的认识论，认为研究结果有可能是真实的。
方法论	实验的、操作性的方法论，强调对研究假设进行实证，主要采用定量研究方法。	理解的、人文的、阐释的、辩证的方法论。	对话的、辩证的、批判的方法论。	修正的、实验的/操纵的方法论，强调对研究假设进行证伪，可以采用定性研究方法。

资料来源：GUBA E G，LINCOLN Y S. Competing paradigms in qualitative research. Handbook of qualitative research，1994（2）.

解释主义与批判主义研究范式更加重视反思自己（行动者）与调查对象之间的互动关系。实证主义研究范式注重用研究结果来扩展知识，讲究知识生成的“科学性”和知识推广的“普遍性”。批判主义研究范式主张用研究结果来唤醒人们，认为社会科学知识的本质在于“批判”，目的在于改造社会的不平等。而解释主义研究范式则着眼于当下的构成性理解，强调对社会行为本身的“理解”与“诠释”，并通过这种“理解”与“诠释”来生成新的社会现实。后实证主义研究范式是对实证主义研究范式的修正，其仍然坚持研究对象具有客观实在性，但不再认为现实是完全可知的，而是认为现实只能被不完整地认识和了解。因此，知识总是猜测性的，绝对真理远不可及；研究所得到的证据也永远不可能是完备的，并有可能是错误的。

在社会调查中存在着不同的研究范式是一种正常的现象，这与社会调查对象的复杂性、研究目的的多重性相关。因为社会调查不仅是为了认识社会、改造社会，而且包括人与人的相互理解，还包括对社会的批判、反思等等，所以任何一种范式都难以单独解决全部问题。在调查实践中，调查者实际上往往处于四种不同传统的张力之中：一方面要注重对调查对象做实证的、经验主义的考察与分析，这强调实证主义、科学主义的传统，注重对研究结果的“真实性”和“可靠性”进行探究；另一方面又要对调查对象进行“解释性理解”，这强调人文主义、解释主义的传统，关注调查对象与调查对象之间的主体间性和视域融合。需要指出的是，任何调查都受到一定政治、文化、性别和社会阶层的影响，都会关注其中的权力关系以及调查对知识建构和社会改革的作用。因此，它同时又具有一种后现代式的社会批判意识，强调一种强烈的价值介入。

研究范式对后续调查研究方法的选择具有指导作用（如图 1－1 所示）。因为调查研究方法不仅是一种技术，也将调查所基于的本体论、认识论与具体的数据收集技术和数据分析技术相联系。

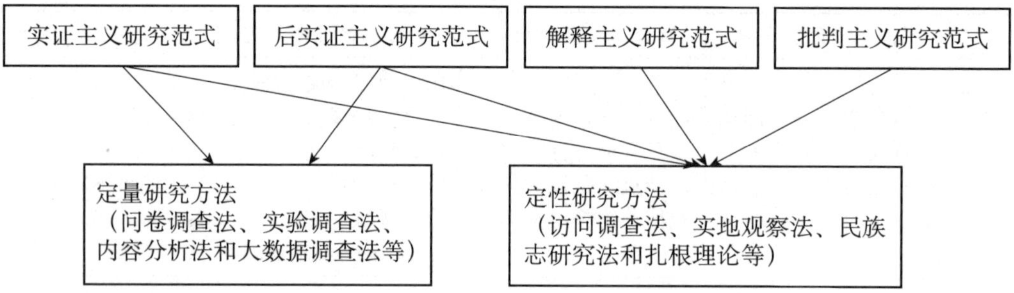

图 1－1　研究范式对于选择研究方法的具体指导作用

二、社会调查的基本方法

社会调查既是一种认识方法，也是一种工作方法。社会调查的基本方法是社会调查方法体系的中间层次的方法，它包括调查社会信息的方法和研究社会信息的方法。

调查社会信息的方法主要有文献调查法、实地观察法、访问调查法、问卷调查法、实验调查法、网络调查法、大数据调查法等。每一种方法都包含基本的要素或特定的语言。

（一）文献调查法

该方法也称历史文献法，是一种既古老又富有生命力的社会调查方法。它是利用现存的二手资料，侧重从历史文献资料中发掘事实和证据的方法。在社会调查中，文献调查法是必不可少的，这不仅指在初步探索阶段需查阅文献，为大规模的社会调查做准备，而且指在无法直接调查的情况下利用文献资料开展独立研究。其基本要素包括文献搜集、鉴别和摘录。

（二）实地观察法

该方法是最古老、最常用的社会调查方法，也是社会调查最基本的方法。它是观察者有目的、有计划地运用自己的感觉器官或借助科学观察工具，能动地了解处于自然状态下的社会现象的方法。一般地说，实地观察法可分为参与观察和非参与观察。其基本要素包括宏观思维、直觉过程和概括与比较的认知。

（三）访问调查法

该方法也是社会调查的一种基本方法，是访问者不带假设，直接到社会生活中去收集资料，通过口头交谈方式直接向受访者了解社会情况或与受访者探讨社会问题的调查方法。它适用于对少数有代表性或独特性的社会单位进行详细、深入的考察，特别是对那些只有在现场才能很好地理解的事件、过程和行为的调查。其基本要素是提问、倾听和回应。作为一种深入实地的质性研究方式，该方法与实地观察法一起构成了“实地调查”或“田野调查”的具体方法。

（四）问卷调查法

该方法是访问调查法的书面化和定量化，资料的收集是利用事先设计好的表格、问卷、访问提纲等，通过在自然状态下直接询问、观察或由调查对象本人填写实现的。它所提出的问题和回答的类别是标准、统一的（即结构化的），调查内容可以汇总统计。它不仅适用于对社会现象的一般状态的描述以及对现象关系的因果分析，还适用于对集体的态度、行为倾向和社会舆论的研究，如民意测验。问卷调查的主要形式有普查和抽样调查，其基本要素包括抽样、问卷设计与发放、统计分析等。

（五）实验调查法

该方法是社会调查方法中最接近自然科学的方法。实验调查是根据一定的研究假设，改变或控制一个或几个变量，然后观察其他变量是否随之发生变化，从而检验变量之间的因果关系。实验调查主要分为两种类型，即实地实验和实验室实验。其构成要素有操纵与控制、实验组、控制组、前测、后测、实验刺激、因果关系等。

（六）网络调查法

该方法是社会调查方法中新近出现的方法，是基于计算机和网络技术开展的一种数据搜集方法。其包括两种形式，一是在网上直接用问卷进行调查，二是搜集网络资料进行分析。

（七）大数据调查法

该方法是社会调查方法中最新近出现的方法。它是利用大数据技术进行调查和分析的方法，具有数据量大、速度快、多样性丰富、精准度高和实时性强等特点。

三、社会调查的具体方法及技术

社会调查方法体系的第三个层次是设计、使用调查研究工具的方法和技术。它是最低层次的方法，可以分为两类：

一类是设计、使用调查工具的方法和技术。如社会测量技术，包括各种测量指标的设计，量表、测验表、问卷的设计以及指标的综合，等等；听取、记录的方法和技术；

使用照相、录音、录像等设备的方法和技术；资料收集技术，主要有观察技术、访问技术以及对文献资料的查阅、摘录等。本书将在文献调查法、实地观察法、访问调查法、问卷调查法和实验调查法等章节对之予以介绍。社会调查的工具主要是指收集资料的量度工具和各种辅助器械。辅助器械则有照相机、录音机和摄影机等。

另一类是设计、使用研究工具的方法和技术。如整理各种文字资料和数据资料的方法和技术；使用计算机进行统计分析的方法和技术；撰写调查研究报告的方法和技术；评估调查研究报告的方法和技术；等等。

社会调查的方法体系如图 1-2 所示。

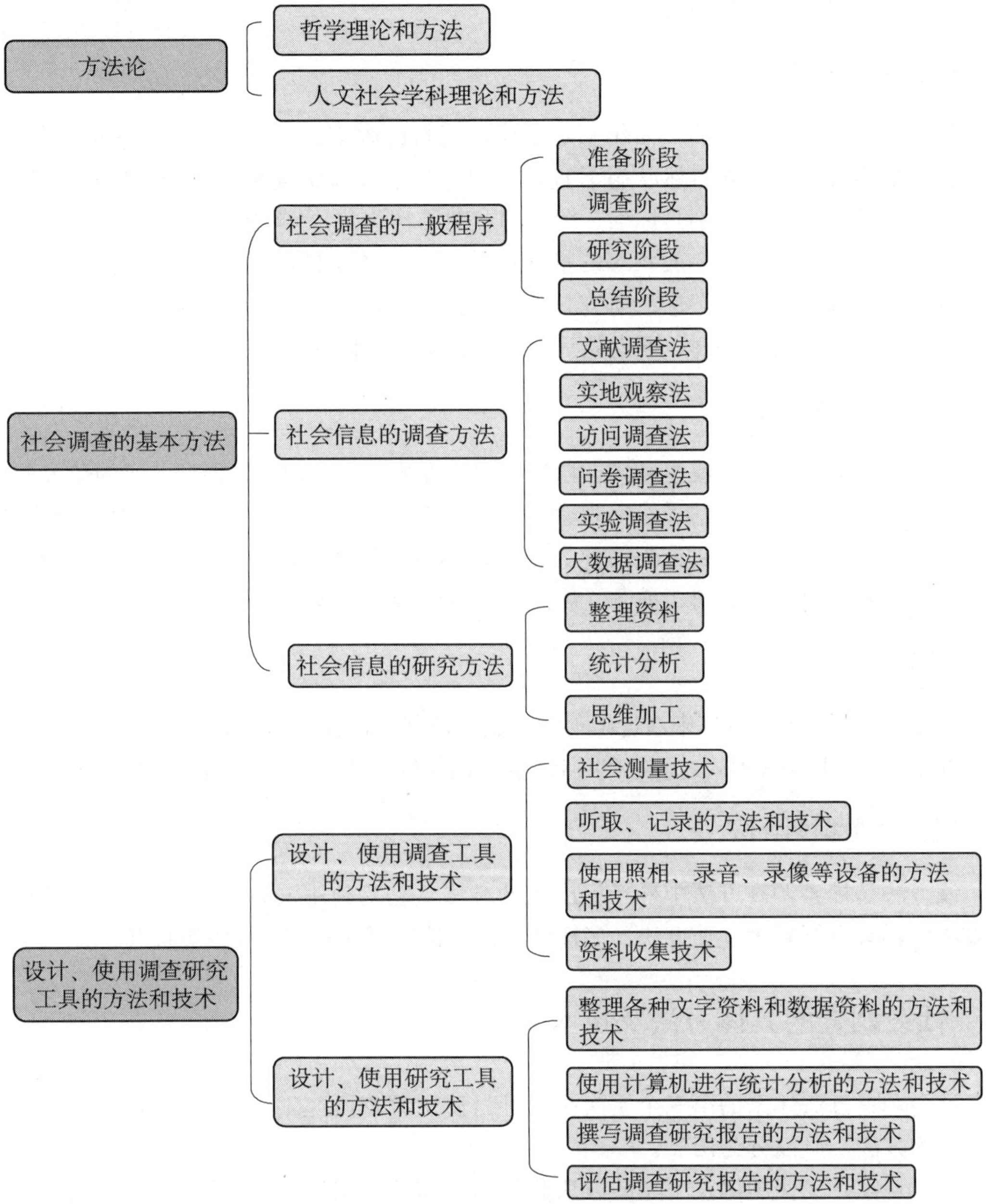

图 1-2 社会调查的方法体系

本章要点

1. 社会调查是人们为达到一定目的，有意识地通过对社会现象的考察、了解和分析、研究，来了解社会真实情况的一种自觉认识活动。

2. 科学社会调查是正确认识社会的根本途径，科学施政的客观基础，培养开拓型人才的基本道路，进行思想教育的有效方法，端正党风政风学风的重要对策。

3. 社会调查方法主要有文献调查法、实地观察法、访问调查法、问卷调查法、实验调查法、网络调查法和大数据调查法等类型。每一种方式都包含基本的要素或特定的语言。

4. 普查是指对调查对象总体无一例外地逐个进行的调查。抽样调查是指按照科学的原理和计算，从抽样框中抽取一部分单位作为样本进行调查，以此来推断调查总体的调查方法。典型调查是指从若干同类调查对象中选取一个或几个有代表性的单位作为典型，通过对典型的调查来认识同类社会现象的本质及其发展规律的方法。

基本概念

社会　社会调查　调查类型　描述性调查　解释性调查　普查　典型调查　重点调查

思考与练习

1. 社会是由哪些要素构成的？人在社会中居于何种地位？
2. 人们天天生活在社会之中，为何还要做社会调查？
3. 试论社会调查的指导思想和社会功能。
4. 请用结构图来表示社会调查的方法体系。
5. 社会调查可以分为哪些主要类型？它们的分类标准及定义是什么？
6. 探索性调查、描述性调查和解释性调查之间的关系是什么？

推荐阅读书目

1. 马克思，恩格斯．马克思恩格斯选集：第4卷．3版．北京：人民出版社，2012.
2. 毛泽东．毛泽东著作选读：上册．北京：人民出版社，1986.
3. 邓小平．关于修改党的章程的报告．(2008-06-20) [2023-03-03]. https://www.gov.cn/test/2008-06/20/content_1022235.htm.
4. 习近平关于“不忘初心、牢记使命”论述摘编．北京：中央文献出版社，2019.
5. 水延凯．中国社会调查简史．北京：中国人民大学出版社，2017.

知识点

调查就是解决问题

困难与对策

访问调查成败的关键

第二章
社会调查的理论基础

社会调查的目的是增进人们对生活世界的认识和了解，而正确的理解和解释离不开理论的指导。只有接受正确的理论指导，社会调查才能获得基础性说明和方法论导向。同时，只有通过理论化的过程，人们才能提炼认识、积累知识，才能更好地理解我们所生活的世界。

第一节　理论及其构成要素

理论必须与实践相结合，理论来自实践，离开实践的理论是空洞的理论，离开理论的经验研究是盲目的研究。

一、理论的内涵

理论是一个有着广泛含义的概念，在不同的背景和不同的学科中，有着不同的内涵。

在社会调查中，不同的学者强调点不同，给出的理论定义也不一样。如美国社会学家乔纳森·特纳认为理论是一套按一定格式建立起来的由概念、命题组成的系统[①]。美国社会学家约翰逊认为理论是一套加以系统陈述、以可靠的经验资料为基础，并在逻辑上相互联系的命题[②]。美国社会学家亚历山大认为理论是对个别事物的抽象概括，强调理论的抽象性[③]。澳大利亚社会学家马尔科姆·沃特斯借用《牛津词典简编》中“理论”词条的定义，认为理论是一套由观念或陈述组成的图式或体系，作为对一组事实或现象给出的一种说法，是一般性法则、原理或对被认识到的事物原因的陈述，并认为理论关注的是人与人之间的关系和互动[④]。

从上述各种定义可以看出，理论具有以下几个特征：一是理论来自经验实践；二是

① 特纳．现代西方社会学理论．天津：天津人民出版社，1988：8-9．
② 约翰逊．社会学理论．北京：国际文化出版公司，1988：40．
③ 亚历山大．社会学二十讲．北京：华夏出版社，2000：2．
④ 沃特斯．现代社会学理论．北京：华夏出版社，2000：3．

理论来自抽象的、系统的认识；三是理论的目标是对经验事实做出解释，这种解释具有说明性、有效性和一般性的特点。由此我们可以给理论下这样一个定义：理论是人们在社会实践中形成的对经验世界的系统化理性认识，是由概念和具有逻辑关系的假设或命题组成的体系。

理论知识是人们认识世界的一种工具，是人类认识和思考的产物。在社会调查中，它的作用主要体现在：（1）理论通过指向具体的变量尽量为调查研究提供结构和方向；（2）理论是一种具体的语言，用这种语言有助于描述和解释所研究的社会；（3）理论是对现实的一种抽象，其中的概念——以及其在真实世界中的指代物——是与其他概念相联系的，理论可以提供实验性的假说或解释。

对于同一种社会现象可以用多种不同的理论来解释。判断理论优劣的标准是：其他条件相同时，解释范围更广泛、解释更精确、结构更简洁的理论更优。

二、理论的要素

理论的构成要素有：概念、变量、命题和假设。

（一）概念

概念是对同类现象的一种概括性表述，是对事物或现象的一种抽象概括，是以符号或词语表达的理念。概念由定义构成，通常以语言、数字或符号来指明和限定概念所指称的现象，并给出明确的意义。概念具有内涵和外延两个方面。概念的内涵是指这个概念的含义，即该概念所反映的事物对象所特有的属性。例如："商品是用来交换的劳动产品"，其中，"用来交换的劳动产品"就是概念"商品"的内涵。概念的外延是指这个概念所反映的事物对象的范围，即具有概念所反映的属性的事物或对象。概念的内涵和外延具有负相关关系，即一个概念的内涵越明确、越丰富，所反映的事物的特征就越清楚，概念的外延就越小，即涵盖面越窄；反之亦然。若抽象层次高，涵盖面大，对事物特征的表达就含糊。概念的抽象性对理论的形成有重要的作用。

概念是建构理论的基础，一切解释事物的理论都是建立在概念基础上的。社会调查中的概念既可以是有形的社会现象，也可以是无形的、不能直接观察的抽象事物。有些抽象概念，如尊重、健康、失范、场域、社会地位，与特定时空中的特定现象无关。

概念的提出和合理运用能为调查者提供一种思想网络。但是由于社会调查中所涉及的概念大多具有抽象性和复杂性的特点，其含义具有可变性和模糊性，容易出现概念使用的不规范和不一致问题。因此，我们在实际调查中，要特别注意概念的明晰性和应用的恰当性，尽量使概念操作化更有信度和效度。同时，社会调查中也很少使用单个概念，而是使用一组相互联系的、彼此具有一致性的概念，即概念丛。如研究城市衰败，有城市扩张、城市化、社区、郊区、中心城市、失地农民等一套关联的概念。

（二）变量

概念分为变量概念和非变量概念。变量概念是指具有一个以上取值的概念。它是通过对概念的具体化而转换来的，是概念的具体表现形式。例如，当把“职业”界定为个人在社会中所从事的提供主要生活来源的工作时，由于工作有不同类型，职业就成了变量。简单的概念可以用较少的变量来测量，复杂的概念可能需要用多个变量来测量。

变量在不同情况下不同的状态或属性，反映了概念的可变动性，说明了现象在规模、重量、密度、速度等方面的变化情况，或现象在程度差异上的变化方式。变量有不同的分类：按照变量的测量层次，可分为定类变量、定序变量、定距变量和定比变量；按照变量相互之间的关系，可分为自变量、因变量，以及中介变量。复杂的理论可能包含数十个变量，其中包括许多个自变量、中介变量和因变量。例如，关于犯罪行为的理论，可能包含 4 个自变量：个人的经济困难状况、能够轻易实施犯罪的机会、接触并加入越轨社会亚群体的可能性、犯罪活动遭到惩罚的概率。多原因的解释通常会对其中影响力最强的自变量进行详细说明。复杂的理论解释可能会将一连串中介变量连接到一起，例如，父母离异会导致孩子自卑，从而导致抑郁，进而导致学习成绩差，接着导致找工作困难，最后导致成年后收入低。变量的链条是：父母婚姻状况（自变量）—童年时代自尊水平（中介变量）—心理健康状况（中介变量）—学习成绩（中介变量）—工作前景（中介变量）—成年后收入（因变量）。关于变量的有关内容，将在社会测量部分做详细介绍。

对抽象的概念或事物的经验研究是以变量分析为基础的，通过对变量之间关系的分析可说明事物之间的关系。在实际调查研究中，变量之间的关系除了因果关系之外，更多的是相关关系。

总之，社会调查必须使用变量的语言，因为它需要精确描述现象和事物的状态，需要了解某一现象的变化如何与另一现象的变化相联系。

（三）命题

命题指的是关于一个概念的特征或多个概念间关系的陈述。如“工业化水平高”是关于“工业化”这一概念的陈述；“工业化使得人际关系疏远”是关于“工业化”概念与“人际关系”概念之间关系的陈述。理论由一组命题构成，命题由概念构成。只有最简单的理论，才会只有一个命题。

命题具有不同的类型（见表 2－1），如公理（公设）、定理、经验概括和假设等。在实际调查研究中，最常用的命题类型是假设。

表 2－1　命题的类型

命题的类型	如何形成	可否直接检验
公理（公设）	来自定义或假定且为真	不可以
定理	由公理演绎而来	有些不可以，有些可以
经验概括	来自经验资料	可以
假设	来自演绎或经验	可以

（四）假设

假设是一种关于变量间关系的尝试性陈述，是可以被检验及有待被检验的命题，是对命题的操作化表达。

假设是命题的特殊形式，其特殊性在于：（1）一般命题中的基本元素是抽象的概念，假设中的基本元素是相对具体的变量；（2）假设中的变量关系可通过经验的观察进行检验。

假设的表达形式有多种：

（1）条件式："如果 A，则 B"。如"受教育程度高的人倾向于低的生育率"。

（2）差异式："A 不同，B 也不同"或"A 不同，B 相同"。如"年龄不同的人，生活方式也不同"或"年龄不同的人，在生活方式上没有差异"。

（3）函数式："A 是 B 的函数：A=f(B)"。

在调查研究中，很少用数学公式来表示两个事实之间的关系，而通常是以"本调查的目的在于探讨 A 与 B 之间的关系"这样的说法来代替。好的假设应该满足以下要求：

首先是科学性。尽管假设是一种有待验证的猜测，但这并不意味着可以毫无事实根据地推测和主观臆断。这就是说，假设要有一定的科学依据，要建立在明确的概念、已有的科学理论和科学事实的基础上，并且得到一定的科学论证。

其次是解释性。假设应当对调查对象做出初步解释，说明现象间的因果关系。尽管调查对象内部的关系可能十分复杂，但作为研究假设，必须对现象间的因果关系做出明确解释。

再次是清晰性。假设的语言必须明晰，而不能含混不清、模棱两可。它既要明确表达研究者对有关问题的假定性判断，又要使别人清楚地知道调查所要回答的问题的内容和性质。

最后是可检验性。调查所提出的研究假设必须是可以检验的。这就是说，假设必须是可以证实或证伪的，而不能是一个无法检验的胡乱设想或推测。

三、理论的层次

理论是一个具有不同层次的命题体系，可以分为宏观理论、中观理论和微观理论三个层次。

（一）宏观理论

宏观理论，又称一般性理论，它往往以全部社会现象或各种社会行为为对象，提供一种高度概括的解释框架。它的体系通常十分庞大，关注的是国家、社会、种族之类的宏大现象。如结构功能理论、交换理论、冲突理论等都属于宏观理论。宏观理论的概念也十分抽象，通常涉及的概念有文化、制度、结构、功能、系统等等。宏观理论虽然能够提供对社会的总体性解释，但是往往难以直接与具体的、经验的社会研究产生联系，更多是作为调查研究者观察问题、分析问题时所采取的一种理论视角或依据的一种理论背景。

（二）中观理论

中观理论，又称中层理论。它介于宏观理论与微观理论之间，以某一方面的社会现象或某一类型的社会行为为对象，提供一种相对具体的分析框架。它由有限的几组假定组成，通过逻辑推导可以从这些假定中产生能接受经验研究证实或证伪的具体假设。美国社会学家默顿提出了“中层理论”的概念，主张概念和命题应该更加紧密地结合在一起，理论要关注经验研究，要对理论的概念和命题进行澄清、阐述和表达，通过对有限的社会现象的理论描述和经验实证，最终形成复杂的理论。常见的中层理论有：社会流动理论、社会分层理论、角色理论、参照群体理论、越轨行为理论、组织理论等等。

（三）微观理论

微观理论，是指一组陈述若干概念之间的关系并在逻辑上相互联系的命题。微观理论关注的是个人和小群体的社会生活议题，关注的是从经验现象中概括出来的、操作层次上的、可以直接由经验材料或数据来证实或证伪的命题陈述。它具有三个重要特征：一是由一组命题构成；二是这些命题在逻辑上相互联系；三是其中的一些命题可以通过经验来检验。在具体的社会调查中，大多数理论属于这种形式的理论。例如，“受教育程度高的人倾向于低的生育率”“工业化导致人际关系疏远”等等。

从逻辑上讲，从宏观理论到中观理论再到微观理论，应该是一个完整的“理论链”，也就是说，理想的经验研究，应该与抽象程度不同的三种层次的理论相耦合。但是，在实际的社会调查中，目前所能达到的理论高度是中观理论，并且，研究者在不同研究中尝试把中观理论与微观理论结合起来，形成从理论概念到研究假设再到测量指标的过程，或者从经验事实中尝试概括出比较抽象的理论的逻辑过程。宏观理论只是一种方法论或范式。

第二节　理论建构与理论检验

了解理论的构成要素和建构逻辑，可以更好地提炼认识、积累知识，更好地理解我们所生活的世界。

一、科学环

在社会调查中，理论试图回答“为什么”的问题。社会调查是理论与研究不断相互作用的过程，是“理论—假设—观察—概括或检验—新的理论”的循环过程。美国社会学家华莱士在《社会学中的科学逻辑》一书中，提出并详细阐述了社会调查的这种逻辑过程（见图 2-1）。华莱士所提出的这一社会调查的逻辑模型，又被称为“科学环”。

在这一科学环中，研究者有两个入口：一个是从观察事实、记录事实入手，通过描述和解释他们所观察到的事实，形成经验概括并上升为理论。然后在理论的基础上做出预测，即对未知事物的假设，再通过观察新的事实以检验这种预测。另一个是从理论出发，由理论产生假设，再由假设导致观察，然后由观察形成经验概括，用这种概括支持、反对或建议修改理论，或提出新的理论。

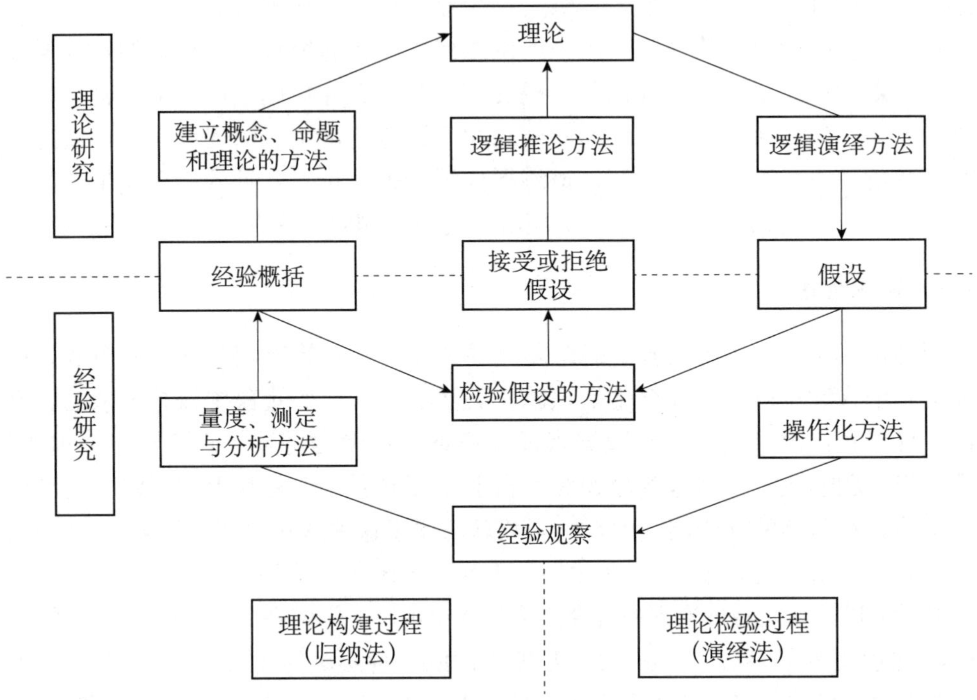

图 2－1　社会调查的逻辑过程

华莱士的科学环，左边意味着在观察和对观察的理解的基础上进行归纳和理论建构；右边则意味着从理论出发，通过演绎，将理论应用于观察中，进行理论检验。科学环的上半部代表着运用归纳和演绎等逻辑方法的理论化过程；下半部则代表着运用研究方法所从事的经验研究过程。[①]

在社会调查过程中，研究问题是调查研究的起点与基础，整个社会调查设计是围绕着研究问题而开展的。一般来说，在社会现实问题面前，具体的研究可以采取两种不同的研究路径。对于任何一项具体的社会调查来说，它往往只走完了上述圆环的一半。我们将圆环左边的调查研究路径称为归纳的程序，而将圆环右边的调查研究路径称为演绎的程序。前者强调理论建构，后者强调理论检验。

二、理论建构

（一）理论建构的过程

理论建构是以观察为起点，然后通过归纳推理，得出解释这些观察的理论。归纳的程序之所以是理论建构的主要路径，是因为在社会现象中，个别中包含着一般，一般存在于个别之中，同一类事物总是存在着相同的属性、关系和本质。因此，以大量的观察事实为依据，通过对事实加以比较，调查者就可以从特殊的、个别的事物归纳上升到一

① WALLANCE L L. The logic of science in sociology. Chicago：Aldine Atherton，Inc.，1971：18－23.

般，得出理论结论。在具体的社会调查中，归纳的程序主要分为两部分内容，一是从观察到概括，二是从概括到理论。

1. 从观察到概括

理论建构起始于对经验现象的观察。在确定了研究问题后，调查者可以直接深入社会生活中去收集与所要研究的问题有关的各种信息资料。调查者可以根据需要确定是采用定量还是定性的方式，不论采用何种方式，任务都是完成从具体的观察结果到对现象的经验概括。比如，可以采用问卷调查的方法，收集大规模的资料，通过描述统计，概括出样本的特征和规律，并以此推断总体结构和特征。同样，也可以采用观察、访问的方法，具体地、深入地、逐个地进行观察，并运用分类、综合等手段，提取出现象的内涵，形成对各个具体现象的具体描述。

所谓经验概括，就是指对现象反复出现的规律或特征的总结，或对变量之间反复出现的某种相互关系的说明，是对一种由经验数据证实了的变量特征或变量间关系的一般性阐述。

2. 从概括到理论

在将大量的、个别的、具体的现象上升为一般性的经验概括时，我们已舍弃了特定个案的特殊性，聚焦于现象存在的共性特征。但是要进一步提高人们对现象的认识，还需要对这种展示了现象某种规律的共性特征做出一种解释，即从经验概括中抽象出某种具有内在逻辑结构的概念间关系，形成关于这一现象及其背景的更为一般性的命题，初步建立解释和说明这样的现象的理论。

（二）理论建构的方法

理论建构主要需要解决两个问题：一是如何形成可检验的关于客观规律的陈述；二是如何建立命题之间的相互联系。理论建构的主要方法是归纳。所谓归纳，是指根据所观察到的事实以及结果或者结论产生普遍规则。

一般来说，归纳过程可以分为三个步骤：首先是观察，即积累研究经验和观察样本；其次是分析，即根据积累的研究经验和观察样本获得基本规律和共性；最后是概括，即系统地判断所获得材料的规律和特点，从个别、有限事物推广到一般、无限事物，得出理论性的结论，并将结论运用于对最初经验事实的说明与解释。在上述归纳过程中，需要特别注意以下三点：（1）形成概括基础的观察数目足够大；（2）观察必须能够重复；（3）所做的观察不能与所得到的普遍规律相矛盾。

归纳有经验归纳和统计归纳两种。经验归纳又分为列举归纳和排除归纳。列举归纳是通过简单枚举建立经验概括。例如，“所有的天鹅都是白色的”“大多数民族有自己的独特语言”等。排除归纳，即在许多命题中，排除不符合客观事实的命题，保留未被客观事实反驳的命题以建立经验概括。例如，“肺癌通常是由吸烟引起的”。统计归纳是根据统计资料归纳出的命题。

归纳法在系统地提出问题、得到带规律性的结论、建构解释现象的理论方面起着非常重要的作用。其缺点包括：一是只从对现有现象的观察入手，同样的经验事实可能归纳出不同的理论。这是因为在归纳的过程中，人们不可避免地加入了推测和假想，目的是在一定的历史和文化背景下为所研究的问题寻找一种较为合理的解答。二是通过有限的事物得出的普通的结论可能是错误的。例如，人们在观察100万只天鹅后，归纳出“天鹅是白色的”这一观点，然而，只要人们观察到一只黑色天鹅的存在，之前的命题便不再真实。

三、理论检验

（一）理论检验的原理

理论检验始于理论，由理论演绎地引出包含经验知识的结论，然后由观察和实验进行检验。理论检验是一种演绎推理的过程，即从一般到特殊。

所谓演绎，是指从一般结论推演出具体的事实或判断。演绎的三段论是以一个普遍承认的原则（或定理、定律）为前提，推演到特定的事例，最后得到一个肯定结论的逻辑推理方法。如下例所示。

大前提：凡是学生都有学号。

小前提：李彬是个学生。

结论：所以李彬有学号。

三段式逻辑推理有两个基本要件：一是有效论证。论证之结论，必须由前提推演而来，只有在两个前提均真实时，所得到的结论才会真实。二是演绎式论证。通常大前提是一种普遍的原则，小前提是特殊事例，结论则为从大小前提推演而得的新命题。

演绎可以分为形式演绎和内容演绎。前者依据的是前提的形式及其组合，而不是前提的内容，其推理的基础是事物的种属关系。后者依据的是研究对象的发展过程的关系。演绎的结果不是前提中一般原理的运用，而是全新的论断。演绎法在帮助人们检验一种理论、判断一种理论的正确性与解释力方面起着至关重要的作用。

在实际调查中，观察的目的是对理论的价值提供检验，亦即检验从理论中演绎推理出的命题。如果命题成立，理论就得到了支持；如果命题不成立，理论就要被拒绝或修改。

例如，为了检验“父母间的冲突程度而不是离婚本身影响了孩子的幸福感”这一理论，可以针对不同家庭条件下孩子的幸福感进行假设。“父母间的冲突程度而不是离婚本身影响了孩子的幸福感”这一理论有四个基本“条件”（见表2-2），对于每一个“条件”，理论都能给出可供检验的假设。

表2-2 父母离婚、冲突与孩子幸福感的关系

		父母离婚	
		否	是
父母冲突程度	低	a	b
	高	c	d

命题 1：情形 a 和情形 b 中的孩子同样幸福。也就是说，在父母冲突程度低的情况下，父母处在婚姻中的孩子和父母已经离婚的孩子同样幸福。

命题 2：情形 c 和情形 d 中的孩子都不幸福。也就是说，在父母冲突程度高的情况下，父母处在婚姻中的孩子和父母已经离婚的孩子都不幸福。

命题 3：情形 a 中的孩子要比情形 c 中的孩子幸福。也就是说，当父母同样处在婚姻中时，父母冲突程度低的孩子比父母冲突程度高的孩子幸福。

命题 4：情形 b 中的孩子要比情形 d 中的孩子幸福。也就是说，父母离婚但冲突程度低的孩子比父母离婚且冲突程度高的孩子幸福。

命题 5：情形 b 中的孩子要比情形 c 中的孩子幸福。也就是说，父母离婚但冲突程度低的孩子要比父母处在婚姻中但冲突程度高的孩子幸福。

命题 6：情形 a 中的孩子要比情形 d 中的孩子幸福。也就是说，父母处在婚姻中且冲突程度低的孩子比父母离婚且冲突程度高的孩子幸福。

任何单一命题都无法对原创理论提供有说服力的检验。如果将命题组合在一起，整个命题组就能提供比任何单一命题都更强有力的理论检验。

（二）理论检验的过程

理论检验遵循的基本路径可以概括为：理论—研究假设—收集与分析资料—接受或拒绝假设—评估理论。在具体的调查研究中，理论检验的步骤如下：

（1）明确待检验的理论。待检验的理论是整个理论检验过程的出发点。

（2）从理论中导出一组概念化命题。所谓命题，即关于一个或多个概念（变量）的陈述。陈述中的概念是抽象的，不能被直接观察。

（3）用可检验的命题形式重述概念化命题。即将命题转化为假设，把抽象的概念翻译成具体的、可直接观察的事物——这是操作化的过程。通过对命题的操作化处理，可明确知道要观察什么。

（4）搜集有关资料。即根据操作化的命题，通过实地调查、实验等方式搜集所需资料。

（5）分析资料。即首先看有多少证据支持可检验的命题；其次，看有多少证据支持概念化命题；最后，看有多少证据支持原来的理论。

（6）评价理论。一项理论检验研究的结果通常是含糊和冲突的。理论可能在某些方面得到支持而在另一些方面得不到支持。正是研究结果中所包含的这些含糊和冲突，促使人们去思考、完善和发展原来的理论，并探寻新的理论解释。

在社会调查中，归纳法和演绎法这两种研究程序都具有非常重要的作用。在具体操作中，调查者可以依据研究主题、研究目的以及研究方式来选择不同的研究路径。

四、假说演绎法

（一）假说演绎法及其做法

假说演绎法，又称为假说演绎推理，是指在观察和分析基础上提出问题，再通过推理和想象提出解释问题的假说，然后根据假说进行演绎推理，通过实验检验演绎推理的结论。这是一种将归纳和演绎两种逻辑推理过程有机结合起来的方法，是社会调查中常用的一种科学方法。其具体做法是：

首先，观察一种现象或一组完整的事件。其次，对观察的结果进行概括，形成一种能够解释所观察的现象或事件的理论，再运用逻辑推演从该理论中推导出一组理论命题，即理论假设。最后，通过观察，用具体的材料来检验理论假设。假设若被证实，则理论成立；假设若被证伪，则要对理论做出修正或推翻原有理论、发展新理论。

假说演绎法的一般过程为：提出问题—建立假说—模拟实验—演绎推导—实验检验—得出结论。

（二）如何提高可靠性

假说演绎推理，实质上是一种解释归纳推理，即通过归纳得到的结论只能是一个假说，而这个假说的合理性有多大，即归纳所得结论的可靠性有多大，需要接受事实的检验。如果假说能够合理地解释已知的或可预测的经验事实，假说的确证度就增大了。为了提高结论的可靠性程度，必须注意以下几点：

（1）前提中从假说能够演绎地解释的已知事实越多，结论（假说）就越可靠。

（2）前提中从假说能够演绎出关于未知事实的预测越多，并且后来都被证实，则结论（假说）越可靠。

（3）前提中用来确证假说的经验事实越具有严格性和严峻性，结论（假说）越可靠。

（4）前提中演绎出来的对现有事实的解释或对未知事实的预测，如果与观察实验的结果不相符合或相违背，结论（假说）的可靠性程度就会降低，甚至结论（假说）有可能被推翻。

第三节　理论与经验研究的关系

理论和研究是学科发展的两个相互依存的方面。“没有理论，经验性社会研究工具的使用就是经验主义。而缺少经验性的检验，关于社会的理论就是一种不负责任的或轻率的意识形态。”①

一、理论和经验的关系

经验研究很容易陷于简单的描述，难以获得原创性的发现，做出实质性的理论贡献。所谓“透过现象看本质”，就是透过事物外在表现出来的“现象”，去领悟它的内在本质。现象和本质有明显的差别。现象是事物的外在方面，是表面的、多变的、丰富多彩的；

---

① 阿特斯兰德．经验性社会研究方法．北京：中央文献出版社，1995：300.

本质是事物的内在方面，是深藏的、相对稳定的、比较深刻和单纯的。因而，现象是可以直接被认识的，本质则只能间接地被认识。在社会调查中，现象可以通过“小切口”去观察，从而发现藏在现象背后的本质。如果说现象是 A，理论是 B，则通过“小切口”呈现和解剖 A 是为了揭示和阐释“大问题”B。什么是“大问题”？“大问题”是指理论和实践上的大问题，体现了学术研究的自主性和自觉性，超越了具体的数据或个别的事实而包含的理论张力。

研究“大问题”有两个基本的指向：一是在方法论层面透视、建构大的理论。这个指向实际上反映了如何与既有的理论资源进行对话的问题，最后导向对既有重大理论的补充、修正或重塑等。二是“切入”大的现实问题，要与精彩而生动的实践勾连起来。例如，行政审批制度改革、公共服务均等化、数字乡村建设等。当然，这些实践问题也需要通过相关的理论话语构成理论，也即从个别或具体现象中提炼出一般性的重大理论命题。如果没有 A 而谈 B，就可能沦为无本之木，缺乏实证，而 B 正是从 A 的事实和经验中提炼和升华出来的。如果没有 B 而只有 A，就容易限于就事论事，无法获得认知或知识上的积累。两者是“事”与“理”的关系，既是相互关照的，也是紧密联系的。

如何实现从经验到理论的升华呢？调查者可以参照某些成功的个案研究，比如科斯、张五常、周其仁等对真实世界的经济学研究，边燕杰对社会关系在中国人的求职过程中的作用的研究，从中找到灵感和启发。如果对历史无感知，对思想无触摸，就不可能得到“小切口”，也很难发现“大问题”。

二、理论对经验研究的贡献

从经验概括中得出理论，并不是理论解释过程的终点。理论不仅为人们提供了认识和理解社会的一般框架，同时也指导着具体的经验研究。

1. 提供研究视野和概念框架

理论作为研究的基础、背景，是研究问题产生的重要来源之一，许多经验调查直接来源于理论并服务于理论。同时，理论也为具体调查提供特定的视野和概念框架。在学科理论的指导下，理论概念被转化为具体研究运用的概念，从而界定调查对象的范围，制定出各种测量指标。例如，对于家庭的调查，只有根据家庭社会学关于家庭的理论，才能确定其范围，制定出具体的测量指标。

2. 指导研究方向

理论可以指导研究者去收集特定的事实，告诉研究者哪些事实与研究有关，如何规划调查步骤、设计调查方案。

对于定量研究来说，理论是设计调查问题或假设以及进行数据收集的依据。理论可以在调查研究的各个阶段出现。在开始阶段，理论充当了调查的基础或视角，是梳理文献、形成假设或研究问题的逻辑延伸，帮助解释变量“为什么”相互联系以及是“怎么样”相互联系的。在研究阶段，把概念应用于研究，以“如果……就……”的逻辑形式将自变量与因变量联系起来，运用理论进行因果分析。

对于定性研究来说，理论可能在最后阶段出现，其形式可能是通过调查研究抽象出的理论、模型，或是由信息收集和分析逐步归纳得出的概括（见图 2－2）。当然，定性研究并不完全排斥理论，有时会在一定的理论思维下开展具体调查研究。

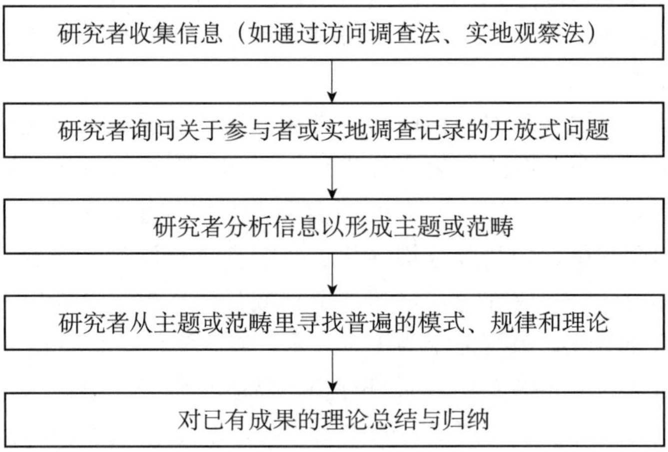

图 2－2　定性研究的理论运用

3. 提供研究解释

在资料的分析过程中，如在相关变量的选择方面，为什么用变量 X_1 与 X_2 进行相关分析，而不用变量 X_3 与 X_2 进行相关分析，或者为什么选取变量 X_1、X_2、X_3 与变量 Y 做相关分析，而不选取变量 X_5、X_6、X_7 与变量 Y 做相关分析，都与研究者所依据的理论有关；还有对变量之间相关关系及因果关系的判断和解释等等，也都离不开理论框架的指引和正确的逻辑分析。只有依据理论，才能为所观察到的各种现象、各种联系提供解释，才能将零散的研究结果升华为科学的研究结论。

三、经验研究的理论功能

对于在现实世界中观察到的每一种社会现象，都可以用不止一种理论做解释。经验研究所起的作用并不仅仅是被动地为理论服务，即被动地检验理论、证实理论。它还扮演着另外四种主动的角色，即开创理论、重整理论、检验理论和澄清概念与厘清机制。

1. 开创理论

越是富有成效的经验研究，就越可能成为新的假说和理论的发源地。经验研究中新的研究方法和研究技术的运用，不仅有助于拓展研究者探索现实、建立理论和检验理论的能力，而且有助于研究者形成新的理论兴趣点，不断为研究者开拓建立新理论的窗口和途径。比如抽样技术、计算机统计软件、数据库、扩展个案方法、网络调查法、大数据调查法等等新的研究技术、方法的出现和应用，使研究者能够获得许多原先无法得到或无法利用的新资料，而这些新资料又会促使研究者形成新假设，并产生新的理论关注点。如威利斯通过对中学“坏小子”的质性研究，提出了工人子弟的反学校权威文化再生产其父辈阶层地位的理论。默顿特别强调，“不期而遇、异乎寻常和有关全局的经验事实”，构成了一种“偶发机遇模式”。就像在霍桑工厂所进行的管理实验一样，研究者所关注的本来是劳动条件与工人生产的产量之间的关系，结果意外地从实验中发现了著名的“霍桑效应”——那些意识到自己正在被别人观察的个体具有改变自己行为的倾向。

2. 重整理论

任何一种具体的理论都具有某种相对性，其往往主要针对现实中的某一特定现象或过程。但是，在实际社会调查中，人们往往会发现一些原有理论框架和概念体系未注意到的新的事实。这些事实产生了一些新的变量，迫使研究者把这些新的变量与一种具体的理论相结合，导致原有理论的重整，以及原有概念体系的扩展。如周雪光通过研究提出了逆向软预算约束理论，从而修正了科尔奈的软预算约束理论；西尔维亚等通过研究提出了炫耀性忙碌理论，从而为凡勃伦的炫耀性休闲理论添加了限定性条件。

3. 检验理论

所有科学命题都要有可证伪性，不可证伪的理论不能成为科学理论。如果根据一个理论得到的结论是 X 与 Y 呈正相关关系，但在现实生活中好像不是这样，这时就需要实证的检验。可能存在的问题是，既有的理论没有正确地捕捉到现实中 X 与 Y 的关系，或者说没有捕捉到 X 与 Y 的关系中更重要的方面。经验的研究不仅可以检验 X 与 Y 到底呈正相关还是负相关，还可以通过以现有的某个理论——往往是宏观理论，如马克思主义理论、女权主义理论、后现代主义理论、结构功能理论、全景敞视主义理论等——为指导，在某个具体的研究领域提出创新性的实质理论。如思迈斯把马克思主义的剩余价值和剥削理论应用到电视观众研究中，提出了观众商品理论。当然，还可以把适用于某个领域的理论，扩展至一个新的领域，如厄里把福柯的医疗凝视理论扩展应用到旅游领域，并提出了旅游凝视理论。

4. 澄清概念与厘清机制

概念是理论建构的砖石，而概念含义的准确、清晰，则是进行理论建构的基础与前提。经验研究的一个基本要求就是对概念进行界定。同时，经验研究还通过对变量的选取和对指标的确定来澄清概念。这种被称作“概念操作化”的过程，要求研究者将概念的内涵与外延、概念的维度、概念的层次性等等弄得清清楚楚。因为只有这样，研究者才能设计出科学的指标。厘清机制，就是判断因果关系是如何形成的。例如，国外有个很著名的争论，就是关于教育的发展至少可以提出两种办法：第一是培训师资，第二是缩小班级规模。政府在投资时，不仅仅要弄清楚师资与学生成绩之间、班级规模与学生成绩之间的相关性是正是负、是否显著，更要知道是把这笔钱花在培训师资上还是缩小班级规模上更有效率。

总之，理论与经验研究之间是辩证的关系，经验研究越是被理论系统指引，它的结果就越可能对学科的发展和知识的累积做出贡献。反过来，经验研究的开展也能验证理论，推动理论的发展。

本章要点

1. 理论是以一种系统化的方式将经验世界中某些被挑选的方面概念化并组织起来的一组具有逻辑关系的假设或命题。理论具有以下三个特征：一是理论来自经验实践；二是理论来自抽象的、系统的认识；三是理论的目标是对经验事实做出解释，这种解释具有说明性、有效性和一般性的特点。

2. 理论的构成要素有：概念、变量、命题和假设。

3. 理论和研究是一个永恒循环的两个相对的组成部分。理论鼓励人们去进行可以用来证实或反驳它的研究，而研究的成果则被用来证实、否定或修改这一理论，同时也为新的理论的建立提供依据。

4. 理论建构是以观察为起点，然后通过归纳推理，得出解释这些观察的理论。理论检验是以理论为起点，通过演绎推理，做出预言或预测，并通过对实际事物的观察来检验预言或预测的正确性。

基本概念

理论　概念　变量　命题　假设　宏观理论　中观理论　微观理论　归纳法　演绎法　科学环　理论建构　理论检验

思考与练习

1. 为什么社会调查中常见的理论只是某种“中观理论”，甚至只是陈述“变量之间关系的假设”？

2. 理论的构成要素有哪些？它们之间的相互关系是怎样的？

3. 简述理论建构的过程。

4. 何谓假说演绎法？简单谈谈其具体做法。

5. 理论对研究的主要作用体现在哪些方面？用实际研究中的例子说明理论的作用。

6. 经验对研究的主要作用体现在哪些方面？用实际研究中的例子说明经验对理论的贡献。

7. 定性研究需要提出研究假设吗？

推荐阅读书目

1. 布拉克斯特，休斯，泰特．如何做研究：社会科学研究指南．北京：北京联合出版公司，2021.

2. 多纳，赫文．社会科学研究：从思维开始．重庆：重庆大学出版社，2020.

3. 纽曼．社会研究方法：定性和定量的取向．北京：中国人民大学出版社，2007.

4. 邓津，林肯．定性研究（第1卷）：方法论基础．重庆：重庆大学出版社，2007.

知识点

研究策略的比较

困难与对策

数据驱动与理论驱动：知识发现与深层考问

第二篇

准备阶段

本篇着重探讨社会调查准备阶段的几项工作，学习这一篇的目的是：

掌握社会调查的一般程序，了解准备阶段、调查阶段、研究阶段、总结阶段的主要任务，掌握调查指标及其操作定义的设计方法，着重明确准备阶段的几个关键环节。

弄清社会调查的四种类型和各种分类，了解抽样调查、评估调查、个案研究和行动研究的概念和特点，着重掌握随机抽样的几种方法，探讨随机抽样调查中应该注意的几个问题。

了解社会指标、社会指标体系的概念和类型，学习社会指标体系的综合评价方法；弄清社会测量的概念和层次，掌握抽象社会指标的测量方法。

第三章
社会调查的程序和准备

社会调查是人们认识社会现象的一种自觉活动，必须根据人的认识规律进行科学安排，制定好各个阶段的任务清单，保证社会调查顺利进行。

第一节　社会调查的一般程序

人的认识是按照“实践—认识—再实践—再认识”这种形式循环往复不断前进的，社会调查也应该按照“调查—研究—再调查—再研究”这种形式不断发展。但就一项社会调查来说，它的程序一般可分为四个阶段，即准备阶段、调查阶段、研究阶段和总结阶段。

一、准备阶段

准备阶段的主要任务是：选择调查课题，进行初步探索，设计调查方案。其中，正确选择调查课题是搞好社会调查的首要前提；初步探索是社会调查的重要基础，为研究调查课题探寻可供选择的方向和道路；科学设计调查方案是保证社会调查取得成功的关键步骤。

准备阶段是社会调查的决策阶段，是社会调查工作的真正起点。社会调查的组织者必须舍得花大力气做好这个阶段的工作。实践证明，许多大规模的调查（如全国人口普查）、比较复杂的社会调查（如中国家庭追踪调查、中国综合社会调查），往往需要几个月甚至几年时间做准备，而实施实地调查的时间却少得多。

二、调查阶段

调查阶段的主要任务是：按照调查设计要求，做好对调查对象资料的搜集工作。

如果采用直接调查方法（如代填式问卷调查、实地观察、个案或集体访问、实验调查等），那么社会调查的组织者要特别注意做好这个阶段的外部协调和内部指导工作。

直接调查的调查阶段，是调查者与调查对象接触的唯一阶段，是获取一手材料的关键阶段，也是受外部因素影响最大而又无法完全控制的阶段。要顺利完成调查任务，必须做好外部协调工作：一是充分与被调查地区或单位沟通和协调，争取它们的支持和帮助。二是密切联系调查对象，争取他们的理解和配合，不做违背他们意愿、损害他们利益或感情的事，决不介入他们的内部矛盾。同时，社会调查的组织者必须亲临第一线，集中精力做好内部指导工作，力求以最少的人力、最短的时间、最好的质量完成现场调查任务。一般地说，在调查阶段初期，应注重调查员的实战训练和调查的质量控制，帮助调查员熟悉调查流程、统一调查标准。在调查阶段中期，应注意总结交流调查工作经验，及时发现和解决调查中出现的新情况、新问题，保证调查工作的平稳推进。在调查阶段后期，要狠抓调查扫尾工作，严格检查和初步整理调查资料，及时发现问题和就地解决问题。

如果采用间接调查方法（如文献调查、自填式问卷调查、网络调查、大数据调查等），那么社会调查的组织者要做好两方面工作：一是与拥有调查对象（如纸质文献、电子文献、电子记录等）或设备（如网站等）的单位做好协调工作，争取它们的支持和帮助。二是组织调查员做好调查对象（如纸质文献、电子文献等）有关资料的摘录、下载，以及自填式问卷调查的问卷发放和回收等工作。

社会调查运用的资料具有多样性，包括调查数据、历史文献、工作日记、口述纪要、影像材料、碑文印刻、族谱家书、文字档案、事件轨迹以及行为过程记录等。这些材料有些可以数据化，有些不能，但同样能反映社会行为的特质。例如，战争的惨烈状况既可以用伤亡人数，也可以用亲历者的日记、回忆、绘画、对话甚至行为及心理状况来证明。

三、研究阶段

研究阶段的主要任务是：资料整理、统计分析和思维加工。

资料整理，就是对定性资料（如观察记录、访问、记录等）、统计资料和问卷数据进行整理、分析，使之条理化、系统化。特别是让定性资料以集中、简明的方式反映调查对象的总体情况和主要特征，并挖掘出资料中内在的信息，对相关支持论点或理论进行理解和解释。

统计分析，就是借助计算机软件，运用统计方法研究社会现象的数量关系，揭示事物的发展规模、水平和结构，说明事物的发展方向、速度和特征等，为思维加工提供准确、系统的数据。

思维加工，就是运用科学的思维方法，以及与调查课题相关的各专门学科的理论和方法，对审查、整理后的文字资料和统计分析后的数据进行分析研究，说明社会现象之间的相关关系或因果关系，检验研究假设，得出研究结论。如果是应用性调查课题，那么还应提出对策性建议。

总之，研究阶段是社会调查的深化、提高阶段，是从感性认识向理性认识飞跃的阶段。社会调查能否出成果，以及成果质量的高低、社会作用的大小，在很大程度上取决于这个阶段的工作。

四、总结阶段

总结阶段的主要任务是：撰写调查研究报告。

调查研究报告是调查研究成果的集中体现，是将社会调查过程和结果传达给他人的重要途径。调查研究报告的呈现形式有学位论文、期刊论文和会议论文等。

在实际调查工作中，上述四个阶段是互相连接的，有时还是互相交错的，它们共同构成了社会调查的完整过程。

第二节　社会调查的设计

社会调查设计是指在确定了调查课题以后，针对调查课题如何开展所进行的研究规划。一份详细、周密的调查方案是社会调查顺利实施的可靠依据与保证。

一、调查方案的主要内容

社会调查方案是一份研究规划的说明书，是对研究设想的阐述，并对研究程序与步骤、研究方法等做详细的规定。它主要包括以下内容。

（一）调查目标

调查目标包括三个方面：一是研究成果目标。即：通过社会调查要解决什么问题？要将问题解决到什么程度？是只了解一般情况，还是要探究因果关系？是做学术性探讨，还是要提出对策性建议？二是成果形式目标。即：调查成果用什么形式表现出来？是做口头汇报或演讲，还是撰写调查研究报告？三是社会作用目标。即：调查是供有关方面做决策参考，还是做舆论宣传？是做学术研究，还是与同行论争？

（二）调查类型

调查是采用普查、抽样调查，还是采用个案研究、实验调查、网络调查？如果采用抽样调查，是采用非随机抽样，还是采用随机抽样？如果采用随机抽样，是采用简单随机抽样，还是采用等距随机抽样、分类随机抽样、整群随机抽样，抑或是采用多阶段随机抽样？调查类型、抽样类型不同，调查方案的设计就会大不相同。

（三）调查内容和工具

调查内容和工具是调查方案设计的关键或核心。调查内容主要通过社会指标、调查指标反映出来，设计社会指标、调查指标的过程，就是设计调查内容的过程。调查工具是指调查指标的物质载体，如调查提纲、调查表、调查问卷以及各种量表等。设计的调查内容必须通过调查工具表现出来。因此，设计调查指标的过程，实际上就是设计反映社会指标、调查指标的调查工具的过程。此外，调查中使用的各种物质手段，如录音笔、照相机、摄影机等，也应在调查前做好安排和准备。

（四）调查地域

社会调查在什么地区进行，是农村、小城镇，还是城市？社会调查在多大范围内进行，是社区、乡镇或街道，还是县市、地市、省市，甚至全国或跨国？调查地域的选择主要取决于调查课题的客观需要和调查主体的现实可能。

（五）调查时间

调查时间是指社会调查在什么时间进行，在多长时间内完成。不同的调查课题有不同的最佳调查时间，例如：人口调查的最佳时间，是人口流动最小、各种干扰最少、实施现场登记最方便的时间；集贸市场调查的最佳时间，是市场交易最活跃的时间；等等。另外，调查方法和规模不同，调查工作的周期也不相同。例如，实验调查法的周期就比实地观察法的周期长得多。因此，对于调查工作的时间应该事先进行科学选择和设计。

（六）调查对象

调查对象是指实施现场调查的基本单位及其数量。实施现场调查的基本单位既可以是个人、家庭、群体、组织、部门、小区，也可以是各种社会事物（如住宅、耐用消费品等）或社会现象（如教育、医疗、婚姻、犯罪等）；调查数量既可以是个别（如典型调查）、部分（如抽样调查），也可以是全部（如普查）。在设计调查方案时，对调查的基本单位、数量及选取方法等，都应该根据客观需要和现实可能做出具体设计和安排。

（七）调查方法

调查方法包括资料搜集方法和资料分析方法。一般地说，调查方法的选择主要取决于调查课题和调查内容的客观需要。但是，对于同一调查课题往往可以采取不同的调查方法或者同时采取多种调查方法。究竟如何选择，主要取决于调查主体的现实条件和主观意愿。

（八）调查队伍

除了个人单独进行的社会调查外，一般较大规模的社会调查都存在着组织调查队伍的问题，包括如何选择调查员，如何形成合理的组织结构，如何培训调查员、提高调查员素质，以及如何合理使用、有效督导调查员，等等。

（九）调查经费

社会调查的经费，包括总体方案策划费、抽样方案与调查问卷设计费、调查问卷印刷费、调查实施费（包括选拔、培训调查员的费用，试调查的费用，交通费，调查员劳务费，管理督导人员劳务费，礼品或谢金费，复查费，等等）、数据录入与统计分析费、调查报告撰写费，以及资料费、复印打印费、通信费等。如何筹集、管理和使用调查经费，怎样用最低的调查成本取得最好的调查成果，是设计调查方案时不可缺少的重要内容。

（十）调查工作安排

调查工作安排主要指调查任务和调查时间的安排。调查任务的安排，要力求合理、平衡，符合调查员的实际能力；调查时间的安排，既要有紧张的节奏和合理的交叉，又要留有余地，以应对可能发生的意外。

二、设计调查方案的基本原则

（一）实用性原则

设计调查方案必须着眼于实际应用，只有实用性强的调查方案才能真正成为调查工作的行动纲领。要贯彻实用性原则，就必须从调查课题的客观需要和调查者的实际条件出发，慎重设计调查方案。例如，调查范围的大小、调查对象的多少，在很大程度上取决于调查员的多寡、调查时间的长短和调查经费的多少。调查员多、调查时间长、调查经费充足，调查范围就可大一些，调查对象就可多一些。反之，就应适当缩小调查范围，减少调查对象。

（二）时效性原则

设计调查方案必须充分考虑时间效果，特别是一些应用性调查课题往往有很强的时效性。例如，市场调查就必须赶在市场需求发生重大变化之前拿出调查成果，否则会失去调查的意义。对于某些对策性、预测性课题，更应超前调查，尽早拿出调查成果。当然，许多基础性、学术性调查课题往往需要做深入、持久、反复的调查，因此其调查工作周期会适当长一些。

（三）经济性原则

设计调查方案必须尽可能节约人力、物力、财力和时间，力争用最少的人力、物力、财力和时间投入，取得最好的调查效果。例如，在调查类型的选择上，能够做抽样调查的就不做普查，能够做典型调查、个案研究的就不做抽样调查。在调查方法的设计上，能够通过文献调查解决的问题，就不去做现场调查；能够通过观察、访问解决的问题，就不去做实验调查。在调查范围的大小、调查对象的多少、调查时间的长短、调查员的安排等方面，也都应该尽量节约。

（四）弹性原则

任何调查方案都是事前的设想和安排，它与客观现实之间总会存在或大或小的差异。

许多社会环境因素是调查者无法预见和控制的。在实际调查过程中，往往会出现一些意想不到的新情况、新问题。因此，在设计调查方案时，对于调查工作的安排和要求，应有一个上下左右调整的幅度，保持一定的弹性。同时，对于某些重大、复杂的调查课题，往往需要设计出几套不同的调查方案，以便随着调查现场实施情况的变化及时调整调查方案。

三、可行性研究的几种方法

（一）逻辑分析

逻辑分析，即用逻辑方法检验调查设计的可行性。例如，要调查人口的城乡结构，而设计的调查指标却是“农业人口”和“非农业人口”，这样调查出来的资料是不能正确说明人口的城乡结构的。因为，“农村人口”不等于“农业人口”，“城镇人口”也不等于“非农业人口”。“农村人口”与“城镇人口”是按居住地域划分的，“农业人口”与“非农业人口”是按行业类别划分的，它们的内涵和外延都存在着很大差异。上述设计混淆了“农村人口”与“农业人口”、“城镇人口”与“非农业人口”这两对概念，违反了逻辑学上的同一律，因而无论调查结果如何，都不可能正确说明人口的城乡结构。

（二）经验判断

经验判断，即用以往的实践经验来判断调查设计的可行性。例如，根据以往经验，在调查类型的选择上，对于新生事物的调查，就不能选择普查或抽样调查；在调查方法的设计上，对于文化程度较低的调查对象，就不宜采用自填式问卷调查方法；在调查时间的设计上，对于农村调查，一般不应选择在农忙季节进行；在调查地域的设计上，如果人力、物力、财力和时间有限，就不宜选点过远、分布过广；等等。总之，在调查方案设计出来后，可请有经验的专家或实际工作者对调查方案的可行性做出判断或评价。

（三）试调查

试调查，即通过小规模调查来检验设计的调查方案的可行性，并根据试调查结果来修改和完善调查方案。逻辑分析和经验判断这两种方法简便、易行，是调查方案可行性研究中最常用的方法。但是，它们有很大的局限性。逻辑分析方法主要适用于对社会指标和调查指标的设计进行可行性研究，而对其他方面的可行性研究很难适用。此外，有些调查指标的设计在逻辑上是正确的，在实际调查中却行不通。例如，“闲暇时间”的抽象定义是“人们在劳动时间之外，除去满足生理需要和家务劳动的时间之后，剩下来可自由支配的时间”。它的操作定义是“闲暇时间＝24 小时－工作或劳动时间－上下班路途时间－睡眠时间－家务劳动时间－必要的个人生活时间（如吃饭、大小便、盥洗等）”。这一设计，在逻辑上没有错误，但是在农村调查中往往不适用。例如，农村青年边照看庄稼边玩手机、听音乐，农村妇女边照顾孩子边打麻将，应该如何计算他（她）们的闲暇时间？经验判断方法的局限性更为明显，因为人们的实践经验不同，判断能力不同，即使是经验丰富、判断能力强的人，也只能判断自己比较熟悉的东西，而对于新事物、新情况、新问题就很难单凭经验做判断。因此，仅仅用逻辑分析和经验判断方法还不能最终说明调查方案的可行性。试调查才是对调查方案进行可行性研究的最基本、最重要的方法。

第三节　社会调查的关键环节

做好社会调查必须把握关键环节。

一、选择调查课题

社会调查总是从提出问题开始。选择调查课题，是指在社会现实或学术研究领域中选择和确定自己需要调查的问题。善于提出问题是正确认识问题和解决问题的前提。

（一）选题的标准

选择调查课题，不仅是社会调查目的的集中体现，是调查者的指导思想、社会见解和学识水平的具体反映，而且直接影响到调查质量和调查结果。一般来说，人们通常采用下列标准作为选择课题的依据。

1. 重要性

重要性指调查课题应具有理论意义和实践意义或应用价值。调查课题的理论意义主要是指课题对一门学科的发展、对某种理论的形成或检验、对社会规律的认识、对社会现象的解释等所做的贡献。调查课题的实践意义或应用价值主要是指课题能对现实中存在的社会问题进行科学回答，并能对解决或改善这类社会问题提供建议和对策。张载的“横渠四句”——“为天地立心，为生民立命，为往圣继绝学，为万世开太平”，也可以引申到调查研究中。调查就是为了解决问题，在当前和今后一个相当长的时期内，调查者都应围绕着习近平新时代中国特色社会主义思想、推进中国式现代化、实现中华民族伟大复兴的客观需要选择调查课题。

2. 科学性

科学性指在科学理论指导下选择调查课题。这里所说的科学理论，首先是指被实践反复证明了的和不断发展着的科学世界观和方法论——辩证唯物主义、历史唯物主义，同时也包括与调查课题有关的各专门学科的科学理论。要在科学研究的前沿选择调查课题，关注科学研究的前沿、热点和动态，开展学术对话，进而确立自己研究的边际贡献。如孔飞力的《叫魂：1768年中国妖术大恐慌》[①]，不仅首次调查了“叫魂”现象，而且通

---

① 孔飞力．叫魂：1768年中国妖术大恐慌．北京：生活·读书·新知三联书店，2014.

过“叫魂”的故事，与韦伯的官僚制理论进行了对话，提升了研究的学术价值。

3. 创造性

创造性指社会调查作为一种科学的认识活动，它的每一项具体调查都必须能够在某些方面增加人们对现实世界的认识，能够为人们了解、理解、熟悉和掌握现实社会生活中的各种现象、各种问题、各种规律提供新的内容。当然，对创造性应做全面理解。它应该包含三类情况：一是研究对象是未被其他人调查研究过的新的社会现象。如上文提到的“叫魂”现象。二是社会现象已经被调查研究过，但可以采用一种新的理论或是新的方法重新进行调查研究。如郑姝莉的《“请客不收礼”：一个村落的仪式性礼物交换与互惠变迁》[①]，透过礼金的“收”与“不收”反映农村家庭阶层流动中的复杂情感，并通过制度化理论分析资助型互惠与关系延续型互惠的变迁过程。三是社会现象已经被调查研究过，但其在现实生活中发生了很大变化，需要重新调查这一现象的基本状况，并在此基础上进行解释和分析。如随着时代的变化，人口问题不断地被重新认识。

4. 可行性

可行性指选择的调查课题要与调查主体、调查客体和调查环境的客观需要和现实可能相符合。就调查主体而言，选择的调查课题要与调查者的理论素养、知识水平、实践经验等条件相适应，甚至与调查者的性别、年龄、语言、体力等纯生理因素相适应。就调查客体而言，选择的调查课题必须与客观事物的发展程度、与调查对象的回答能力和合作意愿相符合。就调查环境而言，选择的调查课题必须与当时当地的经济、政治、文化、社会、生态环境相适应。

上述四条标准既互相区别又互相联系。重要性标准指明了社会调查的根本方向，科学性标准体现了社会调查的内在要求，创造性标准反映了社会调查的本质特征，可行性标准说明了社会调查的现实条件。只有全面、综合地把握这四条标准，才能正确选择调查课题。

（二）选题的来源

调查课题的选择和确定是一个过程，而不能简单地一蹴而就。在选择和确定调查课题时，除了要明确调查课题的边界外，更为重要的是确定在调查课题中你想要解决或探索的问题是什么，也就是人们通常所说的“问题意识”。选题的来源主要有以下几个方面。

1. 来源于理论思维

在社会调查中，研究问题的产生依赖于调查者的知识结构和理论素养。如果没有足够的知识和理论储备，就不能对社会生活的各种现象进行思考，就不能提出疑问，也就无所谓“问题”。科学理论是对客观事物本质及其发展规律的正确反映，对人们正确认识新事物具有指导意义。因此，只要自觉地以科学的世界观、方法论和与调查课题有关的科学理论为指导，并努力把理论与实际结合起来，就有可能从现有科学原理中推导出新

---

① 郑姝莉．“请客不收礼”：一个村落的仪式性礼物交换与互惠变迁．北京：社会科学文献出版社，2022.

问题。面对不同的理论流派，可以尝试建立一个新的理论范式，从而调和这些看似有冲突的理论。比如制度主义/理性选择取向与文化研究取向，结构主义与建构主义，冲突范式与和谐范式，多元主义与精英主义，现代化理论与依附理论，这些看似针锋相对的理论传统是否可以调和乃至整合出新的理论范式？

2. 来源于经验生活

生活实践是社会调查课题最主要、最丰富的来源。经验生活中的日常琐事看似简单，但实际上隐藏着需要研究的问题。调查者可以从经验生活中获得有用的信息，帮助或启发其选择和确定调查课题。经验生活主要包括三个方面：个人的生活经历、个人对周边世界的观察和通过媒体获得的各种信息。

个人的生活经历形成了人们观察各种事物、理解各种现象的基本视角和出发点。许多有创造性的调查课题就是调查者从个人的生活经历中寻求灵感而发现的。同时，为了揭开社会生活的面纱，调查者应善于观察，勤于思考，要对周围发生的事件保持高度的敏感性，要养成经常对各种社会现象、社会行为、社会心理问“为什么”的习惯，善于从每时每刻发生的、“司空见惯”的，甚至是“熟视无睹”的现象中发现需要调查、值得探讨的问题。要保持对中国式现代化进程的关注，中国的现实发展呈现出一系列西方理论所认为的不可并存的矛盾现象，如政府干预下的经济发展、没有乡村同步发展的城市经济发展等等。要把研究做在祖国的大地上，必须从风起云涌、波澜壮阔的现代化进程中概括出值得研究和探讨的问题，摆脱对西方现有理论的盲从，构建符合中国实际的理论。

3. 来源于文献查阅

阅读学术著作、学术论文是获得选题灵感的重要来源之一。文献是前人和他人思想的结晶。从学术著作、学术论文中，我们不仅能发现可供研究的社会问题，而且能了解学术界的动态，收集学术信息，获知相对全面的研究背景和理论。

一般来说，阅读的文献应依据问题的相近性、发表的时间先后和作者的学术影响三个方面来选择。阅读时应带着审视、提问、评论和怀疑的态度，从中获取有价值的信息，不断得到启发，从而为选择调查课题奠定基础。

促进阅读中的思考有一个有效的办法，就是写读书笔记和读书报告。写读书笔记或读书报告的目的是记录对文献的理解、困惑、提问和评估。通过写读书笔记和读书报告，能加深对文献要回答的问题的理解，加深对文献的论证、分析方法以及结论的理解，更重要的是，能促进对文献所提出问题的思考。

4. 来源于想象力

从思维方法的角度看，调查课题的确定依赖于调查者的思考与怀疑。如果人们不能对社会生活的各种现象加以思考，不能提出问题，不能怀疑，就无所谓“问题”。从社会调查的角度看，所谓“问题意识”，就是人们在考虑任何问题时都要把这些问题放在一定的历史、社会背景下，都要分析无数个个人是怎样主动参与、共同建构行为规范的，并采用适当的理论解释或诠释人们的行为或观念。问题的形成依赖于调查者的知识结构，尤其是理论知识结构。如果没有理论，就不可能有科学的、理性的怀疑。因此，“问题意识”又是与“理论意识”密切关联的，即在一定的理论框架下思考和分析特殊的社会现象。

想象是与怀疑相联系的。怀疑建立在对社会生活加以观察的积累之上，是在对社会生活的观察过程中提出自己的疑问，不是无端怀疑、乱加怀疑。但是，仅仅提出疑问还不够，还必须考察这样的疑问在人类的“知识库”中是否已经得到了解释，还要充分发挥想象力。想象是一种特殊的创造性思维活动，是人的主观能动性的突出表现。想象绝不是胡思乱想、任意猜测，而是以过去经验、现有理论和客观事实为依据的合乎逻辑的联想和推测。

所谓想象力，指的是一种把调查对象放置到更大范围的社会结构或历史脉络中来理解，从而深化对调查对象的解释的能力。想象力在形成具有创造性的研究假设，特别是在寻求从未接触过的调查课题的答案的过程中，具有特别重要的意义。没有想象力是很难在学术上取得突破的。想象虽然不等于事实，但却可以拓展思路，所以想象实际上是问题意识的延伸部分。

（三）选题的类型

按照不同标准，调查课题可以被划分为许多不同的类型。

按照调查目的区分，调查课题可分为理论性课题和应用性课题。理论性课题，是指以揭示社会现象的本质及其规律为主要目的的课题。例如，“新时代中国社会政策基本理论研究”“中国式现代化的本质特征与实现路径”，就是理论性课题。应用性课题，是指以解决实际社会问题为主要目的的课题。例如，为解决农民工问题而进行的“农业转移劳动力市民化研究”，为解决民生问题而进行的“老龄产业与健康管理调查”，为解决婴幼儿养育问题而进行的“0～3岁婴幼儿养育和照料体系研究”，都属于应用性课题。

按照调查内容区分，调查课题可分为综合性课题和专题性课题。综合性课题，内容比较全面、系统，能较完整地说明情况或问题，如“百县市经济社会调查”“中国综合社会调查”“中国私营企业调查”等等。专题性课题，内容比较狭窄、集中，能较深入地说明情况或问题，如“大学毕业生就业状况调查”“失独家庭调查”等等。专题性课题还可进一步细分出更专一、具有地域性的课题，如“北京大学毕业生就业状况调查”“××县失独家庭调查”等等。

按照调查深度区分，调查课题可分为描述性课题、因果性课题和预测性课题。描述性课题，是指对社会真实情况进行具体描写或叙述的课题，它主要回答“是什么”的问题。例如，“人口普查”“国有企业职工生活状况调查”等，都是描述性课题。因果性课题，是指揭示两种或两种以上社会现象之间因果关系的课题，它主要回答“为什么”“怎么办”的问题。例如，“青少年犯罪调查”不仅要说明犯罪的具体情况，而且要研究犯罪与家庭状况、学校教育、社会环境之间的因果关系，并从中寻找出解决青少年犯罪问题的途径和方法。预测性课题，是指在说明社会现象及其因果关系的基础上，进一步预测今后发展趋势的课题，它主要回答“将怎样”的问题。例如，“21世纪中国人口老龄化问题研究”就是一个预测性课题，它根据中国人口年龄结构、经济社会等条件的变化及其因果关系，预测21世纪中国人口老龄化问题的可能状况及应该采取的对策。描述性研究是最基本的调查研究，是后两类调查研究的基础。因果性研究是使用得最广泛的调查研究，是进行社会预测的前提。预测性研究尝试建立预测模型或使用其他分析工具，对实际工作具有重要的指导意义。

二、初步探索与形成研究假设

选定调查课题后，需要围绕选定的调查课题进行一些初步的、探索性的调查和研究，并形成研究假设。

（一）初步探索

初步探索的主要目的，不是直接回答调查课题所要解决的问题，而是为设计调查方案提供可靠的客观依据，为研究调查课题探寻可供选择的方向和道路。

1. 初步探索的基本任务

一是确定调查研究的起点和重点。为了正确选择调查研究的起点和重点，必须弄清前人和他人对类似课题做过哪些研究，搜集了哪些资料，解决了哪些问题，还有哪些问题没有解决或没有完全解决。特别是要着重了解当前与本课题有关的各种新情况、新变化，以及那些已成为社会热点的新问题。

二是明确调查课题。在实际调查中，初学者往往会把调查主题与调查问题相混淆。调查主题是调查所涉及的某一类现象领域或问题领域，与调查问题相比显得更广泛、更一般。如婚姻、家庭、人际关系、社会流动等就属于调查主题。所以，要避免调查课题的含糊、宽泛和笼统，就要进行初步探索，使调查问题明确、具体，将最初头脑中比较含糊的想法，变成清楚明确的调查问题；将最初比较笼统、比较宽泛的调查领域，变成特定领域的特定现象或特定问题；把最初比较笼统的调查对象变成具体的、可操作的具体对象。

三是形成研究问题或研究假设。设计调查方案，必须以一定研究问题或研究假设为指导，否则就不可能设计出科学的调查方案。因此，在初步探索过程中，要着重了解当前已经发生或正在发生的新情况、新问题，并做出自己的判断，形成自己关于调查课题的基本观点和看法，作为自己调查研究的前提。

四是设计调查方案。在社会指标、调查指标、调查方法、调查工具、工作步骤的设计上做具体考虑和安排。

2. 初步探索的主要方法

初步探索一般从查阅文献开始。在确定选题的过程中，调查者已经查阅了与调查课题有关的各种文献，但是为了进一步验证选题是否恰当，并使问题明确化，调查者还必须进一步查阅文献。因此，查阅与调查课题有关的各种文献，就成为初步探索的首要方法。从理论上讲，查阅文献越广泛、越全面越好。然而，现代社会各种文献浩如烟海，要把古今中外的有关文献全部查阅是不可能的，正确的做法是尽可能把有代表性的基本文献查找到，并撰写文献综述。只有这样，才能使自己的调查研究真正站在“历史巨人的肩上”。

撰写文献综述不仅是为了陈述以往的相关研究，也不仅是为了表示对前辈、同行或知识产权的尊重。撰写文献综述的主要目的包括：一是通过评估，分析已有研究的贡献和局限，凸显自己研究问题的价值。研究除了要有问题意识，也要有对话意识，不能自说自话。对话的前提自然是倾听。如果连别人说了什么都不知道，那么如何进行对话？正是在倾听（阅读）的过程中，我们发现了“问题”，才需要与对方进行讨论。二是寻找自己研究的专业（问题）定位，说明自己的问题与学术界关注的问题有什么联系，让自己的研究对更基本的问题有所回应，以便使自己的研究上升为与普遍问题有关的工作。三是寻找自己不同于前人之处，阐明自己研究的进展和特点，让自己的研究发现尽可能具有原创性。文献综述不仅需要陈述以往的相关研究，还需要评估这些研究的长短，从“短”处寻找突破口。

咨询是初步探索的另一重要方法。文献记录下来的是过去的知识，大量正在发生的、变化着的事实没有被记录在文献里。因此，在进行初步探索时决不能埋头于故纸堆里或停留在网络上，而必须走进现实社会。调查者要养成把调查研究和日常生活经验相结合的习惯，善于抓住一切与问题邂逅的机会，及时把自己阅读文献的心得和观察日常生活的体会记录下来，建立自己的学术档案。同时，向人们咨询、请教。咨询应该是广泛的。既要向理论造诣较深的专家请教，又要向有丰富经验的实践者学习；既要向上级机关工作人员请教，又要向基层干部和群众学习；特别是要向那些处于不同地位、具有不同状态、持有不同观点的人咨询。咨询应该是有准备的。在咨询之前，要努力做到对咨询对象、咨询问题有较多了解，力求向最适合的对象咨询最适合的问题，以最短的时间取得最好的咨询效果。咨询应该是谦虚的、客观的。咨询对象的客观地位、观察视角、知识结构、价值取向、思维方式不同，对同一问题可能有不同的甚至截然相反的看法。对所有咨询对象的各种不同看法，都应该虚心听取、客观评价。

实地考察是初步探索最基本、最重要的方法。因为，查阅文献是了解过去的知识，咨询是了解别人掌握的知识，所有这些都是经过文献撰写者和咨询对象头脑剪裁或改造过的间接的东西，它们与客观现实之间总会有某些差异。初步探索要形成新观点、提出新建议，决不能仅仅依靠这些二手、三手材料，而必须深入实地做现场考察。实地考察的对象不宜太多，范围不宜太广，应尽可能选择那些具有代表性或典型性的地区、单位或个人作为考察重点。在实地考察中，要努力把调查与研究结合起来，把提出问题与研究解决问题的方案结合起来，把虚心学习与大胆探索结合起来。只有这样，才能逐渐形成自己的观点和研究假设，逐步设计出自己的调查方案。

查阅文献、咨询和实地考察，是初步探索的三种主要方法。在实际工作中，它们往往是结合使用、交叉使用、轮换使用的。

（二）形成具体研究问题

具体研究问题或研究假设是创造性思维的产物，它的形成是一个复杂的思维过程。

1. 定性研究的问题

定性研究一般可提出 1～2 个中心问题，并附最多 5～7 个辅助问题。在实际调查中，调查者要注意聚焦单个的现象，将中心问题与具体的定性研究策略相结合，用“是什么”和“怎么样”来提出研究问题，以此来传达开放的设计思路，用“为什么”来提出暗示着因果关系的问题，使用表现“探索性”的动词概念以显示研究的趋向，如发现（扎根理论研究）、寻求理解（民族志研究）、探究发生机制（个案研究）、描述经验（现象学研究）、讲述故事（叙事研究）。

定性研究要主动将特殊性事实与一般性知识联系起来：针对关于特殊经验和已有解释（一般性命题）的困惑提出问题，提出的问题不应仅仅满足于有何特殊性，而必须指向为何形成特殊性、这些特殊性与一般性的关系如何、它们具有何种性质和产生条件等等。

2. 定量研究的研究假设

（1）研究假设的作用。

研究假设亦称研究假说，是指对未知社会现象或社会现象之间的关系所做的、尚未经过实践检验的假定性设想或说明。正如前文所说，研究假设必须具备科学性、解释性、清晰性和可检验性。其作用在于：

第一，研究假设是设计调查方案的指南。由于设计的社会指标、调查指标不同，整个调查方案——包括调查对象、调查范围、调查方法和调查过程等——会有很大差异。因此，任何调查方案的设计，特别是社会指标、调查指标的设计，都必须以一定的研究假设为指南。

第二，研究假设是搜集社会信息的向导。在人们搜集社会信息——无论是直接感知社会现象还是间接查阅各种文献——的过程中，研究假设具有明显的向导作用。以观察为例，人们的眼睛总是在研究假设的指引下有选择地观察，而不是对外部事物进行纯客观扫描。

第三，研究假设是探索客观真理的桥梁。恩格斯指出：“只要自然科学运用思维，它的发展形式就是**假说**。”[①] 恩格斯的这个论断，对于社会调查也是完全适用的。因为，人们通过调查掌握的客观事实，是检验研究假设的最重要依据。在检验过程中，原有的研究假设可能被证实，也可能被证伪。随着调查逐步深入，原有的研究假设被不断地修改、补充和完善，人们的认识也越来越接近客观实际，直到最后发现真理。

提出研究假设是社会调查的关键环节。尽管某些简单的描述性调查不需要提出明确的研究假设，初步探索阶段的实地考察很难事先提出明确的研究假设，但是一切规范的因果性调查和预测性调查，都应在设计调查方案之前提出明确的研究假设，否则不可能设计出科学的调查方案。

（2）研究假设的种类。

研究假设一般分为零假设和备择假设。

零假设：又称虚无假设、原假设，指进行统计检验时预先建立的假设。零假设的内容一般是希望证明其错误的假设。在相关性检验中，一般会取“两者之间没有关系”作为零假设，而在独立性检验中，一般会取“两者之间有关系”作为零假设。

---

① 马克思，恩格斯．马克思恩格斯选集：第3卷．3版．北京：人民出版社，2012：932.

备择假设：处于零假设的对立面，又称对立假设、备选假设，包含关于总体分布的一切使零假设不成立的命题。备择假设分为两种，一种是定向假设，即对结果做出了相关的假设；另一种是非定向假设，即虽然也对结果做了相关预设，但是没有确切说明其中的差别或关系，因为研究者无法从文献中得出确定的假设。

研究假设中变量的使用通常局限于三种基本形式：其一，研究者可能比较只有一项自变量的变量组以弄清它对因变量的影响；其二，研究者可能把一项或更多项自变量与因变量联系起来；其三，研究者可能描述自变量、中介变量和因变量的变化。自变量和因变量必须分别测量，这个过程加强了定量分析的因果逻辑关系。除非特别需要，否则应使用非人口统计变量（即测量态度或行为）而不是人口统计变量作为自变量。因为定量研究试图证实一个理论，而人口统计变量（如年龄、收入水平、教育水平等）通常是作为中介变量或者控制变量而不是作为自变量来使用的。

三、明确分析单位

社会调查方案设计，必须明确社会调查的分析单位。

（一）何谓分析单位

分析单位，是指调查者在社会调查过程中所要调查和描述的对象，它是调查的基本单位和载体。

分析单位既不同于调查单位（调查对象），也不同于抽样单位。分析单位是社会调查所研究的对象；而调查单位（调查对象）则是调查者在实际调查（以统计调查和实地调查为主）中直接收集资料的对象。例如，做一项关于组织间权力关系结构的社会调查，分析单位是“组织”，而调查单位（调查对象）则是每一个组织中的成员。在以个人为分析单位的调查中，调查单位（调查对象）和分析单位也可能是一致的。对于抽样单位，一般来说，分析单位等同于抽样单位，但也会有分析单位和抽样单位不一致的情况。例如，要分析家长对子女的态度，这时，分析单位是家长，而抽样单位可能是“户”①。

分析单位的特点是，调查所收集的资料可以直接描述分析单位的每一个个体；可以描述由这些个体组成的群体；可以考察和归纳相同事物的特征，解释社会现象之间的差别；还可以在观察、描述和解释具体现象和个人行为的基础上加以综合，描述更大的群体或解释某些抽象的社会现象。虽然在社会调查中，个人是使用得最为频繁的分析单位，但依据调查课题的不同性质与目的，我们也可以选择其他分析单位。

（二）分析单位的主要类型

分析单位有五种主要类型，即个人、群体、组织、社区、社会事物。

1. 个人

在社会调查中，以个人为分析单位是最为常见的。这是因为，一方面个人是构成社

① 袁方．社会研究方法教程．北京：北京大学出版社，1997：151.

会整体的基本单位，再复杂的社会结构特征也总能在社会中的个人身上找到表现的证据，以个人为分析单位可以概括出社会总体的构成特征或社会现象间的因果关系。另一方面则与调查研究的性质有关，无论是在统计调查还是在实地调查中，调查者最终收集资料的对象总会落实到具体的个人身上，正是在从这些个人身上收集得到的各种资料的基础上，调查者才能通过分析综合，得到研究结果。例如，在“××大学在校学生消费行为研究”这一课题中，该校每一个在校学生就是分析单位。调查者可以通过性别、户籍类别、专业类别、生活来源等来描述他们的特征。通过对这些特征的归纳、总结，既可以分析该校在校学生总体的消费水平及其特征分布，也可以解释不同性别、户籍类别、专业类别、生活来源等的在校学生之间在消费行为方面存在的差异。

将个人作为分析单位的描述性调查，一般用来描述由那些个人所组成的总体及其特征分布。将个人作为分析单位的解释性调查，则是为了发现总体中社会现象之间的相关关系和因果关系，分析调查对象可能的变化趋势。例如在上述研究中，可能会得出“来自城市的大学生的消费水平往往高于来自农村的大学生”或“家庭社会地位高的大学生的消费水平往往高于家庭社会地位低的大学生”等结论。在这两种情形下，分析单位始终是个人，而不是户籍类别或者家庭出身。

2. 群体

在社会调查中，群体也常常被作为分析单位。群体是指通过某种社会纽带联结起来，共同从事若干活动，用以满足成员物质或精神上的目标的共同体。个人不能离开群体而独自生存，因此，由社会个体所组成的群体在日常生活中随处可见。如因业缘关系形成的商会、因血缘关系形成的家庭以及因地缘关系形成的邻里街坊等。

以各种社会群体为分析单位的调查与以个人为分析单位的调查，在描述的对象上有所不同。例如，如果调查高校社团中的成员，以了解他们参加社团的动机，那么社团中的成员就是分析单位。但是，如果调查某个高校的所有社团，以了解它们相互之间存在的差别，那么分析单位就不再是社团中的成员，而是社团本身。

在以群体为分析单位的社会调查中，有一个问题需要予以重视，即分析单位的层次问题。群体特征可以从群体成员的个人特征中抽象出来，用个人特征概括出群体特征，但是反过来却不行。因为诸如群体结构、群体规模等方面的特征是不能用来概括群体成员的个人特征的。例如，在新生代农民工调查中，通过新生代农民工的性别构成、文化程度、行业分布等特征可以概括其整体特征，但是新生代农民工的整体特征是不能用来描述新生代农民工个体的。与分析单位层次有关的另一个需要注意的问题是，分析单位的层次越高，它所能使用的分析单位越多。正如，在新生代农民工研究中，尽管分析单位是群体，但是仍然可以用新生代农民工个体来分析整个群体的内部特征，当然在下结论时，要特别注意分析单位是群体。

3. 组织

组织是指由具有共同目标和明确分工的一群人所组成的单位，如企业、商店、公司、学校、医院、机关单位、政党等。组织同样可以成为社会调查的分析单位。

虽然组织和群体在形态、性质、结构模式以及构成要素等方面存在差异，但是在作为分析单位时，两者都是由若干个个人组成的。因而，作为分析单位的组织所具有的某些特征，也与组织中的个人和群体特征存在着紧密关系。与群体作为分析单位时一样，当组织作为分析单位时，在实际调查中也要注意分析单位的层次问题。

4. 社区

社区作为一定地域中人们生活的共同体，也可以作为社会调查的分析单位。这里的社区主要指人们在生产和生活中形成的聚落，如农村社区、城市社区、商品房小区、大学、矿区等。同一个社区内的人们一般共同从事着社会、政治、经济等活动，并具有较为一致的文化规范和价值标准。将社区作为分析单位，一般是描述社区居民的社会生活、文化生活、行为规范，以及社区的风俗习惯、动员机制等。当将社区作为分析单位时，在具体研究中可以同时采用个人、群体和组织作为分析单位，但是要注意的是，在对不同社区进行比较和分析时，分析单位应该是“社区”。

5. 社会事物

个人、群体、组织和社区四种分析单位，是社会调查中可以真正把握的“社会实体”，是社会调查中被广泛使用的分析单位。但是因为社会现象本身的极其复杂性和多样性，这四种分析单位并不能概括所有的社会现象，所以我们将它们无法涵盖的这一类分析单位称为社会事物。例如，书籍、报刊、歌曲、广告、服饰等，是此类分析单位中的一种类型；而婚姻、生育、学习、求职等个人行为，则是此类分析单位中的另一种类型。此外，还有诸如家庭制度、风俗习惯等更为抽象、更为复杂的分析单位。例如，以H村为个案分析乡村潜规则的形成过程和机制，潜规则就被作为基本的分析单位。以社会事物为分析单位时，仍需要采用个人、群体、组织和社区作为分析单位，但需要注意的是，在下结论时要以社会事物为分析单位。

（三）区群谬误与简化论

在使用分析单位概括研究结论时，要注意避免区群谬误和简化论两种错误。

1. 区群谬误

区群指的是在个人之上大于个人的群体、组织和社区。区群谬误，又称层次谬误或体系错误，是指研究者用一种比较高的分析单位做研究，而用另一种比较低的分析单位下结论。区群谬误发生的主要原因在于当采用层次较高的“区群”作为分析单位时，实证资料大部分来自对个人的调查。例如，当以城市为分析单位研究居民的消费行为时，调查者发现居民收入比较高的城市，其消费水平要高于居民收入比较低的城市，呈现出“城市的居民收入越高，它的消费水平也越高”的趋势。如果调查者就此得出结论“居民收入越高，居民的消费水平也越高”，就犯了区群谬误。① 如果是从政府统计部门那里获得的以城市（分析单位是社区）为单位的统计资料，那么所得出的只能是有关城市的结论，而不能直接以居民的收入（分析单位是个人）解释他们在消费水平上的差异。上例中比较正确的结论应该是“居民收入较高的城市，它的消费水平也较高”。其隐含的是与

---

① 仇立平．社会研究方法．重庆：重庆大学出版社，2008：100.

“居民收入较低的城市”做比较。如果以个人为分析单位，就应该采用抽样调查的方法直接从该城市居民那里收集有关收入和消费的资料，分析居民收入与消费水平之间的关系，并在此基础上得出有关结论。

2. 简化论

简化论，又称简约论、还原论。简化论发生的主要原因在于研究者用个体层次的微观特征及其分布来解释宏观层次的现象，和我们日常生活中所说的“以偏概全”相类似。简化论在社会调查中的表现有：第一，调查者仅仅用十分特殊的个体资料来解释宏观层次的现象，或者说用层次比较低的分析单位来进行测量，而在层次比较高的分析单位上得出结论。因此，它在形式上正好与区群谬误相反。例如，在以“某个省”为标题的问题调查中，却以社区或村庄为例，运用的是社区或村庄层面的资料。它的分析单位是一个社区或村庄，要解释的却是一个省。第二，用一组特殊的、比较狭窄的概念或变量来解释社会现象或问题。例如，在调查生育意愿时，只用生育数量多少进行测量；在解释人的行为时，只考虑其性格。

无论是区群谬误还是简化论，都是因为选用不恰当的分析单位而产生的。因此，在社会调查中，分析单位选择的恰当性具有重要的意义。

四、选择调查方式

调查方式的选择与调查问题、调查对象的性质，调查所采用的分析单位，调查所要达到的目标紧密相关。影响调查方式的选择的因素主要有：

（1）调查问题。明确的调查问题在很大程度上可以指导对调查方式的选择。例如，如果想了解公众对特定议题的看法，最简单的方式就是直接去访问。如果想知道为什么交通管理条例无法缓解交通堵塞，最合适的方法就是直接去观察交通状况。同时，通过将调查问题作为出发点，可以避免所谓的“唯方法论”，避免走向抽象经验主义。方法只是调查者利用以获取信息的工具。调查希望发现什么，才是影响调查方式选择的关键。当然，对同一个问题或者同一个假设，研究者可以采用不同的调查方式进行调查。比如上文提到的交通堵塞问题，既可以通过观察人们的实际行动来研究，也可以尝试使用电脑程序来研究。

（2）已有文献。了解其他研究者是如何研究这个问题的，也可以指导对调查方式的选择。

（3）现实考虑。如时间、经费、数据和样本的可及性，能否进入现场，能否获得协助，等等。

（4）知识的回报。即哪一种调查方式能更深入探究社会现象，获得有用的、创新的知识。

（5）研究风格。即研究者的方法偏好。

总之，基于上述因素，研究者在进行调查设计时，应根据科学、经济、方便、可行的原则，选择适当的调查方式。

五、组建调查队伍

组织大型社会调查，需要组建一支精干的社会调查队伍。

（一）调查员的选择

要正确选择调查员，必须首先考虑调查员的个人素质。一般地说，一个合格的调查员，应该具备以下一些基本素质：

（1）过硬的政治素质。社会调查的根本目的是为人民谋利益。因此，强烈的使命感、较高的政治觉悟、坚定的理想信念、良好的道德品质、熟悉党和国家的方针政策，应该成为每个调查员最基本的素质。

（2）良好的科学知识和技能储备。调查员要有一定的文字表达能力，掌握一定的数学知识，能适应填表格、做记录、搞统计的需要。要有理论思维能力和分析综合能力，能发现问题，并运用理论思维和逻辑思维对已知情况进行归纳、提炼和总结。要有一定的实地观察、人际交往经验和能力，能灵活应对实地调查中出现的特殊情况。

（3）务实的工作作风。坚持深入实际、求真务实，做到实事求是，是调查工作的生命线。要尊重客观实际，面向基层、面向群众，做到不唯上、不唯书、只唯实。要对新事物有特殊的感情，要有强烈的创新冲动，不放过一切创新的机会。那种看似深入井下、实则浮在水上的“调查”，那种“坐着车子转、隔着玻璃看”的“调查”，那种浮光掠影、浅尝辄止的“调查”，都是不合格的。

（4）积极的创新精神。调查研究是一种创造性劳动，勇于创新是调查员获得创造性成果的内在动力。

（5）吃苦耐劳的精神和健康的体魄。社会调查是一项艰苦的工作，每一个调查员都应该有吃苦耐劳的精神和良好的身体素质，要能适应流动性工作、生活条件和各种艰苦环境。

要组建一支好的调查队伍，还必须考虑调查员的组织结构，如职能结构、知识结构、能力结构、年龄结构、性别结构和地域结构。

（二）调查员的培训

调查队伍组建后，需要对调查员进行必要培训。培训常用的方法是：集中讲授、阅读和讨论、试调查。培训的内容一般包括以下几方面：

（1）思想教育。要围绕调查课题进行思想教育，使每个调查员都能认识到调查该项课题的目的和意义，从而激发调查员从事该项课题的积极性和主动性。

（2）知识准备。要组织调查员学习党和国家有关方针政策、法律法规，与调查课题有关的理论知识、实际知识，使调查员对调查课题的现状有概略了解，有分析、思考问题的基本方向。

（3）方法训练。要根据调查方案的要求，使调查员有选择、有重点地学习、训练调查研究方法。学习、训练时，要坚持理论与实际相结合的原则，着重在“用”字上下功夫，特别是要帮助调查员学会灵活应对特殊情况或意外事件的方法。

上述三方面培训内容是互相联系、互相影响的。其中，思想教育是先导，知识准备是基础，方法训练是重点。此外，社会调查的步骤和安排，调查员必须遵守的规章制度、礼仪规范等，也是培训所不可缺少的内容。

第四节　信度和效度的统一

信度和效度统一，是社会调查的基本要求。在设计调查方案和实施社会调查时，应该充分考虑有关信度和效度的各种问题。

一、信度与效度的概念

（一）信度

信度即调查的可靠性，指调查结果反映调查对象实际情况的一致性或可信性的程度。它意味着在同样或相似条件下，会稳定地产生相同的结果。在实际调查中，可以从三个方面评估调查资料的信度，并用相应的系数表示信度的高低。

（1）再查信度，是指对同一群调查对象使用相同的调查工具或手段在不同的时间先后测量两次及以上，然后根据多次测量的结果计算出的相关系数。再查测试是一种最常用、最普遍的信度检查方法。不过，再查信度容易受到时间因素的影响，即在前后测量之间的某些事件、活动可能会导致后面测量的结果发生改变，从而使得测量结果的相关系数失真。

（2）复本信度，是指将调查工具（如问卷、量表等）设计成内容、难度、篇幅等相类似的两个复本，并用于对同一调查对象进行测量，然后计算出的两个复本的调查结果之间的相关系数。

（3）折半信度，是指调查工具被设计为一种复合调查工具，即调查问题按单双编号，其中单号问题与双号问题在内容、难度等方面都具有相等性质，在对调查对象进行调查后，把单号题与双号题的答案进行比较，计算出的相关系数。

在社会调查中，信度是相对的。一般来说，信度系数在 0.8 以上，就可以认为调查是基本可信的。

（二）效度

效度即调查的真实性，指调查结果反映所要调查内容的正确性或有效性的程度。检验和评估效度，主要从内容效度、准则效度和建构效度三个方面着手。

（1）内容效度，也称表面效度，是指调查内容或调查指标与调查目标之间的相符性。内容效度是最容易实现也是最基础的一种效度。检验调查的内容效度旨在系统地检查调查内容的适当性，它主要是依据我们对所研究的概念或变量的了解去鉴别调查内容是否反映了概念或变量的基本内容。

（2）准则效度，是指在用不同的调查方式或调查工具对同一事物或变量进行测量时，将原有的一种调查方式或调查工具作为标准或准则，用新的调查方式或调查工具所测的结果与原有调查方式或调查工具所测的结果进行比较，如果结果类似，那么这种新的调查方式或调查工具具有准则效度。

（3）建构效度，又称理论效度，是指在调查中从某一建构的理论出发，导出基本假设，据以设计和编制调查方案，然后由因求果，考察调查结果是否符合理论观点。如果理论假设中两个概念——X 和 Y——具有相关关系，那么在经验调查中，X 和 Y 也应具有相关关系。

二、信度与效度的关系

信度与效度之间既有密切联系，又有明显区别。信度是对调查对象而言的，它主要回答调查结果的一致性、稳定性和可靠性问题；效度是对调查所要说明的问题而言的，它主要回答调查结果的有效性和正确性问题。信度与效度之间的关系有四种类型。

（1）信度高，效度未必高。即调查结果反映调查对象实际情况的可信度高，但对于调查所要说明的问题来说，它的效度可能高，也可能不高。例如，调查粮食生产水平，如果设计的调查指标是粮食作物产量，而且调查资料可信，它就能有效说明粮食生产的实际水平。如果设计的调查指标是粮食作物的播种面积，投入粮食作物生产的劳力、资金和物资等项目，那么即使调查到了可信的资料，对于说明粮食生产水平来说，其效度仍然很低。这说明，可信的调查不一定能有效地说明调查所要说明的问题。

（2）信度低，效度必然低。调查结果反映调查对象实际情况的信度低，它就必然不能有效说明调查所要说明的问题。例如，有的部门印发廉政建设统计表，要求领导干部填报拒绝受贿、收礼的情况，有的甚至还要求说明拒贿多少次、多少金额等。稍有社会经验的人都知道，这类调查根本不可信。因为，行贿之事大多私下进行，拒贿次数何以证明？特别是拒贿金额的多少更不可信，因为拒贿者是不可能先清点钱数再拒而不受的。这说明，不可信的设计就不可能产生可信的调查，更不可能有效说明调查所要说明的问题。

（3）效度高，信度必然高。调查结果能有效说明调查所要说明的问题，那么，它所反映的调查对象的实际情况必然是可信的。例如，恩格斯的《英国工人阶级状况》、列宁的《俄国资本主义的发展》、毛泽东的《湖南农民运动考察报告》等，在当时之所以能有效说明它们所要说明的问题，就是因为它们都建立在可信的调查基础之上。

（4）效度低，信度未必低。调查结果不能有效说明调查所要说明的问题，但对于反映调查对象的实际情况来说，它的信度可能低，也可能高。例如，18—19 世纪英国资产阶级政府、议会进行的许多调查，尽管对于它们所要说明的问题来说往往效度很低，但这并不排斥其中包含着某些信度较高的资料，这正是马克思、恩格斯经常研究英国资产阶级政府或议会公布的调查报告并从中发掘出许多有价值的资料的原因。

上述信度与效度的四种关系，可用表 3－1 来表示。

表 3－1　信度与效度的关系

		信度	
		a. 可信	b. 不可信
效度	c. 有效	√	×
	d. 无效	√	√

注：√＝可能；×＝不可能。

总之，信度是效度的基础，是效度的必要条件而非充分条件；效度则是信度的目的和归宿，没有效度的信度就失去了调查的意义。任何社会调查，只有做到信度和效度统一，才能算是真正科学的社会调查。

本章要点

1. 按照人的认识规律，社会调查的一般程序应该包括准备、调查、研究和总结四个阶段。

2. 调查方案应该包括调查目标、调查类型、调查内容和工具、调查地域、调查时间、调查对象、调查方法、调查队伍、调查经费以及调查工作安排等内容。

3. 选择调查课题是社会调查中最重要的决策，它决定着调查的总方向、总水平，决定着调查的方案设计和全部过程，决定着调查的成败和调查成果的社会价值。

4. 初步探索的基本任务是：确定调查研究的起点和重点，明确调查课题，形成研究问题或研究假设，以及设计调查方案。

5. 分析单位，是指调查者在社会调查过程中所要调查和描述的对象，它是调查的基本单位和载体。分析单位有五种主要类型，即个人、群体、组织、社区、社会事物。

6. 信度是指调查结果反映调查对象实际情况的一致性或可信性的程度。效度是指调查结果反映所要调查内容的正确性或有效性的程度。

基本概念

社会调查的程序　调查课题　初步探索　调查方案　区群谬误　简化论　信度　效度　再查信度　复本信度　折半信度　内容效度　准则效度　建构效度

思考与练习

1. 社会调查过程可分为哪几个阶段？各个阶段的主要任务是什么？
2. 设计调查方案应该包括哪些内容、遵循哪些基本原则？
3. 如何选择调查课题？影响课题确定的因素有哪些？
4. 初步探索的主要任务是什么？

5. 何谓研究假设？研究假设在社会调查中有何作用？

6. 社会调查中分析单位有哪几种类型？

7. 为什么使用分析单位概括研究结论时要注意避免区群谬误和简化论两种错误？

8. 什么是信度？什么是效度？如何认识信度与效度的关系？

推荐阅读书目

1. 彭玉生．“洋八股”与社会科学规范．社会学研究，2010，25（2）.

2. 克里斯滕森，约翰逊，特纳．研究方法设计与分析．北京：商务印书馆，2018.

3. 布斯，卡洛姆，威廉姆斯．研究是一门艺术．北京：新华出版社，2009.

4. 金，基欧汉，维巴．社会科学中的研究设计（增订版）．上海：上海人民出版社，2023.

5. 让数据站住脚：浅谈用户研究中的信度与效度．（2010－09－06）[2023－08－17]．https://cdc.tencent.com/2010/09/06/%E8%AE%A9%E6%95%B0%E6%8D%AE%E7%AB%99%E4%BD%8F%E8%84%9A-%E6%B5%85%E8%B0%88%E7%94%A8%E6%88%B7%E7%A0%94%E7%A9%B6%E4%B8%AD%E7%9A%84%E4%BF%A1%E5%BA%A6%E4%B8%8E%E6%95%88%E5%BA%A6/.

知识点

假说（摘录）

困难与对策

在研究设计环节，如何明确界定研究对象

第四章

社会调查的主要类型

社会调查有多种不同的类型，最常用的有抽样调查、评估调查、个案研究和行动研究。

第一节　抽样调查

抽样调查，是在现代统计学和概率论基础上发展起来的一种调查方法，是对普查和典型调查的逻辑补充和发展。

一、抽样调查的概念、特点和程序

（一）抽样调查的概念

抽样调查，就是先将调查对象编制成抽样框，然后按照一定规则从抽样框中抽取一部分单位作为样本，并以对样本调查的结果来推断调查总体的调查方法。

抽样调查的核心在于抽样。要正确抽样，就必须明确几个基本概念：

1. 调查对象和调查总体

调查对象，是指调查过程中获取社会信息的最基层单位。调查对象既可以是个人、家庭、单位、社区（如村委会、居委会、乡镇、街道、县市等），也可以是各种社会事物（如住宅、耐用消费品等）和社会现象（如教育、医疗、婚姻、犯罪等）。调查总体，是指全部调查对象的集合体（如一个县的全部乡镇，一个村委会的全部住户，一个单位的全部职工，一个年度的全部刑事案件，等等）。

2. 抽样单位和抽样框

抽样单位，是指抽样过程中使用的单位。它既可以是调查对象（如个人、单位、乡镇、住户、刑事案件等），也可以是调查对象的某种集合体（如对个人来说的组织，对学生来说的班级，对村委会来说的乡镇，对刑事案件来说的年度，等等）。抽样框，是指全部抽样单位的集合体，即进入抽样过程的全部单位的名单或编号（如某单位进入抽样过程的全部职工花名册，某乡镇进入抽样过程的全部村委会名单，某村进入抽样过程的全部住户名单，某年度进入抽样过程的全部刑事案件卷宗编号，等等）。

调查对象与抽样单位一般存在着一致性。例如，在人口抽样调查中，调查对象是个人，抽样单位也是个人。但是，在整群抽样和多阶段抽样中，调查对象与抽样单位往往不一致。例如，在整群抽样中，调查对象是职工，抽样单位则可能是班组或车间；在多阶段抽样中，调查对象是农民，抽样单位则可能是村委会或乡镇。

调查总体与抽样框一般也存在着一致性。例如，调查某居委会居民家庭情况，从理论上说，本居委会的全部居民家庭就是调查总体，居委会户口登记册就是抽样框。但是，由于种种原因，居委会户口登记册与在该居委会实际居住的居民家庭往往存在着很大差异。在这种情况下，要实事求是地开展调查工作，就不能根据原有户口登记册编制抽样框，而只能根据实际居住在该居委会的居民家庭编制抽样框。

3. 抽样和样本

抽样，是指按照一定规则从抽样框中抽取一部分单位作为样本的方法和过程。抽样有多种多样的方法，每种方法都有一定的程序和规则。样本，是指按照一定规则从抽样框中抽取出来进行调查的单位。它既可以是调查对象，即调查过程中获取社会信息的最基层单位，也可以是调查对象的某种集合体。例如，人口抽样调查中的样本，既可以是人，也可以是人的某种集合体，如户、村、乡镇、县市等；职工收入抽样调查中的样本，既可以是职工，也可以是职工的某种集合体，如企业、行业、地区等。

4. 参数值和统计值

参数值，又称总体值，是关于调查总体中某一变量的综合描述，或者说是调查总体中全部单位的某种属性或特征的综合数量表现。例如，2022 年 7 月 5 日，上海市人力资源和社会保障局公布上海市 2021 年度全口径城镇单位就业人员月平均工资为 11 396 元。这个“全口径”月平均工资，就是一个参数值。统计值又称样本值，是关于样本中某一变量的综合描述，或者说是样本中全部单位的某种属性或特征的综合数量表现。例如，2023 年 4 月 28 日国家统计局发布的《2022 年农民工监测调查报告》显示，2022 年农民工月均收入为 4 615 元。这个“样本”月均收入，就是一个统计值。

（二）抽样调查的特点

（1）调查对象只是样本，而不是全部调查对象，也不是个别或少数调查对象。抽样调查是对具有高度异质性、高速流动性的社会现象进行调查的有效方法。

（2）调查样本一般按照随机原则从总体中抽取，而不由调查者主观确定。这就可从根本上排除调查者主观因素的干扰，保证样本的代表性和客观性，为调查结果的真实性、可靠性奠定坚实基础。

（3）抽样调查的数学基础是概率论和大数定律，抽样误差不仅可以被准确计算，而且可以被适当控制。因此，抽样调查是对调查总体进行定量研究的有效方法，它对调查总体的推断比较准确。

（4）样本数量和抽样误差可以被准确计算，可把样本数量控制在合理范围之内，可把抽样误差控制在最小范围之内。

（5）调查规模较小，有利于节约调查成本，提高调查效率和质量。虽然抽样调查只是对部分样本单位进行的调查，获得的却是关于调查总体的推断。因此，与普查、典型调查等方法相比较，它的调查成本低得多，调查效率高得多，调查速度也快得多。

当然，抽样调查也有不足：调查的广度和深度往往受到限制，适用范围有一定局限性。例如，对于调查总体规模过小、异质性过大、边界不明晰的调查对象（如新生事物、隐秘社会现象），就不宜使用或无法使用抽样调查方法。

（三）抽样调查的程序

抽样调查的一般程序是：

1. 设计抽样方案

设计抽样方案就是针对调查总体、抽样方法、抽样误差、样本规模等有关问题设计出具体的操作方案。这是抽样调查的决策阶段，只有根据调查课题的客观需要、调查对象和调查者的实际状况，设计出科学的抽样调查方案，才能保证抽样调查的顺利实施。

2. 界定调查总体

界定调查总体就是针对调查总体的内涵和外延设计出明确的定义。从理论上说，调查总体应该等同于研究总体，但是在实际操作中，调查总体往往不可能等同于研究总体，而只能是其中的一部分。例如，研究某市流动人口犯罪状况，从理论上说，研究总体是该市的全部流动人口，但是，实际上研究者只能将所能掌握的该市一定区域内符合条件的流动人口作为调查总体，而不可能把该市的全部流动人口都纳入调查。因此，在设计抽样方案时，明确界定调查总体的内涵和外延，是一项相当复杂、困难，而又必须认真做好的工作。一般地说，调查对象的情况越复杂，研究总体与调查总体的差距就越大。

3. 编制抽样框

编制抽样框就是搜集、编制进入抽样过程的全部单位的名单或编号。抽样框是抽样的基础，必须把全部抽样单位都编制进去，既不能遗漏，又不能重叠。如果抽样分阶段、分层次进行，那么每一阶段、每一层次都要编制相应的抽样框。例如，在一个县市范围内进行育龄妇女生育状况抽样调查，就必须分阶段、分层次编制相应的抽样框（包括乡镇或街道层次的抽样框、村委会或居委会层次的抽样框、居民户层次的抽样框）。

4. 选择抽样方法

选择抽样方法就是根据每一种抽样方法的优点和运用条件，结合调查对象的特点和要求，选择合适的抽样方法。抽样方法有两类：一类是非随机抽样，它可分为偶遇抽样、判断抽样、配额抽样、滚雪球抽样、志愿者抽样和序贯抽样等具体方法；另一类是随机抽样，它可分为简单随机抽样、等距随机抽样、分类随机抽样、整群随机抽样和多阶段随机抽样等具体方法。凡是要从数量上推断调查总体的抽样调查，都必须采用随机抽样方法。

5. 抽取调查样本

抽取调查样本就是按照设计的抽样方法从抽样框中抽取样本进行调查（有关内容将在后面论述）。

6. 评估样本质量

社会调查的目的不是仅仅了解调查样本，而是从数量上推断调查总体。评估样本质量就是对样本主要特征的分布情况与调查总体主要特征的分布情况进行对比和评估。通常的做法是，将样本与总体的基本资料（如城乡、行政区划、性别、年龄、行业、职业等）进行比较，两者之间差别越小，则样本代表性越强、质量越高。样本质量评估，有前评估和后评估之分。前评估，是指抽样之后、调查之前的评估。通过前评估，如果发现样本质量不高，可采取重新抽样等办法来提高抽样质量。后评估，是指抽样调查之后的评估。后评估虽然不能改进样本质量，但可使调查者判明样本与总体之间的差异，从而有利于对调查结果做出正确评价。

二、非随机抽样及其常用方法

非随机抽样，又称非概率抽样，是指不按照随机原则，而根据调查者的意愿、判断或调查对象的志愿等因素抽取样本的方法。非随机抽样有多种方法，常用的有以下几种（见表 4－1）。

表 4－1　非概率抽样的类型

偶遇抽样	用方便的方式获取样本。
判断抽样	用多种方式获取所有符合某个特定要求的样本。
配额抽样	在预选设定的类别下获取规定数量的样本，以反映总体的多样性。
滚雪球抽样	通过一个或少数几个个案介绍的方式获取样本，然后通过这些调查样本再获取新的介绍，如此重复，直到满足样本量的要求。
志愿者抽样	从招募的志愿者中抽取样本作为调查对象。
序贯抽样	持续获取样本，直至样本无法带来新信息或新特征（通常与其他抽样方法一同使用）。

（一）偶遇抽样

偶遇抽样，又称方便抽样，是指调查者按照自己方便的方式抽取样本。例如，在商场、剧院门口，在车站、码头，碰到谁就访问谁，进行拦截式调查。它的优点是简单方便、省时省力；缺点是样本代表性差，有很大的偶然性。

（二）判断抽样

判断抽样，又称立意抽样，是指调查者根据自己的主观判断和调查目的来抽取样本。它可分两类：一是印象判断抽样，就是调查者纯粹凭自己的主观印象来抽取样本；二是经验判断抽样，就是调查者根据以往经验和对调查对象的了解来抽取样本。判断抽样质量的高低，主要取决于调查者的判断能力和对调查对象的了解程度。

（三）配额抽样

配额抽样，又称定额抽样，是指调查者先根据调查总体各组成部分所包含调查对象的比例分配样本数额，然后由调查者在调查总体各组成部分内根据样本配额的数量，采用偶遇抽样或判断抽样等非随机方法抽取样本。与偶遇抽样、判断抽样相比较，配额抽样抽取的样本，分布要均衡一些，代表性要高一些，但抽样工作量也要大一些。

（四）滚雪球抽样

滚雪球抽样，是指先就近寻找个别调查对象进行调查，然后通过他（她）再去寻找新的调查对象，这样就像滚雪球一样寻找到越来越多的调查对象，直至达到调查目的。例如，对球迷、戏迷、流浪乞讨人员、非法移民等特殊人群的调查，由于调查总体模糊不清，调查对象变动不居，因而只能采取滚雪球抽样方式选取调查样本。

（五）志愿者抽样

志愿者抽样，是指从志愿者中抽取调查样本。例如，在心理、医疗实验调查中，往往从招募的志愿者中抽取样本作为调查对象。由于这是基于个人意愿接受的调查，因而调查质量一般较高，但是，其代表性取决于志愿者的代表性。

（六）序贯抽样

序贯抽样，是指在抽样时不事先规定总的抽样个数（观测或实验次数），而是先抽少量样本，然后根据抽样情况再决定是否继续抽样、抽多少，如此直至决定停止抽样。

非随机抽样的样本质量，主要取决于调查者的主观素质、工作态度和各种偶然因素，其代表性一般较差，样本调查资料不能从数量上推断调查总体。但是，它简便、易行，在那些不可能或不需要从数量上推断调查总体的调查课题中往往被广泛采用。

三、随机抽样及其常用方法

随机抽样，又称概率抽样，是指以概率论为基础，按随机原则抽取样本的方法。所谓随机原则，又称机会均等原则，即抽样框中的每一个抽样单位都有被抽取成为样本的同等概率、机会或可能性。常用的随机抽样方法有以下几种。

（一）简单随机抽样

简单随机抽样，又称纯随机抽样，是按照随机原则在抽样框中抽取部分单位作为样本的抽样方法。常用的简单随机抽样方法有：

（1）直接抽样法，是指直接从抽样框中随机抽取若干单位作为调查样本的方法。例如，直接从仓库产品中随机抽取若干产品作为调查样本，直接从课堂学生中随机选择若干学生作为调查样本，等等。

（2）抽签或抓阄法，是指先将抽样框里的全部单位编号，做成签或阄，然后把签或阄搅拌、混杂均匀，最后采取抽签、抓阄等方法随机抽取签或阄，被抽中的签或阄所代表的单位就是调查样本，直到抽满规定的样本数为止。

（3）随机数表法，是指在用自然数 0～9 组成的随机数表中随机抽取样本的方法。例如，在某高校做“2023 届大学毕业生就业状况调查”，要在 5 000 名大学毕业生中抽取 500 人作为样本进行调查，其具体做法是：第一步，编制抽样框，即按照一定规则编制 5 000 名大学毕业生的名单，并给每名毕业生确定一个编号（1～5000）。第二步，选用随机数表，其位数应该与抽样框编号位数相一致，本调查抽样框编号（1～5000）有 4 位数，因此应选用有 4 位数的随机数表作为抽样工具。第三步，抽取第一个号码，即按随机原则在随机数表上抽取任意列、任意行的 4 位数字作为第一个号码（假定为第 3 列、第 2 行的 0623），它所代表的抽样单位就是第一个样本。第四步，抽取调查样本，即在随机数表上按照一定规则抽取调查样本。假定本调查按照隔列、从上到下的规则抽取样本，并且在抽样框（1～5000）之内的号码均为有效号码，5000 以上的号码或被抽出的重复号码均为淘汰号码。按照这种规则和方法，直到抽满 500 个样本为止。

（4）计算机抽取法，是指运用统计软件产生的随机数抽取样本的方法。目前，许多软件有产生随机数的程序，因而许多人采用这种简便、快捷的方法来随机抽取样本。

（5）受访者驱动抽样（respondent-driven sampling，RDS），是指将滚雪球抽样和给样本赋予权重的数学模型相结合的一种抽样方法。这种抽样方法激励受访者（也称为“种子”）推荐特定数量的同伴群体。在多次推荐以后，“种子”的选择便不会使样本产生偏差。受访者驱动抽样常用于研究吸毒者、无家可归者、艾滋病患者等“隐藏群体”。也有学者将其用于研究农民工这样的“非隐藏群体”，并证明了受访者驱动抽样相比传统的抽样方法所获得数据的精确性和稳健性。受访者驱动抽样正逐渐成为一种适用于总体特征不明的中小规模群体，并且能有效地进行统计推论的重要的非概率抽样方法。

简单随机抽样直接体现了随机原则，是随机抽样中最简单、最基本的方法。抽样过程完全排除了主观因素的干扰，简单、易行，只要有抽样单位名单就可进行。但它只适用于调查对象数量不多的调查总体。

（二）等距随机抽样

等距随机抽样，又称机械随机抽样或系统随机抽样，是指按照随机原则在抽样框中等距离抽取部分单位作为调查样本的抽样方法。例如，在某居委会做“2022 年居民收入情况调查”，设计在 1 200 户居民中抽取 120 户作为样本进行调查，其具体做法如下。第一步，编制抽样框，即按照一定规则编制 1 200 户居民的名单，并给每户居民确定一个编号（1～1200）。第二步，计算抽样间距，其公式是：抽样间距＝抽样框户数÷样本数。该居委会的抽样间距等于 1 200÷120，即 10。第三步，选取抽样起点，在第一个抽样间距（1～10）中，按随机原则抽取 1 户作为第一个样本。假定随机抽取的号码是 6，那么编号为 6 的户就是第一个样本，即抽样起点。第四步，抽取调查样本，即以编号为 6 的户为起点，按照抽样间距 10 抽取调查样本。这样，编号为 6、16、26……1196 的 120 户，就成了调查样本。

等距随机抽样，样本在抽样框内分布比较均匀，代表性较高，抽样误差小于简单随机抽样，而且比较简便易行，只要编制了抽样框，计算出了抽样间距，抽取了第一个样本，整个样本就确定了。需要注意的是，抽样间距要避免与调查对象的周期性节奏重合，否则就会出现系统性抽样误差。例如，做企业职工出勤率调查，如果抽取的第一个样本是周五，抽样间距是 7 天，那么，全部样本单位都是周五，其调查结果就可能产生系统偏差。

（三）分类随机抽样

分类随机抽样，又称类型随机抽样、分层随机抽样，是指按照随机原则在抽样框中根据抽样单位的类型或层次抽取样本的抽样方法。

搞好分类随机抽样的关键，是分类标准要科学、符合实际。许多复杂的社会现象可以按照多种标准做多种分类或综合分类。例如，研究城镇居民收入变化，既可按行业分类，又可按职业分类，还可按行业、职业交叉分类，抑或按行业、职业、性别、年龄等标准综合分类。科学的、符合实际的分类标准，应该符合三项要求：（1）同类抽样单位之间同质性最大，不同类抽样单位之间异质性最大；（2）每一个抽样单位都应明确归属于某一类，而不允许既归属于这一类又归属于那一类，不允许互相交叉或重叠；（3）分类后各类抽样单位数量之和，必须等于抽样框内抽样单位总数，而不允许大于或小于这个总数。

分类随机抽样适用于抽样单位总数较多、异质性较大、分布较悬殊的调查总体。由于通过分类把同质性较大的抽样单位集合为一类、把异质性较大的抽样单位区分为不同的类，提高了样本的代表性，因而抽样误差较小或所需样本数量较少。

（四）整群随机抽样

整群随机抽样，又称聚类随机抽样、集体随机抽样，是指按照随机原则在抽样框中根据抽样单位的群体抽取样本的抽样方法。例如，某居民小区有 50 栋居民楼，每栋楼居住着 20 户，共有 1 000 户居民，假定要抽取 200 户做社会保障状况调查，其具体做法是：第一步，划分群体，即将每栋居民楼作为一个群体，共分为 50 个群体；第二步，抽取样本群体，即按照随机原则（既可以是简单随机抽样，也可以是等距随机抽样或分类随机抽样）从 50 个群体中抽取 10 个群体（居民楼）作为样本；第三步，入户调查，即对样本群体（10 栋居民楼）中的每一个抽样单位（户）逐个进行调查，共调查 200 户。

整群随机抽样的特点是，抽样对象不是抽样单位，而是抽样单位群体，如居民小区中的居民楼、学校中的班级、城镇的街道或居委会、农村的行政村或自然村等。整群随机抽样简化了抽样过程，调查样本比较集中，调查工作实施比较方便，可节省人力、财力、物力和时间。但它存在调查样本分布不均匀、代表性差的缺点。

（五）多阶段随机抽样

多阶段随机抽样，又称多级随机抽样或分段随机抽样，是指按照随机原则把从抽样框中抽取样本的过程分成两个或两个以上阶段进行的抽样方法。多阶段随机抽样的具体步骤是：第一步，确定抽样单位。先将抽样框中的单位按一定标准分成若干群体，作为第一级抽样单位。然后，将第一级抽样单位又分成若干小群体，作为第二级抽样单位。依此类推，还可分为第三级、第四级抽样单位。第二步，抽取各级样本。依照随机原则先在第一级抽样单位中抽出若干群体作为第一级样本，然后在第一级样本中抽出第二级样本，依此类推。调查对象为第二级样本者，称为二段随机抽样；调查对象为第三级、第四级样本者，称为三段或四段随机抽样。第三步，对最后抽出的样本单位逐个进行调查。

例如，假定在某县做教育状况调查，该县有 20 个乡镇，每个乡镇平均有 10 个村（居）委会，每个村（居）委会平均有 10 个村（居）民小组，每个村（居）民小组平均有 50 户居民，全县合计就有 20 个乡镇、200 个村（居）委会、2 000 个村（居）民小组、10 万户居民。如果采用多阶段随机抽样方法抽取 5‰的户（即 500 户）做样本，具体做法如下：首先，确定抽样单位。该县有乡镇、村（居）委会、村（居）民小组和户四个层次，就应采取四段随机抽样方法抽取样本，并确定乡镇为第一级抽样单位，村（居）委会为第二级抽样单位，村（居）民小组为第三级抽样单位，户为第四级抽样单位。然后，采取不同抽样方法，分四段逐步抽取样本：

一段抽样，从县抽到乡镇。如果该县各乡镇经济发展状况差异较大，就应采用适用于抽样单位异质性较大情形的分类随机抽样方法。

二段抽样，从乡镇抽到村（居）委会。在一个乡镇范围内，各村（居）委会经济发展状况的差距一般不会太大，为了使样本分布比较均匀，可采用等距随机抽样方法。

三段抽样，从村（居）委会抽到村（居）民小组。为了便于集中调查，节约人力、财力、物力和时间，可采取整群随机抽样方法。

四段抽样，从村（居）民小组抽到户。为了简便易行，可采取简单随机抽样方法。

多阶段随机抽样方法适用于调查总体范围大，调查对象单位多、情况比较复杂的调查课题。它对于调查总体各单位情况了解程度的要求较低，一般只要求对下一个层次单位的情况有所了解就可以抽样。它的缺点是抽样程序较为复杂，抽样阶段越多，抽样误差越大，它的误差是各抽样阶段误差之和。

总之，随机抽样能有效排除调查者主观因素的干扰，保证抽取的样本具有较高的客观性和代表性，而且能够有效控制抽样误差的大小，从而有利于从数量上计算调查样本的统计值和推论调查总体的参数值。

四、随机抽样的关键问题

（一）抽样框编制问题

抽样框是抽样的基础。科学的抽样，必须以实事求是的抽样框为前提。然而，在实际调查中，人们往往忽视编制抽样框的重要性、复杂性和艰巨性，随意拿一些原有表册——如居委会户口册、村委会花名册、单位工资表等作为抽样框，这是不妥当的。如在城镇，把居委会户口册作为抽样框存在许多问题：一是中央、省、市属行政、事业、企业单位人员居住在本城镇，但其中相当一部分人的户籍不在本城镇。二是许多外来务工经商人员和住读学生常年工作、学习、生活、居住在本城镇，但在本城镇没有户籍。三是在本城镇户籍居民中，有相当一部分人常年在外地务工、经商、求学，不居住在本城镇。四是随着城镇化和经济社会发展，家庭户分合和住址变更越来越频繁，居委会户口册的更新往往大大落后于实际。

正确的做法应该是：首先，多方搜集原有表册，如居委会户口册、村委会花名册、单位工资表等，把它们作为编制抽样框的基础。其次，确定调查对象的内涵和外延。主要是从当时当地的实际情况出发，制定编制抽样框的具体规则，把一切应该调查的对象都纳入抽样框，把一切不应该调查的对象都排除出抽样框。再次，通过实地核查，修改或补充原有的户口册、花名册、工资表。最后，编制出符合实际情况的抽样框。

（二）抽样概率问题

在整群随机抽样、分类随机抽样和多阶段随机抽样中，都存在着分群体或分类问题（如村委会、居委会、企业、学校等），而每一个群体或类所包含的调查对象（如户、人等）往往不一样，有的甚至相差悬殊。这就产生了一个抽样概率问题，即对于调查对象来说，群体或类的规模越小，调查对象被抽中的概率越高，群体或类的规模越大，调查对象被抽中的概率越低，这就违背了随机抽样的同等可能性原则。例如，甲乙两村被抽为样本，其中甲村有村民 400 户、乙村有村民 100 户，假定每村抽 20 户作为调查样本。那么，甲村村民被抽中的概率是 20÷400＝0.05，即每 20 户抽取 1 个调查样本，每户被抽中的概率为 5%；乙村村民被抽中的概率则是 20÷100＝0.2，即每 5 户抽取 1 个调查样本，每户被抽中的概率为 20%。显然，这不符合同等可能性原则。

解决以上问题的方法有两种：

一是概率与规模成比例抽样，简称 PPS 抽样，其原理是赋予规模不等的群体或类与其规模成比例的入样概率，从而使每个调查对象都有被抽中的同等概率。例如，某乡镇有 10 个村、4 000 户，要选取 200 户作为样本，其具体做法是：第一步，将 10 个村按区位编号、列表，并说明每个村的户数；第二步，计算每个村户数占全乡镇总户数的比例和累计比例，并按累计比例编制抽样号码；第三步，按等距随机抽样方法抽取 5 个抽样号码作为样本，样本间距为 20，假定第一个抽样号码为 4，那么第 4、24、44、64、84 号被抽中；第四步，每个被抽中的抽样号码调查 40 户，即 01、06、08 号村各调查 40 户，03 号村有 2 个抽样号码，调查 80 户。详见表 4-2。

表 4-2　某乡镇 PPS 抽样简况

村委会编号	户数	占总户数比例（%）	累计比例（%）	抽样号码	等距抽样选取的号码	入样村委会和调查户数
合计	4 000	100.0	100.0	1～100	5 个号码	200
村委会 01	200	5.0	5.0	1～5	4	40
村委会 02	160	4.0	9.0	6～9		
村委会 03	1 440	36.0	45.0	10～45	24、44	80
村委会 04	200	5.0	50.0	46～50		
村委会 05	120	3.0	53.0	51～53		
村委会 06	760	19.0	72.0	54～72	64	40
村委会 07	320	8.0	80.0	73～80		
村委会 08	400	10.0	90.0	81～90	84	40
村委会 09	280	7.0	97.0	91～97		
村委会 10	120	3.0	100.0	98～100		

二是样本与规模成比例抽样，简称 SPS 抽样，其原理是赋予规模不等的群体或类与其规模成比例的样本数，从而使每个调查对象都有被抽中的同等概率。如前例，某乡镇有 10 个村、4 000 户，要选取 200 户作为样本，其具体做法是：第一步，将 10 个村按区位编号、列表，并说明每个村的户数；第二步，计算每个村户数占全乡镇总户数的比例；第三步，按照每个村户数比例分配样本数；第四步，各村按照随机抽样方法（既可以是简单随机抽样，也可以是等距随机抽样、分类随机抽样等）抽取调查样本。

SPS 抽样，同非随机抽样中的配额抽样方法基本相同，即样本数与调查对象规模成比例。它们的区别在于：在配额抽样中，最后是采用非随机抽样方法（如偶遇抽样、判断抽样等）抽取调查样本；在 SPS 抽样中，最后是按照随机抽样方法（既可以是简单随机抽样，也可以是等距随机抽样、分类随机抽样等）抽取调查样本。显然，SPS 抽样操作更简便，样本更均匀，但样本较分散，调查难度较大、成本较高。相反，PPS 抽样操作较复杂，但样本较集中，成本较低。

（三）入户后选择调查者问题

在随机抽样调查中经常遇到这样的情况，调查员入户后发现样本户中有不止一个符合作为调查对象的条件（例如，可规定调查对象的条件是 16 周岁及以上、思维正常、有口头回答问题能力、常年在家庭中生活等）的家庭成员，这时应该怎样选择调查对象呢？在实际调查中，人们往往习惯于选择当家人或了解情况的人做调查对象。它的优点是，这样的人对家庭客观情况比较熟悉，回答效率和质量较高，可节省调查时间。它的弊端是，在主观指标调查方面往往忽视了不当家的妇女、青年、老人的意见、看法、态度、感受、期望和建议。解决这个问题的方法是，抽样到户后再做一次入户抽样，即从几个符合条件的调查对象中抽取一人作为调查对象。入户抽样有多种方法，其中最简便、易行的方法有两种：

一种可称为“生日相近法”，即在调查问卷的封面印制一个《家庭成员登记表》，设计“家庭成员编号”（问卷调查一般是匿名的，不应设计“姓名”栏目）、“与户主的关系”、“性别”、“出生年月日”等几个栏目。调查员入户后先填写《家庭成员登记表》。然后，在符合调查对象条件的家庭成员中，选择出生日期与调查日期最接近的家庭成员作为调查对象。

另一种可称为“男女老少法”，即在调查设计时，除规定调查对象必须具备的条件外，把调查对象的性别和年龄分为四类——“最大年龄男性”“最大年龄女性”“最小年龄男性”“最小年龄女性”，并按各占 25%的比例设计和印刷在调查问卷首页上。调查员入户后，就按照调查问卷首页上关于性别和年龄的规定，选择符合规定的家庭成员作为调查对象。

实践证明，上述两种方法的优点是简便易行，有利于贯彻随机原则，排除调查员个人好恶等主观因素的干扰。缺点是被选中的调查对象或不熟悉家庭情况，或不在家。因此，在调查设计时，必须规定哪几种情况（如：完全不了解家庭情况；已经外出，调查期间不可能回家；等等）可以换人，哪几种情况可以换户（即动用备用样本）。只要设计的换人、换户规则没有违背随机原则，那么即使更换了调查对象、被调查户，仍然算是随机抽样。

五、抽样误差和样本规模

（一）抽样误差

抽样调查的目的是用样本统计值推断总体参数值，但是，无论采用何种抽样方法，样本统计值与总体参数值之间总会存在一定误差，其来源有二。

一是非抽样误差，即调查过程中人为操作失误造成的误差，如调查方案设计不合理、抽样方法有违随机原则、调查操作或数据处理失误等。非抽样误差可以通过主观努力尽量减少，但是，无法用计量方法计算出这种误差到底有多大。

二是抽样误差，即随机抽样过程中产生的样本统计值与总体参数值之间的差异。它与人为操作无关，而与以下三种因素有关：一是抽样方法。任何一种抽样方法都会产生一定的抽样误差，采用不同抽样方法产生的抽样误差是不一样的，因此，调查者应发挥主观能动性，尽可能选择抽样误差最小的抽样方法。二是调查总体分布状况。调查总体中各个体异质性程度越大，抽样误差就越大；反之，则抽样误差越小。三是样本规模。样本规模越大，抽样误差就越小；反之，则抽样误差越大。这就是说，调查总体异质性程度与抽样误差成正比，样本规模与抽样误差成反比。抽样误差源于抽样的随机性、调查总体的异质性和样本规模的大小，因而是无法避免的。但是，抽样误差的大小可以计算及量化，并可通过科学的抽样设计进行控制。只要正确选择抽样方法，并根据调查总体异质性状况合理确定样本规模，就有可能把抽样误差控制在合理的范围之内。

在统计学中，通常用总体标准差 σ 表示总体异质性程度，用 n 表示样本规模，用 SE（sampling error）表示抽样误差，于是得到下列公式：

$$SE=\frac{\sigma}{\sqrt{n}}$$

由于总体标准差通常无法知道，因而用样本标准差 S 代替，于是有：

$$SE=\frac{S}{\sqrt{n}} \quad 或 \quad SE=\frac{S}{\sqrt{n-1}}$$

实际上，所谓抽样误差，就是抽样分布的标准差，即标准误差（standard error），也就是抽样过程中产生的平均误差。

应该指出，上述计算公式，是在不考虑抽样方法这一因素的影响时，一般性地描述和反映调查总体异质性程度（用总体标准差 σ 表示）及样本规模与抽样误差之间的数量关系。当把抽样方法（如等距随机抽样、分类随机抽样等）这一因素考虑进来时，则抽样误差的计算公式要根据抽样方法的不同而进行修正或改变。

（二）样本规模

样本规模又称样本容量，是指样本中所含调查对象的多少。在统计学中，有所谓大样本、小样本的区别和争论，其原因在于大样本与小样本的抽样分布不同，因而需要采用的统计分析方法不同。样本规模多大才算大样本，在统计学中存在不同意见，而且似乎与统计学的应用领域有关。例如，在心理统计学中，通常认为样本包含 30 个以上个案，就算大样本；但在社会统计学中，则认为样本规模超过 100 才能称为大样本。

在社会调查中，调查者总希望扩大样本规模，因为样本数越大，样本代表性越高，但是样本数增加往往会导致非抽样误差扩大，而且还会带来调查成本的攀升。因此，应该确定一个最佳样本规模，既减少抽样误差，又不致因扩大样本规模而造成人力、财力、物力的浪费。

从理论上讲，可以根据样本规模与抽样误差之间的统计关系，来确定一项调查所要求的最低样本规模。抽样误差表示的是样本统计值与总体参数值之间的差距。一项社会调查中存在多种统计量，因而存在多种多样的抽样误差。通常以最常用的平均数（$\overline{X}$）和百分比（P）这两个统计量来说明如何通过抽样误差来确定最低的样本规模。

假如要用一个从随机样本（n）计算出来的样本统计量平均年龄（$\overline{X}$）去对总体的平均年龄（M）进行区间估计，总体标准差为 σ，置信度为 95%，抽样误差为 SE，则有：

$$SE=|M-\overline{X}|$$

$$\overline{X}-1.96\left(\frac{\sigma}{\sqrt{n}}\right)\leqslant M\leqslant\overline{X}+1.96\left(\frac{\sigma}{\sqrt{n}}\right)$$

$$-1.96\left(\frac{\sigma}{\sqrt{n}}\right)\leqslant M-\overline{X}\leqslant 1.96\left(\frac{\sigma}{\sqrt{n}}\right)$$

$$SE=M-\overline{X}=1.96\left(\frac{\sigma}{\sqrt{n}}\right)$$

故得 $n=\left(\frac{1.96S}{SE}\right)^2$，注：当总体参数值 σ 未知时，可用 S 近似代替。

当要求置信度为 99%时，公式为 $n=\left(\frac{2.58S}{SE}\right)^2$。

公式中的 SE 为研究者所能容忍的误差。显然，研究者所能容忍的误差越大，样本规模可以越小，反之则要求样本规模越大。

假如已知总体人口年龄的标准差 $\sigma=8.60$，用样本估计总体的允许误差 $SE=2$ 岁，所要求的置信度为 95%，则该项研究的最低样本数 $n=\left(\frac{1.96\times 8.60}{2}\right)^2=71$。如果置信度为 99%，则最低样本数 $n=\left(\frac{2.58\times 8.60}{2}\right)^2=123$。

当选用比例为样本统计量来计算样本规模时，可推出下列公式：

$$n=\left(\frac{1.96\sqrt{P\ (1-P)}}{SE}\right)^2 \quad (95\%\text{置信度})$$

$$n=\left(\frac{2.58\sqrt{P\ (1-P)}}{SE}\right)^2 \quad (99\%\text{置信度})$$

公式中抽样误差 SE 表示总体比例 P 与样本比例 p 之差的绝对值，即 $SE=|P-p|$。

例如，研究者要研究某地区农民的生活满意度问题，以往研究表明，大约有 65%的当地农民满意自己的生活，即 $P=0.65$，要求估计的置信度为 95%，抽样误差不大于 4%，即：

$$SE=|P-p|=0.04$$

则该项研究所要求的最低样本规模为：

$$n=\left(\frac{1.96\sqrt{0.65\ (1-0.65)}}{0.04}\right)^2=546$$

当置信度为 99%时，$n=\left(\frac{2.58\sqrt{0.65\ (1-0.65)}}{0.04}\right)^2=946$。

在实际操作中，运用统计方法来确定样本规模通常只能作为一种参考。因为在一项调查中往往会有很多变量，根据不同变量统计值会计算出不同的样本规模，很难确定该选用哪一种。此外，调查样本规模的确定，还要受经费、时间、人力、物力以及调查资料后续处理等多种因素的影响。学术界根据总体规模与样本所需量的统计曲线规律，并结合其他影响样本规模的因素，总结出经验上样本容量的大致范围可供参考，见表 4-3。

表 4-3　经验确定样本数的范围

总体规模	100 人以下	100～1 000 人	1 001～5 000 人	5 001～10 001 人	10 001～100 000 人	100 000 人及以上
样本占总体比重	50%以上	50%～20%	30%～10%	15%～3%	5%～1%	1%及以下

资料来源：袁方．社会研究方法教程．北京：北京大学出版社，1997：170.

第二节　评估调查

评估调查是社会调查方法中的一种特殊形式。确切地说，评估调查与其说是一种调查方法，不如说是一种研究目的、研究取向。

一、评估调查的概念及特点

评估调查，又称评估研究，是指评估社会政策或社会项目效果的一种应用性调查类型。它包括政策评估和项目评估。美国学者罗西等人对项目评估的含义做过如下概括：“项目评估是运用社会研究程序，系统调查社会项目的效果。具体地说，评估者运用社会研究的方法，评估并帮助改进社会项目的各个重要方面，也包括对社会问题的诊断、解释，社会政策/项目的设计、实施、监管以及产出与绩效评价。”① 评估调查的目的就是精确评定某项社会政策或社会项目的实施是否达到了预期效果。与其他调查方法相比，评估调查有以下特点：

（1）评估时间具有灵活性。评估既可以发生在政策/项目实施前，也可以发生在政策/项目实施后。实施前评估主要是为了给制订、完善或实施政策/项目计划提供可靠的依据。实施后评估主要是为了考察政策/项目的实施是否达到了预期目标。

（2）评估标准带有一定的主观性。评估是建立在一定的价值判断与利益选择基础上

① ROSSI P，LIPSEY M，FREEMAN H. Evaluation：a systematic approach. Thousand Oaks，CA：Sage，2002：4.

的，尤其是当目标对象分为不同的利益集团或者无法使用某一尺度的指标测量效果时，很难做客观的判断。例如，某项政策可能有利于农民而对工人不利；某一方案可能有经济效益但却损害社会长远利益。

（3）评估方法具有多样性。许多用于收集资料的方法，如问卷调查法、实验调查法和访问调查法等都可以用于评估。最科学的评估设计是采用实验法（大型、实地社会实验）或准实验法。社会实验是通过小范围的试点来观测某项政策/项目的利弊，以便修订方案，提出新的政策/项目建议。

二、评估调查的类别

（一）方案评估和实施效果评估

从评估发生的时间点看，评估可以分为方案评估和实施效果评估。

方案评估，即政策/项目实施前对其目标和预期效果的评估。首先必须明确方案要解决哪些社会问题，并尽可能以具体的社会指标来表述。其次要确定方案的目标对象是哪些人，并说明他们的类型、特点，以及受益人数、范围和程度。

实施效果评估，即在政策/项目实施过程中运用社会指标测量方案实施后的变化，并将实际效果与预期效果相比较。如果未能达到预期目标，则要具体分析是由于未考虑到的社会因素的影响，还是由于方案在实施过程中出现了偏差。

（二）描述性评估和规范性评估

从评估目的看，评估可以分为描述性评估和规范性评估。

描述性评估通常是以经验为基础的，详细分析政策/项目实施过程、有何问题、产生了什么影响以及影响是如何发生的。规范性评估主要是说明政策/项目应该做什么，而不是对政策/项目实施状况进行测量。

（三）定量评估和定性评估

评估调查既可以使用定量方法，也可以使用定性方法。从评估手段看，评估可以分为定量评估和定性评估。

定量评估可以借助数据按时间和类别进行快速比较，或者比较实验组和控制组的结果，分析政策/项目实施的效果。定性评估可以增加评估的深度，发现“黑箱”内部的东西，有助于理解政策/项目实际上是如何运作的。政策/项目越复杂，定性评估在评估过程中的价值就越大。

三、评估调查的内容

适于使用评估调查的议题有很多，对与政策/项目相关的各种不同问题及其影响都可以进行评估。例如：政策/项目的需求程度如何？政策/项目是如何运作的？政策/项目产生了什么影响？政策/项目效果如何？具体地说，评估调查的主要内容有：

（1）需求评估：是指用系统、可信的证据来评估政策/项目对象的需求类别与需求程度。需求包括主观需求和客观需求两种。还有学者将需求分为规范需求、感觉需求、表现需求和比较需求。规范需求和感觉需求是需求评估中最重要的两种类型，分别代表了需求的客观层面和主观层面。需求既可以通过设计社会指标进行问卷调查来评估，通过访问当地专家来评估，通过直接观察来评估，也可以通过焦点小组来评估，还可以通过文献调查来评估。需要注意的是，需求没有绝对的标准，不同人群的需求是不同的，不同时间点的需求也会发生变化。在不了解社会背景的情况下如何理解需求及需求程度呢？在一般情况下，最好的办法是使用多种需求指标进行测量。合格的评估者会试着从不同的角度获取需求信息。

（2）监测评估：又称过程评估，是指在政策/项目实施过程中通过评估厘清在政策执行或者项目运作过程中，出现了哪些未预料到的问题，相关参与者如何互动，不同群体有何不同意见，以及各要素随时间推移发生了哪些变化。一些复杂的政策/项目由多个要素组成且持续时间较长，这时监测评估显得尤为重要。监测评估可以使用许多不同的指标，主要使用实地观察、正式访问和座谈会等定性方法。

（3）效果评估：又称影响分析、影响评估或总结评估，是指评估政策/项目实施是否有效，是否达到了预期目标。这是评估的核心议题。做好效果评估，首先要有适切的评估方法设计。实验法是效果评估的首选方法，也就是说，为了证明项目影响的因果关系主张是合理的，可以将案例随机分配到一个和多个实验组以及一个控制组，使得一开始组间就没有系统差异，其目标是实现对政策/项目本身的公平、无偏差测试，以便组与组、人与人之间的差异不会影响到对项目影响的判断。实际上，这是十分困难的，因为社会政策/项目的参与者或是自愿参与，或是必须满足某种条件、具备某种资格，这两种情况都会导致选择偏差。因此，效果评估也可以使用个案研究、问卷调查等方式开展。其次，要有具备良好信效度的测量工具（问卷或量表）。

（4）成本-收益评估：又称效益分析，是指评估确定政策/项目的收益与成本的关系。成本-收益分析必须弄清具体的成本和收益。因为实际情况有时十分复杂，一群人的收益很容易成为另一群人的成本；一些项目影响是一群人的成本，却是另一群人的收益。在通常情况下，主要考察直接成本与收益，看收益是否足以抵消成本。如果政策/项目存在外部性，则对外部成本与外部收益亦应加以考虑。

四、评估的意义

目前，评估已在国家的社会改革、发展规划，以及制定政治、经济、教育、社会福利等政策方面得到广泛应用。随着经济社会的发展，政府需要有效地进行社会干预和社会控制，并得到迅速而正确的反馈，故评估在应用性社会研究中愈来愈占有重要地位。

（1）评估是政策/项目实施的必要环节。一个政策/项目从产生到终结，必然要经过评估阶段，没有评估结果，必然缺少项目完善、调整和政策修正、终结的实践依据。在政策/项目实施过程中，评估关联着政策/项目的执行、修正和完善，从而成为政策/项目动态运行的必要环节。问题的认定、政策/项目规划、方案的合法化、政策/项目执行、政策/项目评估、政策/项目终结等环节缺一不可，才能构成政策/项目实施的整体过程。

（2）评估是检验政策/项目实施效果的必要手段。实施一个政策/项目，从某方面看来，有可能完成了指标，取得了良好的效果，但是从其他方面综合看来，也有可能引发了许多潜在的问题。因此，要全面、正确地检验一个政策/项目的实施效果，必然要通过系统、全面的评估才能实现。政策/项目实施效果作为一种客观状态，要想转变为人们主观范畴的正确认识，必然要借助科学评估。没有政策/项目评估过程，人们对政策/项目效果的认识便不能形成。

（3）政策/项目评估是检验政策/项目方案、考察政策/项目执行过程的必要手段。政策/项目实施效果的好坏，取决于方案的优劣和执行是否到位。因此，政策/项目评估在检验政策/项目实施效果的同时，必然要同时检验政策/项目方案和执行过程。

第三节　个案研究

在社会调查中，个案研究作为定性研究的常见形式，不仅历史悠久而且用途广泛。

一、个案研究及其特点

（一）何谓个案研究

“个案”，也称作“案例”。个案研究，也称个案调查、案例研究。费金等人认为：“个案研究是对某种独特社会现象所进行的深层次、多面向的定性调查。”[①] 这个定义不够准确。其原因在于，“个案”是一个关于研究范围的词，与之同一范畴的是“总体”及“样本”等概念；而“定性”是一个关于研究方式的词，与之同一范畴的是“定量”等概念。普拉特认为，在20世纪20—30年代，美国社会学界开展了大量以个案方法为基础的研究，此时“个案研究”与“参与观察”基本上是同义词，而“个案研究”与“统计方法”通常作为对立概念出现。到20世纪50年代时，“个案研究”与“统计方法”的传统二分为“定性/定量”的二分所取代，而“个案研究”一词的内涵越来越向实证主义靠拢。直到20世纪80年代后期，“个案研究”概念又回到了方法论的平台上，被重新赋予了一种反实证主义的色彩。

“个案”与“定性”这两个概念既有区别又有联系。同其他调查方法相比，个案研究的范围主要是当前的现象，这与历史研究相对立；它是在真实环境中的研究，这与定量研究相对立；它适合现象与背景之间的界限不是很清楚的研究，这与其他的定性研究有所区别。由此看来，个案研究是指为某个特定目的、对某个特定对象（如个人、家庭、单位或事件）进行的调查。它是通过对具体案例的调查分析，详细描述现象，分析其为

① FEAGIN J R，ORUM A M，SJOBERG G. A Case for the case study. Chapel Hill：The University of North Carolina Press，1991：1-26.

什么会发生，并从中发现或探求一般规律和特殊性，指导得出调查结论或新的研究命题的一种方法。

当前，个案研究被广泛应用于社会科学领域，包括传统学科（心理学、社会学、政治学、人类学、历史学及经济学等）和面向实践的学科（城市规划、公共管理、管理科学、新闻学及教育学等），甚至在通常被认为必须采用调查技术的评估调查领域，也越来越多地采用个案研究方法。

（二）个案研究的特点

个案研究不仅仅是一种具体的研究方法，更是一种特定的研究视角、研究思路、研究路径以及研究策略。它将研究的视角从总体转向了个体，将研究的思路从一般转向了特殊，将研究的路径从外部转向了内部，将研究的策略从广度转向了深度。其特点体现在：

第一，情境与过程。个案研究首先需要进入一种情境，强调根据特定的时空情境解释某一事件，而不抽象地考虑问题、得出结论。情境有两层意思：其一，是在自然状态下发生的，而不是像实验研究那样通过人为控制产生的；其二，是真实发生的，而不是想象或虚构的。调查者在进行个案研究的过程中可能会发现一些前人没有觉察到的原因、现象或者结果。

第二，合作与深入。个案研究不同于经验式的思辨研究，可以坐在书斋里独自完成。它要求研究者走向田野，通过实地考察、亲身体验、访问交流等，了解在“自然、真实的情境”中到底发生了什么事、它为什么会发生、它产生了什么结果以及当事人对此的感受和看法。个案研究不仅仅对现象进行翔实的描述，更对现象背后的原因进行深入的分析，它既回答“怎么样”和“为什么”的问题，也有助于研究者把握事件的来龙去脉和本质。

第三，开放与多元。这表现在：一是题材开放。无论是写人还是记事，都可以作为案例进行研究。二是形式开放。既可以做定性研究，也可以做定量研究，还可以做混合研究。三是资料来源开放。与其他研究方法通常只依据某一种资料来源、使用某一种资料收集方法有所不同，个案研究可以利用多种不同的资料来源，采用多种不同的资料收集方法。无论是来源于参与观察、深度访问的以文字记录为主要形式的实地资料，还是来源于政府部门的档案资料、行政统计数据，抑或是来源于抽样调查的问卷资料，甚至是地图、照片等等，只要能对全面、深入了解、描述和分析特定个案有作用，就都可以加以利用。四是案例的分析和解读开放。案例是真实事件，同样的事件在不同的背景下可以做不同的分析，在相同的背景下因为研究者的视角不同也有可能产生不同甚至相反的解释，因此不管是什么样的案例，都存在着从各个侧面进行分析、研究和解释的可能性，也就是说我们对案例的分析、研究和解释可以是多元的。

二、个案研究的类型

（一）单一案例研究和多案例研究

根据调查案例的数量，个案研究可以分为单一案例研究和多案例研究。

单一案例研究主要用于证实或证伪已有理论假设的某一个方面的问题，主要用于分析一个极端的、独特的或罕见的事例，或用于分析一个有代表性的、典型的案例。通常，单一案例研究不适合用于系统构建新的理论框架。

多案例研究能够更好、更全面地反映案例的背景，尤其是当多个案例同时指向同一结论时，将有助于提高个案研究的有效性。在多案例研究中，通常先将每一个案例及其主题作为独立的整体进行分析（即案例内分析），然后在此基础上，对多个案例进行归纳总结（即跨案例分析），得出抽象的研究结论。

（二）整体性案例研究和嵌入性案例研究

根据分析单位，个案研究可以分为整体性案例研究和嵌入性案例研究（见图 4 - 1）。

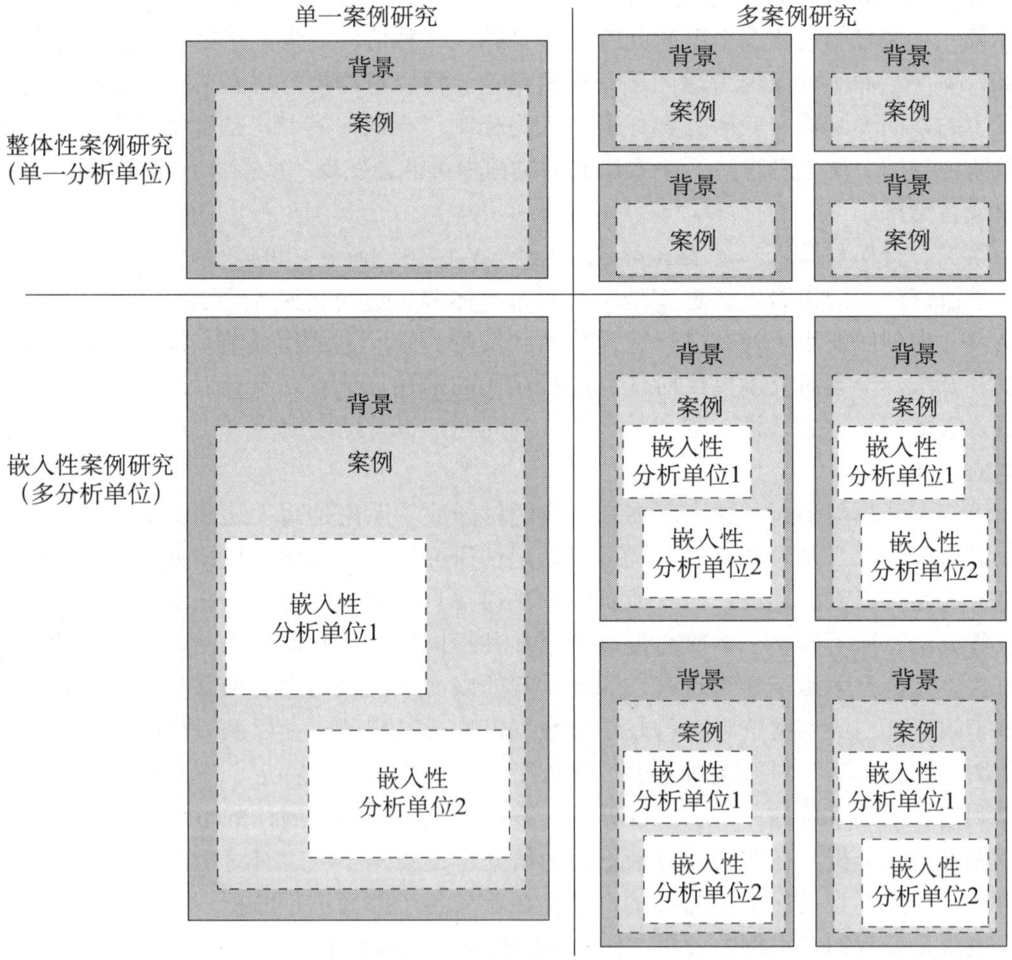

图 4 - 1　整体性案例研究和嵌入性案例研究

分析单位是案例研究聚焦的主要对象，按层级结构可划分为主分析单位和次分析单位。整体性案例研究，是指只揭示某一案例的整体属性，而不对案例的次分析单位进行分析。如果存在次分析单位，或需对一个或多个次分析单位进行考察，以剖析案例的内在复杂关系，则属于嵌入性案例研究。多案例研究中的每一个单独的案例，都既有可能是整体性案例，也有可能是嵌入性案例。在嵌入性案例研究的每一个单独的案例中，都既有可能收集并分析高度量化的数据，也有可能在每一个单独的案例中使用统计技术。

（三）集中性案例研究、极端性案例研究和启示性案例研究

根据案例本身的特征，个案研究可以分为集中性案例研究、极端性案例研究和启示性案例研究。所谓集中性，指所选案例集中了某个类别现象的主要特征和属性，因而成为该类别现象的典型载体。集中性标准可以进一步划分为突出性、平均性或系列性等三个标准。所谓突出性标准，就是选择那些共性特征最突出的案例作为个案研究对象。例如，要研究工人阶级对资产阶级价值的认同程度，可以选择最富裕的工人作为研究对象。要是他们不认同资产阶级的价值，就可以得出结论：连最富裕的工人都不认同资产阶级的价值，更何况一般的、普通的工人。所谓平均性标准，就是选择那些共性特征既不是最突出也不是最薄弱的案例作为个案研究对象，即选择最具有普遍性的案例（在此意义上它具有一定的代表性）。例如，要研究小学生的课余作业负担问题，可选取那些课余作业既不是最多也不是最少的小学生作为个案研究对象。所谓系列性标准，就是分别选取共性特征最突出、共性特征较平均和共性特征最不突出的几个案例作为复合个案研究对象。此外，在研究对象内部的异质性较强的情况下，也可把异质性较强的研究对象分解成几个较同质的部分，然后分别从中选择几个不同案例来进行多重个案研究。例如，要研究进城农民工的社会流动的机制和模式，必须考虑到农民工社会流动的多种情况（异质性），分别选择不同类别的农民工作为个案研究对象。所谓极端性，即以最反常的案例作为研究对象。所谓启示性，即所选案例对某类现象最具有揭示性意义（如地下性产业）。[①]

三、个案研究的关键性问题

（一）调查方案的设计

个案研究设计，不仅要回答怎么收集证据、怎么用证据回答研究前提出的问题、在论据的基础上采用什么方法概括总结出理论等问题，而且要回答个案数量的选择和分析单位的确定等问题。

（1）是选择单案例研究还是多案例研究。如果有条件（和资源）的话，应该选择多案例研究。从两个或更多案例中总结出来的结论会比从一个案例中总结出来的结论更扎实、更具说服力。例如，双案例研究既可以进行逐项复制，又可以进行差别复制。

（2）是选择整体性多案例研究还是嵌入性多案例研究。采取哪种模式取决于所要研究的现象及研究问题的性质。嵌入性案例研究需要对每一个研究节点都进行调查。

（3）是选择封闭式设计还是开放式设计。个案研究设计不是僵化、不变的，当在资料收集过程中出现新资料或新发现时，可以改变研究设计。调查设计应具有某种程度的灵活性，但并不能因此否定个案研究设计所应遵循的周密性和严肃性。

---

① 王宁．代表性还是典型性？：个案的属性与个案研究方法的逻辑基础．社会学研究，2002（5）．

（二）案例的选择

案例的选择有两种方法：一种是目的性选择，即选择能够获得最多相关性资料的样本。另一种是标准为本的选择。这种方法就是首先列出一个对研究十分重要的案例所应满足的标准，然后发现与这些标准相符合的案例，使选择的案例能完整地回答研究问题。

案例可以是个体，也可以是群体，个案研究的目的是通过对某个（或某几个）案例的研究来达到对某一类现象的认识，而不是达到对某一个总体的认识。个案研究没有明确的研究总体，或者说研究总体的边界是模糊的，所以其不一定具有代表性。但是对案例的选择不能忽略两个问题：一是案例是否与新的经验现象或理论解释相关，二是通过研究是否可能对案例进行一般化或特别化的理解。案例既可以是特别的，也可以是一般的，既可以是经验性的，也可以是理论性的，关键是要与研究问题相匹配。

（三）分析单位的确定

分析单位是指调查要聚焦的主要对象，决定了个案调查和数据收集的边界。分析单位的确定是由研究问题决定的，明确分析单位可以使个案研究更有针对性、更有效率。分析单位既可以是一个实体、一个人、一个群体、一个组织或一个社区，也可以是难以明确界定起点或终点的事件或抽象事物，如决策过程、方案实施过程、组织变化过程等。每一个分析单位都可能与政治、社会、历史或个人等有着千丝万缕的联系，这既为研究问题的设计提供了各种可能性，也为个案研究增加了复杂性。正因如此，确定分析单位显得尤为重要。例如，研究问题是“30 多岁的女性乳腺癌患者如何决定是否进行乳房再造”，分析单位既可能是 30～40 岁患有乳腺癌的女性的决策过程，也可能是 30～40 岁女性的经历，这取决于研究的理论假设或研究倾向。

个案研究的一个优势在于在收集早期数据后可以重新定义案例。案例为什么难以界定？这是因为案例一般是有边界的实体，如人物、组织、行为条件、事件或其他社会现象，但是如前面提到的，案例及其情境条件的边界，在空间维度和时间维度，都可能难以区分。

（四）理论的运用

许多人对个案研究要不要使用理论、如何使用理论感到困惑。实际上，于个案研究中预设理论，在提出研究问题、选择案例、分析数据和得出研究结论等方面起着非常重要的作用。面对相同的材料，不同的研究者仍可能得出相异的结论，这取决于研究者想从案例中获得什么，研究者提出的目标问题是什么。实质上这往往源于对理论的敏感，源于对已有理论与案例事实有异的困惑，而非仅仅源于材料本身。例如，在文献中发现了有关信息系统安全的国际标准的制定过程忽略了人的作用这一缺口，由此可以引入权力视角等理论框架，将研究问题设定为：权力如何影响国际标准的产生和制度化？

个案研究可使用多个起不同作用的理论，既可以预先使用某个理论指导研究设计和数据收集等，也可以在数据分析过程中引入新的理论来解释和分析数据，没有理论，数据就是杂乱无章的、没有意义的信息堆积。

理论与数据之间缺乏连接是个案研究的通病，因此，研究者平时要提高自己的理论素养，实现理论与数据的有效连接。

（五）个案的"外推性"

保证个案研究具有较大的"外推性"，有四种方法。

（1）超越个案的概括，即通过对不同类型的调查对象的调查，找寻个案所体现的社会具有的某种典型性、普遍性，用比较法逐步从局部走向整体。这是类型学研究范式，具体做法是：第一个层次是分类学的，即参照研究的特定问题和兴趣界定类型划分的基本特征，以描述类型；第二个层次是解释性的，即通过比较澄清影响类型异同的因素，以解释类型之间的差异。如费孝通的社区研究，从最初的《江村经济》到《云南三村》，再到后来的小城镇研究，将单个社区研究的意义定位在建立"地方类型"的贡献上，希望通过积累众多的"类型"，来反映中国社会结构的总体形态。这就是从个案的类型代表性而非总体代表性的角度来回答个案研究的意义问题。

（2）案例中的概括，即概括案例之中具有重要意义的特征，通过"深描"案例所蕴含的特有形态来促成对现有理论的启发。这是人类学的研究思路，对意义的判断，取决于研究者的理论立场、关注问题，以及与相关研究的比较。这种概括使得发生在遥远地区的一件事，或是一种风俗、一场仪式，变得具有重要的意义。如格尔兹在《尼加拉：十九世纪巴厘剧场国家》一书中提出了"剧场国家"的概念，指出："巴厘国家的展示性本质通过其至今所知的全部历史表露得一览无余，因为它从未走向专制，也根本无力促使专制权力走向全面集权化……相反，它走向了一种排场，走向了庆典，走向了主宰着巴厘文化的迷狂精神的公共戏剧化：社会不平等与地位炫耀……权力服务于夸示，而非夸示服务于权力。"可以看出，格尔兹将不同的仪式看作国家权力体系在微观层面上的反映，并且这种仪式的过程就体现了国家整个权力运作的过程。通过对这种"剧场国家"的分析，格尔兹体现了微观的运作方式是如何与宏观的政治权力运行相联系的，从而实现了理论建构或者重建的目的。格尔兹的"案例中的概括"为回答个案研究的意义问题提供了一种全新的洞察力。

（3）分析性概括，即通过对某些案例的研究，达到提出、修正或检验理论的目的。这里的概括，是从理论出发到案例，然后再回到理论，是建立在已有理论基础上的理论修正、检验或创新。[①] 在个案研究中，研究者的目标是进行分析性概括，而非统计概括，也非类型学的概括。类型学的概括是从案例、局部经验出发，经由案例之间的比较，提出理论。分析性概括则是从已有理论出发，找寻研究的目标——提出有价值的问题。理论是一项已知或未知的知识陈述，方法是证明知识的逻辑，而案例材料是支持的证据。个案研究就是以有价值的问题为导向，案例的选择更多地具有理论指向，透过对经验现象的整理和分析，认识事实中具有相对稳定性及一般意义的东西，比如（某类）行为特征、（某种）因果关联或（某项）规范原则，实现特殊事实和理论的关联，对于已有理论进行证实、证伪、补充、修正或者推进。

---

① 卢晖临，李雪．如何走出个案：从个案研究到扩展个案研究．中国社会科学，2007（1）．

（4）扩展个案方法，即进行宏观、微观两方面的经验考察，通过从观察者扩展为参与者，通过彼此的互动，发现社会秩序的性质和社会现象的隐秘，达到对问题的深入理解。问题可大可小，搜集资料兼顾宏观和微观两个方面，分析时则始终抱持反思性的信条，时时体察宏观权力等因素对日常实践的渗透性和影响力。“传统个案研究是站在微观个案的基础上理解宏观因素对微观生活的影响，可以称之为一种建立宏观社会学之微观基础的努力。布洛维赋予扩展个案方法的创见，在于立足点的方向转移——从个别个案转移到宏观权力。它将社会处境当作经验考察的对象，从有关国家、经济、法律秩序等已有的一般性概念和法则开始，去理解那些微观处境如何为宏大的结构所形塑，其逻辑是说明一般性的社会力量如何形塑和产生特定环境中的结果”①，用布洛维的话说，扩展个案方法试图建立微观社会学的宏观基础。扩展既可以是虚拟的，如历史解释，也可以是真实的，如参与观察，或者是两者的结合，如诊断式访问。

四、个案研究的逻辑

（一）一般研究逻辑

个案研究既可以运用定量材料，也可以运用定性材料，但无论使用什么材料作为证据，都不应偏离社会科学研究的一般分析逻辑：观察现象、描述特征、建立界定、比较类型、展示过程、探索机制、寻求解释。

个案研究不仅为了讲故事或展示数据，还力求通过这些具体信息，挖出对一些基本关系类别、基本特征表象、基本行为范型的认识。其逻辑过程主要包括以下几个方面：

1. 系统观察

通过对案例本身及其相关环境进行观察，了解案例的特征、组织结构、过程、关系等，掌握案例的基本情况。

2. 深入访问

通过对与案例相关的人员进行深入访问，了解他们的看法、经验、动机、目标等，以获取更多详细信息。

3. 资料收集

通过收集与案例相关的文献、文件、记录等，梳理案例的历史背景、相关资料，了解案例的发展过程、背后的因素等。除了通过与有关人员进行面对面沟通交流以获取历史的、实时的定性数据外，个案研究还重视现场观察和亲身体验，并开展三角测量，即通过多种数据的汇聚和相互验证来确认新的发现，避免由于访问双方的偏见影响最终判断。

4. 数据分析

对通过系统观察、深入访问和资料收集得到的数据进行整理、归类和分析，找出案例中的主要问题、关系和规律。个案研究要以社会事实为证据，运用社会科学分析工具，

---

① 卢晖临，李雪．如何走出个案：从个案研究到扩展个案研究．中国社会科学，2007（1）．

推断或求证社会现象之间的影响性关联，特别是因果性关联。例如，对于不平等与社会不满之间的关系，研究者不仅想要了解不平等是否会产生社会不满，而且希望揭示这种影响一般会通过什么特定的因果机制发挥作用。

5. 反思与验证

对个案研究结果进行反思和验证，思考是否满足研究目标，是否存在偏见和局限性，并从中总结经验教训，为进一步研究提供指导。通过讲故事发现知识（而非讲故事本身），是个案研究的基本目标。即使是采取民族志、叙事实证主义方法，也需要对事态关系的因果性（起因或中间因）和情景的效用（实际发生的作用结果）加以挖掘。叙述不仅关注故事材料，也关注解释和背景，即使对象是单个行动者的行为，也需要理清“顺序关联”，通过丰富性、前后关联性和细节性得出理解，探讨“互动模式”。[①]

（二）多案例研究的逻辑

1. 复制逻辑

多案例研究可被看作多元实验，即遵从复制法则。在多案例研究中，每一个案例都要经过仔细挑选，挑选出来的案例要么能产生相同的结果（逐项复制），要么能由于可预知的原因而产生与前一研究不同的结果（差别复制）。在多案例研究中，每一个案例都是一个完整的研究，如果实证结果是内敛的、汇聚的，那就证明其结论成立。如果某一结论成立，那就要再进行一次复制的过程，对上一个案例进行检验。对于每一个单独的案例，都要撰写研究报告，研究报告中要解释为什么原理论假设成立（或者不成立）。所有的案例合在一起，需要再次撰写多案例研究报告，报告中要阐明复制的逻辑，并解释为什么有些案例的实证结果与其理论假设相符合。

逐项复制的次数，取决于研究结果要实现多大程度上的确定性。差别复制的次数则要根据竞争性解释的重要程度以及研究对象的复杂程度来定。

2. 比较研究

多案例研究中的比较研究，因研究目的不同可以分为个体化比较、普遍化比较、差异发现比较以及包围性比较四种类型。

个体化比较旨在发现独特性，并从这种独特性中进行概括。如孟德斯鸠在《论法的精神》中通过对一系列国家的比较，表明了英格兰政制的独特性，并概括了这种政体类型的性质。普遍化比较旨在发现案例间的共性。差异发现比较则是通过检视案例之间的系统性差异来建立一种差异原则，这种差异涉及具有多种形式的某个现象的强度或特征。如在《民主和专制的社会起源》中，巴林顿·摩尔为了探索在从农业社会过渡到现代工业社会的进程中，土地贵族和农民阶级在政治舞台上扮演的种种角色，概括了从农业社会推进到现代工业社会的三种道路，建立了从农业社会到工业社会的差异原则。包围性比较是在一个宏大结构或过程中选择若干位置，解释这些位置之间的差异性和相似性，并将其看作与整体结构或整个过程的某种关系的结果，即利用微观与宏观的关系来解释微观层面的差异。

---

① 张静．案例分析的目标：从故事到知识．中国社会科学，2018（8）．

个体化比较和普遍化比较试图得出抽象程度较高的概括，而差异发现比较和包围性比较中的概括抽象程度较低。总的来说，通过比较研究得到的概括相较从单个个案研究中得到的概括往往更具有说服力。

第四节　行动研究

行动研究在社会科学领域中是一种较新的研究方法、研究取向。1944 年美国社会心理学家勒温最先提出这一概念。20 世纪 70 年代西方学界出现了研究和运用行动研究的热潮。

一、行动研究的概念及特点

（一）何谓行动研究

行动研究是一种由下而上的集体的、自我反思的方式、方法，强调从行动者（即当地的实务工作者）的需求与立场出发，对行动者本身所处的工作情景与其内涵进行反省与批判，并结合研究的过程与步骤找出解决和改变实务工作的困境的方案或行动策略。换句话说，行动研究的目标不是仅仅对研究的现象与行为进行诠释，而是要达到对所研究现象进行改变和改革的目标。就实践行动的层次而言，行动研究包含了研究、行动与评估等过程，因此行动研究类似于评估研究、个案研究，是一种研究取向，可以运用所有已知的定性和定量的观察技术、数据和资料采集分析技术。

（二）行动研究的特点

行动研究有如下四个特点：

第一，在研究目的方面突出“为行动而研究”。行动研究的目的是提高行动能力和行动质量，它以“科学地发现事实”“解释事实”为基础，以解决具体情境中的问题为出发点，因此，行动研究所要研究解决的问题应具有“行动”特性，能为研究者和行动者的结合提供结合点，或者说提供一个共同活动的行动“场域”。

第二，在研究对象方面突出“对行动的研究”。行动研究所关注和主要研究的对象是“行动”问题，强调解决实际问题，提出具体改进策略，或为政府决策提供参考。当然，行动研究把解决问题放在第一位，并不等于行动研究无助于也不关心一般知识和理论的发现和产生。它只是更强调已有的理论和知识从抽象到具体的过程，更强调知识和理论的实践性。行动研究使实际工作过程本身变成了一个研究过程，使研究过程变成了一个理智的工作过程。

第三，在研究空间方面突出“在行动中研究”。行动研究不在图书馆、实验室中进行，而是在实实在在的实践场域中展开的。行动研究强调研究过程与行动过程结合，即将行动和研究融为一体，不仅要求研究者深入现场，直接参与从计划到评价实际工作的过程，与行动者一起研究面临的问题，而且要求行动者系统地反思或与研究者共同研究自己的工作过程、工作环境和问题，因此，行动研究必须是在实际工作场域中进行的，从做中想、从做中学。

第四，在参与人员方面强调研究者与行动者“在行动中的合作”。行动研究要求行动者和研究者在坚持民主参与即平等合作原则的基础上，建立起伙伴关系，相互协作、共同研究。研究者的参与，可以使其从局外人转变为参与者，从只对发现知识感兴趣转变为负起解决实际问题的责任；研究者的参与也可以使其更直接深入地观察行动者和行动过程，并用行动者能理解的语言把共同研究的成果表述出来，以便行动者改进他们的行动和工作，达到意识觉醒与赋权的目的。

总之，行动研究法与其他研究方法的区别，不在于运用某一套专门的研究技术，而在于使用科学方法系统地收集资料和解释资料，注重理论与实践的融合，注重行动与研究的融合。它是一种系统化和合作化的研究方法。

二、行动研究的类型

（一）依据研究侧重点的分类

按照研究侧重点，行动研究可分为如下三种类型：

一是用科学的方法对行动者的行动进行研究，强调使用测量、统计等科学方法来验证有关的理论假设，结合自己实践中的问题进行研究。它既可以是一种小规模的实验研究，也可以是较大规模的验证性调查。二是为解决实践中的问题而进行的研究，使用的不仅仅是统计数据等科学的研究手段，而且包括参与者个人的资料，如日记、谈话录音、照片等，研究的目的是解决实践中行动者面临的问题，而不是建立理论。三是对行动者的实践进行批判性反思，强调以理论的批判和意识的启蒙来引起和改进行动，行动者在研究中通过自我反思追求自由、自主和解放。

上述三种类型分别强调的是行动研究的不同侧面：第一种类型强调的是行动研究的科学性；第二种类型强调的是行动研究对社会实践的改进功能；第三种类型强调的是行动研究的批判性。虽然这些类型强调的方面各有侧重，但在实际研究中，研究者有可能同时结合这三个方面的特征。

（二）依据行动研究发展历程的分类

依据发展历程，行动研究可分为如下四种类型：

一是实验型，即通过研究引发行动改变，用科学方法探讨行动改变过程中出现的问题，由研究过程来引导事物改变。这一过程被认为是理性的、可控的。二是组织型，即强调将研究应用于对社会现实的改造，通过打造、建立研究者与参与者之间的合作伙伴关系，共同确定问题、找出可能的原因，进而找出可能和可行的措施解决当下的问题。三是专业型，即强调由专业的行动者开展实践活动，通过研究促使专业人员发展社会实践能力，对自己的价值观念进行反思，提升专业地位。四是赋权型，即强调为社会弱势群体发声，协助行动者在参与实践活动的过程中确认具体的问题，并促成参与各方的合作。

（三）依据参与者对行动所做的反思的分类

依据参与者对自己的行动所做的反思，行动研究可分为如下三种类型：

一是内隐式“行动中认识”，即在实践中发现行动者对于自己所从事的实践缺乏意识，需要在行动研究中通过观察和反思去探索其中的内隐性知识。二是“行动中反思”，即研究者和行动者在实践中推进自己对事物的认识，并在行动过程中根据现有的情况进行调整。三是“对行动进行反思”，即通过专业的人员和知识对行动进行发展和总结，并帮助行动者应对复杂的社会问题，对自己的行动进行反思。

（四）依据参与研究成员合作关系的分类

依据参与研究成员的合作关系，可以将行动研究划分为如下三种类型：

一是合作模式，即研究者与行动者一起合作，共同发现潜在的问题，形成共识，共同拟定研究问题与具体的行动方案。二是支持模式，即研究的动力来自行动者自己在工作中遇到问题，同时行动者自己决定行动方案，研究者在此只扮演专家的角色，提供咨询。三是提高解放模式，即研究者注重了解行动中所蕴藏的文化价值观念，并在这个过程中帮助行动者对自己的经历进行回顾和反思。

行动研究与常规研究的对比如表 4－4 所示。

表 4－4 行动研究与常规研究的对比

对比维度	行动研究	常规研究
研究为了什么	行动（包含“理解”）	理解（可能后续会有行动）
研究为了谁	行动者、研究机构、研究者个人	研究机构、研究者个人（包括职业兴趣）
谁的知识重要	行动者的知识	研究者的知识
选择研究领域的依据	行动者的优先需求	资助机构的优先需求、研究机构的规划和研究者的职业兴趣
选择研究方法考虑的因素	赋权、相互学习	学科范式、客观、真实
研究者的作用	协助者和学习者，积极参与当地改变与赋权的过程	客观观察者，负责收集信息以进行诊断、解释和评估研究；与外界分享信息
行动者的作用	参与确定研究问题、界定研究目标、制订研究计划、监测评估以及转化研究成果的全过程	研究成果的被动接受者
谁参与研究过程		
问题的确认	行动者、研究者	研究者
数据的收集	行动者、研究者	研究者

续表

对比维度	行动研究	常规研究
解释	当地概念和框架（学科概念和理论为此服务）	学科概念和理论
分析	行动者、研究者	研究者
研究结果的展示	当地可以获得成果并从中获益	通过研究者向学界或资助机构进行传介
是否根据发现采取行动	行动整合进研究过程中	不包括行动，或行动独立发生
谁采取行动	行动者（在外界支持或没有外界支持的情况下）	外部机构（指非研究者或研究机构）
谁拥有研究结果	研究者和行动者分享	研究者
研究目标	过程（结果是过程的自然延续）	结果

资料来源：CORNWALL A，JEWKES R. What is participatory research?. Social science & medicine，1995，41（12）.

三、行动研究的环节

行动研究是一个螺旋式加深的发展过程，每一个螺旋发展圈又都包括计划、实施行动、观察和反思四个相互联系、相互依赖的环节。

第一个环节是“计划”。它包含三个方面的内容和要求。一是问题陈述与界定。行动者要尽量将所有可能面临的问题阐述出来，研究者在调查研究的基础上将其明确化或具体化，经互相讨论与商议后，厘清研究的目的与待解决的问题并掌握有助于解决问题的知识、理论、方法、技术。二是拟订行动策略。针对研究目的与问题，拟订出具体可行的行动策略及其实施步骤。三是计划必须有充分的灵活性、开放性。人们对问题的认识需要逐渐深入，制订计划时必须考虑和包容已知的制约因素、矛盾和条件；又要允许不断地修正计划，把意料之外、未曾认识和在行动中显现出的各种情况和因素容纳进计划。从这个意义上说，计划是暂时的、开放的、承担着一定风险的、试验性的，是允许修正的。

第二个环节是“实施行动”。在行动研究中，实施行动应该：一是行动者在接到任务并在一定程度的理解后，按照相关的目的和步骤实施计划。这样的行动具有贯彻计划和逼近解决问题之目标的性质。二是实施计划的行动重视实际情况变化，重视实施者对行动及其背景的逐步加深的认识，重视其他研究者、参与者的监督观察和评价建议，所以它是灵活的、能动的，包含着行动者的认识和决策。

第三个环节是“观察”。它主要指在行动过程中要重视实际情况的变化，对行动过程、结果、背景以及行动者特点进行观察。应当注意：一是观察既可以是行动者本人借助各种有效手段对本人行动的观察，也可以是其他人的观察，而且多视角的观察更有利于全面而深刻地认识行动的过程。因此，行动研究中经常运用“三角观测法”。二是观察主要指对行动过程、结果、背景以及行动者特点的观察。由于社会活动受到实际环境中多种因素的影响和制约，而且许多因素不可能事先确定和预测，更不可能全部控制，因此，观察是反思、修正计划、确定下一步行动的前提条件。为了使观察系统、全面和客观，行动研究的倡导者鼓励研究者运用各种有效技术。

第四个环节是“反思”。反思既是一个螺旋发展圈的终结，又是过渡到另一个螺旋发展圈的中介。它包括对观察、感受到的与制订计划、实施计划有关的各种现象加以归纳和整理，同时对行动过程和结果做出判断评价，对有关现象和原因做出分析解释，找出计划与结果出现不一致的原因进行分析解释，从而探讨在制订下一步行动计划的时候是否需要修正、如何修正。

行动研究是一个无止境的探索过程，既保证了研究的持续性，又使行动者在这个过程中不断改进程序的发展进程。在这个动态过程中，反思扮演着关键性角色。它是过渡到下一个循环周期的中介。应当注意：第一，反思的内容要周详，要注意研究问题是否明确，研究计划是否全面，行动的操作步骤是否清楚，是否按计划实施，资料收集和记录是否翔实，资料的分析和解释是否科学，研究是否有效度和信度。第二，任何环节都要以科学的理论为指导。第三，反思的目的是解决问题，而不是解释。第四，要对下一步的行动计划进行修正。

四、行动研究的适用范围

行动研究是针对社会事件中的具体情境而进行的研究，擅长以解决实际问题为导向，秉行的原则是从实践中来到实践中去，因此它适用于对社会实践中实际问题的研究，以及中小规模的微观研究。

目前，行动研究被广泛应用于医学、教育学、社会工作等专业领域。从众多的实例中可以看出，行动研究范围小、周期短，从事行动研究的行动者和研究者亲自参与研究过程，随时注意情况的变化，适时调整行动计划，等等。医学领域一般使用行动研究法进行护理研究，通过研究来证明采取的护理行动可以改变人们的生活。行动研究的好处是打破了传统的“一面之词”，即不再只在乎对护理措施的结果测量，而是和护理对象一起去探索最好的护理效果。教育学领域一般通过行动研究看新的教育改革措施能否在固有的教育体系中取得好的效果，以提高教师的职业意识和职业素养。行动研究法是社会工作的一种重要的介入策略，社会工作领域经常通过行动研究强调民众的参与，把社会工作者与实务结合起来，改进实务工作，从而更有效地完成专业实践。

本章要点

1. 抽样调查，就是先将调查对象编制成抽样框，然后按照一定规则从抽样框中抽取一部分单位作为样本，并以对样本调查的结果来推断调查总体的调查方法。

2. 抽样调查的一般程序：设计抽样方案，界定调查总体，编制抽样框，选择抽样方法，抽取调查样本，评估样本质量。

3. 评估调查，又称评估研究，是指评估社会政策或社会项目效果的一种应用性调查类型。它包括政策评估和项目评估。评估调查的目的就是精确评定某项社会政策或社会项目的实施是否达到了预期效果。

4. 个案研究是通过具体案例，详细描述现实现象是什么，分析其为什么会发生，并从中发现或探求一般规律和特殊性，指导得出调查结论或新的研究命题的一种方法。

5. 个案研究不仅仅是一种具体的研究方法，更是一种特定的研究视角、研究思路、研究路径以及研究策略。它将研究的视角从总体转向了个体，将研究的思路从一般转向了特殊，将研究的路径从外部转向了内部，将研究的策略从广度转向了深度。

6. 行动研究是一种由下而上的集体的、自我反思的方式、方法，它强调以行动者（即当地的实务工作者）的需求与立场出发，对行动者本身所处的工作情景与其内涵进行反省与批判，并结合研究的过程与步骤找出解决和改变实务工作的困境的方案或行动策略。

7. 行动研究有四个特点：在研究目的方面突出“为行动而研究”；在研究对象方面突出“对行动的研究”；在研究空间方面突出“在行动中研究”；在参与人员方面强调研究者与行动者“在行动中的合作”。

基本概念

抽样调查　抽样　样本　非随机抽样　随机抽样　抽样误差　样本规模　评估调查　需求评估　监测评估　效果评估　成本-收益评估　个案研究　单一案例研究　多案例研究　整体性案例研究　嵌入性案例研究　扩展个案方法　复制法则　行动研究

思考与练习

1. 抽样调查有哪些程序？

2. 非随机抽样有哪些方法？随机抽样有哪些方法？它们各有何特点？

3. 如何计算抽样误差？

4. 确定样本规模，应该考虑哪些因素？

5. 如果要求样本对总体有同样的代表性，用等距随机抽样是否比用简单随机抽样样本容量要大些？

6. 为什么对某市中学生的营养状况做一次抽样调查，比较适合用整群随机抽样；对某市市民的消费状况做一次抽样调查，则比较适合用分类随机抽样？

7. 什么是评估调查？评估调查有哪些特点？

8. 评估调查有哪些类型？如何使用评估方法？

9. 什么是个案研究？个案研究有哪些特点？

10. 个案研究有哪些类别？如何进行个案研究设计？

11. 做好个案研究应该注意哪些问题？

12. 如何看待个案研究的“外推性”问题？

13. 简述开展多案例研究的方法。

14. 行动研究有哪些类型？

15. 分析行动研究的特色、研究者角色及可能的限制。

推荐阅读书目

1. 亨利．实用抽样方法．重庆：重庆大学出版社，2008.

2. 殷．案例研究：设计与方法．重庆：重庆大学出版社，2017.

3. 托马斯．如何进行个案研究．北京：中国人民大学出版社，2021.

4. 吉尔林．案例研究：原理与实践．2 版．重庆：重庆大学出版社，2022.

5. EXCEL 怎么随机抽样数据．（2017－12－02）［2018－06－01］．https://jingyan.baidu.com/article/47a29f246e914fc015239960.html.

知识点

抽样调查方法的妙用

困难与对策

界定调查总体的困难与对策

第五章

社会指标和社会测量

社会指标或社会指标体系是社会调查内容的具体体现和反映形式，有些社会指标只能通过社会测量进行调查。

第一节　社会指标

社会指标是调查内容的集中体现，是把复杂的社会现象变为可量度、计算、比较的数字、数据、符号。

一、社会指标及其特点

“社会指标”一词，最早由美国社会学家雷蒙德·鲍尔在 1966 年出版的《社会指标》一书中提出。他认为，社会指标是一种量的数据，是用来量度具有普遍社会意义的社会状况的指数。然而，对于社会指标的理解，人们的看法并不完全一样。有的人认为，它只是统计学意义上的数量概念；有的人认为，它是对社会事物质和量的概括；有的人认为，它泛指一切可以被观察的社会现象。

在社会调查中，社会指标是指反映社会现象的质量、数量、类别、状态、等级、程度等客观情况，以及反映社会成员的感受、愿望、倾向、态度、评价等主观状态的类别或项目。社会指标是相对于自然指标（如风力、水温、土壤酸碱度等）而言的，社会物质生活和精神生活领域的一切社会现象，都可以用社会指标来反映。例如，性别、年龄、文化程度、人均收入，以及职业满意度、社会安全感、工作能力、人际关系和价值观等，都是常用的社会指标。

社会指标具有以下一些特点：

（1）可感知性，即社会指标不能是抽象的、一般的概念，而必须是具体的、明确的、可直接感知的项目。例如，人口、人均收入、犯罪率等指标都是非常具体的项目，职业满意度、社会安全感等反映主观状况的指标虽不十分具体，但都是可以被感知的。

（2）可量度性，即社会指标不能是无法界定、无法量度的概念，而必须是可以用数字、符号量度的项目。例如，人均收入这一指标就可用数字计量，职业满意度这一指标则可用很满意、比较满意、无所谓、不满意、很不满意来表达。

（3）代表性，即社会指标不能是次要的、说明不了问题的概念，而必须是对反映社会现象具有关键意义或代表性的项目。例如，测量人口素质，不能用人口数量、密度、人种、身高等指标，而只能用平均预期寿命、人均受教育年数、每万人口中科技人员比重等具有关键意义的指标。

（4）时间性，即社会指标不能是没有时间界限的概念，而必须是有明确时间规定的项目。例如：调查国内生产总值这一指标，就必须说明是哪一年、哪一季的国内生产总值；调查人口总数这一指标，不仅要说明是哪一年，还必须明确是年初数、年中数，还是年末数。至于职业满意度、社会安全感等反映主观状况的社会指标，更应明确规定调查时间，因为这些主观社会现象是不断变化的，没有明确的时间规定就无法准确阐明调查对象的状况。

二、社会指标的分类

按照不同标准，对社会指标可做许多不同的分类，其中的常见分类如下。

（一）客观指标和主观指标

客观指标，是指反映客观社会现象的指标。它反映社会条件、社会环境、社会问题甚至社会活动的数字或比例关系，如人均居住面积、义务教育普及率等。主观指标，是指反映人们的感受、愿望、态度、评价等主观状况的指标，如社会安全感、生活满意度等。简言之，客观指标是反映社情的指标，主观指标是反映民意的指标。

（二）经济指标和非经济指标

经济指标，是指反映社会经济生活状况的指标，如国内生产总值、工业增加值、固定资产投资、消费者物价指数和人均可支配收入等。非经济指标，是指反映经济领域之外的社会生活状况的指标，如婴儿存活率、初中以上文化程度人口比例、人均居住面积等。应该指出，经济指标与非经济指标的区分是相对的。有些指标如第三产业从业人员比重、贫困人口比重、失业率等，既可作为经济指标使用，也可作为非经济指标使用。

（三）具体指标和抽象指标

具体指标，是指人的感官可直接感受到的社会指标，前述客观指标、经济指标和非经济指标，大都是具体指标。抽象指标，是指客观事物所具有的、非具体性的社会指标。它大体上有以下三类。

（1）主观社会指标，是指反映社会主体心理状态、思想观念等方面的指标。它可分为两类：一类是以感性认识为主的主观社会指标，包括情绪或情感方面的指标、意向或期望方面的指标，以及行为倾向等方面的指标。另一类是以理性认识为主的主观社会指标，包括评价或判断方面的指标、态度或决断方面的指标，以及价值观念等方面的指标。

（2）属性社会指标，是指反映社会实体的非具体特性、特征、状态等方面的指标。它可分为两类：一是反映社会主体非具体特性、特征、状态等方面的社会指标，如劳动态度、工作能力、道德状况等方面的社会指标。二是反映客观事物非具体特性、特征、状态等方面的社会指标，如服装的美观程度、住宅的舒适程度等方面的社会指标。

（3）关系社会指标，是指反映两个或两个以上社会实体之间相互关系的指标。它可分为两类：一是反映人与人、人与群体、群体与群体之间关系的社会指标，如婆媳关系、邻里关系、干群关系等方面的社会指标。二是反映客观物体之间关系的社会指标，如住宅与家具的协调程度等方面的社会指标。

（四）描述性指标和评价性指标

描述性指标，是指反映社会现象客观状况的指标，如城镇人口数、财政收入、生活幸福感等。评价性指标，也称为分析性指标，是指反映社会发展、社会效果和社会影响在某些方面的利弊得失的指标。这类指标通常是人们按照某种目的将两种以上的社会现象做比较而得出的，它们发挥着说明社会现象的功能。

（五）投入指标、活动量指标和产出指标

由于受经济学的“投入-产出分析”理论的影响，一些人将社会也看成“投入-产出”的过程，由此创造了“投入-产出”指标。投入指标，是指反映投入社会过程的人力、财力、物力等资源的指标，如投入教育领域的经费、人员、仪器和设备等。活动量指标，是指反映社会过程的工作量、活动频率、承担次数等状况的指标，如教师每学期承担教学时数、学生每天做课外作业时数、教学仪器使用频率等。产出指标，是指反映社会过程结果的指标，如义务教育普及率、每万人口大学生人数等。一般地说，产出指标具有特别重要的意义，因为它往往是社会进步、发展的具体反映。由于社会过程的多样性和相互联系，有的指标在某一社会过程中是产出指标，在另一社会过程中却是投入指标。例如，每万人口大学生人数，从教育过程看是产出指标，从经济建设看则是投入指标。这说明，投入指标与产出指标的区分是相对的，它主要取决于该指标反映的社会现象在某一特定社会过程中所处的地位和所起的作用。

此外，按照其他标准进行划分，社会指标还可分为主体指标和从属指标、现状指标和预测指标、结构指标和功能指标、微观指标和宏观指标等等。

三、社会指标的功能

社会指标具有多种功能，其主要功能如下。

（一）反映功能

反映功能是社会指标最基本的功能。社会指标对社会现象的反映是以一定的研究假设为指导的，有较强的选择性和浓缩性。人们总是选择那些最重要、最有代表性的侧面来反映社会现象，力求把复杂的社会现象浓缩成有限的社会指标。

（二）监测功能

监测功能是反映功能的延伸，是动态的反映功能。它可分为两类：一是对社会运行情况的监测，如农村剩余劳动力的增减、物价指数的升降等；二是对社会政策、社会计划执行情况的监测，如普及义务教育政策执行情况、国民经济与社会发展计划执行情况等。

（三）比较功能

当用社会指标来衡量两个或两个以上调查对象时，它就具有了比较功能。它可分为两类：一是横向比较，即对同一时间不同调查对象的比较，如对同一时间不同单位、不同地区、不同国家的比较；二是纵向比较，即对不同时间同一调查对象的比较。横向比较有利于认识社会现象的特点和进行因果解释，纵向比较有利于认识社会现象的演变过程和发展趋势。

（四）评价功能

评价功能是反映功能、监测功能、比较功能的深化和发展。因为，反映、监测、比较本身只是说明社会现象的状态，只有对反映、监测、比较的结果做出评价，即对它们的客观状况做出评判，对它们的前因后果做出解释，对它们的利弊得失做出判断，才算对社会现象做出了说明或解释。由此可见，反映功能、监测功能、比较功能是社会指标的基础功能，评价功能则是社会指标的核心功能。

（五）预测功能

预测功能是在反映、评价的基础上，对社会现象未来发展趋势的预先测算。它包括社会发展预测和社会问题预测。

（六）计划功能

计划功能是预测功能的延伸。预测为计划提供依据，计划是根据预测结果对工作目标和具体对策所做的安排。它可分为两类：一是促进社会发展的计划，如教育发展计划、资源开发计划等；二是预防或解决社会问题的计划，如环境污染治理计划、惩治与预防腐败计划等。计划功能是社会指标反作用于社会的关键功能。

第二节　社会指标体系

社会指标不是一个一个孤立存在的，而总是针对不同领域、适应不同目的和用途作为一个体系建立起来的。它反映全面，能够揭示社会发展中存在的问题和矛盾，尤其适用于区域层次的比较研究。

一、社会指标体系的概念

所谓社会指标体系，是指根据一定目的、以一定理论为指导设计出来的，反映某一特定社会现象的一组具有内在联系的社会指标。例如，中国现代化战略研究课题组设计的第一次现代化评价指标和第二次现代化评价指标，就是这样的社会指标体系。

这两个社会指标体系的具体内容，见表 5-1 和表 5-2。

表 5-1　第一次现代化评价指标的标准值（1960 年工业化国家指标平均值）

指标、单位		标准	备注
经济指标	1. 人均国民收入（人均 GNI），美元	逐年计算*	正指标**
	2. 农业劳动力比例（农业劳动力占总劳动力比例），%	30%以下	逆指标
	3. 农业增加值比例（农业增加值占国内生产总值比例），%	15%以下	逆指标
	4. 服务业增加值比例（服务业产值占国内生产总值比例），%	45%以上	正指标
社会指标	5. 城市人口比例（城市人口占总人口比例），%	50%以上	正指标
	6. 医生比例（每千人口中的医生人数），‰	1‰以上	正指标
	7. 婴儿存活率***，% （婴儿死亡率，‰）	97%以上 （30‰以下）	正指标 （逆指标）
	8. 预期寿命（出生时平均预期寿命），岁	70 岁以上	正指标
知识指标	9. 成人识字率，%	80%以上	正指标
	10. 大学普及率（在校大学生占 20～24 岁人口比例），%	15%以上	正指标

注：参考英克尔斯教授的评价指标。

* 以 1960 年 19 个市场化工业国家人均国民收入平均值 1 280 美元为基准值，以后逐年根据美元通货膨胀率计算标准值。例如，1960 年标准值为 1 280 美元，1970 年为 1 702 美元，1980 年为 3 411 美元，1990 年为 5 147 美元，2000 年为 6 399 美元，2009 年为 7 871 美元。

** 正指标，即评价对象数值等于或大于标准值时，表示它达到或超过经典现代化标准；逆指标，即评价对象数值等于或小于标准值时，表示它达到或超过经典现代化标准。

*** “婴儿死亡率”用作评价指标不符合中国文化传统，用“婴儿存活率”代替它；婴儿存活率＝1－婴儿死亡率；实际评价时，仍然用婴儿死亡率的数据评价，按逆指标计算方法进行评价。

资料来源：何传启．中国现代化报告 2011. 北京：北京大学出版社，2011：280.

表 5-2　第二次现代化评价指标

二级指标	三级指标和指标编号	指标解释和单位
知识创新	1. 知识创新经费投入	研究与发展经费占国内生产总值比例（R&D 经费/GNP），%
	2. 知识创新人员投入	从事研究与发展活动的研究人员/万人，人/万人
	3. 知识创新专利产出	居民申请国内发明专利数/万人，项/万人
知识传播	4. 中学普及率	在校中学生人数占适龄人口（一般为 12～17 岁）比例，%
	5. 大学普及率	在校大学生人数占适龄人口（一般为 20～24 岁）比例，%
	6. 电视普及率	家庭电视普及率，%
	7. 互联网普及率	互联网用户/百人口，%

续表

二级指标	三级指标和指标编号	指标解释和单位
生活质量	8. 城镇人口比例	城镇人口占总人口比例，%
	9. 医生比例	每千人口中的医生数，‰
	10. 婴儿死亡率	每千例活产婴儿在1岁内的死亡率，‰
	11. 预期寿命	新生儿平均预期寿命，岁
	12. 人均能源消费	人均商业能源消费，千克石油当量
经济质量	13. 人均国民收入	人均国民收入（人均GNI），美元
	14. 人均购买力	按购买力平价PPP计算的人均国民收入（人均PPP），美元
	15. 物质产业增加值比重	农业和工业增加值占国内生产总值的比例，%
	16. 物质产业劳动力比重	农业和工业劳动力占总劳动力比例，%

资料来源：何传启．中国现代化报告2011．北京：北京大学出版社，2011：283.

从上述定义和举例中可以看出，社会指标体系应该具有几个特点：

（1）目的性。设计社会指标体系，必须有一定的目的，为一定的社会需要服务。中国现代化战略研究课题组设计第一次现代化评价指标和第二次现代化评价指标的目的十分明确，就是为衡量一个国家、一个地区第一次现代化和第二次现代化的实现程度提供一种尺度和标准。没有明确的目的，就无法设计社会指标体系。

（2）理论性。设计社会指标体系，必须以一定理论为指导。例如，有的人单纯用经济指标，如国内生产总值、工业增加值占国内生产总值比重、人均收入等来反映社会发展程度。中国现代化战略研究课题组则认为，现代化可分为两大阶段：工业时代的现代化是第一次现代化，经济发展居于第一位；知识时代的现代化是第二次现代化，生活质量居于第一位。因此，课题组主要用经济指标、社会指标和知识指标来评估第一次现代化的实现程度；用知识创新、知识传播、生活质量、经济质量指标来评估第二次现代化的实现程度。后者与前者的区别，首先不是具体指标上的区别，而是理论观点和指导思想上的差异。没有科学的、自觉的理论做指导，就不可能设计出科学的社会指标体系。

（3）科学性。设计社会指标体系，必须符合客观实际、符合科学原理。例如，表5-1的10个指标，包括4个经济指标，4个社会指标，2个知识指标。这些指标反映的社会现象，都是客观存在的，都与人是社会主体、经济是社会发展的基础等科学原理相符合。表5-2的16个指标，也符合第二次现代化国家或地区的客观实际和发展趋势。

（4）代表性。设计社会指标体系，必须选择那些最具有代表性的重要指标来组成指标体系。例如，表5-1的10个指标，既有经济指标，又有社会指标和知识指标；既有总量指标，又有结构指标；既有数量指标，又有质量指标。对于反映一个国家或地区第一次现代化发展状况来说，其代表性是很强的。表5-2的16个指标，对于知识经济时代衡量一个国家或地区的知识创新、知识传播、生活质量、经济质量来说，也具有很强的代表性。

（5）系统性。设计社会指标体系，必须使各个社会指标之间具有内在联系，形成一个完整系统。例如，表 5 - 1 的 10 个指标，就具有很强的内部联系。首先，4 个经济指标、4 个社会指标和 2 个知识指标之间有密切联系；其次，各经济指标之间、各社会指标之间、各知识指标之间也有密切联系，它们共同构成了一个完整的系统。如果离开这个系统，任何一个孤立的社会指标都很难说明一个国家或地区第一次现代化的实现程度。例如，世界上许多石油资源、矿产资源丰富的国家，尽管靠出卖自然资源可以在短期内获得较快的经济发展，人均国内生产总值很高，但是，由于经济结构不合理，人口素质不高，因而仍然不能算是实现了第一次现代化。同样，表 5 - 2 的 16 个指标，也组成了一个内部联系很强的系统。

(6) 可行性。设计社会指标体系，必须考虑是否可以获得连续的、具有较高权威性的统计数据。一般地说，应该采用各种国际组织和各国政府的统计数据，如联合国、世界银行、经济合作与发展组织的公开出版物，各国政府出版的统计年鉴，等等。只有选择那些可以连续获得具有较高权威性统计资料的指标组成的体系，才是有实际意义的、具有可行性的社会指标体系。

二、社会指标体系的类型和特点

社会指标体系有三种基本类型，它们具有不同的特点。

（一）社会管理型社会指标体系

社会管理型社会指标体系，通常是政府行政部门为做好管理、规划或预测，在原统计指标基础上经过加工改造建立起来的。例如，《中华人民共和国国民经济和社会发展第十四个五年规划和 2035 年远景目标纲要》，就是这种类型的指标体系。它的特点是：内容比较全面、系统，实践性和应用性强；由于能得到政府部门的协助，获取资料比较容易。但是，它往往存在着范围广、分类细、重点不突出、不利于集中反映最迫切和最重要的社会问题等弊端，而且受政府政策制约，往往有意或无意地变成了解释现行政策的工具。

（二）学术研究型社会指标体系

学术研究型社会指标体系，通常是学术研究机构或学者为研究某一课题，根据某个理论或研究假设编制出来的。例如，新型城镇化发展评价指标体系、社会分层与社会流动指标体系、乡村振兴指标体系、社会风险预警指标体系等，都属于这一类型。它的特点是：一般有明确的研究假设，指标比较系统、全面，便于说明有关研究课题。但是，这类社会指标体系的科学性、代表性比较难把握，某些资料获取难度较大，往往需要独立进行一些调查。

（三）实际应用型社会指标体系

实际应用型社会指标体系，通常是企业、事业单位为各自业务服务，根据本单位指导思想和实际需求设计出来的，如保险业服务经济社会指标体系、中国大学排行榜指标体系、城市竞争力评价指标体系等。它的特点是：目标明确，重点突出，指标较少，针对性强，能较好满足各自的业务需要。但是，它往往带有某些片面性、功利性、倾向性，其调查结论的科学性、准确性往往需要反复检验。

三、社会指标体系的综合评价

在社会指标体系中，由于各社会指标反映的具体内容不同，计量单位各异，因此，其调查数据不能直接简单相加，而只能进行综合评价。综合评价的方法有很多，有综合指数法、因素分析法、标准化评分法、综合评分法、对比法、分类法等。其中，常用的有以下三种方法。

（一）综合评分法

综合评分法，是将多个指标转化为一个能够反映综合情况的指标来进行评价。综合评分法的具体步骤和方法是：

第一步，搜集数据。就是按照调查指标要求，搜集有关调查对象的实际数据。

第二步，确定权数。就是通过专家咨询、试调查等方法，先确定社会指标体系中各子系统社会指标的权数，然后将子系统社会指标的权数分解为各个社会指标的权数，整个社会指标体系权数之和应该等于 10 或 100。

第三步，制定评分标准。就是对各社会指标用 10 等分法定出评分标准，其中最低数值为 1 分，最高数值为 10 分，然后按一定比例确定各组组距和分值。

第四步，求出得分。首先，求出各个社会指标的得分；其次，计算出各子系统社会指标的合计分；最后，计算出整个社会指标体系的总计分。

第五步，确定目标。例如，确定 60 分以下为不合格，61～70 分为合格，71～85 分为良好，86 分以上为优秀，90 分为第一次现代化指标体系实现标准，等等。

第六步，综合评价。将求出的总计分与确定的目标分相比较，做出综合评价。

在综合评分基础上，还可以做多种比较研究：既可对某一年分值与目标年分值做纵向比较，也可对不同调查对象分值做横向比较；既可对总计分做纵向或横向比较，也可对各子系统、各指标得分做纵横交错比较。

综合评分法步骤明确，方法简单，既适于做横向静态比较，又适于做纵向动态比较。但是，综合评分法中权数、分组标准和分值的确定受主观因素影响较大，对分组边缘单位的评分带有较大偶然性，因而有损于评价的客观性和准确性。

（二）对比法

对比法，就是对评价对象经济、社会发展情况与一定标准进行对比评价的方法。例如，对一个国家或地区第一次现代化实现程度的评价，就可采用对比法。其具体做法如下。

第一步，对每个指标进行对比评价，即对评价对象 10 个指标的实现情况分别与第一次现代化的标准对比，计算出每个指标的达标程度，其具体方法是：

（1）正指标评价=（评价对象指标/评价标准）×100。

（2）逆指标评价=（评价标准/评价对象指标）×100。

（3）当评价结果数值大于100时，结果取100；当评价结果等于或小于100时，结果取实际值。

第二步，总评价。如果每个指标的权重相等，那么总评价的方法就是10个指标的评价结果求和，再除以10；如果每个指标的权重不同，那么总评价的方法就是10个指标的评价结果，先乘以每个指标的权重，然后加总，再除以10。

对比法标准清楚，简单易行，但只适用于与特定标准做简单对比，应用范围较窄。

（三）分类法

分类法，就是根据一个国家或地区的经济、社会发展状况进行分类评价的方法。例如，对第一次现代化实现程度的评价（见表5-1），就可分为四类：

第一类，完全实现，即10个指标都达到第一次现代化标准；

第二类，基本实现，即6～9个指标达到第一次现代化标准；

第三类，部分实现，即1～5个指标达到第一次现代化标准；

第四类，没有实现，即10个指标都没有达到第一次现代化标准。

分类法简便易行，但大而化之，往往不够具体、准确。

第三节 社会测量及其层次

社会测量是对社会现象做定量研究不可缺少的手段，许多社会指标只有通过社会测量才能进行调查。

一、社会测量的概念

社会测量，是指运用测量工具、按照一定测量规则对社会现象的特征进行测算或量度并赋予数值的过程。社会测量有四个构成要素：（1）测量对象，主要是某些社会现象的属性或特征；（2）测量工具，主要是调查问卷、量表等；（3）测量规则，即鉴别、测算或量度社会现象的标准和准则；（4）测量数值，即表示测量结果的数字或符号。

与自然测量相比较，社会测量有许多不同的特点：自然测量的对象是自然物体的自然属性，它们都是客观存在的、不以人的意识为转移的；社会测量的对象则是有目的、有意识、有思想感情的人，以及与人紧密联系在一起的社会现象，因此测量对象的合作程度、认知状况，往往对测量结果产生重大影响。自然测量大都有标准化的测量仪器或工具，公认的测量标准和规则，因而具有较强的客观性、准确性和可重复性，测量误差比较容易发现和计算；社会测量的工具、标准、规则往往因人而异，测量的客观性、准确性、可重复性、公认性较差，测量误差也比较难发现和计算，因而社会测量的结果往往取决于设计者、测量者的价值取向、知识结构、测量经验等主观因素。

但是，这绝不是说社会测量没有意义。社会测量的主要作用在于，使对社会现象的研究，特别是对人们的情感、意向、倾向、评论、判断、态度等主观现象，以及社会属性、社会关系等抽象社会现象的研究，逐渐从定性研究走向定性与定量相结合的研究，从而达到更真实、更准确、更科学地反映调查对象实际情况的目的。同时，它还有利于把统计学和计算机技术等现代工具引入社会调查领域，从而大大提高社会调查的效率和效度。

二、社会测量的层次

按照调查对象的性质、特征及数量化程度，社会测量可分为四个层次，即定类测量、定序测量、定距测量和定比测量。

（一）定类测量

定类测量，也称类别测量或分类测量，它是对调查对象性质或类型的测量。例如，对性别、婚姻、产业等按事物性质或类别进行区分的社会现象的测量，就属于定类测量。其测量结果只能分类，标以各种类别名称，如男性和女性，已婚和未婚，第一产业、第二产业和第三产业，等等。有时，也可用一定的数字来代表某类事物，如用“0”代表女性、“1”代表男性，用“1”代表农业、“2”代表工业、“3”代表服务业，等等。但是，这些数字都是人们赋予某类事物的识别标志，它们丝毫不反映这些事物本身的数量状况，不能做加、减、乘、除等数学运算。定类测量的数量化程度最低，其测量结果只能用数学符号“＝”或“≠”来表示，只能做频率分布、在总体中所占比例等有限的几种数量统计。

（二）定序测量

定序测量，也称顺序测量或等级测量，它是对调查对象的等级或顺序的测量。例如，对文化水平、产品质量、满意程度等内含高低、强弱、先后、大小等差异的社会现象的测量，就属于定序测量。其测量结果不仅可用文盲和非文盲、合格品和不合格品、满意和不满意来区分其性质或类型上的差异，而且可用大学、中学、小学、文盲，很满意、比较满意、一般、不满意、很不满意等来表示等级或顺序上的区别。定序测量的数量化程度比定类测量高一个层次，它已具有数量差别的含义，其测量结果可用数学符号“＞”或“＜”来表示，可进行频率分布、比例关系等数量统计，但还不能进行加减运算，不能测量出不同等级、顺序的社会现象在数量上的具体差距。

（三）定距测量

定距测量，也称区间测量，它是对调查对象之间数量差别或间隔距离的测量。例如，对初婚年龄、人均 GDP 等可用某种基本单位表示数量差别或间隔距离的社会现象的测量，就属于定距测量，其测量结果可用具体数字来反映。如人均 GDP，2022 年美国为 7.64 万美元，中国为 1.28 万美元，美国比中国多 6.36 万美元。定距测量不仅能反映社会现象的类别和顺序，而且能反映社会现象的数量状况，计算出它们之间的距离，因而其数量化程度比定序测量又高一个层次。定距测量的结果一般可用具体数字表示，并可做加法或减法等数学运算。

（四）定比测量

定比测量，也称比例测量，它是对测量对象之间比例或比率关系的测量。例如，对出生率、死亡率、性别比、劳动力负担系数、工资增长速度等反映两个数值之间比例或比率关系的社会现象的测量，就属于定比测量，其测量结果一般用百分比表示，也可用绝对数来反映。例如：甲地出生率为20‰，乙地出生率为15‰，甲地出生率比乙地出生率高33.3%；农村性别比为118，城市性别比为102，前者比后者高15.7%；等等。定比测量的数量化程度比定距测量又高一个层次，其测量结果不仅能做加减运算，而且能做乘除运算，并可做各种较复杂的统计分析。

上述四个测量层次的数学特性是累进叠加的，其具体情况见表5-3。

表5-3　四个测量层次的数学特性

项目	定类测量	定序测量	定距测量	定比测量
类别区分	=、≠	=、≠	=、≠	=、≠
顺序区分		>、<	>、<	>、<
距离区分			+、−	+、−
比例区分				×、÷

这就是说，后一种测量包含着前一种测量的反映功能和运算功能，前一种测量却不一定有后一种测量的反映功能和运算功能。例如，就反映功能来说，定类测量仅能用于分类，定序测量除分类外还可用于排序，定距测量除分类、排序外还可用于测距，定比测量则更进一步，可用于反映两个数值之间的比例关系。同样，运算功能也是累进叠加的。但是，定类测量是最基本的测量，它是后三种测量的基础和前提。

在社会调查中使用何种测量层次，首先取决于调查对象自身的性质和特征，其次取决于调查的目的和要求。例如，性别、民族、宗教信仰、所有制等只能按性质分类的指标，就必须使用也只能使用定类测量。又如，利润这类数量指标，如果只要求将企业分为有无利润两类，就可用定类测量；如果要求将盈利企业分为利润10万元以下、10万～100万元、100万元以上等几个档次，则应进行定序测量；如果要求弄清各类企业利润的具体差距，或进一步要求计算利润与资产总额的比例关系，则应进行定距测量或定比测量。一般而言，若条件许可，则应尽量采用数量化程度高的测量层次。

第四节　抽象社会指标的测量

抽象社会指标的测量，是社会测量的重点和难点。测量抽象社会指标，有观察、测试、自我回忆或报告等方式，其中填答问卷或量表是最常用的方法。

人们对抽象社会指标（无论是主观社会指标，还是属性社会指标、关系社会指标）的反应，一般存在着两个方面的差异，即方向或性质上的差异、等级或程度上的差异。因此，抽象社会指标测量工具（如问卷、量表等）的设计，应包括两个方面的回答：一是反映方向或性质方面的回答，如喜欢与不喜欢、满意与不满意等；二是反映等级或程度方面的回答，如非常喜欢、比较喜欢、无所谓、不太喜欢、很不喜欢，非常满意、比较满意、一般、不太满意、很不满意，等等。

量表作为抽象社会指标的测量工具，通过对变量用不同的规则分配数字，以确定主观的有时是抽象的概念的定量化测量。测量抽象社会指标的量表多种多样，其中常用的有以下几种。

一、总加量表（利克特量表）

总加量表，又称利克特量表，是美国社会心理学家伦西斯·利克特在 20 世纪 30 年代发明的，主要用于测量抽象社会指标的一种技术。总加量表的制作和使用步骤如下。

第一步，提出调查问题。根据研究要求，在初步探索基础上提出一组正、反两类问题。由于有一部分辨别力不强的问题将被删去，因而最初提出的问题应适当多一些，一般以 10～30 题为宜。

第二步，制定评分规则。对上述每个问题，按正反两个方向和不同程度设置 3～5 个评分等级，如“赞成”“中立”“不赞成”，“非常同意”“同意”“拿不定主意”“不同意”“非常不同意”，等等。评分的原则是：对应该肯定的问题，越倾向于同意或赞成的就给分越高，如“非常同意”5 分，“同意”4 分，“拿不定主意”3 分，“不同意”2 分，“非常不同意”1 分。对应该否定的问题，越倾向于同意或赞成的就给分越低，如“赞成”1 分，“中立”2 分，“不赞成”3 分。

第三步，进行测量试验。假如为了鉴别 12 个问题的辨别力，选取 16 位调查对象进行测量试验，按评分规则评出每个人在每个问题上应得的分数和 12 个问题得分的总和，并按 16 位被测者所得总分高低排列顺序，列出每个人在每个问题上的得分情况（见表 5-4）。

表 5-4　试测结果评估表

	序号	被测者姓名	总分	每个问题得分											
				(1)	(2)	(3)	(4)	(5)	(6)	(7)	(8)	(9)	(10)	(11)	(12)
试测得分	1	×××	57	5	5	4	5	5	5	5	4	5	5	4	5
	2	×××	55	4	5	4	5	5	4	5	4	5	5	4	5
	3	×××	52	4	4	5	4	4	5	4	5	4	5	4	4
	4	×××	52	5	5	5	4	5	4	4	3	4	5	4	4
	5	×××	50	5	4	5	4	4	3	4	4	5	4	3	5
	6	×××	48	4	5	4	4	5	4	3	3	4	5	3	4

续表

	序号	被测者姓名	总分	每个问题得分											
				(1)	(2)	(3)	(4)	(5)	(6)	(7)	(8)	(9)	(10)	(11)	(12)
试测得分	7	×××	46	4	5	3	5	3	4	4	3	4	4	4	3
	8	×××	45	3	3	4	4	4	5	3	4	4	4	3	4
	9	×××	44	3	4	4	4	4	3	4	3	5	4	3	3
	10	×××	42	5	5	4	3	3	2	3	3	4	3	4	3
	11	×××	39	3	3	3	4	2	4	2	4	4	4	3	3
	12	×××	38	4	3	3	4	3	3	3	2	3	3	3	4
	13	×××	37	2	3	4	3	2	4	3	3	4	3	3	3
	14	×××	34	2	4	3	3	2	3	2	3	3	3	4	2
	15	×××	31	3	3	2	2	3	2	2	2	3	3	3	3
	16	×××	24	1	4	2	1	1	2	1	3	2	2	3	2
辨别力评分	总分得分最高4人的平均分			18÷4=4.5	19÷4=4.75	18÷4=4.5	18÷4=4.5	19÷4=4.75	18÷4=4.5	18÷4=4.5	16÷4=4	18÷4=4.5	20÷4=5	16÷4=4	18÷4=4.5
	总分得分最低4人的平均分			8÷4=2	14÷4=3.5	11÷4=2.75	9÷4=2.25	8÷4=2	11÷4=2.75	8÷4=2	11÷4=2.75	12÷4=3	11÷4=2.75	13÷4=3.25	10÷4=2.5
	平均值差数			4.5—2=2.5	4.75—3.5=1.25	4.5—2.75=1.75	4.5—2.25=2.25	4.75—2=2.75	4.5—2.75=1.75	4.5—2=2.5	4—2.75=1.25	4.5—3=1.5	5—2.75=2.25	4—3.25=0.75	4.5—2.5=2
评估结果				保留	去掉	保留	保留	保留	保留	保留	去掉	去掉	保留	去掉	保留

第四步，评估试测结果。根据试测得分情况，计算总分得分最高和最低的各25%的人（即第1～4名和第13～16名）在每个问题上所得的平均分，并据此计算出平均值差数。

第五步，制定总加量表。首先，根据辨别力强弱，决定问题去留。所谓辨别力，是指把不同心理状态的人区别开来的能力。表5-4中（2）（8）（9）（11）等4个问题的平均值差数均在1.5及以下，说明辨别力较弱，应该淘汰；另8个问题的平均值差数均在1.5以上，说明辨别力较强，应该保留。然后，将辨别力强的问题制成总加量表。

第六步，实际测量。以制作的总加量表为工具，去测量调查对象的看法或态度，然后根据每个人的回答，评出每道题的得分，并累计得出总分，最后以总分来说明每个人的态度。

总加量表的主要优点是问题辨别力较强，测量比较准确，适用范围比较广。缺点是制作比较麻烦，单纯以总分评价人们的心理状态，往往在总分相同的情况下掩盖了实际内容的不同。如表5-4中的第3人与第4人，总分都是52分，但在（1）（2）（5）（6）（8）等问题上的态度有明显差别，这种差别在总加量表中无法得到反映。

二、累积量表（哥特曼量表）

累积量表，也称哥特曼量表，是心理学家路易斯·哥特曼于1950年提出的。该量表是单维的，即量表自身结构中存在着某种由强变弱或由弱变强的逻辑。因此它不会像总加量表那样出现分数相同而态度结构形态不同的现象，它的每一个量表总分，都只有一种特定的回答组合与之对应。

累积量表的制作和使用步骤如下：

第一步，提出问题和规定分数。提出的问题应是初步调查的结果，每个问题只需回答“是”和“不是”（或“同意”和“不同意”），并规定“是”（或“同意”）得1分，“不是”（或“不同意”）得0分。

第二步，试测和评分。

第三步，评估和制表。凡80%以上的被测者表示是（或“同意”）或不是（或“不同意”）的问题，均为辨别力弱的问题，应予淘汰。

第四步，测量和汇总。以累积量表为工具，请被测者回答，然后按每人得分高低由上向下排列，再按每题得分多少由左向右排列。

第五步，对反常现象进行解释。出现这种反常现象的原因有二：一是被测者的回答往往有随机性，致使对个别问题的回答与对其他问题的回答可能出现不一致的情况；二是量表中的问题选择不当、辨别力不强，致使反常现象频繁出现。上述两种原因中究竟哪一种是主要原因呢？这可用再现系数来衡量。再现系数也称一致性系数，它表示在被测者的回答中保持一致性回答的百分比，其计算公式为：

再现系数＝1－反常回答数/总回答数

使用累积量表时，应当注意：

（1）首先考察项目的表面效度，接下来考察项目之间的二元甚至多元关系。

（2）累积量表的逻辑基础是，被测者只要支持某个较强的变量指标，就一定会支持较弱的变量指标。

（3）对量表赋值应最大限度地减少重新建构被测者原始答案所产生的错误，也就是赋值能倒推出原始答案。而正确预测的百分比被称作复制系数（运用量表分值再现被测者对每一项目的原始回答的概率）。一般原则是，只有该系数达到90%～95%时，量表才是合格的。

累积量表的优点是可以直接根据被测者所同意的陈述的数目及他的量表分数，来了解他对这一概念或事物的赞成程度。其缺点是对一组陈述具有单维性的假设是有局限性的，这种单维性往往只是某一部分人的态度模式，一组特定的陈述可能在某一群体中表现出单维模式，在另一群体中可能并非如此。同样，在一个时期是单维的模式，到了另一个时期却不一定还是单维的。

三、语义差异量表

语义差异量表，又称语义分化量表，是美国心理学家奥斯古德、萨奇、泰尼邦等在

1957 年提出的，是一种主要用于测量态度等抽象社会指标的技术。语义差异量表以形容词的正反意义为基础，标准的语义差异量表包含一系列形容词和它们的反义词，在每一个形容词及其反义词之间有 5～7 个区间，人们对观念、事物或人的感觉和评价可以通过所选择的两个意思相反的形容词之间的区间反映出来。

语义差异量表的制作和使用步骤是：

第一步，确定测量对象，如确定对某商业机构的经营状态进行测量。

第二步，针对测量对象，设计出一组正、反两方面评价的问题。为避免调查对象按总体印象惯性填写，正、反两方面评价的问题，应随机交叉分布在两端。

第三步，每方面评价的分数，一般分为 5～7 个等级，如 1、2、3、4、5（或 1、2、3、4、5、6、7）。

第四步，请调查对象填答，即根据自己的看法，在测量对象有关方面的方框内打“√”。

第五步，调整和统计。为了方便统计，可先把正面评价调整、集中到一端，反面评价调整、集中到另一端，然后再做统计分析。如果对不同调查对象进行测量，还可进行对比研究。例如，对某商业机构的经营状态评价的语义差异量表见表 5-5：

表 5-5　语义差异量表

某商业机构								
	7	6	5	4	3	2	1	
现代	□	□	□	□	□	□	□	传统
积极进取	□	□	□	□	□	□	□	保守
不友好	□	□	□	□	□	□	□	友好
根基不稳固	□	□	□	□	□	□	□	根基稳固
有吸引力的外形	□	□	□	□	□	□	□	无特色的外形
可靠	□	□	□	□	□	□	□	不可靠
宾至如归的感觉	□	□	□	□	□	□	□	感觉不适
对顾客漠不关心	□	□	□	□	□	□	□	以顾客为中心
易打交道	□	□	□	□	□	□	□	难打交道
无停车和交通问题	□	□	□	□	□	□	□	有停车和交通问题
不成功	□	□	□	□	□	□	□	成功
无引人注目的广告	□	□	□	□	□	□	□	广告吸引注意力

资料来源：迈克丹尼尔，盖兹．当代市场调研．北京：机械工业出版社，2000：193.

语义差异量表制作比较简单，一次调查可评价多方面内容，便于做定量分析，还可以对不同调查对象做对比研究，是一种用途广泛的测量方法。

四、社会关系量表

社会关系量表，由一组反映社会关系从疏远到亲密的问题构成，不同的问题表示不同的疏密程度，问题越往后表示相互关系越亲密。这种具有逻辑递进关系的量表，是测量社会关系的一种有效工具。例如，测量婆媳关系的量表，见图 5－1：

	是	否	不清楚
（1）你们家的婆媳是否居住在同一套住宅内？	□	□	□
（2）你们家的婆媳是否在一个锅里吃饭？	□	□	□
（3）你们家的婆媳是否在经济上互相帮助？	□	□	□
（4）你们家的婆媳是否在收支上统一管理？	□	□	□
（5）你们家的婆媳是否经常在一起交心、谈心？	□	□	□

图 5－1　社会关系量表：对婆媳关系的测量

如果运用社会关系量表询问同一调查对象与不同人的关系，就很容易发现调查对象与哪些人亲密，与哪些人疏远，从而揭示出不同人的不同社会关系网。

第五节　调查指标及其操作定义

在社会调查中，测量或指示某一抽象概念的数量、程度和类别，将抽象理论与现实社会现象建立联系，需要借助调查指标。

一、调查指标及其两种定义

（一）调查指标

所谓调查指标，是指调查过程中用来反映或衡量调查对象的特征、属性或状态的数量指标和分类指标（包括询问项目、回答项目及有关说明）。例如，姓名、性别、年龄、产值、利润、人口数、第三产业劳动力数等，都是常用的调查指标。

调查指标与社会指标既相互联系，又相互区别。它们的联系在于：它们都用于反映或衡量社会现象；调查指标的设计必须以社会指标为依据，社会指标只有具体化为调查指标才能便于实际调查。它们的区别在于：社会指标的设计主要着眼于反映一定的理论假设，力求用最具有代表性的一组社会指标来说明研究假设所要说明的问题；调查指标则是借以衡量或指示某一抽象概念的数量指标和分类指标。

（二）抽象定义和操作定义

设计调查指标，必须区分两种定义，即抽象定义和操作定义。

抽象定义，是对调查指标本质的概括。它是通过概念化过程来完成的，即先选取一个构想，然后为它创造一个概念性的或理论性的定义来对它进行提炼。例如，“农业总产值”的抽象定义是“用货币表现的农、林、牧、渔业和农、林、牧、渔服务业全部产品的总量”。又如，“社会地位”的抽象定义是“社会成员在社会关系及其体系中所处的位置”。在社会调查中，抽象定义的作用在于揭示调查指标的内涵，概括事物的本质，并把它与其他对象区别开来。但是，抽象定义是一种理论的定义，无法进行有效的经验观察和测量。因此，在社会调查中还需要有操作定义。

操作定义，是指将概念、指标的抽象定义转化为可观测、可检验的项目，即用可感知、可测量的事物、现象和方法对抽象定义所做的界定或说明。操作定义形成的过程就是操作化过程。例如，“社会地位”，通常用家庭背景、民族、性别、年龄等先赋性地位和文化程度、职业、财产、职务（权力）、社会声望等自致性地位等指标来测量。又如，“智力越高，学习成就越大”，陈述的是智力和学习成就两个概念间的关系。若做经验测量，则须对两个概念分别加以操作化，以智商测验的分数作为智力的操作定义，以学生各科的考试成绩平均值作为学习成就的操作定义。这样，我们就可根据经验观察对这个命题做出检验。在社会调查中，操作定义的作用在于界定调查指标的外延，解决调查过程中如何操作、如何搜集资料的问题。它可以是一份调查问卷、一种田野中观察事件的方法、一种大众传媒中测量符号内容的方式，或者是概念化定义中反映、记录或标示抽象概念的过程。

抽象定义和操作定义都是对同一调查指标所下的定义，只是定义的内容、方法和着重点有所不同。抽象定义是用概念下定义，操作定义则是用具体的行为、特征、指标下定义。抽象定义所使用的是逻辑方法，即被定义的概念＝种差＋邻近的属；操作定义所使用的是经验方法，即可直接感知或量度的方法。抽象定义着重揭示调查指标的内涵和本质，操作定义着重界定调查指标的外延或测量方法。这两种定义有密切的联系，抽象定义决定着操作定义的本质内容，操作定义则是抽象定义在调查过程中实际操作的具体方法。

概念化与操作化的过程如图 5－2 所示。

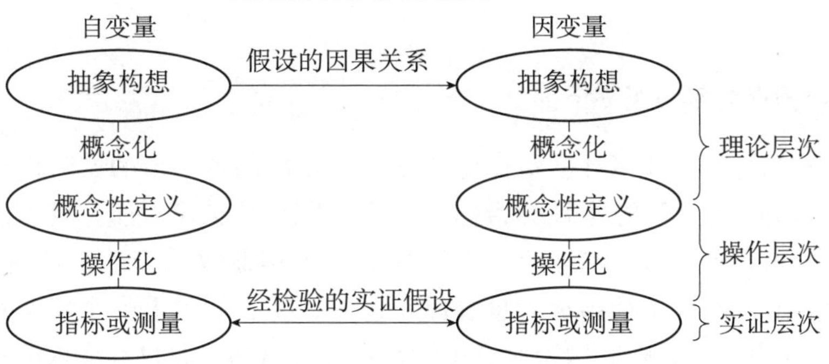

图 5－2　概念化与操作化

资料来源：纽曼．社会研究入门．北京：九州出版社，2021：138.

（三）定量研究与定性研究中两种定义的区别

定量研究遵循的是演绎路径，即从抽象走向具体。假设中的两个变量无论是在抽象理论层面，还是在可检验的实证层面，都是互相关联的。抽象理论层面两个抽象概念的因果性关系，也即概念性假设，要通过操作定义在实证层面得到检验。因此，在定量研究中，首先是将变量概念化，并且赋予它清晰的概念性定义，即抽象定义，其次是将抽象定义操作化，形成变量的操作定义，最后是将操作定义应用于社会调查，获取精确的数据，对假设进行实证检验。

定性研究的概念化过程与定量研究不同。定性研究不是在调查开始阶段就为概念提炼出抽象定义，而是在整理或理解数据资料、形成初步想法的过程中才利用已有概念或构建新概念，并为概念做出清晰的抽象定义。也就是说，数据资料塑造了概念化过程。由于概念化过程与特定的数据资料相关，因此或许可以利用调查对象的语言或具体行动来举例说明某些概念，并创建概念之间的理论性关系。定性研究的操作化过程也与定量研究迥异，它是一种事后描述，而非事前设计。

二、设计调查指标的要求

调查指标的设计过程，实际上是一个从研究假设到社会指标，再到调查指标（包括抽象定义和操作定义）的过程。设计调查指标需要考虑以下要求。

（一）与社会指标相匹配、相对称

设计的调查指标必须与社会指标具有同层次性和完整性。假如，设计的社会指标是“第一、第二、第三产业劳动力比重”，设计的调查指标却是农业劳动力数、制造业劳动力数、商务服务业劳动力数和劳动力总数，就不具有同层次性和完整性，就违背了相匹配、相对称的要求。因为，在《国民经济行业分类》（GB/T 4754—2017）中，“第一产业”是“产业分类”，“农业”是“01 大类”，其中间隔了一个“A 门类”，它们之间相差两个层次。同样，“第二产业”“第三产业”都是“产业分类”，“制造业”只是第二产业中的“C 门类”，“商务服务业”只是第三产业中的“72 大类”，它们之间都存在着层次上的差异。

（二）符合调查对象的实际情况

设计的调查指标，既要以社会指标为依据，又要以调查对象的实际情况为基础。例如，对“农民家庭总收入”这个社会指标，在 20 世纪 80 年代以前，只要设计种植业收入、林业收入、畜牧业收入、渔业收入，再加上一个副业收入等几个调查指标就行了。但是，在 20 世纪 80 年代中期出现大量农民工以后，就必须加上一个新调查指标，即打工收入。进入 21 世纪后，随着国家对农民的补贴逐步增加、农村社会保障事业稳步发展和利息、分红、租金等收入出现，就应该再增加转移性收入、财产性收入等新调查指标，否则不符合多数农民家庭总收入的实际情况。

（三）利于获取相关调查资料

这有两方面含义：一是调查对象是否可能准确知道你要调查的情况。例如，有的调查表中设计了这样的调查指标：在志愿者活动中，“您接触过多少位服务对象”“做过多少件好事”；在互联网上，“您结识了多少位网友”“获得了多少条信息”。对于这类定义模糊、难以计量的问题，调查对象是很难做出准确回答的。二是调查对象是否愿意回答你要提出的问题。例如，“您今年参与赌博多少次”“您曾经行贿几次”“您婚前有过几次性行为”。对于这类敏感性、威胁性、隐私性问题，调查对象即使自己清楚也可能不会回答。

（四）设计明确的抽象定义和操作定义

对每个调查指标，都必须设计出明确的抽象定义和操作定义。只有设计出明确的抽象定义，才能概括出调查指标的共同本质；只有设计出明确的操作定义，才能使抽象的社会指标与具体的社会现象联系起来，从而使实际调查成为可能。例如，“农村留守儿童”的抽象定义是“父母双方外出务工或一方外出务工另一方无监护能力、不满十六周岁的未成年人”。为了把“农村留守儿童”这一抽象社会指标与具体社会现象联系起来，应设计出明确的操作定义：（1）父母双方外出务工或一方外出务工另一方无监护能力；（2）父母双方或一方务工时间一般为 3 个月以上，务工地点一般为跨县域；（3）年龄不满十六周岁。只有如此，才便于调查。

三、设计操作定义的方法、原则和意义

设计操作定义，也称概念操作化，是指将抽象的概念、社会指标转化为可观察、可测量、便于实际操作的具体指标。

（一）设计操作定义的方法

在社会调查中，设计操作定义的重点是对抽象程度较高的概念进行操作化，也就是将概念的理论陈述转化为经验陈述（即把抽象定义转化为操作定义），使之可测量。设计操作定义，首先要明确概念的确切含义。对概念下理论定义、确定概念的内涵可以为设计操作定义提供一个指导性框架。例如，对于“社区”这个概念，有人曾列举出 64 种不同的理论定义。社会学家贝尔和纽拜通过分析和分类，发现这些定义中绝大多数包含这样三项基本元素：地域、共同的纽带和社会互动。因此，我们可以在理论上把“社区”定义为：由一定数量居民组成的、具有内在互动关系和文化维系力的地域性生活共同体。对课题中的核心概念设计操作定义，可以通过查阅字典、文献等方式完成，也可以由调查者通过自己的研究加以定义。如采用实地观察和无结构式访问的方式进行资料收集的初步工作，尤其是与调查对象中的关键人物进行深入交谈，从中获得符合实际的答案。例如“在业人口”，我们通过深入实际，了解当前劳动人口的不同类型（如有固定性职业的人口，没有固定性收入但在 1 个月内从事社会劳动累计在 15 天及以上的人口，农村中经常参加农业或家庭副业劳动的 15 周岁以上的人口，超过劳动力年龄但仍经常参加农副业生产、相当于半劳动力的人口，等等），然后可以确定概念操作化的框架。

设计操作定义一般可采用四种方法：

（1）用客观存在的具体事物来设计操作定义。如，“劳动力年龄人口”的操作定义，既可设计为男 16～60 岁和女 16～55 岁，也可设计为男 18～65 岁和女 18～60 岁，等等。

（2）用看得见、摸得着的社会现象来设计操作定义。例如，对于“劳动态度”这一

类比较抽象的问题，不仅可以用工作的数量和质量这些具体事物来下操作定义，而且可以用出勤率、参加义务劳动次数和时数、技术革新件数、提合理化建议次数和采用率等社会现象来下操作定义。同样，对于“纪律性”这样的问题，也可用缺勤率，迟到、早退次数和时数，旷工、旷课次数和时数，违反纪律事件次数和后果等可感知的社会现象来下操作定义。

（3）根据概念自身的维度设计操作定义。所谓维度，是指概念的具体方面或层面。一个抽象的概念往往对应着现实生活中的一组复杂的现象。例如，“妇女社会地位”包括政治地位、经济地位、法律地位和家庭地位等不同方面。“同情心”有感情层面和行动层面。在厘清概念所具有的维度的基础上，我们可以发展测量指标，即具体变量。例如，我们可以就“社会地位”发展出“文化程度”“职业状况”“收入水平”这些测量指标，而“文化程度”“职业状况”“收入水平”都是变量，可以选不同的项或取不同的值。如“文化程度”可具体化为从“文盲”到“博士研究生”的连续谱，让调查对象从中进行单项选择，进而做出判断。

（4）用社会测量的方法设计操作定义。在实际调查中，我们还可以借用已有的操作化工具，如量表等。量表对于那些主观、抽象的概念的操作化比较有效，比如对“看破红尘”这个概念进行操作化，就可以借用现成的斯罗尔（Leo Srole）失范量表来进行（见图 5－3）。

（1）把婴儿带到这个不断寻找明天的世界，真是件不公平的事情；
（2）现在，人们不得不今朝有酒今朝醉，根本管不了明天；
（3）现在，人们真的不知道还可以信赖谁；
（4）向政府官员投诉没什么用，因为他们根本不关心普通老百姓。

图 5－3 “看破红尘”与斯罗尔失范量表

（二）设计操作定义的原则

在设计操作定义时，不管采用哪种方法，都应该严格掌握对称性原则，即设计出来的操作定义必须与有关抽象定义的内涵和外延相对称，而不能过宽或过窄。例如，“农村居民纯收入”的抽象定义是“农村住户当年从各个来源得到的总收入（包括货币收入和实物收入）扣除所发生费用后的收入总和”。它的操作定义是“农村住户当年获得的经营性收入（包括第一、第二、第三产业）＋工资性收入＋财产性收入＋转移性收入－家庭经营费用支出－生产性固定资产折旧－税金和上交承包费用”。如果仅仅用“家庭经营收入＋打工收入”来下操作定义，或者只算现金收入而不算实物收入，就犯了定义过窄的错误；如果把银行、信用社贷款和亲友借款也设计到操作定义中去，就犯了定义过宽的错误。

需要注意的是，有些概念往往很难甚至不可能在现实世界中得到合适的测量。在多数情况下，一个操作定义不能够完全代表一个概念。同时，在对诸如“社会地位”“学习负担”“看破红尘”这些抽象概念进行操作化时，往往有许多不同的做法。也就是说，对同一概念进行操作化，可以产生不同的测量指标。另外，在社会调查中，概念的厘清是一个持续不断的过程，切不可认为测量指标越多测量效果越好。操作化优劣的评判标准有三条：（1）全面；（2）少而精；（3）容易得到。例如，国际上常常用恩格尔系数来衡量一个国家和地区人民生活水平的状况。根据联合国粮食及农业组织提出的标准，恩格尔系数在59%以上为贫困，在50%～59%为温饱，在40%～50%为小康，在30%～40%为富裕，低于30%为最富裕。这堪称概念操作化的典范。

（三）设计操作定义的意义

（1）有利于提高调查的客观性。因为操作定义是用看得见、摸得着的具体事物、现象或方法来界定和说明调查指标，这就使得调查指标成为可直接感知或量度的东西，从而提高了调查的客观性。

（2）有利于提高调查的统一性。调查者或调查对象对调查指标的理解不同，往往会导致种种调查误差。有了明确的操作定义，不同的调查员在对不同的调查对象进行询问时，就可按照统一的标准、方法或公式进行，从而提高了调查的统一性。

（3）有利于提高调查的可比性。许多调查课题往往需要进行横向对比或纵向对比调查（如追踪调查等）。有了操作定义，不管横向对比调查有多少调查点、纵向对比调查间隔了多长时间，都可按照统一的标准、方法或公式进行调查，从而有利于提高调查的可比性。

本章要点

1. 社会指标是指反映社会现象的质量、数量、类别、状态、等级、程度等客观情况，以及反映社会成员的感受、愿望、倾向、态度、评价等主观状态的类别或项目。

2. 抽象指标是相对于具体指标而言的，它是客观事物所具有的、非具体性的社会指标。它大体可分为三类，即主观社会指标、属性社会指标和关系社会指标。

3. 社会指标体系是根据一定目的、以一定理论为指导设计出来的，反映某一特定社会现象的一组具有内在联系的社会指标。它具有目的性、理论性、科学性、代表性、系统性、可行性等特点。

4. 社会测量，是指运用测量工具、按照一定测量规则对社会现象的特征进行测算或量度并赋予数值的过程。它包含四个不可缺少的要素：（1）测量对象；（2）测量工具；（3）测量规则；（4）测量数值。

5. 社会测量可分为定类测量、定序测量、定距测量和定比测量等层次。

6. 量表作为抽象社会指标的测量工具，通过对变量用不同的规则分配数字，以确定主观的有时是抽象的概念的定量化测量。测量抽象社会指标的量表常用的有总加量表、累积量表、语义差异量表和社会关系量表。

基本概念

社会指标　抽象指标　主观社会指标　属性社会指标　关系社会指标　社会指标体系　社会测量　定类测量　定序测量　定距测量　定比测量　抽象定义　操作定义

思考与练习

1. 社会指标有哪些类型和功能？

2. 什么是抽象指标？它有哪些类型？

3. 什么是社会指标体系？它有哪些类型？它们的建立方式和特点有哪些不同？

4. 什么是社会测量？社会测量有哪些层次？它们的反映功能和运算功能有何区别？

5. 怎样制作总加量表、累积量表、语义差异量表和社会关系量表？它们各自有何特点？

6. 试分别制作测量“年龄”的定类测量、定距测量和定比测量问题。

7. 对于智商、肤色、社会地位、体重、温度、职业、民族、职业声望、文化程度、态度、收入水平，它们所能达到的最高测量水平分别是什么？

8. 试将该假设操作化：白领群体比一般公众更有同情心。

9. 怎样设计操作定义？试对“在业人口”“流动人口的城市融入”“社会心态”进行操作化。

推荐阅读书目

1. 朱庆芳，吴寒光．社会指标体系．北京：中国社会科学出版社，2001.

2. 德维利斯．量表编制：理论与应用．重庆：重庆大学出版社，2010.

3. 郑杭生，李强，李路路．社会指标理论研究．北京：中国人民大学出版社，1989.

4. 米勒，萨尔金德．研究设计与社会测量导引．重庆：重庆大学出版社，2004.

知识点

博加德斯社会距离量表

困难与对策

如何建构社会指标体系？

第三篇

调查阶段

本篇介绍调查阶段经常使用的几种调查方法，学习这一篇的目的是：

认真学习文献调查法、实地观察法、访问调查法、问卷调查法、网络调查法、大数据调查法和实验调查法的概念、类型、特点和步骤等问题。

着重掌握文献调查法、实地观察法、访问调查法、问卷调查法、网络调查法、大数据调查法和实验调查法在实施过程中应该注意的问题。认识和了解文献调查法、实地观察法、访问调查法、问卷调查法、网络调查法、大数据调查法和实验调查法的优点和缺点、适用范围和局限性，以及每一种调查方法在调查方法体系中的地位和作用。

提高对调查阶段重要性的认识。社会调查是一项根植于实践基础的创造性思维活动。深入调查是发现问题和解决问题的重要途径。要撰写客观真实、见解独到的调查成果，就必须深入调查。一要全面系统。做到脚勤、眼勤、口勤、手勤、脑勤，多层次、多方位、多渠道地了解情况。二要深刻准确。应本着求深、求细、求准的原则，深入问题的所在地和矛盾的症结处，努力溯本求源，真正掌握一手材料。三要密切联系群众。应深入群众、了解群众，倾听群众的呼声，感受群众的疾苦，总结群众的经验，集中群众的智慧。

第六章

文献调查法

文献调查法是一种间接的、非介入的调查方法。它既是一般社会调查的向导和基础，又可以作为独立的调查方法。

第一节　文献调查法概述

在社会调查研究中，有大量各种各样的原始材料，也就是文献，供我们利用。通过文献资料研究，我们可以获得新论据、找到新视角、发现新问题、提出新观点、形成新认识。

一、文献的概念和种类

（一）文献的概念

什么是文献?《论语·八佾》中说："夏礼，吾能言之，杞不足征也；殷礼，吾能言之，宋不足征也。文献不足故也，足则吾能征之矣。"南宋朱熹注："文，典籍也；献，贤也。"这说明，文献原是指典籍和贤者（熟悉掌故的人）。宋代马端临在《文献通考》中将"文"与"献"作为叙事与论事的依据，"文"是经、史历代会要及百家传记之书，"献"是臣僚奏疏、诸儒之评论、名流之燕谈、稗官之记录。到现代，随着社会进步，文献的内涵和外延不断扩大，人们把一切记录人类知识的文字、图像、数字、符号、音频、视频等物体统称为文献。一般地说，文献必须具备三个基本要素：(1) 一定的知识内容。没有记录任何知识内容的物体，如空白纸张、空白磁带等就不是文献。(2) 一定的物质载体。人们头脑中的知识，口头传递的神话、传说等，就不能被称为文献。(3) 一定的记录方式。某些古迹、文物虽蕴含着一定的知识内容，有一定的物质载体，但没有一定的记录方式，也不能被称为文献。简言之，从知识内容看，文献就是通过一定的记录方式记录在一定物质载体上的知识；从物质载体看，文献就是用一定的记录方式记录下知识内容的一切物体。

（二）文献的种类

按照不同标准，对文献可做许多不同分类。

按照记录技术不同，可分为手工型文献（如甲骨文、青铜文、竹简、帛书，以及用手写的文稿、信件、日记、原始记录等）、印刷型文献（如木印、石印、铅印、油印、胶印、复印等）、感光型文献（如照片、微缩胶片和微缩平片等）、录制型文献（如录音带、录像带、光盘和硬盘等）、网络文献（如电子邮箱、互联网）等。

按照加工深度不同，可分为零次文献（指口头交谈或在会议上交流，但尚未用文字或录制技术记载下来的信息）、一次文献（也称原始文献，是指事件发生时的当场记录、当事人编撰和实地调查者撰写的文献，如会议记录、日记、信件、回忆录，以及在现场拍摄的照片、录制的音像等）、二次文献（是指对一次文献进行加工整理并使之有序化、浓缩化而形成的文献，如目录、文摘、索引，以及经过剪辑的音像等）、三次文献（是指在一、二次文献基础上，经过分析、综合而编写的文献，如报道、综述、动态，以及年鉴、百科全书等）。

按照资料来源不同，可分为个人文献、社会组织文献、大众传媒文献和官方文献。个人文献是指个人写的日记、信件、札记、讲话稿、文章、自传、回忆录等记录个人生活经历、思想感受的文献。社会组织文献是指各种企事业单位、社会组织或团体在运作中形成的规章制度、统计报表、总结报告、年鉴、大事记、族谱家规等文本化资料。大众传媒文献是指各种书籍、报刊、广播影视、网络文献等。官方文献是指各种法律、法规和政府文件、统计资料等。

文献是人类知识的结晶。从认识论看，“一切真知都是从直接经验发源的。但人不能事事直接经验，事实上多数的知识都是间接经验的东西”①。这些“间接经验的东西”，主要是通过文献获得的。因此，文献既是人类认识世界的重要途径，又是人类积累知识的重要宝库。

二、文献调查法的概念和特点

（一）文献调查法的概念

文献调查法，就是采用科学方法搜集文献资料、摘取有用信息、进行整理分析的调查方法。文献调查法是一种古老的研究方法，历史研究中的考据、校勘就是文献调查法。世界上的许多经典作品，如司马迁的《史记》、马克思的《资本论》、涂尔干的《自杀论》等，就是主要采用文献调查法写成的。

文献调查有两类：一类是质性的文献调查，另一类是定量的文献调查。从质性的角度看，文献调查有研究综述、介绍或评述别人的观点、逻辑分析基础上的理论建构。从定量的角度看，文献调查应是通过对文献的定量分析（将非定量的文献材料转化为定量的数据），并依据这些数据对文献内容做出定量分析及关于事实的判断和推论。

---

① 毛泽东．实践论//毛泽东．毛泽东著作选读：上册．北京：人民出版社，1986：126.

（二）文献调查法的特点

文献调查法有几个显著特点：

1. 超越时间、空间的限制

通过对古今中外文献的调查，可以研究极其广泛的社会情况。从时间跨度上看，它可以调查研究几十年、几百年，甚至上千年前的社会状况；从空间跨度上看，它可以超越省界、国界，调查研究世界各国、各地区的社会情况。

2. 间接性

它的调查对象既不是历史事件的当事人，也不是历史文献的编撰者，而是各种历史文献资料。如果搜集的文献是真实的，就能够获得比口头调查更准确、更可靠的信息。因为，这些用文字、数据、图表、符号等形式记录下来的文献，都是历史上遗留下来的“白纸黑字”的东西，这就完全避免了口头调查可能出现的种种误差。

3. 非介入性和无反应性

它只对各种文献进行调查和研究，不介入文献所记载的事件，不接触有关事件的当事人，因此在调查过程中不存在与当事人之间的人际关系问题，能避免直接调查中调查者与调查对象在互动过程中可能产生的种种反应性误差。

4. 客观性和真实性难以保证

文献调查所获得的主要是书面信息，而不是活生生的现实，因而缺乏具体性和生动性。俗话说，“纸上得来终觉浅”。有效文献也存在难寻觅的问题。许多文献是不公开的，例如，个人日记、私人信件等属于个人隐私，某些政府文件、会议记录、档案材料属于内部机密，都不可能随意获得。另外，任何文献都会被打上一定时代、一定社会条件的烙印，都会受到撰写者等种种因素的影响和制约。因此，文献内容与客观真实情况之间总会存在一定差异。

三、文献调查的步骤

文献调查要遵循一定的程序和准则。一般而言，文献调查的过程包括以下几个阶段：

（一）确定方向

所谓确定方向就是明确研究目的和研究问题，研究目的和研究问题不同，文献收集、描述的范围必然不同，文献分析的重点也必然不同。所以，文献调查的首要工作就是确定自己所要调查的问题，同时还要明确该方法在研究中是作为向导和基础，还是作为独立的调查方法来使用，因为这会直接影响文献收集、整理、解读及分析的侧重点和方法。

（二）收集文献

首先，要确定文献收集和描述的范围，即文献的内容范围、时间范围和类别。其次，做好收集文献的准备工作，包括取得与文献所在单位或所有者个人的联系，设计文献的收集和描述大纲。最后，根据拟定的调查方案收集文献。

（三）整理文献

收集得到的文献资料非常庞杂，必须经过整理才能很好地为研究服务。在社会调查中，文献资料整理首先是对所获资料进行检查、核实，并对错误和遗漏加以修正、补充，然后将其分类编码，再进一步综合简化。整理文献要遵循以下原则：一是条理化，即文献整理要有一定的时序，整理后的文献不能是散乱和无规律可循的；二是系统化，即文献整理要有一定的逻辑，整理后的文献之间要有一定的相关关系，成为一个有机整体；三是简明化，即要保证整理后的文献是最能够体现研究主旨的。

（四）解读文献

文献的解读一般包括两个阶段：第一个阶段是浏览，就是争取在较短的时间内简单了解整理好的文献的基本内容和特点，不需要掌握、理解和记忆其具体内容。浏览的目的是了解文献的全貌，分辨出哪些文献的研究价值和意义最大，为以后的精读做准备。第二个阶段是精读，即理解性阅读。通过精读，要深入理解和掌握文献中有价值和意义的内容，同时要做出正确而客观的评价。这个阶段既是理解的过程，也是概括和再次升华的过程。研究者既要把文献内容同调查课题结合起来，又要有效鉴别文献的真伪和内容的可靠程度。

（五）分析文献

文献的分析包括统计分析与理论分析。前者主要是定量分析，将非定量的文献材料转化为定量的数据，并依据这些数据进行内容分析、二次分析和现存统计资料分析等，使用的主要方法是统计方法、数理方法和模拟法。后者则是定性分析，包括逻辑分析、历史分析、比较分析、系统分析、结构分析、功能分析、社区分析、阶级分析、角色分析等。

上述过程并不是一种直线式的过程，根据研究的需要常常要重复其中的某个阶段。例如，当在分析阶段觉得收集的文献不够充分时，就需要重新收集文献、整理文献和解读文献。在这样一个不断重复的过程中，研究者不断概括和明晰自己研究的问题，最终形成调查报告。

四、文献调查法的应用

文献调查法是指搜集、整理文献，并通过对文献的研究，形成对事实的科学认识的方法。文献调查法是一种非常重要的调查方法，它是任何社会科学研究都不可或缺的研究方法或必要阶段，是我们进行一切研究的基础，因为我们进行研究需要知道前人研究的进展，这样才能找到问题的定位、经验的基础、进一步研究的方向。它也可以作为一种独立的研究方法来使用。它主要适用于：

（一）纵贯分析或历史研究

作为一种完全独立的、完整的、非辅助性的研究方法，文献调查法可以应用在认识社会历史发展趋势的研究中。其他研究方法，如问卷调查法、实验调查法、实地观察法等所研究的是现时的情况，因而往往难以用来进行纵贯分析或历史研究。文献调查法常用于理论研究和社会变迁研究，尤其适于做长时段的研究。例如，世界著名未来学专家约翰·奈斯比特经过 12 年不间断地监读多达 6 000 种美国地方报纸，使用自创的“内容分析”方法，最终判断出美国社会结构变革的十个新趋向，著成《大趋势》一书。再如，我们要研究 20 世纪下半叶中国人婚姻观念的特点和发展趋势，最好的方法就是利用这 50 年的各种有关婚姻观念的文献资料进行分析和研究。因为各个不同历史时期的社会现象和社会生活，或多或少总会以各种不同的文献形式被描述和记录下来。

（二）探索性研究

在正式对课题进行研究之前，一般要进行探索性研究或前期研究。在进行这种研究的过程中，除了到现场去观察、访问，走访专家，还有一种很重要的方法就是文献调查法。对于一般的社会调查来说，文献调查的作用主要表现在：

（1）有效地帮助了解有关问题和调查对象的历史及现状。通过查阅档案、登记表和其他文献，了解调查对象的基本情况和有关问题，以及调查对象所处环境的历史、地理、政治、经济、文化、社会、风俗习惯等资料，对于顺利开展调查工作具有重要作用。

（2）帮助确定调查课题。任何调查课题都应该以前人和他人的调查成果为基础。通过文献调查，了解前人的研究，特别是了解当前理论和实际工作者调查的现状，对于正确选择调查课题具有重要的参考价值。它既是避免盲目性和重复研究的重要步骤，也是保证研究具有创新性的有效途径。

（3）了解与调查课题有关的理论和方法。通过文献调查，充分了解与调查课题有关的各种理论观点和调查方法，以及发展着的社会环境和调查工作面临的主客观条件，可为提出研究假设、设计调查方案、确定调查方法、安排调查工作等提供必要参考。

（4）了解与调查课题有关的政策和法律。通过查阅文献，了解与调查课题有关的各种方针、政策和法律、法规，是确立调查工作的指导思想、加强调查工作的政策性和法律性、保证调查工作顺利进行的必要条件。

总之，文献调查法是一种非常重要的调查方法，它贯穿于社会调查全过程。在准备阶段，文献调查是选择调查课题、提出研究假设、确定社会指标、设计调查方案的必要前提。在调查阶段要顺利开展调查工作，在研究阶段要深入理论探讨，在总结阶段要撰写具有创新性的调查报告和科学地评估调查成果，这些都离不开文献调查。

第二节　文献的搜集

在使用文献调查法时，文献的搜集要按要求、有步骤地开展。

一、搜集文献的基本要求

文献资料浩如烟海，搜集文献要按照一定要求有目的、有计划地进行。总的说来，文献的搜集应尽可能全面、多样。但是，在当代文献数量激增、分布极广、“信息污染”严重、质量明显下降的情况下，与其求全，不如求精，一般应以满足搜集文献的要求为原则。

搜集文献的基本要求是：

（1）有用性。即紧密围绕调查课题搜集有用的文献资料。这是搜集文献第一位的、最基本的要求。

（2）可信性。主要是指文献作者的可信性和内容的真实性。在搜集文献时，要反复考虑文献作者是否有可能掌握有关事实、文献内容是否真实反映了客观事实、有无别的资料印证这一文献的可信性，因为作者的客观地位、主观态度、当时的立场和兴趣等因素，往往使文献带有一定的倾向性，而这种倾向性常常会使文献偏离其所描述或反映的客观事实。

（3）代表性。主要是指文献作者的代表性和文献的代表性。只有努力选择各类有代表性的作者、各类有代表性的文献，才能全面、准确地反映当时的情况。

（4）全面性。搜集文献的内容应尽可能全面：既要有历史文献，又要有最新文献；既要有国内文献，又要有国外文献；既要有典型资料，又要有综合资料；既要有本学科专业文献，又要有相关专业文献；既要有正面材料，又要有反面材料。

（5）多样性。搜集的文献形式应尽可能多样，凡是与调查课题有关的各种形式的文献，都要千方百计地搜集。

（6）连续性。即围绕调查课题搜集的文献，在时序上要有连续性和累积性，尽可能不要中断。否则，搜集的资料就可能残缺不全，无法反映调查对象发展过程的全貌。

（7）时效性。对于与调查课题有关的各种新资料、新信息，要及时了解、及时搜集、及时研究、及时利用，以提高调查研究的时效性和调查成果的实用价值。

总之，文献搜集工作只有满足了上述基本要求，才能为后续的信息摘取工作提供丰富、完整的文献资料。

二、搜集文献的具体方法

要搜集文献，必须先查找文献。现代社会，除私人文献外，绝大部分文献集中在图书馆中和互联网上。查找文献，特别是在图书馆查找文献，一般可用以下四种方法。

（一）检索工具查找法

检索工具查找法，即利用已有检索工具查找文献的方法。它分为两类：一是手工检索法，二是机读检索法。

手工检索法，即手工翻阅检索工具书（如各种目录、卡片、文摘等）来查找文献的方法。一般地说，图书馆的藏书、期刊都有目录索引，通过它可以找到相关的著作、论文、报道、评论等，还可通过每月出版的《全国报刊索引（哲学社会科学版）》、中国人民大学书报资料中心编辑出版的各门学科的《复印报刊资料》及其索引来查找。

利用检索工具查找文献，既可以采用顺查法，也可以采用倒查法。顺查法，即由远到近，逐年逐月按顺序查找；倒查法，即由近而远，回溯而上，按时间顺序往前查找。一般地说，顺查法有利于了解有关问题的发展过程全貌，但要花费较多时间和精力；倒查法可以节省时间和精力，能够较快了解到有关问题的最新动态，但查找的文献可能不系统、不全面。无论是顺查还是倒查，都应按照课题的时间跨度来决定查找文献的时间跨度。

机读检索法又称计算机检索法。机读检索工具，按其信息指向可分为两类，即联机公共目录检索系统（OPAC）和网络搜索引擎。使用图书馆联机公共目录检索工具，只要输入要查询的“书名”“作者”“主题词”“索引号”等就可以进行检索和查询。在互联网中，图书馆目录发展为联机公共目录检索系统，人们在使用时，通过目标图书馆目录的 URL（即 Uniform Resource Locator，统一资源定位符），就可查询世界各大学图书馆、公共图书馆、专业图书馆的馆藏。使用网络搜索引擎查询就更为简单，只要在专门搜索工具（如“谷歌”“百度”等）的主页上，输入要查询的“主题”或“关键词”，或进一步根据条件输入要查询的“题目”“摘要”“作者”“发表时间”等，就可以获得相当多的文献条目。打开文献条目后，既可以先在比较大的范围里搜索，然后逐步缩小搜索范围，也可以在与研究课题有关的几个不同主题范围内进行搜索。

（二）参考文献查找法

参考文献查找法，也称追溯查找法，即根据作者在文章、专著中所开列的参考文献目录，或在文章、专著中所引用的文献名目，追踪查找有关文献资料的方法。具体做法是，从已经掌握的文献资料开始，根据文献中所开列的参考文献目录和所引用、所介绍的文献名目，直接去查找较早一些的文献；再利用较早文献中所开列的参考文献目录和所引用、所介绍的文献名目，去查找更早的文献。如此通过“滚雪球”的方式向前追溯查找，直到查找出比较完整的文献资料为止。用参考文献查找法查找到的文献，不如用检索工具查找法所得的文献那样全面和广泛，但是它查找的文献比较集中，查找效率也相对高一些，而且往往能及时捕捉到一些最新研究成果。

（三）循环查找法

循环查找法，也称为分段查找法，即将检索工具查找法和参考文献查找法结合起来交替使用、循环查找的方法。循环查找法，可先采用检索工具查找法，查找出有用的文献资料，然后根据这些文献中所开列、所引用的参考文献名目，去查找更早一些的文献；也可先采用参考文献查找法，查找出更早一些的文献，然后再采用检索工具查找法，去扩大查找文献的线索。如此分阶段交替使用两种查找文献的方法，直到查找出自己所需要的文献为止。

（四）专家咨询法

专家咨询法，即向有关专家说明自己的调查方案以及所需文献的类别、范围等，请他们指点迷津。譬如，咨询熟悉调查课题或熟悉调查对象的专家，向他们说明自己的调查方案和所需文献的类别或范围，力求得到他们对于搜集文献的指导，从而达到事半功倍的效果。

以上方法各有优缺点，在查找文献过程中究竟采用哪种方法，应根据查找文献的要求、学科特点、检索工具等情况具体选择。

三、获取文献的主要途径

查找文献是为了获取文献。获取文献的方法多种多样，对于纸质文献和网络文献应分别采用不同的获取方法。

对于纸质文献，主要采用索取、交换、购买、拍照、录制、借阅、复制等方法获取。

对于大众传媒公开出版，并正在市面出售的书籍、刊物、报纸、磁带、光盘等文献，在经费许可的条件下可采取购买方法获取；对于市面已停售的这类文献，则可到图书情报机构借阅。

对于企事业单位、社会团体的规章制度、统计报表、总结报告，以及族谱家规等文献，可采取向有关单位索取、交换、复印、借阅等方法获取；也可以从这些企事业单位的主管部门、社会组织的成员和各种档案管理机构那里采取索取、复印、借阅等方法获取。

对于个人写的日记、信件、自传、回忆录等文献，只能在征得文献主人同意的前提下，采取借阅、复印、拍照等方法获取。其中，已公开出版、发行的日记、信件、自传、回忆录等，则可通过购买方式获取。

对于官方的各种法律、法规、政府文件、统计资料等文献，凡公开出版发行的可通过购买方式获取，尚未公开出版发行的可到有关行政管理部门采取借阅、复印等方式获取，历史性的有关文献则可到档案管理机构采取借阅、扫描或复印等方式获取。

对于网络文献，可先浏览网站检索结果，然后将有用的文献复制或下载，保存到相应文档里。搜索引擎和虚拟图书馆是两种获取网络文献的重要途径，前者有利于提高检全率，后者有利于提高检准率。而网络信息资源数据库则兼有检全率和检准率两方面优势，因而能够向用户提供相对全面和准确的网络文献。在获取文献之后，研究者应当建立文献数据库，依据一定的标准对文献进行分类，以便提高文献的条理性与文献获取时的便利性。

四、搜集文献应该注意的问题

（一）确定搜集文献的重点

采用检索工具查找文献，往往会受到检索工具或参考文献的吸引而随波逐流，以致迷失查找文献的重点。实践证明，不分主次、漫无目的永远是查找文献者最易犯的毛病。因此，搜集文献必须确定重点，始终围绕调查主题搜集文献。

（二）明确搜集文献的范围

在确定了搜集文献的重点后，还必须明确划分搜集文献的范围，包括内容范围、时间范围和地域范围，即根据调查主题涉及的内容、时间和地域，明确划分搜集文献的内容、时间和地域范围。例如，调查主题是“农民工”问题，搜集文献的内容范围就应该是有关农村劳动力转移的文献，时间范围就应该是20世纪80年代农村实行家庭联产承包责任制、出现“农民工”现象之后，地域范围就应该是“农民工”跨省流出就业最多的安徽、江西、四川、湖南、湖北、河南、广西、重庆、贵州等中西部省份和流入最集中的长三角、珠三角、环渤海等经济发达地区。搜集文献的内容、时间和地域，只有与调查主题涉及的范围相一致，才能达到搜集文献的目的。

（三）注重搜集文献的质量

为了提高搜集文献的质量，调查者在搜集文献的过程中，对接触到的有关文献应进行必要的外在评估（如作者、序言、简介、出版单位、出版时间和地点等）和内在评估（如目录、主要章节、基本观点和数据等），只有符合搜集文献基本要求的文献，才应成为搜集的对象。

（四）整理搜集文献的目录

许多调查者在搜集文献时，只注重搜集和保存文献，而不注意整理搜集文献的目录，结果要使用文献时却找不到文献了，而且搜集的文献越多，寻找文献越困难。为了避免出现这种尴尬局面，就应在搜集文献的同时，及时整理、分类编制搜集文献目录。这样不仅便于使用文献，而且可及时发现搜集文献的缺项或弱点，以便及时纠正或弥补。

第三节　信息的摘取

搜集文献的目的，是摘取与调查课题有关的信息。因此，摘取信息的主要原则、一般程序和记录信息的主要方法，是文献调查法的另一重要内容。

一、摘取信息的主要原则

摘取信息应遵循以下几条原则。

（1）定向性：要紧紧围绕调查研究课题，有针对性地摘取信息，以节省时间和精力。

（2）准确性：要对摘取的信息反复核实、检验，力求摘取的信息准确、无误。

（3）规范性：要规范摘取信息。对数据资料、重要观点、特色语句应原文照抄。凡原文抄录应加上引号，并在撰写调查报告时准确标出文献出处。

（4）评述性：要融入自己的思考，及时记下自己对资料的理解、困惑、提问和评估，使资料“活”起来。

（5）有效管理：对摘录的信息，要通过列出主题、标出关键词等方式建立索引和交叉参考文献，进行有效管理，以便使用时能很快找到自己所做的笔记、引文和评论。

二、摘取信息的一般程序

摘取信息的一般程序是：浏览、筛选、阅读和记录。实施这些程序的要点包括：

（一）迅速浏览

浏览，就是将搜集到的文献资料普遍地、粗略地翻阅一遍。

浏览要明确目的。浏览是为了大致了解文献内容，初步判明文献价值。浏览时，要坚持博览与专注相结合。所谓博览，就是要行云流水式地普遍翻阅一遍，只求了解文献大概内容；所谓专注，就是对与调查课题有关的信息，应相对专注地认真阅读，并初步判明它的价值。

浏览要抓住重点。浏览要重点关注该书的著者、提要、目录、前言（或序）、后记（或跋），以及注释、图表、参考文献、索引等，使自己对全书的框架和内容有一概略印象。浏览论文或其他体例的文献，重点是看它的篇幅、层次、大小标题、主要观点、论证和数据等。只要抓住了这些重点，就能了解文献概况，并对文献价值做出初步估计。

浏览要快速。一般人的阅读速度是平均每分钟 300～400 字，20 分钟 7 000 字左右，即 16 开本的 6 个页码。浏览则快得多，20 分钟可翻完一大本书①。其方法有两种：一是“扫描式”，即视线像雷达扫描一样“一目十行”地读，迅速了解文献全貌；二是“跳跃式”，即视线从这里跳到那里，把文献中无关紧要的引文、推理过程等整页地翻过去，抓住文献的筋骨脉络，重点掌握文献的观点和有关数据。

（二）慎重筛选

所谓筛选，就是在浏览的基础上，根据调查课题的需要，将搜集的文献分为必用、应用、可用（或备用）、不用等几个部分。

筛选的依据，是文献中有用信息的数量和质量。筛选的关键在于比较。在时间上，要选用那些不同时期的代表作，特别是要注意选用那些最先论述某一问题的祖本和最近论述这一问题的新本；在内容上，要选择那些引用不同事实、阐述不同观点的代表作。此外，还应注意选择权威出版社出版或权威作者撰写的著作。

筛选文献，应该分层次进行。筛选的顺序是，先从大量文献中筛选出可用文献，再

---

① 快速浏览的要领是：一要坚持视读，不要音读；二要不断调整阅读速度，当快则快，当慢则慢；三要上下联系，了解作者的基本思路；四要脑眼配合，做到眼到脑到；五要加强训练，多练多用。掌握了这几个要领，就可逐步提高浏览的速度和质量。

从可用文献中筛选出应用文献，最后从应用文献中筛选出必用文献。通过逐层筛选，就能做到各类文献层次分明，为下一步阅读做好准备。

同时，在搜集文献时要注意鉴别文献的真伪，深入考察文献的来源和可靠程度。在文献调查法使用的过程中，必须对所采用的一切资料持有一种科学的质疑精神和批判态度，这是保证文献资料准确性的前提。就以下几个方面对文献进行考察和分析是非常有帮助的。

（1）考究文献的作者情况：文献的最初作者是谁？他（她）的研究目的是什么？作者的研究目的同自己的研究目的有何异同？文献的作者是通过何种方法和途径获得这些文献中的信息的？为什么这些文献得以保存这么长时间？

（2）分析文献的研究立场：文献写作的具体历史背景如何？文献是否努力做到了价值中立？如果存在偏见，那么应该怎样去发现和修正？

（3）验证文献的逻辑性：文献的主题是什么？文献的作者是通过何种概念和范畴传达信息的？通过其使用的资料能概括和推论出文献所给出的结论吗？文献作者是通过何种方法进行研究的？这种研究方式对研究的主题而言是否恰当？

（4）复证文献的真实性：从哪里可以找到相关资料以便对文献提供的信息进行证实或证伪？

（三）认真阅读

阅读是摘取信息的前提。阅读一般包括认读、理解、联想、评价四个方面。阅读可分为粗读和精读两个阶段，它们在认读、理解、联想、评价等方面都有不同要求。

粗读，是一种鸟瞰式阅读。粗读在认读方面，要着重搜寻文献的基本观点、主要事实和关键数据；在理解方面，要居高临下，大而化之，力求抓住文献的主旨和脉络；在联想方面，主要是把文献中的观点与观点、观点与事实、事实与事实之间的关系联系起来思考；在评价方面，主要是对文献的基本观点和论证做出初步评判。粗读的目的是，掌握文献的基本内容，明确该文献与调查课题的关系，以决定是否需要进一步精读。

精读，是一种深入探究、得其精髓的阅读方法。精读时，要根据文献的重要性、复杂性和有用程度，有的全读，有的选读，有的反复读，有的对比着读。精读在认读方面，要“咬文嚼字”，一丝不苟，逐字、逐句、逐段地循序渐进地阅读；在理解方面，要深入思考和分析文献的每一个概念、判断和推理，以及整个文献的逻辑结构，认真把握文献的全部思想；在联想方面，要把文献所引用的事实、阐述的观点与客观事实、其他文献联系起来反复对比和研究；在评价方面，要对文献所引用的事实、阐述的观点与调查课题之间的关系做出客观判断和全面评价。总之，精读是摘取信息过程中最关键的一步。通过精读，不仅要全面掌握文献的实质内容，而且要明确挑选出有价值的信息。

（四）及时记录

记录就是把通过阅读寻找到的有价值的信息记录下来，供进一步分析研究之用。许多人在阅读文献时曾有过这样的教训，即只注意阅读而忽视了及时记录，这样在阅读过程中发现的许多有用信息、产生的灵感，到用的时候却找不到、想不起来了。记录是摘取信息的一道重要工序，文献调查的直接结果应该通过这一道工序表现出来。

三、记录信息的主要方法

（一）标记

标记，就是在文献上做记号。记号有许多种，最常见的是在字下面加点或画线。加点即加着重点。加点的字句就是全句或全段中最重要的部分。画线，目的与加点一样，只是字数少时加点，字数多或成句时就画线。线有直线、曲线、单线、双线、夹线等。需要注意的是，无论是加点还是画线，都不宜过多过密。过多过密，反而使人找不到重点了。常用的几种标记方法见图 6-1。

着重点	....	标示关键性的字或句
直线	——	标示比较重要的内容
曲线	～～～	标示特别重要的内容
夹线	≋	标示定义或经典论述
惊叹号	！	对某些内容表示欣赏
问号	？	对某些观点表示疑问
三角号	△	标示一段文字中并列的几个观点
双圈号	◎	标示一段重要内容的结束

图 6-1　常用的几种标记方法

（二）眉批

眉批就是在页眉或页脚，写上阅读文献时的简要心得、体会、评语、疑问或订误、校文、音注等。这种记录形式和标记一样，简单、方便，随读随写。

（三）抄录

抄录就是把文献中有价值的信息抄下来。抄录有全录和摘录两种方式。全录，就是一字不漏，全文照抄。摘录，就是只将有价值的、自己需要的信息摘要抄录下来。摘录有两种。一是摘录原文，即整段整句地摘录，连标点符号都与原文一样。二是摘录原意，即根据自己的需要，用自己的语言，把原文的基本观点、主要事实和数据简要抄录下来。这种摘录，实际上就是缩写，它已具有加工、整理的性质。

抄录信息一般应抄录在活页上，或输入电脑上设置的有关文档里。抄录时，一定要注明出处（作者、书名或篇名、卷次、页码、出版单位、出版日期等）。有的人只注意抄录文献内容，而忽略注明出处，结果使用时找不到文献出处。如果用活页抄录信息，那么应该一条信息一张活页，并注明题目，指出信息属于什么主题；如果用电脑输入信息，那么应该一条信息一个文档，一类信息一个文件夹，并注明题目，指出信息属于什么主题。只有这样，在整理资料时才便于按照题目归类。

（四）提纲

提纲就是把整本书或整篇文章的内容要点，用简括的语句和条目的形式依次记载下来。这样写提纲的好处是，便于掌握全书或全文的内容和逻辑结构，加深对原文献思想脉络的认识。写提纲前，要仔细研究全书或全文，从总指导思想到各部分内容都要弄得十分清楚。提纲要力求全面、系统，叙述要简明，真正反映出原文献概貌。

（五）札记

札记指阅读文献后记下来的心得、感想、批评、疑点、意见等。札记带有初步研究性质，是一种高级记录形式。札记应包括两方面内容：一是陈述文献的主要内容，说明从中能知道什么；二是评价它的长处和短处，说明它从专业角度能提供什么信息。

本章要点

1. 文献调查法，就是采用科学方法搜集文献资料、摘取有用信息、进行整理分析的调查方法。它的特点是：超越时间、空间的限制，间接性，非介入性和无反应性，客观性和真实性难以保证。

2. 文献调查有两类：一类是质性的文献调查，另一类是定量的文献调查。

3. 搜集文献的基本要求是有用性、可信性、代表性、全面性、多样性、连续性和时效性。

4. 查找文献的具体方法有检索工具查找法、参考文献查找法、循环查找法和专家咨询法。

5. 摘取信息的一般程序是：浏览、筛选、阅读和记录。记录信息的主要方法有标记、眉批、抄录、提纲和札记。

基本概念

文献　文献调查法　检索工具查找法　参考文献查找法　循环查找法

思考与练习

1. 什么是文献？文献有哪些种类？现代文献的发展有哪些趋势？
2. 什么是文献调查法？它有何特点？
3. 文献调查在社会调查研究中有何意义和作用？
4. 搜集文献有哪些基本要求？
5. 查找文献有哪些方法？它们各有何特点和用途？
6. 摘取信息的一般程序是什么？

推荐阅读书目

1. 安伍布奇，弗雷尔斯．如何进行文献回顾．北京：中国人民大学出版社，2022.

2. 沃勒，法夸尔森，登普西．如何理解质性研究．北京：中国人民大学出版社，2021.

3. 格莱斯．质性研究入门指南．北京：北京大学出版社，2021.

4. 科研工作者的 9 个必备文献查阅网站，轻松搞定中外文献资料查找．(2020－04－12)［2023－08－16］. http://www.360doc.com/content/20/0412/09/64097987_905420742.shtml.

知识点

主要数据库和 SQ3R 法五步骤

困难与对策

如何撰写文献综述？

第七章
实地观察法

实地观察是社会调查最基本的方法，是科学认识的真正起点，是一切直接调查方法的共同基础和前提。它被广泛应用于许多学科，特别是文化人类学和欧洲民族学，像社会学、传播研究、人文地理学和社会心理学等也都有所涉及。

第一节　实地观察法概述

观察可分为实验室观察和实地观察。对社会现象的研究，有些课题（如某些心理学、教育学课题）可在实验室进行观察，但是，大量的研究课题只能实地观察。

一、实地观察法的概念及其特点

（一）实地观察法的概念

观察是一种视觉感知活动。人类观察可分为两个层次：一是自发观察，如人们在大街上观察高楼大厦、车水马龙等景象，消费者在超市通过观察寻找商品，等等。二是自觉观察，如交通观测员对汽车流量、流向的观察，刑事侦查员对犯罪现场的观察，社会科学研究者对社会现象的观察，等等。前者主要是一种自发的感性观察活动，后者则是以一定理性为指导的自觉观察活动。

实地观察法，就是观察者有目的、有计划地运用自己的感觉器官或借助科学的观察工具，能动地了解社会现象的方法。它是人们获得一手感性材料的可靠来源，是发现问题的重要途径，是建立理论假说的客观基础，是验证调查结论的有效手段。

实地观察法简便易行，适应性强，灵活性大，可随时随地进行，观察者可多可少，时间可长可短，只要到达现场就能获得感性认识。因此，它是一种使用最广泛的调查方法。

（二）实地观察法的特点

1. 直观性

在实地观察中，观察者根据观察计划，亲自到调查现场，运用两类观察工具进行观察，直接感知客观对象，所获得的是直接、具体、生动的感性认识，特别是通过参与观察更能掌握大量一手资料。两类观察工具是：（1）人的感觉器官，其中最主要的是视觉器官——眼睛。据心理学研究，人们关于外部世界的信息，90％是通过眼睛获得的。因此，人的眼睛是最重要的观察工具。此外，人们还通过耳、鼻、舌等感觉器官直接感知外部事物。（2）科学观察工具，如照相机、摄影机、望远镜、显微镜、录音机、探测器、人造卫星，以及观察表格、卡片等。

2. 可靠性

实地观察法所观察的社会现象，应该处于自然状态。如果观察的社会现象不是处于自然状态，而是人为的、故意制造的“盆景”“标本”或“样板间”，那么这种观察有可能得出错误的观察结论。实地观察虽然有可能产生种种观察误差，但是与间接的书面调查和口头调查相比较，可靠性仍然要高得多。所谓“百闻不如一见”，就是这个意思。

3. 非介入性

部分实地观察，特别是非参与观察，是一种非介入调查方法。它主要是观察者单方面的观察活动，一般不依赖语言交流，不与被观察者产生人际交往。因此，它有利于对不能够或不需要进行语言交流的社会现象进行调查，有利于排除语言交流或人际交往中可能发生的种种误会和干扰。对于语言不通的人、聋哑人、婴幼儿等无法用语言沟通的调查对象，以及不愿意接受访问、拒绝回答问题的调查对象，实地观察法是唯一有效的、最为简便的调查方法。

4. 主观性

实地观察结果在很大程度上受观察者主观因素的影响。完全参与观察所获得的资料，往往带有一定的主观色彩；不完全参与观察和非参与观察，无法完全排除观察者及其观察活动对被观察者的影响，无法观察到被观察者及其群体的自然状态。这就是说，任何观察结果都包含一定的主观成分和一定的误差。恩格斯指出：“单凭观察所得的经验，是决不能充分证明必然性的。”[①] 因此，对实地观察的结果做判断、下结论要慎重，决不能仅仅根据观察到的部分事实就轻易做出肯定或否定的结论。

在实践中，实地观察法往往与文献调查法等其他调查方法结合使用。恩格斯的《英国工人阶级状况》有一个醒目的副标题——“根据亲身观察和可靠材料”。这篇著名的调查报告是实地观察和文献调查相结合的产物。恩格斯的这一成功调查说明，实地观察法只有与其他调查方法结合起来，才能取得良好的调查效果。

当然，由于受时间、空间等客观条件的限制，实地观察只能做微观调查，而不能做宏观调查；只能对当时当地的情况进行观察，而不能对过去的和外域的社会现象进行观察；只能对常态社会现象进行观察，而不能或不宜对保密性社会现象、隐秘性社会现象和个人隐私进行观察。

二、实地观察法的种类

按照不同标准，实地观察法可分为许多不同种类，其中主要的分类包括：

---

① 马克思，恩格斯．马克思恩格斯选集：第3卷．3版．北京：人民出版社，2012：922.

（一）参与观察和非参与观察

根据观察者是否参与被观察者的活动，实地观察法可分为参与观察和非参与观察。

1. 参与观察

参与观察，亦称局内观察，就是调查者为了对研究课题有深入的理解和认知，进入“调查场域”，融入当地的情境，既做观察者，也做参与者，在亲身躬行和同当地人的互动中，通过正确、详细的实地笔记和访问记录呈现“调查场域”的社会风貌。按照参与程度不同，参与观察可分为完全参与观察和不完全参与观察。

（1）完全参与观察，就是观察者隐瞒自己的真实身份，完全进入被观察者群体，作为其中一个成员参与活动，并在这个群体的正常活动中实施观察。这种观察通常用于调查无法从外部观察的“封闭性”集体，用于调查小集团内部的运作及关系。例如：人类学家长期生活在少数民族聚居地，甚至与当地人结婚，完全以普通成员身份参加活动并观察；公安人员打入犯罪团伙内部，通过参与其活动从内部侦查；等等——这些都是完全参与观察。

完全参与观察，有利于深入被观察者的生活，通过参与他们的活动，了解到许多从外部无法了解到的真实情况，倾听到许多从外部无法倾听到的内心呼唤。但是，随着与被观察者之间的信任增强和感情加深，观察者在思想、感情上往往会自觉或不自觉地产生某些有利于被观察者的倾向，从而使观察有所偏误，影响客观性或真实性。因此，保持观察的独立性和中立性，排除思想、感情因素的干扰，是保证观察客观性的关键。此外，完全参与观察的适用范围非常有限。例如：党政机关、企事业单位的涉密活动，一般不可能完全参与观察；个人和家庭的隐私，一般不允许完全参与观察；贪污、贩毒、卖淫、赌博、制假、贩假等违反法律或道德的丑恶现象，一般无法采用完全参与观察方法。

（2）不完全参与观察，就是观察者公开自己的真实身份，作为一个可信任的“外人”进入被观察者群体，以半“客”半“主”的身份参与他们的部分活动，并通过这些活动进行观察。例如：上级机关干部到基层检查或指导工作，并实地考察；文艺工作者、新闻工作者到厂矿、农村体验生活，与工人、农民同吃同住同劳动，并进行实地观察——这些都是不完全参与观察。

不完全参与观察，由于观察者身份公开，参与被观察者的活动有限，因而了解情况的广度和深度逊于完全参与观察，有时可能只观察到某些表面现象，甚至为人为假象所蒙蔽。但是，不完全参与观察了解情况的广度和深度优于非参与观察，而且较完全参与观察主观色彩较少，往往能保持观察的相对客观性。因而，只要认真负责，勤于观察和思考，就有可能通过不完全参与观察了解到许多真实情况。特别是不完全参与观察使用灵活，可根据当时当地的情况随时改变观察内容和方法，因而它的应用范围较广，是社会调查中使用较多的一种观察方法。

2. 非参与观察

非参与观察，亦称局外观察，即观察者不参加被观察者的活动，完全以局外人、旁观者身份从外部对社会现象进行观察。例如，领导干部到基层考察，观察者坐在十字路口观察行人穿越马路的行为，就是非参与观察。非参与观察在研究中一般用于观察者无法介入或无须介入被观察者活动的情况。如对于青少年在公共场合的情感表达方式的观察只能采用非参与观察的方式。

非参与观察，观察者身份公开，不参与被观察者的活动，作为第三者“冷眼旁观”，因而不能深入、全面地观察；同时，对于被观察者的主观态度、价值取向等方面的情况也无法全面了解，容易掺入观察者的主观猜想或偏见，导致对被观察者的活动产生误解，从而得出不正确的结论。但是，非参与观察的实施非常简便，只要得到被观察者及其群体的允许就可开展观察，一般能保持观察的中立性、客观性，可获得许多感性知识，因而其应用范围极为广泛，是社会调查中使用得最多的一种观察方法。

不完全参与观察和非参与观察的最大缺陷，是无法完全排除观察者及其观察活动对被观察者的影响。实践证明，由于观察者的观察活动，被观察者会自觉或不自觉地产生某些反应性心理或行为，从而改变自己的原本状态。如同量子力学中的“测不准定律”一样，通过不完全参与观察和非参与观察永远无法完全准确观察到被观察者及其群体的自然状态。

（二）标准观察和非标准观察

根据观察活动是否有统一标准，实地观察可分为标准观察和非标准观察。

1. 标准观察

标准观察，也称有控制观察或系统观察，就是观察者根据观察目的，设计统一的观察项目和要求、印制统一的观察表格或卡片、规定统一的观察程序和记录方法的观察。在实地观察过程中，观察者必须严格按照统一的标准观察和记录，而不被允许任意变更观察项目和要求。通过标准观察，可获得统一、系统、翔实的观察材料，可对观察数据做定量分析和对比研究；但是，它缺乏弹性，适应性差，难以反映不同观察对象的不同特点，而且比较花费时间。

2. 非标准观察

非标准观察，也称无控制观察或简单观察，就是观察者只有一个总的观察目的和要求、一个大致的观察内容和范围，而没有统一的观察项目或标准的观察。在实地观察过程中，观察者在观察总目的、要求的指导下，根据观察时的具体情况有选择地观察。非标准观察比较灵活，简便易行，适应性较强；但是，它的标准化程度低，观察所得的材料比较零碎、分散、缺乏系统性，因而很难进行定量分析和对比研究。

（三）直接观察和间接观察

根据观察对象的不同，实地观察法可分为直接观察和间接观察。

1. 直接观察

直接观察，又称现场观察，就是对当时正在发生的社会现象所进行的观察。前面讲的参与观察和非参与观察、标准观察和非标准观察，都是对正在发生的活生生的社会现象的观察，因而都是直接观察。

2. 间接观察

间接观察，又称实物观察，就是为追寻、探求曾经出现过的社会现象而对物化社会现象所做的观察。所谓物化社会现象，是指反映、记录曾经发生过的社会现象的各种物质载体（如写实性绘画、古迹、遗址），反映一定社会现象的物体或环境，以及各种损蚀性、累积性、遗留性物体，等等。例如：通过观察张择端的《清明上河图》，可以间接了解北宋京城汴梁（今开封）的市井风情；通过观察长沙马王堆汉墓、湖北铜绿山古铜矿遗址、陕西秦始皇陵兵马俑、随州曾侯乙编钟等文物，可以间接认识中国古代政治、经济、军事、文化等状况；通过观察居民住宅和家庭摆设，可以间接了解主人的经济状况和文化素质；通过观察各种建筑的数量和质量、汽车的数量和品牌、公共厕所的分布和卫生状况，可以间接了解一个城市、地区的经济发展、社会管理水平和居民文明程度；等等。

在间接观察中，损蚀物、累积物、遗留物具有重要的观察价值。通过对它们的观察，可以了解某些曾经发生过的社会现象。例如：通过观察汽车轮胎磨损程度，可以间接推测汽车的使用情况；通过观察烟灰缸里积累的烟头、烟灰，可以间接判断抽烟人的抽烟状况；通过观察书籍的被侵蚀程度，可以判断书籍的使用情况；通过观察遗留在电脑硬盘或手机里的资料，可以判断电脑或手机主人的某些状况；等等。20 世纪初，美国社会学家查尔斯·巴林在芝加哥进行垃圾调查，后演变成一种“垃圾学”，即通过对垃圾的观察与记录来了解家庭消费情况。美国亚利桑那大学的几位社会学教授，曾采用“垃圾学”方法调查土克桑市居民食品消费情况，为美国居民食品消费调查提供了样板和参考数据。

一般地说，直接观察简便易行、真实可靠；但是，过去的社会现象无法直接观察，机密性、隐私性、犯罪性、违法性、缺德性社会现象难以直接观察。间接观察比较复杂、曲折，需要较多的社会经验和有关知识，有时还需要科学的鉴定手段和方法，而且可能发生种种误判、误差；但是，它弥补了直接观察的不足。

（四）实地观察法的其他种类

根据其他标准，实地观察法还可分为以下几种类型。

1. 探求性观察和验证性观察

根据观察的主要目的，实地观察法可分为探求性观察和验证性观察。探求性观察，是指为探求某种未知观察对象的状况而进行的观察，意在为形成研究假设或研究设想奠定基础。例如，对社会组织建立中国共产党基层组织的观察，对大学生到农村当“村官”的观察，等等。验证性观察，是指为验证某个研究设计、理论，或验证通过其他方式所得到的资料而进行的观察。例如，为验证某种农村住宅设计而对采用该设计方案建设的村庄进行观察，为验证某项改革政策而对实施该改革方案的单位进行观察，等等。

2. 定性观察和定量观察

根据观察的主要内容，实地观察法可分为定性观察和定量观察。定性观察，是指对观察对象性质状况的观察。例如，对企业职工精神面貌、外表形象的观察，对居民住宅建筑风格的观察，等等。定量观察，是指对观察对象数量状况的观察。例如，对企业职工性别比的观察，对居民住宅不同建筑结构数量及其比例的观察，等等。

3. 静态观察和动态观察

根据观察对象的状态，实地观察法可分为静态观察和动态观察。静态观察，是指对观察对象静止状态的观察。例如，对停车场上停放的汽车的观察，对教室里参加考试的学生的观察，等等。动态观察，是指对被观察者行为或运动状态的观察。例如，对集贸市场上交易情况的观察，对运动场上运动员比赛情况的观察，等等。对被观察者行为和活动的观察主要包括非语言行为观察和语言行为观察。非语言行为观察主要是观察被观察者的日常活动以及他们的手势、眼神、面部表情、肢体动作等，发现非语言行为在表达思想、感情时的特殊作用。语言行为观察主要是了解被观察者的谈话内容、谈话方式、使用的方言、相互交往的频率、使用的信息媒介等，以便研究语言交往的途径、方式，以及通过语言等行为所反映的群体或个人的行为和性格特征。

实地观察法的上述种种类型，都各有特点、利弊和用途。在实际调查中，应根据观察的目的、任务和观察者的主客观条件，灵活地掌握和运用。

第二节　实地观察的实施

在实地观察中，要保证观察顺利实施并取得良好观察效果，应掌握一些基本原则，注意一些方法和技巧。

一、实地观察的一般原则

通过实际参与调查对象的日常社会生活进行观察，要遵循以下原则：

（一）客观性原则

观察的客观性，是实地观察首要的、最基本的原则。因为，只有按照客观事物的本来面目进行观察，才能正确认识事物。在实地观察中，要坚持观察的客观性，就必须从实际出发，被观察的对象是什么情况，就观察什么情况、记载什么情况，决不能按照个人好恶去任意增减或歪曲客观事实，或者只注意观察和记录那些有利于自己的事实，而不观察和记录那些不利于自己的事实，更不能凭主观想象臆造那些根本不存在的事实。

（二）全面性原则

观察的全面性，是观察客观性的内在要求。因为，任何客观事物都有多种多样的内在属性和表现形式，都有多方面的外部联系。只有从不同侧面、不同角度、不同层次进行多方面观察，才能了解客观事物的全貌。

（三）深入性原则

观察的深入性，就是认知一个现象，解决一个问题，了解这个现象和问题的规律。

只有进行深入、细致的观察，了解现象和问题的结构、性质、特点等，才能找到针对性的解决办法。因为，社会生活纷繁复杂、千变万化，许多社会现象不是一下子就能观察清楚的。在社会风气不正的情况下，有些人往往会自觉或不自觉地用一些片面、偶然、虚假的现象来应付、蒙骗观察者，甚至做到“想看什么就有什么”的程度。观察者如果走马观花，仅仅停留在事物表面，就有可能受骗上当，得出片面的甚至错误的观察结论。

（四）持久性原则

实地观察往往是十分单调、枯燥的工作。要深入了解复杂的社会现象，得到正确的观察结论，往往需要坚持数日、数月、数年甚至更长时间的实地观察。例如，英国社会人类学家、人类学功能学派的主要代表马林诺夫斯基，1914—1920 年在新几内亚原始人部落中进行了长达 6 年之久的实地观察，到后来他自己几乎成为原始人部落的一员。通过这次实地观察，他不仅写出了名著《西太平洋上的航海者》，而且为完全参与观察法奠定了基础。美国社会学家威廉·富特·怀特的《街角社会：一个意大利人贫民区的社会结构》，则是作者在美国南波士顿与意大利贫民一起生活，观察三年半之后才写出来的。

（五）法律和道德原则

在实地观察中，一定要遵守宪法和其他法律的有关规定，决不可强迫被观察者干他们不愿干的事情，更不可在没有得到许可的情况下私闯他人住宅、偷看他人信件，或干出其他违法的事情来。此外，实地观察还应该遵守社会道德规范，决不可在违背被观察者意愿的情况下，强求观察别人的私生活，或偷看别人不愿让人观察的事物或现象。特别是在少数民族地区调查，更要严格遵守少数民族的风俗习惯和宗教戒律。

二、实地观察的步骤

实地观察从调查者根据研究主题选择调查地点到与调查对象建立良好的关系，从调查者的工作概要到实地日志和访问笔记的记录，都有着严格的程序和规则。实地观察的实施，大致可以分为以下几个步骤。

（一）设计观察方案

在实地观察前，必须根据观察目的设计观察内容、观察计划，选择观察方式和手段并预判各种问题。

（1）观察内容的设计，主要是观察指标的设计，它应该以一定的社会理论为指导，以观察对象的实际情况为依据。例如，观察社区文明程度，就应该根据社区文明理论和观察对象的实际情况来设计观察指标。社区文明理论不同，观察对象的实际情况不同（如城市、小城镇、农村），设计的观察指标就应该不同。

（2）观察计划的设计，主要是观察对象、环境、时间、地点等的选择和确定。对于观察对象的选择，一定要选择典型事物进行观察。例如：观察城镇环境卫生，不仅仅要看大街、厂房、学校和办公楼，更要重点观察工厂的“三废”处理、居民区的垃圾堆和公共厕所；观察农作物生长状况，就应该观察不同长势的田块，重点看水田“边”、旱地“角”；等等。只有抓住了典型环境中的典型对象作为观察重点，才能收到“一叶知秋”的观察效果。对时间、地点的选择要符合实际情况。例如，观察机关工作人员的上班情况，如果上班时间是9点，那么最佳观察时间是每个工作日的8点30分至9点30分，最佳观察地点是办公楼门前。观察时间、地点选得准、选得好，观察结果就可能比较真实、具体、准确。

（3）观察方式和手段的选择。要根据观察对象的需要，科学选择用什么方式和手段进行观察：是用参与观察还是非参与观察？是否打算使用观察工具？使用什么观察工具？是当场记录还是事后记录？等等。

（4）对各种问题的预判。对观察中可能出现什么问题，以及假如出现应该怎样解决，怎样尽量使自己的观察不影响观察对象等等，都要有预判，并且做好预案。

观察计划是观察活动的指南，它的设计必须符合实际情况，必须具有可操作性，这样才能使观察顺利实施，不走或少走弯路。

（二）准备或制作记录工具

记录工具有两类：一是照相机、摄影机、手机等摄影、摄像工具。二是观察卡、观察记录表等手工工具。用照相机、摄影机、手机等进行记录，真实感强，精确度高，便于保存和传输，但是，观察过程不可能也不需要处处拍摄。对于有选择拍摄的内容，应该及时做好记录和编号，写下必要的文字说明，以免时过境迁发生差错。观察卡、观察记录表等手工工具，是标准观察不可缺少的工具。有了统一设计和制作的观察卡、观察记录表，不仅可以提高观察、记录的质量和速度，而且有利于对观察结果做定量分析和对比研究。观察卡、观察记录表的内容，必须根据实地观察的目的和需要来设计，一般地说，应该包括以下一些内容：（1）观察卡、观察记录表的名称；（2）观察的地点或位置；（3）观察的时间；（4）观察的环境；（5）观察的内容或项目；（6）观察的记录方法；（7）观察的情况和建议；（8）观察者的姓名或代号；等等。图7-1和表7-1是可供参考的观察卡和观察记录表。

（正面）

HSE 观察卡

鼓励安全行为、提高 HSE 意识、创造 HSE 氛围

被观察的作业：加油操作　　日期：2023.8.20

区域/设施：加油场地　　被观察的单位/部门：南崖加油站

是否本班组/部门责任区域：□是　□否

不安全行为 [ ]　不安全状态 [ ]　未遂事件 [√]　推荐安全行为 [ ]

情况描述：8月20日早上8点，一名顾客在加油现场准备抽烟，被当班员工发现并制止，且员工耐心向顾客解释了为什么不能抽烟，防止了一起事故的发生。

改进建议：立即制止不安全行为，向顾客讲解不安全行为可能带来的危害。

被观察人数：1　不安全行为人数：1　不安全问题数：1

报告人：马兵　单位/部门：南崖加油站

（反面）

<table>
<tr><td colspan="2">HSE 观察提示
鼓励安全行为、提高 HSE 意识、创造 HSE 氛围</td></tr>
<tr><td colspan="2">实施 HSE 观察时，可从下面几个方面展开，并将观察情况填入观察卡的正面。</td></tr>
<tr><td>人员的位置</td><td>个人防护装备</td></tr>
<tr><td>□高处或临边　□运转设备旁
□起吊物下　□油品易喷出、挥发处
□易触电处　□作业空间狭窄或受限处
□其他</td><td>□安全帽　□呼吸护具
□防护手套　□防护服
□安全带　□防护鞋
□其他</td></tr>
<tr><td>作业行为</td><td>工作场所环境</td></tr>
<tr><td>□未经许可开动、关停开关或阀门
□开动、关停设备时未给信号
□未锁定设备或盲板隔离、吹扫
□用手代替工具操作
□不安全装束
□违章驾驶机动车
□其他</td><td>□泄漏
□作业场地不良或堆放杂乱
□光线不良
□通风不良
□作业现场乱排放
□交叉作业
□其他</td></tr>
<tr><td>人员资质</td><td>直接操作环节</td></tr>
<tr><td>□人员上岗培训
□电工、锅炉工、焊工
□计量员
□化验员
□车辆驾驶员
□其他
工具及设备
□使用不合适的工具及设备
□使用方法不正确
□工具及设备不完好
□其他</td><td>□现场警示
□用火、临时用电、进入受限空间、破土、高处作业许可证齐全
□用火、进入受限空间检测油气浓度
□高处作业佩戴安全带，正确使用脚手架
□临时用电电气使用规范
□没有监护人或监护人不在指定区域
□受限空间、动火作业没有通风
□其他</td></tr>
</table>

图 7-1　中国石化 HSE 观察卡

注："HSE"是健康（health）、安全（safety）、环境（environment）三位一体管理体系的英文缩写。

资料来源：HSE 观察卡 2.（2012-01-02）[2023-10-10]. http://wenku.baidu.com/view/ae26d018a300a6c30c229f56.html.

表 7-1　××省三幼区角设置与材料投放观察记录表

<table>
<tr><td colspan="2">观察时间</td><td>2023.8.5</td><td>观察地点</td><td>教室</td></tr>
<tr><td colspan="2">观察对象</td><td>语言角</td><td>观察者</td><td>×××</td></tr>
<tr><td>观察目的</td><td colspan="4">了解幼儿在语言角停留时间短、语言表述少的原因</td></tr>
<tr><td>资料图片</td><td colspan="4"></td></tr>
<tr><td>观察实录</td><td colspan="4">今天的区角活动开始了，妍妍很高兴地走向了语言角，一眼就看中了哆啦 A 梦，拿着它就开始在草地上走了。我走到妍妍的身旁，想听一听妍妍在说什么，可是只见她拿着哆啦 A 梦比画来比画去也不见她说句话。于是，我就问妍妍："今天谁出来玩了啊？""哆啦 A 梦。"妍妍看着我笑笑说。我又问了："它在哪儿玩啊？""草地上。"妍妍又很快地回答了我的问题。"那它在干什么呢？"这时的妍妍前一句、后一句地说了好多，但是一句也没有说清楚。</td></tr>
</table>

续表

观察分析	幼儿一开始进了语言角拿着玩偶在草地上不停地比画来比画去，却没有说一句话。通过引导，幼儿也只是回答老师提出的问题，对于自己的想象，不能清晰地表达，有的幼儿甚至比画一下就走了，要换区角。根据小班年龄特点，我们发现应把握好幼儿的年龄特征，从词语开始着手，慢慢从一个词到一句简单的话。如“牛奶”“一杯牛奶”“宝宝早上喝了一杯牛奶”，通过这样一个循序渐进的过程，在反复练习中，让幼儿的语言逐步走向规范。
调整措施	在一次“熊宝宝受伤了”的语言教学活动中，我发现将故事和贴创可贴这样的操作结合起来，孩子们很感兴趣，通过给熊宝宝贴创可贴，孩子们能很好地理解、记忆故事重点。发现这一现象后，我们把它与语言角进行了有机结合，把增添孩子们感兴趣、能很好运用的粘贴和匹配情景的材料结合起来，并从颜色到数量提供多种粘贴的选择，让幼儿既有兴趣又有了一个经验积累的过程。

资料来源：观察记录表．(2012-06-07) [2023-10-10]. http://wenku.baidu.com/view/078aa273f46527d3240ce068.html.

（三）进入观察现场

进入现场是实地观察中非常关键、复杂的一环。进入现场可以有很多不同的方式，比如在实地自然地进入、直接说明意图后进入、隐蔽地进入等。理想的状态是自然地进入，如对于公共场合的非参与观察，或者对自己生活、工作圈子的完全参与观察，等等。但如果不在公共场合，也不在我们所熟悉的地方，对于如何进入现场需要慎重对待。一般地说，寻找能够帮助自己参与当地活动的各种关系，会有利于调查的顺利进行。

（1）隐蔽进入，是指观察者不表明身份，进入观察现场。一般情况下，进入现场需要得到“局内人”的认可。隐蔽进入通常采取以某种程序或仪式进入、“局内人”推荐、“关键人物”帮助等方式。类似的社会研究多见于国外，如美国教会历史学家兰迪·阿尔弗雷德进行的魔鬼教徒研究。他伪装投身魔鬼教派，获得接纳，并依据其在仪式上的地位，被指派行政责任和“作法”角色，由此，他在这个群体中取得了快速的观察进展。国内采取完全参与观察方式进行的学术研究比较罕见，有些记者的采访报道使用了完全参与观察的方法。《卧底当代丐帮》一书的作者在收集资料时即采用了完全参与观察的方法。作者进入现场的方式是“局内人”推荐——他有一位乞丐朋友“小曹”，通过“小曹”，他的“乞丐”身份才得到其他乞丐的认同，乞丐也对他失去了警惕心，并以可能属于犯罪的生活方式继续原有的生活状态。①

（2）逐步暴露式进入，是指在观察开始时，只是简单地向被观察者介绍一下自己的观察计划，然后随着被观察者对自己信任度的增加而逐步展开观察。具体的研究程序和细节没有必要一开始就和盘托出。一来，大部分被观察者并不需要了解调查的全部内容和过程，他们关心的是“调查者是什么人”“他们到底要干什么”“我们能从中得到什么”；二来，观察的问题和程序会随着调查的深入而不断改变，观察者事先设定的步骤不一定会如期实现。王春光对巴黎的温州人做的研究就采用了这种方式进入观察现场②。

① 占才强，高汉明，李宇新．卧底当代丐帮．北京：北京出版社，2003：21-23.

② 王春光，BEJA J P. 温州人在巴黎：一种独特的社会融入模式．中国社会科学，1999 (6).

（3）公开进入，是指通过正式的组织途径，或通过被观察者所生活的社区的“熟人”这样非正式的渠道进行接洽，征得被观察者的同意，以观察者的身份进行直接的观察。

逐步暴露式进入和公开进入都需要获得被观察者的允许。获得允许等于使自己的观察合法化。为此，一般需要一些必要的证明材料，如介绍信、身份证、工作证等，以证明自己的任务和身份。同时，也要与有关部门取得联系，获得支持。

（四）正式观察

进入现场时，观察者与被观察者交流有关信息的方式对观察者进入现场会产生非常重要的影响。一般来说，在首次与被观察者联系时，观察者应该向对方做自我介绍，告诉对方自己的个人背景、调查的内容和目的、自己对对方的期待、研究结果的去向等。与此同时，观察者还要向对方传达自愿原则和保密原则，明确告诉对方可以选择不参加调查，如果参加会为其提供的所有信息保密。此外，双方还应该就观察的大致内容、时间、地点等方面达成共识。原则上说，观察应该在被观察者认为合适的时间和地点进行，以不影响他们的正常工作和生活为基本前提。

有时，被观察者可能会问：“我可以看你收集的材料吗?”“我会得到一份最后的研究报告吗?”在这种情况下，观察者应该如实地告诉对方自己能够做的事情，并且向对方解释为什么自己只能做到这一步。向对方做超出自己能力的许诺不但是不明智的，也是不道德的。

有的被观察者可能希望知道自己能够从中得到什么，当被问及这类问题时，观察者应该坦率、如实地回答对方。首先，观察者应该向对方表示感谢。然后，观察者可以根据研究的具体情况告诉对方本调查有可能为对方带来的“实用”价值。例如，如果调查结果得以发表，或者有机会向上级汇报，被观察者所关心的问题也许会得到公众和有关部门的注意，有关领导也许会出面来解决问题。

下一步，观察者就可以按照选择的观察方式和确定的观察内容进行观察了。这一环节很关键，应尽量做得自然、平和，既能使自己有效开展观察，又不能因为自己的存在而冒犯被观察者。

（五）做好观察记录

实地观察，一般都应做观察记录。记录的方法最好是同步记录，即在现场观察的同时记录下观察情况；如果不宜做同步记录，就应在观察后尽快追记。如果不及时做记录，时过境迁，就可能忘掉许多观察到的真实情况。有的学者主张记录的内容要具体、客观，既不要用总结的话，也不要用抽象的修饰语，尽量做行为主义式的、具体的描述，尽量降低推理的水平，尽可能保留被观察者的描述和解释的原话。有的学者则主张记录的内容要尽可能简明，只要记录下主要事实和情节就可以了，还可扼要地记下自己的主要感受和看法。这些主张各有利弊，可根据当时当地的具体情况和自己的习惯灵活采纳。

三、实地观察中应该注意的问题

实践证明，要搞好实地观察，应该注意以下一些问题。

（一）灵活安排观察程序

观察程序有三种安排方法，即主次程序法、方位程序法和分析综合法。

主次程序法，就是先观察主要对象、主要部分、主要现象，然后观察次要对象、次要部分、次要现象。方位程序法，就是根据观察对象的位置，采取由近到远或由远到近、由左到右或由右到左、由上到下或由下到上等方式逐次观察。分析综合法，就是先观察事物局部、后观察事物整体，或者先观察事物整体、后观察事物局部，然后进行综合或分析，得出观察结论。

这三种观察程序各有利弊，应根据观察目的和任务、观察对象的实际情况和观察者自己的条件，灵活掌握和运用。

（二）与被观察者建立良好的人际关系

对于参与观察来说，与被观察者建立良好的人际关系是一件最重要、最困难也最费时间的工作。为了与被观察者建立良好关系，要做到：（1）反复说明来意，消除被观察者的顾虑，使他们认识调查的意义，了解调查不会损害他们的利益。（2）参与被观察者的某些活动，并通过共同活动来增进了解、建立友谊。（3）尊重当地的风俗习惯和道德规范，最好能学会使用当地的方言、俚语，决不要说违反禁忌的话，做违反禁忌的事。（4）在力所能及的范围内，帮助被观察者解决某些困难，如提供某些信息或咨询意见、帮助做些工作或家务、解决某些可以解决的难题等，这对加深信任和感情具有重要作用。（5）重点选择若干有威信、有影响、有能力的当地人作为依靠对象，首先与他们建立良好关系，然后通过他们去做其他被观察者的工作。（6）在任何情况下都不要介入被观察者之间的宗族、房头、派系纠纷，遇到这类问题时应尽可能做好团结工作，起码要严格保持中立。

（三）减少观察活动对被观察者的影响

在实地观察中，当观察对象是人或人群活动时，观察活动本身往往会对被观察者产生一定影响，使他们自觉或不自觉地产生某些反应性心理或行为，从而产生种种反应性观察误差。特别是在被观察者人数较少而又比较稳定的情况下，素不相识的观察者突然出现并从事各种观察活动，必然会使被观察者产生某些紧张、惶惑、好奇或羞涩心理，致使他们的行为自觉或不自觉地失去常态。例如：正在课堂上偷偷说话的小学生，一旦发现有人在窗外观察，马上就会闭上嘴巴，坐得端端正正；正在闲聊或休息的工人，一旦发现上级来人视察工作或外单位来人参观，就会自动回到工作岗位干起活来；等等。历史上，许多封建君主和官吏为了体察真实的民情民意，往往采取微服私访的办法来减少对被观察者的影响。这说明，观察者要想了解处于原状态下的社会现象，就必须善于控制自己的观察活动，尽量减少对被观察者的影响。

（四）观察与思考紧密结合

实地观察，不是视觉器官对观察对象的纯客观扫描，而是观察者的自觉认识活动——

包括感性知觉活动和理性思维活动，而且只有目的明确、理论正确、知识广博、经验丰富而又积极思考的观察者，才能获得良好的观察效果。这就是说，只有“心明”才能“眼亮”。如果只满足于身到现场、眼看事物，而不积极思考，那么，即使观察到十分有价值的社会现象，有时也会视而不见，轻易放过。因此，在实地观察中，要把观察与思考结合起来，在观察中思考，在思考中观察；要把观察与比较结合起来，在观察中比较，在比较中观察。只有这样，才能捕捉到有价值的观察材料。

第三节　观察误差的控制

俗话说：“耳听为虚，眼见为实。”这在一定范围内是正确的。但是，严格地说，人的观察总会发生一定误差。因此，有必要研究一下产生观察误差的原因以及减少观察误差的途径和方法。

一、产生观察误差的原因

观察误差的产生，可从观察主体、观察客体、观察手段与方法三个方面寻找原因。

（一）观察主体方面的原因

在实地观察中，客观性是首要的、最基本的原则，但是，这绝不是说主观因素无足轻重。实践证明，观察者的个性特征、生理素质、价值取向和社会文化素质等主观因素对实地观察的质量、效率和结果往往具有决定性作用。

1. 思想因素

观察者的立场、观点和角度不同，观察同一对象的感受就会大不相同。例如，面对富丽堂皇的垄断行业办公大楼、丰富多样的员工福利，垄断行业内部职工感到欢欣鼓舞、心安理得，垄断行业外部人员却感到极不公平、有相对剥夺感。

在实地观察过程中，观察者的态度不同——或主动、自觉观察，或被动、应付观察，观察的效果往往大不相同。前者可能观察到许多真实情况，甚至有可能发现一些新情况、新问题，观察效率一般较高；后者只能看到一些表面现象，甚至为假象所迷惑，其效率也往往很低。这说明，观察者的主观态度，在观察活动中具有重要作用，它往往对观察的质量、效率和结果产生决定性影响。

2. 知识与能力因素

观察者的知识水平和结构不同，观察的参照系不同，对同一对象的观察重点、观察结果就会产生很大差异。因为对事物的认识、理解可以使我们及时地把握观察对象的意义，从而提高我们对观察对象观察的迅速性、完整性、真实性和深刻性。若知识与能力有区别，在对同一对象进行观察时，不同人往往会得出不同的结果。例如：到一个现代化钢铁企业去考察，一个钢铁专家可能在生产工艺、技术装备、车间管理等方面观察到许多重要情况，发现许多重要问题；而一个钢铁生产的门外汉却只能看看雄伟的厂房、壮观的场景，很难发现其中存在的问题。再例如，图 7－2 是一幅隐藏着许多人脸的图。面对这一幅图，观察能力不同的观察者，识别出人脸的数量就可能大不相同。观察能力尤其体现在对细节的观察上。老子在《道德经》第六十三章中指出："天下大事，必作于细。"在现实中，发生细微失察与疏忽，就可能付出沉重代价。"魔鬼隐藏在细节中。"中国古代神探狄仁杰能屡破奇案的一个重要原因，就在于他勘查作案现场时非常重视细节，因而总是能通过细节找出"魔鬼"来。实地观察也是如此，只有认真细致地观察，才能发现事物的真相，看到事物的全貌。

图 7－2　观察能力测试图

3. 心理因素

观察者的兴趣、爱好和情绪等心理因素，也会对观察结果产生一定影响。例如，同是观赏一座园林，建筑师感兴趣的是建筑结构，文艺家感兴趣的是诗情画意，动物学家感兴趣的是鸟兽鱼虫，植物学家感兴趣的是花草树木，时装设计师感兴趣的则是游人的衣着款式。一般地说，人们对自己感兴趣的事物或现象，对与爱好相关的事物或现象，会观察得很认真、仔细，对不感兴趣的事物或现象则往往一扫而过，甚至视而不见。观察者的情绪也会对观察结果产生影响。

一般地说，兴奋、喜悦的人往往会观察到较多积极方面；苦闷、压抑的人则往往会看到较多消极方面；紧张、恐惧的人往往会杯弓蛇影、草木皆兵，感到处处有危险。

4. 生理因素

人类感觉器官的感受能力，在生理上有一定限度。例如，正常人的眼睛只能感受到波长为 0.39 微米～0.77 微米的电磁波（即可见光），而不能感受到波长在此范围之外的电磁波；只能对每秒 50 次以内的频率做出反应，超过此频率就失去了反应能力；只能同时观察 5～9 个离散单位，超过此范围就不可能有效观察；等等。不仅如此，随着观察时间延长，视觉器官疲劳加剧，人的视觉能力不断衰减，会出现种种观察误差。同样，人的其他感觉器官的可靠性和准确性也是有限的，超过了一定限度就会失去感知能力，就有可能发生观察误差。所谓“入芝兰之室，久而不闻其香”“入鲍鱼之肆，久而不闻其臭”，就是嗅觉器官失灵的例证。

此外，人的感觉器官在感知过程中还有可能产生种种错觉。例如：把两只手分别浸泡在冷水和热水中，再同时伸入温水，这时两只手的感觉就会不一样；同样一个人，在高个子面前显得矮一些，在矮个子面前显得高一些；人们高兴的时候时间似乎过得快一些，忧愁的时候时间似乎过得慢一些；等等。产生这些错觉，既有生理方面的原因，又有心理方面的原因，它们都有可能使观察产生这样或那样的误差。

5. 社会经验因素

《管子·八观》曰：“行其田野，视其耕芸，计其农事，而饥饱之国可以知也”；“行其山泽，观其桑麻，计其六畜之产，而贫富之国可知也”。为什么“行其田野，视其耕芸，计其农事”“行其山泽，观其桑麻，计其六畜之产”，就可知一个国家的“饥饱”“贫富”呢？经验也。《管子》的“八观”，就是对那个时代观察经验的总结。在现代中国，也有许多经验之谈。例如，“小康不小康，关键看住房”① “小康不小康，关键看老乡”②，就是不同层次的经验之谈。这都说明，社会经验的有无、多少、层次的高低，都会对观察结果产生重大影响。

（二）观察客体方面的原因

1. 客观事物发展不成熟

由于客观事物发展不成熟，其本质尚未通过现象充分暴露出来，观察就很难避免某些误差。毛泽东说，人们的认识“常常受着许多的限制，不但常常受着科学条件和技术条件的限制，而且也受着客观过程的发展及其表现程度的限制（客观过程的方面及本质尚未充分暴露）”③。例如，“高强度投资”“过度鼓励出口”等措施，在其经济、社会、生态危害充分暴露之前，人们往往把它们看作经济高速增长的有效途径。同样，对于“人口红利”“世界工厂”等现象，在其本质尚未充分显露出来之前，人们也难免会产生一些错误的观感。

2. 被观察者的反应性心理和行为

由观察活动引起的被观察者的反应性心理和行为，必然会造成反应性观察误差。例如：在众目睽睽之下，一个初出茅庐的演员可能非常紧张、笨拙，甚至说错了台词；由于领导的到来，一个吵吵嚷嚷的会议室，可能一下子变得鸦雀无声；在客人到来之前，家庭主妇总是要打扫一下房间，整理一下摆设；等等。由观察活动引起的被观察者的这些反应性心理和行为，一般不是受人指使的结果，也不是故意要欺骗别人，但是，它是造成反应性观察误差的重要原因。

---

① 国家建设部曾任部长侯捷说：“小康不小康，关键看住房。”

② 习近平总书记在海南考察时指出：“小康不小康，关键看老乡。”

③ 毛泽东．毛泽东著作选读：上册．北京：人民出版社，1986：133.

3. 人为的假象

人为的假象更是造成观察误差的一个重要原因。例如：背地里干坏事的人，在公开场合往往表现得异常积极；许多假冒伪劣产品，往往有一个精美的外表或新颖的包装；为了骗取上级的信任或舆论的好评，许多人有目的、有计划地制造种种虚假现象；等等。在社会生活中，人为的假象是经常存在的，在观察中要特别留心。

（三）观察手段与方法方面的原因

观察手段与方法本身也会使观察发生偏误。观察仪器的精确度、灵敏度不高，观察仪器和观察工具失灵，观察场所光线不足，观察角度不对，观察距离太远，观察地点选择错误，观察时间不恰当，对不适合参与观察的社会现象采取了参与观察方法，等等，都是造成观察误差的重要原因。

总之，观察的准确性和可靠性总是有限度的，观察总会发生误差，任何观察都不可能完全符合客观实际。牢牢记住这些方面，时时处处防止观察误差的发生，是搞好实地观察的一个必要条件。

二、减少观察误差的途径和方法

尽管观察永远不可能完全正确，观察误差永远不可能完全消除，但是，努力减少观察误差，力求观察基本正确则是应该做到，也是完全可以做到的。

减少观察误差有以下一些途径和方法。

（1）正确选择观察者。一个合格的观察者必须具备一定条件，其中最基本的有两条：一是要感觉器官正常，特别是视觉器官不能有严重缺陷。二是要善于扮演自己的角色。观察者在观察过程中，根据观察方式的不同，可能需要扮演从完全参与者到完全观察者的不同角色。但观察者既要避免“火星化”，也要避免成为“皈依者”[①]。三是要有实事求是精神，要如实观察、如实记录，不能按照主观愿望添油加醋或故意隐瞒，更不能歪曲或捏造事实。

（2）提高观察者的认识。对观察者要加强两方面教育：一是要有认真负责的态度，严格按照观察提纲、表格或卡片的要求做观察和记录；二是要认识观察项目的意义，提高对观察内容的兴趣。实践证明：一个认真负责、心理素质好、有强烈求知欲的观察者，可以观察到许多深入、细致的社会现象；一个应付差事、情绪波动大、对观察内容毫无兴趣的观察者，则可能漏掉许多重要现象，甚至可能导致种种观察错误。

（3）做好必要的知识准备。一个合格的观察者应该有比较广博的知识：一是应该有与观察内容有关的各专门学科的科学理论知识；二是应该有关于观察对象的历史和现状的知识；三是应该有关于观察方法和观察工具的知识，以及进行实地观察的经验和技能。

---

① “火星化”是指观察者把自己想象成站在火星上观察新生命体的生活，采取与观察对象完全隔离的策略。“皈依者”是指观察者越来越陷入研究情境，形成了现场化。参见：巴比．社会研究方法．北京：清华大学出版社，2020：290.

组织新观察者与有经验的观察者同时观察某一社会现象，并当场做观察记录，然后对他们的观察记录进行对比研究，分析观察结果的优劣及其原因，这是观察训练的一种有效方法。

（4）正确处理“深入性”与“科学性”的关系。一方面，如果观察者得不到社区的某种认同，无法消除当地人眼中的“外人”感，无法参与其中去观察，那么，实地观察的“深入性”就会成为一个问题；另一方面，调查者一旦深入社区生活，往往又被告诫要与被观察者保持一定的距离，不要让外来因素影响社区的“原生态”，否则，就不够科学。因此，实地观察者，要努力做到田野资料既是“深入”的又是“科学”的。

（5）合理安排观察任务。观察任务的安排，应以感觉器官的承受能力为限。例如：给每一个观察者分配的观察对象应尽可能专一，特别是在观察离散对象时一般不应超过9个单位，否则就易产生观察误差；安排的观察项目应尽可能简明、集中，如果观察项目过多、过于分散，就很容易发生遗漏；每一次观察的时间不宜过长，否则随着感觉器官疲劳程度加剧，产生观察误差的可能性就会大大增加。

（6）充分利用科学仪器。在实地观察中，应根据具体情况，尽可能使用望远镜、测量仪器、照相机、摄影机、录音笔、手机等设备，以及各种度量衡工具，充分利用这些设备和工具的放大、延伸、计量、记录等功能。这既是提高观察客观性、准确性的重要途径，又是防止和减少观察误差的重要方法。

（7）努力控制观察活动。观察者应该努力控制自己的观察活动，尽可能减少或消除观察活动对被观察者的影响。此外，在某些特殊情况下，可以事先不做任何说明或宣布，采取隐蔽、伪装、突然袭击的方式进行观察。实践证明，进行隐蔽的、伪装的和突然袭击式的观察活动，是减少反应性观察误差的有效措施。

然而，这里存在一个法律或伦理问题，即事先未征得被观察者同意的隐蔽观察、伪装观察、突然袭击式观察是否合法、是否符合道德的问题。我们认为，没有一个调查者会单纯出于欺骗的目的去欺瞒调查对象，采取这种方式是为了让调查对象表现得自然、真实，以收集到更为可靠、更有效度和信度的数据。如果观察目的中不含有损害国家、社会和被观察者利益的动机，观察过程没有干扰国家、社会秩序和被观察者的正常工作和生活，观察活动没有侵犯国家和社会的利益以及被观察者的个人隐私，就不存在不合法和不符合道德的问题。当然，这种隐蔽的、伪装的、突然袭击式的观察不可随意乱用，它们只应该在某些特殊情况下使用。而且，观察者事后应该向被观察者说明有关情况和原因。

（8）横向多点对比观察和纵向重复对比观察。对于比较复杂的事物或比较重要的社会现象，应该选择不同类型的观察对象进行横向多点对比观察，或者对同一观察对象进行纵向重复对比观察。横向多点对比观察，既可以是同一观察者对不同观察对象的横向对比观察，也可以是不同观察者对同一观察对象（或不同观察对象）的横向对比观察。纵向重复对比观察，既可以是同一观察者对同一观察对象在不同时间、不同阶段进行的前后对比观察，也可以是不同观察者对同一观察对象（或不同观察对象）进行的前后对比观察。一般地说，通过横向多点对比观察和纵向重复对比观察得出观察结论，产生观察误差的可能性会大大减少。

本章要点

1. 实地观察法，就是观察者有目的、有计划地运用自己的感觉器官或借助科学的观察工具，能动地了解社会现象的方法。

2. 参与观察，就是观察者加入被观察群体，通过与被观察者的共同活动从内部观察。按照参与程度的不同，参与观察可分为完全参与观察和不完全参与观察。非参与观察，就是观察者不加入被观察者群体及其活动，完全以局外人、旁观者的身份观察。

3. 实地观察应该遵守客观性、全面性、深入性、持久性、法律和道德原则。

4. 产生观察误差的原因是多方面的。就观察者而言，有思想因素、知识与能力因素、心理因素、生理因素、社会经验因素等主观原因；就观察对象而言，有客观事物发展不成熟、被观察者的反应性心理和行为，以及人为的假象等原因。

基本概念

实地观察法　参与观察　非参与观察　标准观察　非标准观察　直接观察　间接观察　非语言行为观察

思考与练习

1. 什么是实地观察法？它有何特点？怎样理解观察过程是一个积极能动的反映过程？

2. 参与观察和非参与观察、完全参与观察和不完全参与观察各有何特点和用途？

3. 在进行实地观察前应该做好哪些准备工作？在观察过程中应该注意哪些问题？

4. 产生观察误差的主客观原因有哪些？如何减少观察误差？

5. 你认为应该怎样评价“耳听为虚、眼见为实”“百闻不如一见”等说法？

6. 确定一个研究问题，如中学生辍学、职业倦怠、业主维权和福利服务，讨论如何运用参与观察法研究这个问题。运用参与观察法研究的利弊是什么？

7. 挑选一个观察现场，阐明在现场选择观察对象时要注意什么，或分析你选择观察对象的依据。

8. 假如你想观察一所学校学生的课外体育锻炼情况，请列出观察计划和观察内容。

推荐阅读书目

1. 乔金森．参与观察法．重庆：重庆大学出版社，2015.

2. 弗里克．质性研究设计．上海：格致出版社，2022.

3. 沃勒，法夸尔森，登普西．如何理解质性研究．北京：中国人民大学出版社，2021.

4. 何世鲁. 参与观察法的一个成功范例：介评怀特的《街角社会》. 国外社会科学，1995 (3).

5. 蔡宁伟，于慧萍，张丽华. 参与式观察与非参与式观察在案例研究中的应用. 管理学刊，2015，28 (4).

知识点

《管子·八观》(节选)

困难与对策

如何提高自己的观察力？

第八章

访问调查法

同实地观察法一样，访问调查法也是一种基础性的调查方法。社会调查的其他方法，如问卷调查法、网络调查法等，实质上都是访问调查法的延伸和发展。

第一节　访问调查法概述

访问调查法是面对面的直接调查方式，在访问调查过程中，访问者只有在与受访者的人际交往中建立起基本的信任和一定的感情，并根据对方的实际情况采取恰当的方式进行访问，熟练掌握和运用访问技巧，才能有效控制访问过程。

一、访问调查法的概念及特点

（一）访问调查法的概念

访问调查法，也称为访谈法、访问法、面谈法，就是访问者有目的地通过口头交谈等方式直接向受访者了解社会情况或与受访者探讨社会问题的调查方法。访问调查法作为社会调查方法中历史悠久、应用广泛和行之有效的一种方法，其理论基础是人际沟通和社会互动的基本内容。访问是由两个（或多个）社会成员在访问这一特定社会交往过程中形成的社会互动关系，要遵循某些规则和限制。因此，这种方法与我们日常生活中相互之间的交谈有许多不同之处（见表 8－1）。首先，访问有预定的计划，有专门的主题，有一定的工具（如调查表）或辅助手段（如录音笔），而日常交谈不需要这些。其次，访问主要由受访者提供信息，而日常交谈则是双方相互交换信息。

表 8－1　日常对话与访问调查的比较

日常对话	浅度访问、标准化访问	深度访问、非标准化访问
参与者都提出问题和回答问题	访问者询问，受访者作答	访问像是友好的交流谈话，只不过访问者提出的问题更多一些

续表

日常对话	浅度访问、标准化访问	深度访问、非标准化访问
参与者会坦率地交流感受和分享观点	只有受访者透露自己的感受和观点	访问者和受访者可以坦率地交流感受和分享观点
存在评判对方并试图说服对方接受自己观点的行为	访问者不做评判，不会试图改变受访者的观点	访问者会做评判，但不会试图改变受访者的观点
会透露内心的感受，以获取同情或得到情绪的安慰和释放	常用封闭式问题，访问者试图获得受访者对某个问题的直接回答	常用开放式问题，访问者鼓励受访者详细说明，进行深入交流
常见礼节性的回应，例如，“嗯嗯”“你今天如何”“我很好”	寻求真实回答而非礼节性的回应	允许礼节性的回应，但访问者保持好奇和探究的态度，注重追问细节
参与者交换信息，会纠正对方的事实错误	几乎所有的信息都由受访者提供，访问者不会纠正受访者的事实错误	访问者和受访者交换信息，有时会纠正对方的事实错误
话题不断转换	标准型问题，所有受访者被问问题的内容和顺序相同	问题的内容和顺序因人而异，依情况而定
参与者都可以提出新的话题，谈话焦点会改变	访问者控制话题的方向和节奏，防止跑题	访问者和受访者共同控制话题的方向和节奏
充满情绪语言	访问者试图全程保持平和、严肃的语气	允许情绪语言，穿插着笑话、题外话、奇闻逸事
参与者可以回避或忽视问题，给出轻率或无意义的回答	受访者不应逃避问题，应诚实、深思熟虑地回答	问题回避、追问时有发生
社会背景和场景影响对话的展开	忽视社会背景和情景效应	关注社会背景和场景

（二）访问调查法的特点

1. 面对面的直接调查

访问调查是一种访问者通过与受访者直接接触、面对面地交谈来获取社会信息的直接调查，能够比各种间接调查方法了解到更多、更具体、更生动的社会情况。在访问调查过程中，访问者可以根据具体情况，采取灵活多样的方法，有针对性地开展访问，排除各种可能出现的干扰，有效控制访问过程，保证访问过程正常进行。

2. 交谈方式的口头调查

文献调查、实地观察等调查方法，主要使用视觉器官——眼睛来阅读过去的社会知识或观看现实的社会情况。访问调查则主要使用发音器官和听觉器官——口、耳来询问和听取有关社会信息。通过访问调查既可了解当时当地正在发生的社会现象，又可询问过去和外域曾经发生过的社会现象；既可调查事实、行为，又可询问观念、感情和看法，还能通过深入交谈来探讨某些社会问题。特别是集体访问，参加人员多、提供信息范围广，可以互相启发、补充、核对、修正，因而通过集体访问可以更广泛、更全面、更真实地了解实际情况。

3. 双向互动的调查

与非参与观察等调查方式不同，访问过程不是访问者单方面的活动过程，而是访问者与受访者之间的双向互动过程：一方面是访问者通过提问等方式作用于受访者的过程，另一方面是受访者通过回答等方式反作用于访问者的过程。访问者与受访者之间反复互动的过程，不仅有利于探讨“是什么”，即了解比较复杂的社会现象，而且有利于了解“为什么”，即深入探讨社会现象的内在本质及现象之间的因果联系，研究解决问题的途径和方法。集体访问更有利于集思广益，把调查与研究结合起来，把认识问题与探索解决问题的办法结合起来。

4. 可靠性强的调查

访问调查的对象都是有思想、有感情、有心理活动的活生生的人，因此，访问过程首先是人与人之间的交往过程。在直接、面对面的交谈中，访问者不仅可以及时回答受访者提出的问题，对受访者进行必要的引导和解释，促使受访者更放心、更顺利、更完整、更准确地回答问题，而且可以直接观察到受访者的各种反应，通过不断地询问、追问和察言观色，判断出受访者回答问题的准确程度与完整程度。访问者在访问过程中还可以运用各种非言语语言方式，如肢体语言等进行交流，这些都有利于提高调查的可靠性，从而保证收集到的资料的真实性与可靠性。

访问调查法的这些特点说明，它是比实地观察法高一个层次的调查方法，往往能比实地观察法获得更多、更有价值的社会信息，同时也比实地观察法更复杂、更难掌握。

二、访问调查法的种类

按照不同标准，访问调查可分为许多不同的种类。

（一）标准化访问和非标准化访问

按照对访问调查的控制程度，访问调查可分为标准化访问和非标准化访问。

1. 标准化访问

标准化访问，也称结构性访问，就是按照统一设计的、有一定结构的问卷所进行的访问。这种访问的特点是：选择受访者的标准和方法、访问中提出的问题、提问的方式和顺序，以及对受访者回答的记录方式等都是统一设计的，甚至连访问的时间、地点、周围环境等外部条件，也力求保持基本一致。统一的访问提纲是标准化访问的主要工具，通常标准化访问在进行研究设计时还会制定一份访问指南，对访问中可能出现的问题加以说明。标准化访问最大的优点是，便于对访问结果进行统计和定量分析，便于对不同受访者的回答进行对比研究。但是，这种访问方法缺乏弹性，难以灵活反映复杂多变的社会现象，难以对社会问题进行深入探讨，同时也不利于充分发挥访问者和受访者的积极性、主动性。

2. 非标准化访问

非标准化访问，也称非结构性访问，就是按照一定的调查目的和一个粗线条的调查提纲进行的访问。这种访问方法，对受访者的选择和访问中所要询问的问题有一个基本要求，但可根据访问时的具体情况做必要调整。至于提问的方式和顺序、对回答的记录方式、访问时的外部环境等，都不做统一规定和要求，而由访问者根据实际情况灵活掌握。

非标准化访问，有利于充分发挥访问者和受访者的主动性、创造性，有利于适应千变万化的客观情况，有利于调查原设计方案中没有考虑到的新情况、新问题，有利于对社会问题进行较深入的探讨。但是，这种方法对访问者的要求较高，调查结果往往因人而异，而且难以进行定量分析。

（二）直接访问和间接访问

按照访问调查的方式，访问调查可分为直接访问和间接访问。

1. 直接访问

直接访问，就是访问者与受访者面对面的访问。这种访问方法，又可分为“走出去”和“请进来”两种方式。“走出去”就是访问者走到受访者中间去，就地进行访问；“请进来”就是将受访者请到访问者安排的地方来，然后进行访问。这两种方式各有利弊和用途。一般地说，“走出去”的方式有利于访问者在访问的同时对实地进行观察和了解，用情景帮助对问题的理解。

2. 间接访问

间接访问，就是访问者通过电话、问卷、网络和大数据等工具对受访者进行访问。问卷调查、网络调查和大数据调查方法相关内容，将在第九、第十、第十一章中分别论述。

（三）浅度访问和深度访问

按照访问内容的深度，访问调查可分为浅度访问和深度访问。

1. 浅度访问

浅度访问，是指访问内容比较简单、浅显，回答方式比较统一、规范的访问。例如，人口普查、户籍调查、生育调查中的访问，以及一般问卷调查中的访问，大都属于浅度访问。

2. 深度访问

深度访问，又称深度访谈、临床式访问，是指访问者对符合特定条件的受访者就复杂、敏感内容进行的个人对话式的访问。在深度访问过程中，访问者与受访者大多围绕一个主题或问题进行比较自由、深入的探讨，其目的不仅是了解一般情况，而且是深入了解受访者对相关议题的感受、看法和认知以及其背后的原因，以便探讨因果关系和应对策略，因而深度访问多应用于各种因果性调查和对策性调查。

深度访问的方式，一般是无结构的、直接的、口头的、互动式的，而且往往反复多次。深度访问法的“深”主要体现在：第一，受访者要具有丰富的生活经验。受访者首先必须是真实生活的成员或参与者，他对活动、事件等均持有自己的理解与看法。同时，因为访问的目标在于探索潜藏在受访者内心深层的意义，所以，受访者的谈话内容必须超越对普通常识的感受。唯有如此，才可捕捉及表达对某些活动、事件的多元观点。第二，访问者与受访者的交谈要"深入"。深度访问法较强的开放性特征决定了其在实施过程中没有标准程序，访问者在访问过程中依据的提前准备的问题大纲更多只是个引子，大量的与研究议题有关的新的信息是从受访者的口头回答中得到的。因此，若仅从受访者那里得到类似"是与否""好与差""同意与反对"等二元取向的回答，满足于表面信息的获取，缺乏对受访者所提供信息的专业敏感和深层次挖掘，则背离了深度访问的本质要求，不能促使访问者挖掘深层次的关系。第三，访问者对关键问题要"深究"。对于受访者就研究议题相关事项的描述、感受和看法，访问者不能满足于其表面陈述，而应通过连续追问，以及鼓励受访者阐述、解释等方式"深究"受访者的真实想法，并透过受访者的相关表述，探索其中折射出来的对相关社会政策、社会现象、社区发展等的多元观点。通过这个循环递进的过程，访问者可以使访问问题在互动过程中不断变化、调整，并加以分析。①

（四）个别访问和集体访问

按照访问对象的人数，访问调查可分为个别访问和集体访问。

1. 个别访问

个别访问，就是访问者与受访者一对一单独进行的访问。在个别访问中，由于时间比较充裕，环境比较单纯，访问者可询问较多、较深入、较敏感的问题，受访者则可在较单纯的环境下较充分地回答问题，甚至有可能回答一些敏感性、隐私性问题。

2. 集体访问

集体访问，就是访问者邀请若干受访者通过集体座谈方式进行的访问。它实质上是访问调查的一种扩展形式，由于同时向许多人了解情况，获得的信息比较广泛，取得的资料也更为完整和准确。

（五）口述史和特殊访问

1. 口述史

口述史的英文是 oral history 或者 history by word of mouth 等。该术语最初是由美国人乔·古尔德于 1942 年提出来的，之后被美国现代口述史学的奠基人、哥伦比亚大学的阿兰·内文斯教授加以运用并推广。所谓口述史，就是通过传统的笔录，以及录音、录像等现代技术手段，记录历史事件当事人或者目击者的回忆而保存的口述凭证。口述史并不像有的人所理解的那样，就是一人说，一人记，而是一种将记录、发掘和认识历史相结合的史学形式，即通过访问调查，用录音、录像设备收集当事人或目击者的口头资料，然后与文字档案核实，整理成文字稿。

---

① 石英．质性社会学导论．北京：社会科学文献出版社，2018.

作为方法的口述史与一般的访问调查法相比，有自己的特点。首先，口述史研究主题离不开“史”，口述史访问一定是追寻已经发生了的过去的事件，其精髓在于保存“即将逝去的过去的声音”。其次，口述史研究强调“述”，由于是追寻过去的事件，因此受访者需要“述”，通过“述”展现自己过去的经历和见闻。所以，与其他访问调查法相比，口述史访问是“史事”取向的。口述史的“史”包括两类：一是发生在过去某段时间的事件，例如“抗战”“上山下乡”“大跃进”等；二是过去某一时段的发展历史，例如当代农村发展史以及新中国工业建设史。而其他类型的访问所关注的则是某一社会现象或者问题，所以大多是“问题”或者“事件”取向的。最后，由于口述者个体生理的原因（例如遗忘）、口述者个人立场的原因（例如出于某些原因故意扭曲，或者出于表演欲望而选择性叙述），以及社会的原因（例如现实的影响、信息渠道的通畅性使口述者缺乏对整个事件的全盘了解）等等，个体的表述必然带有一定程度的主观性。作为历史研究的口述史追求“历史真相”，作为“方法”的口述史主要关注普通人对历史及历史事件的经历与记忆，从而揭示历史及历史事件背后的社会意义。因此，作为“方法”的口述史更重视个人阐述的“主观性事实”，而不是阐明“客观事实”。

与集体访问强调集体性思维的研究取向不同，口述史注重通过一个或者一群或“典型”或“关键”或“重要”的社会个体/社群叙述其生命/生活经验或生命/生活故事，揭示其作为行动者在社会中建构自身多元品质或特征的过程。口述史作为研究方法将“口述”与“历史”进行有机融合，颠覆性地打破了以往“历史”或“事件”书写中“拥有文字权”与“拥有历史解释权”两者互为因果的双向关系，让参与“事件”的社会弱势群体的声音拥有发出的机会和管道，使他们既是“事件”的参与者，也是“事件”的解释者。

口述史的应用要注意两点。其一，口述史资料的收集、整理和分析，是一个建构以反映社会弱势群体观念、意义和态度为出发点的生命/生活史的过程。其二，让调查对象口述历史，并非天南海北随意谈论，而是访问者在进行调查设计时，心里就要有一个大致的研究话题，然后在倾听叙述过程中逐渐丰富这个话题的内容，并且明确研究话题的意义，最终抽离出一个清晰的研究问题。

2. 特殊访问

特殊访问，是指对那些知名度高的人、突发事件当事人、儿童和聋哑人等特殊社会成员所进行的访问。对于这些特殊对象，应该根据调查对象的不同特点进行访问。例如：对知名度很高的人进行访问，应特别注意访问时机的选择和访问问题的提炼；对突发事件当事人的访问，应开门见山，简明扼要，善于抓住问题的症结；对儿童的访问，应充分考虑儿童的心理特征、短暂的注意力、有限的理解能力和语言表达能力等特点；对聋哑人的访问，必须掌握聋哑人的语言和心理状态；等等。

第二节 访问过程及其技巧

访问过程（主要是深度访问过程），大体上可分为接近受访者、提出问题、听取回答、引导和追询、访问结束和再次访问等几个环节。访问本身不仅是一种调查方法，也是一门人际沟通的艺术。

一、接近受访者

访问的第一个环节是接近受访者。访问者应在互动一开始就训练有素、积极主动地努力建立起与受访者的信任合作关系，使得受访者展示真实的自我，愿意给出真实的回答。

（一）称呼对方

接近受访者的第一个问题，是如何称呼的问题。称呼恰当，就为接近受访者开了一个好头；称呼搞错了，就会闹笑话，甚至引起对方的反感和排斥心理，影响访问的正常进行。

称呼有多种，有职务性称呼（如科长、处长、局长等），有职称性称呼（如教授、副教授、讲师等），有行业性称呼（如老师、医生、会计、律师等），有性别性称呼（如女士、先生等），还有姓名性称呼（即直呼其姓名）。在选择称呼时，应注意几个问题：

（1）要入乡随俗、亲切自然。即注意了解当地的风俗习惯。例如，北京城里人说的“您”是对人的尊称，但“您”在北方农民听来远没有“老大爷”“老大娘”亲切自然。

（2）要符合双方的亲密程度和心理距离。一般地说，称呼从疏到亲的变化规律是从呼头衔、尊称到加姓氏，到呼姓名，直至叫小名、爱称或绰号。初次见面，访问者和受访者的亲密程度较低，心理距离较大，相互之间的称谓一般应突出对方的社会角色身份，以示客气、尊重，如应称“教授”“经理”“局长”等头衔或“大爷”“大娘”“先生”“女士”“您”等尊称；交往深一点，可加姓氏；交往再深一点，可直呼大名；非常熟悉后，可叫小名、爱称或绰号。一个成熟的访问者，应该根据自己与受访者的亲密程度和心理距离选用恰当的称呼，并随着亲密程度和心理距离的变化适时改变称呼。

（3）既要尊重恭敬，又要恰如其分。有的人口气很大，开口一个“喂”，闭口一个“伙计”，对人不尊重、不恭敬；有的人又一味奉承，动不动就称“老首长”“老前辈”或“领导”等，想以廉价奉承换取廉价好感，结果往往引起反感或厌恶。

（4）要注意称呼习俗的发展和变化。20 世纪 50—60 年代人们习惯称“同志”，“文化大革命”时期多称“师傅”，改革开放初期喜欢称“先生”“小姐”或“老板”。进入 21 世纪后，人们对男性喜欢称“×总”“帅哥”，对女性喜欢称“靓女”“美女”，等等。

（二）接近受访者的方式

除称呼问题外，还要注意接近受访者的方式。一般地说，有以下几种方式：

（1）自然接近，即在某种共同活动过程中接近对方。例如，在与受访者一起工作、劳动、开会、学习、乘车、乘船、住宿、就餐、看电影、跳舞等活动过程中与对方攀谈，逐步了解对方，待建立初步感情后再说明来意，进行正式访问。这种接近方式，是访问者有心，受访者无意。它有利于消除受访者的紧张、戒备心理，有利于在受访者没有觉察的情况下了解到许多情况。但是，它花费时间较多，在公开说明来意之前很难进行深入、系统的访问。

（2）求同接近，即在寻求与受访者的共同语言中接近对方。例如，同乡、同学、同行，共同的经历、兴趣、爱好等，都可以成为交谈的话题。还可从受访者最熟悉的事情、最关心的问题、当时当地最吸引人的新闻谈起。例如，与农村老大娘谈她养的鸡，与年轻妈妈谈她养的娃，与企业经理谈经营管理，与职工谈工资福利，与专业技术人员谈职称改革，与青年人谈体育比赛或电影等，都是求同接近的很好话题。

（3）友好接近，即从关怀、帮助受访者入手来联络感情、建立信任。例如，受访者家里有病人，就谈如何治病、买药和调养；对方遇到挫折或不幸，则应表示同情和安慰；对方工作、生产遇到了困难，就帮助出主意、想办法、提建议；等等。如果条件允许，还可以采取一些具体行动来帮助对方解决实际困难，这就更有利于联络感情、建立信任。

（4）正面接近，即开门见山，先自我介绍，出示相应的身份证明，如介绍信、学生证和身份证等，然后说明调查的目的、内容、方法和有关规则，随后再正式访问。这种方式有些简单、生硬，但可节省时间、提高效率。一般地说，在受访者没有什么顾虑的情况下，就可采用这种方式。各种浅度访问，特别是问卷调查中的访问，大都采用这种方式。需要注意的是，在入户访问时，假如是周末或傍晚休息时间，可以直接说“我想进来跟您聊聊这件事”，而不是说“请问我可以进来吗”或者“请问您现在有时间吗”等可能让受访者说“不”的问话。入户访问的开始都是在门口，有经验的访问者会尽量缩短在门口的寒暄时间，并设法进入屋内。因为一旦进门，受访者一般就不大可能拒绝访问了。

（5）隐蔽接近，即以某种伪装的身份、目的接近对方，并在对方没有觉察的情况下访问。如微服私访、化装侦查、伪装访问等就是这种接近方式。这种接近方式，一般只在特殊情况下、对特殊对象才采用，而且应该受某些审批程序的约束。滥用隐蔽接近方式，难免有违反社会公德之嫌，甚至有可能引起不必要的社会、法律问题。

总之，接近受访者必须首先考虑受访者的思想、感情和心理承受能力，决不可只图自己方便；必须以平等、友好的态度和恰当的方式去接近受访者，决不可以“钦差大臣”的态度和简单、生硬的方式强人所难；必须遵守道德和法律底线，决不可采用违背社会公德、违反法律规范的方式去接近受访者。

二、提问的种类、原则、方式和语言

提问是访问调查的主要手段和环节。从一定意义上说，访问技巧首先是提问的技巧。

（一）提问的种类

访问过程中提出的问题，可分为两大类，即实质性问题和功能性问题。

所谓实质性问题，是指为了掌握访问调查所要了解的情况而提出的问题。它大体上可分为四类：

（1）事实方面的问题，如姓名、年龄、文化程度、职业等。

（2）行为方面的问题，如：“您正在从事什么工作？”“您喜欢阅读什么书籍？”“您到国外旅游过吗?”

（3）观念方面的问题，如：“您对‘中国梦’有何看法?”“您对目前的医疗改革有何评价?”“您怎样看待当前的城乡收入差距?”

（4）感情、态度方面的问题，如：“您对目前的婚姻状况是否满意?”“您赞成自己的女儿从事模特职业吗?”

所谓功能性问题，是指在访问过程中为了对受访者施加某种影响而提出的问题。它也可分为四类：

（1）接触性问题，如：“近来身体好吗?”“工作很忙吧?”“今年收成如何?”提出这些问题的目的，不是了解这些问题本身，而是比较自然地接触受访者。

（2）试探性问题，如：“您做什么工作?”“您经常去集贸市场吧?”提出这些问题是为了试探一下，看对受访者的选择、对访问时间的安排是否恰当，以便决定访问是否进行和如何进行。

（3）过渡性问题。例如，当访问内容从生产转向销售时，可问：“你们单位生产情况很好，产品销售是否也很顺利呢?”如果访问内容从工作问题转向家庭生活，则可问：“您的工作非常繁忙，回到家里大概可以轻松一下吧?”有了过渡性问题，访问过程就会显得比较连贯和自然。

（4）检验性问题。如先问：“您对现在的工作岗位感到满意吗?”经过一段时间的谈话后，再问：“您是否希望调换一下工作岗位?”提后一个问题是为了检验前一个问题的回答是否真实、可靠。又如，先问支出后问收入，或先问收入后问支出，也可起到互相检验的作用。

一般地说，访问者对实质性问题都比较重视，对功能性问题往往比较忽视或不善于运用。然而，提问的技巧恰恰突出表现在功能性问题上。一个熟练的访问者，不仅要善于以恰当的方式提出实质性问题，而且要善于灵活运用各种功能性问题，以促进访问顺利进行。

（二）提问的原则、方式与语言

1. 提问的原则

访问调查中的提问受到很多因素的制约，如访问者与受访者之间的关系，访问者与受访者的年龄、性别、民族、受教育程度、语言习惯和文化习俗等，访问的具体情境，等等。因此，在访问过程中，访问者应当遵循以下几个原则：

（1）提问态度要真诚、尊重。人与人之间的交流应该建立在真诚、尊重与情感的自然流露的基础上，因此访问者对受访者要表示足够的尊重，从而建立起友好和相互信任的人际关系，使访问过程轻松、自然、融洽。

（2）采用受访者能够接受的表达方式。在访问过程中，访问者应了解受访者的受教育程度、语言习惯、文化风俗等，要选择受访者熟悉和认可的语言方式，使受访者感觉亲切、放松。

（3）提问方式应当中立。访问者在编制问题时，由于其研究的目的，可能对受访者的回答存在某些预期，因此会导致有的访问者在提问时带有某些态度倾向，使受访者受到影响，致使研究资料的可靠性、研究结果的客观性受到影响。

（4）在具体情境中灵活把握提问方式。访问者在具体情境中与受访者进行交流，这就需要访问者学会随机应变，根据具体情况选择最佳提问方式。

2. 提问的方式

提问的方式多种多样。或开门见山，直来直去；或投石问路，先做试探；或顺水推舟，逐波前进；或逆水航行，溯源而上；或顺藤摸瓜，逐步发展；或借题发挥，跳跃前进；或竹笋剥皮，层层深入；或下井打水，一竿到底；或循循善诱，耐心开导；或旁敲侧击，点穴拿筋……究竟采取哪种方式提出问题，应考虑三方面因素：

（1）考虑问题本身的性质和特点。对于尖锐、复杂和敏感的问题，应采取谨慎、委婉、迂回的方式提出；反之，则可大胆、正面地提出问题。

（2）考虑受访者的具体情况。对于性格孤僻、敏感多疑、对情况不太熟悉、理解和回答问题能力较差的受访者，应采取循循善诱、逐步深入的方式提出问题；反之，则可单刀直入，连续地提出问题。

（3）考虑访问者与受访者之间的关系。在访问者与受访者互相不熟悉、尚未建立基本信任和初步感情的情况下，应采取耐心、慎重的方式提出问题；反之，则可直率、简洁地提出问题。

总之，提问方式没有一成不变的模式，访问者应当在综合考虑以上三方面因素的基础上，随机应变地选择最恰当的方式提出问题，才能取得良好的访问效果。

3. 提问的语言

不管采取哪种方式提出问题，都应从容、大方，使访问过程像拉家常一样在平等、友好的气氛中进行，提问的语言应努力做到“一短三化”。“一短”，就是提问话语要简短，应该用简短的提问换取充分的回答，而不应该用冗长的提问换取简短的回答。“三化”，就是提问语言应通俗化、口语化和尽可能地方化，要尽量避免使用学术术语、书面语言和种种“官话”。

三、倾听的技巧

访问技巧，既包括提问的技巧，同时也包括听取回答的技巧。“善问”和“会听”，是一个熟练的访问者不可缺少的两方面素质。

（一）听的层面与步骤

听，有三个层次：

（1）表面的听，即半听半不听，耳朵在听别人讲话，脑子在想别的事，结果是没有听进去。

（2）消极的听，即被动地以耳取音，但没有动脑筋去理解、记忆，因而只记得其“言”，而不理解其“意”。

（3）有效的听，即主动地、专心地听。不仅以耳“察言”、以眼“观色”，而且积极开动脑筋，理解言者的观点。不仅要听其声，而且要设法体察对方潜藏在话语背后的意思，推测言外之意，并反复记忆和考虑如何做出反应。

访问过程中的听，应该是有效的听。它大体包括三个步骤：

（1）捕捉和接收信息，即认真听取受访者的回答，主动捕捉一切有用信息，包括各种语言信息和非言语语言信息。

（2）理解和处理信息，即正确地理解捕捉、接收到的信息，及时做出评价或判断，舍弃无用信息，保留有用信息和存疑信息。

（3）记忆或做出反应，即记忆有用信息，并考虑对受访者的回答，特别是对存疑信息做出何种反应。

有效的听的过程，就是这三个步骤交替出现、循环往复的过程。

（二）倾听的技巧

要实现有效的听，必须做到以下几点。

1. 排除听的障碍

听的障碍很多：有偏见性障碍，即由于不喜欢受访者这个人（或他的打扮、态度等），而不能认真地听；有判断性障碍，即由于认为受访者不可能了解情况、回答不可能真实等，而不能客观地听；有心理性障碍，即由于听取回答的兴趣不浓、情绪不好，而不能积极地听；有生理性障碍，即由于疲劳或昏昏欲睡，而不能集中精力听；有习惯性障碍，即由于习惯于发表自己的意见，而不能耐心地听；有理解性障碍，即由于访问者与受访者对同一问题的理解不同，而不能正确地听；有语言性障碍，即由于受访者的语言难懂，而不能清楚地听；有环境性障碍，即由于周围干扰太大，而不能专心地听；等等。实践证明，千方百计排除各种听的障碍，是有效的听的基础和前提。

2. 保持正确的态度

首先，要认真地听，即聚精会神、一丝不苟地听。如果受访者在认真回答问题，访问者却在一旁剪指甲、看报纸，做无谓的小动作，或者心不在焉、神不守舍，甚至哈欠连天、睡意绵绵，那么受访者就不可能认真谈下去，访问者也不可能有效地倾听。其次，要虚心地听，即对受访者的回答，懂就说懂，不懂就请教，决不可不懂装懂。受访者回答错了，或回答不完整，应适当解释、引导和询问，而不能无礼地打断对方说话，因为这样会让受访者感觉不受尊重或是思维被扰乱而影响访问的进程。最后，要有感情地听，即要理解受访者的感情，并做出感情移入式的反应。受访者谈到成绩时应为他高兴，谈到困难时应替他着急，谈到不平之事时应为之义愤，谈到挫折或不幸时应表示同情和惋惜。总之，访问过程不仅是语言信息交流过程，而且是情感交流过程，应努力做到喜怒哀乐皆共鸣。

3. 提高记忆能力

记忆是对外界信息的识别、储存和再现。记忆的快慢、记忆的准确和牢固程度，主要取决于记忆者的目的、态度、知识和经验等因素，同时也取决于记忆的方法和训练。提高记忆能力是有效的听的必要条件。提高记忆能力的主要方法有以下几种：一是重复，即请受访者复述，或自己默默复述；二是浓缩，即把听到的回答浓缩成几个要点，以提高记忆的方便和牢固程度；三是联想，即利用视觉联想、意义联想、情景联想来促进记忆；四是比较，即通过内容比较、形式比较、环境比较来帮助记忆；五是改组，即把一长串本无意义的数字改组成几组短小的有一定意义的数字，如将 101388421 改组为 101-388-421，就容易记忆一些；六是使用，即用受访者的回答来询问情况、探讨问题，实践证明，使用得越多，记忆就越牢，记忆是为了使用，使用则是最有效的记忆方式。

4. 善于做出回应

回应可分为两类：

一是无反射回应，即对受访者的回答不插话、不表态、不干扰，保持沉默。一般地说，在受访者认真回答问题而又答得对路的时候，或为了回答问题而努力回忆、思考的时候，或在几种可能性中做选择的时候，最好做无反射回应。这种无反射回应实际上是告诉对方“您回答得很好，请继续讲下去”“您慢慢回忆、思考，我可以等待”“如何选择是您的权利，我尊重您的选择”等。尤其是要注意倾听沉默。当受访者沉默时，访问者不要马上发话打破沉默，而要容忍沉默。等判断受访者是出于什么原因而沉默后，再根据情况做出相应的回应。

二是有反射回应，包括言语行为回应和非言语行为回应。

言语行为回应又有三种：(1) 鼓励性言语回应，即不时用“嗯!”“对!”“讲得好!”“是吗?”“真的?”“真有意思!”“长见识了!”等语言信息鼓励对方继续说下去。(2) 复述性言语回应，即对于人名、地名、时间、数据和重要观点的回答，采取复述一遍请受访者核实的办法做出回应；对于过长或过于零散的回答，可采取简要归纳后请受访者认可的办法做出回应，以帮助受访者理清思路，鼓励对方继续谈话，同时检验自己的理解是否正确。(3) 共情与引导性言语回应，即通过对受访者的经历、感受和想法表示感同身受，使受访者产生被理解和被信任的感觉，进一步引导受访者继续谈下去。公开自己类似的经验、感受、想法的“自我表露（暴露）”是一种很好的共情与引导技巧。如访问者回应说“我也是在农村长大的”“我也经历过这样的事”等。访问者的自我表露（暴露），一方面可以使受访者了解到访问者曾经有过与自己一样的经历与感受，从而产生信任感，拉近双方的距离；另一方面可以起到“去权威”作用，使受访者感觉对方与自己处在一个平等的位置，而不是一个高高在上的研究“权威”，从而使交谈的方式变得更加具有合作性和互动性①。

非言语行为回应，即用肯定的目光、面部表情、手势等身体语言、声音特质（如音量、声调、语速和节奏）和空间距离等方式鼓励对方继续谈下去。

总之，对受访者的回答做出恰当回应，既是保证访问过程正常进行的必要条件，也是有效的听的必要条件。

四、引导和追询

访问过程除了提出问题和听取回答外，有时还需要引导和追询。

---

① 陈向明．质的研究方法与社会科学研究．北京：教育科学出版社，2000：205.

（一）引导

引导与提问不同，它不是提出新问题，而是帮助受访者正确理解和回答已提出的问题。引导是提问的延伸或补充，是访问过程中不可缺少的手段或环节。

在什么情况下应进行引导呢？一般地说，当受访者对所提问题理解不正确、答非所问、文不对题时；当受访者顾虑重重、吞吞吐吐、欲言又止时；当受访者一时语塞，对所提问题想不起来时；当受访者口若悬河、滔滔不绝，而又漫无边际、离题太远时；当访问过程被迫中断，或从一个主题转向另一个主题重新开始时；等等——总之，当访问遇到障碍无法顺利进行或偏离原定计划的时候，就应及时引导。

应如何进行引导呢？要具体情况具体对待。如果是受访者对问题理解不正确，就应用对方听得懂的语言去做解释或说明；如果是受访者有顾虑，就应摸清是什么顾虑，然后对症下药消除顾虑；如果是受访者遗忘了某些情况，就应从不同角度、不同方面帮助对方回忆；如果是受访者的回答离题太远，就应采取适当方式，有礼貌地把话题引上正轨，比如“您说的这点真的很有趣，那么关于×××又是怎样呢”“我知道这方面您也是很有经验的，但您不妨跟我再多说一些关于×××的事情”；如果是访问中断后重新开始，就应简略回顾一下前面交谈的情况，复述一下尚未回答的问题。总之，只要排除了干扰和障碍，使访问得以按预定计划发展下去，就算达到了引导目的。

（二）追询

在提问过程中，为了帮助受访者加深对问题的理解，以取得预期的回答效果，访问者还要善于对问题进行追询。追询不是引导，不是提出新问题，也不是排除回答中的障碍，而是为了促使受访者更真实、具体、准确、完整地回答问题，对已经谈过的问题中不清楚的地方进行再次询问。在访问过程中，追询往往也是必要的环节和手段。

在什么情况下追询呢？一般来说，追询发生在受访者的回答没有真实、具体、准确和完整地说明问题时。如受访者明显说谎、不肯吐露实情时，受访者的回答前后矛盾、不能自圆其说时，受访者的回答含混不清、模棱两可时，受访者的回答过于笼统、很不准确时，受访者的回答残缺不全、不够完整时，就要追询。

追询有多种方法：

（1）正面追询，即直接指出回答不真实、不具体、不准确、不完整的地方，请对方补充回答。

（2）侧面追询，即调换一个侧面、一个角度、一个提法来追问相同的问题。

（3）系统追询，即何时、何地、何人、何事、何因、何果……系统地追问下去。

（4）补充追询，即只追问那些没有说清楚的、需要补充回答的问题。

（5）重复追询，即对前面已经回答过的问题，到后面再追问一次，以检验前后回答是否一致。

（6）反感追询，即“激将”追询，看看在“激将”情况下对方有何表现、做何反应。

不管采取哪种方法追询，只要促使受访者更真实、更具体、更准确、更完整地回答了问题，就算达到了追询的目的。

追询一定要适当。它有两层含义：一要适时。追询与引导不同，引导要及时，追询则应以不妨碍访问的顺利进行为原则。由于追询是一种比较尖锐的访问方式，搞不好就会妨碍访问的进行，因此，追询的问题一般留到访问后期再去追问。当然，某些细小的问题可在对方回答问题时立即做出追询。二要适度。追询应以不伤害与受访者的感情为原则，即使是反感追询，最后也应缓和一下气氛，这样就不致为再次访问留下无法弥补的隐患。

五、访问结束

访问的最后一个环节，是做好结束工作。访问结束应该注意两个问题：一是要适可而止，二是要善始善终。

所谓适可而止，就是要善于控制时间，在合适的时间点结束访问。判断访问是否应该结束，访问者可以通过自己回答以下三个问题进行把握：一是问题是否已问完，二是回答内容是否充分，三是能不能、有无必要继续谈下去。为了保证访问的质量，访问者需要掌握两条：一是每次访问时间不宜过长。街头拦人法一般控制在 10 分钟以内；入户访问一般在 20 分钟到半小时为宜，最多不超过一小时；深度访问时间可以稍长，一般也以一两个小时为宜。例如：在农村做深度访问，夏夜乘凉和冬闲烤火时，就可做较长时间的访问；如果受访者对调查课题既有兴趣又有研究，那么访问时间可适当延长。但是，访问时间的延长，应以不妨碍受访者的正常职业活动和正常生活秩序为原则。受访者要上班了、要下地了、要吃饭了、要睡觉了，就应及时结束访问。二是访问必须在良好气氛中进行。如果受访者疲劳了、厌倦了、情绪变坏了；或者男主人与你交谈，女主人在一旁赶鸡、打狗、骂孩子；或者家里来了客人；或者发生了紧急事情……总之，一旦良好气氛被破坏，就应马上结束访问。如果还要坚持访问下去，那么，不仅会大大降低访问调查的质量，而且有可能引起对方的反感，甚至影响以后的再次访问。

所谓善始善终，主要做好两件事：一是表示感谢和友谊。即真诚感谢受访者对调查工作的支持，感谢从对方那里学到了许多知识；同时还应肯定通过访问建立或加深了友谊，说明访问是短暂的，友谊是长存的。二是为以后的调查做好铺垫。即表示今后可能还要登门请教；如果第一次访问没有完成任务，就应约定再次访问的具体时间和地点，最好简要说明再次访问的主要内容，以便对方做好思想和材料准备。

从接近受访者开始，经提出问题、听取回答、引导和追询，到访问结束，这就是一次访问的大体过程。访问过程的每一个阶段或环节，都有许多技巧。熟练掌握访问技巧，对于提高访问质量和效率具有重要意义。

六、再次访问

访问调查应力争通过一次访问完成调查任务，能否做到这一点取决于三个因素：一是调查内容和类型。调查内容不多，问题比较简单，就有可能一次完成任务。从调查类型看，抽样调查和普查中的访问，一般应一次完成调查任务；而典型调查和实验调查，则往往需要再次访问。二是访问者的素质和工作。一个有经验的访问者，既做好了访问前的各项准备工作，又能有效控制访问进程，就有可能通过一次访问解决问题。反之，就可能需要再次访问。三是受访者的合作态度和具体情况。如果受访者积极合作，而且了解情况，又有充裕的时间，就有可能一次完成访问任务。反之，就需要再次访问。一般地说，再次访问在访问调查中是经常发生的。

再次访问，大体可分为三种类型：(1) 补充性再次访问，是指为了完成第一次访问中没有完成的调查任务，或补充、纠正第一次访问中的遗漏和错误而做的再次访问。(2) 深入性再次访问，是指为了深入探讨某些问题，按计划在第一次访问了解一般情况、熟悉受访者后做的再次访问。(3) 追踪性再次访问，是指为了了解受访者的变化，在第一次访问后间隔一段时间对原访问对象进行的再次访问。上述三类再次访问的主要目的是不同的，其中深入性再次访问具有特别重要的意义。

第三节　访问调查应该注意的问题

要成功地实施访问调查，特别是深度访问调查，应该注意以下几个问题。

一、做好访问前的准备

访问是一种社会交往的过程。由于受访者对象是有思想、有感情、有知觉、有意识的个性化的人，要使他们与访问者积极配合，提供真实有效的资料，需要在访问准备阶段完成大量周密细致的工作。

（一）准备访问提纲，学习有关的知识

首先要根据访问目的选择适当的访问方法，并据此编制好访问提纲。如：做标准化访问，必须弄懂弄通统一设计的问卷；做非标准化访问，则应准备较详细的访问提纲和各种访问问题。不管做哪种类型的访问，都应掌握相应知识、了解相关情况。在访问过程中，如果访问者知识丰富、熟悉情况，能进行较深入的交谈，受访者回答问题的积极性就会高一些。

（二）选准访问者和受访者

在访问调查中，访问的质量在很大程度上取决于访问者的个人素质和控制访问的能力。因此，对访问者的挑选和训练至关重要。访问者应该具备以下品质：能遵守工作规则、客观反映访问事实；对工作抱有热忱，具备一定的交往能力、表达能力、观察力和辨别力；有高度责任心，能吃苦耐劳；虚心好学，善于处理人际关系。

一般说来，访问者的特征，包括性别、年龄、社会地位、民族种族、外貌等，都会成为访问能否顺利进行的影响因素。例如：女性一般比男性更具有亲和力，尤其是在与

陌生人的初次交往中，女性更容易被接受。就访问的准确度和受访者的坦率程度而言，男性比女性把握来得大。年龄会影响到访问者的经验，一般人们更喜欢有经验的访问者。如果访问者与受访者的社会地位差别过大，就容易导致回答上的偏差。总之，在访问中，要尽量选择一些社会认可程度高的群体做访问者。一般的社会调查喜欢找大学生完成，就是因为大学生群体的社会认可程度比较高，人们更容易信任他们。当然，不同类型的访问，对访问者的要求也不一样，街头拦人法和入户调查可以找大学生，深度访问就应该找年龄大一些、社会阅历和经验更丰富的专业人士。

正确选择受访者是访问成功的关键之一。选择受访者，不要事事找"一把手"、件件问"当家人"，而应根据访问内容需要，找那些最了解情况的人来回答最合适的问题。在选准受访者后，对受访者的性别、年龄、职业、文化程度、经历、特长、兴趣、爱好，特别是当前的思想动向等情况，应做尽可能多的了解。这对于正确选择访问调查方法和灵活运用访问技巧具有重要意义。

（三）选好访问时间、地点和场合

访问时间的选择应因人而异，一般地说，最佳访问时间是受访者工作、家务不太繁忙，而且心情比较舒畅的时候。法拉奇于 1980 年对邓小平的采访，选择在邓小平生日前后的 8 月 21 日和 23 日，见面后先祝贺生日再进行采访，使采访活动从一开始就显得非常亲切和活跃。法拉奇的这一选择，不仅表现了她对受访者的充分了解，而且显示了她选择访问时间的高超技巧。

访问地点和场合的选择，应以有利于受访者真实回答问题和畅所欲言为原则。一般地说，有关工作方面的问题，以在工作地点访问为宜，有关个人或家庭方面的问题，则以在家里访问为好，这样便于受访者寻找或核查回答问题所需要的材料。个别访问，如果受访者不愿意在工作地点或家里接待访问者，那么也可选择在招待所、旅馆或餐厅、公园、马路等公共场所交谈。至于访问场合，最好是能实现单独与受访者个别交谈，这样可避免其他人的干扰，有利于双方畅所欲言。但是，如果受访者没有顾虑，访问内容没有隐私性或敏感性问题，甚至还有可能引起其他人的兴趣，那么也不妨在有其他人在场的情况下进行访问。

二、建立良好的人际关系

建立良好的人际关系是取得访问成功的重要前提，理解、尊重、平等是建立良好的人际关系的必要基础。要建立良好的人际关系，就必须做到以下几点。

（一）表明来意，消除疑虑

所谓表明来意，主要是介绍自己的身份，说明调查的目的、意义和内容，讲清楚受访者是如何被选中的，努力消除对方的怀疑和顾虑，并使对方相信自己有能力回答问题。一般地说，对于那些满腹疑虑的受访者，应耐心、细致、反复进行思想工作；对于那些没有顾虑的受访者，就不必啰啰唆唆、多费口舌。

（二）虚心求教，以礼待人

搞访问调查，要尊重受访者，虚心求教、以礼待人。为此，应该做到：踏进受访者的“地盘”，就应客随主便，对主人的安排表示充分尊重和恰当赞赏；在访问开始时，应按照当地习俗以尊称相呼，并说明来意；在访问过程中，应以求教的态度提出问题，并主动地、专心地听取受访者的回答；在访问结束时，要表示感谢和友谊，说明收获很大，寻求再次访问的可能。在访问过程中，对于受访者表现出来的某些无知、落后意识和不良习惯，或应存而不论，或应给予真诚、耐心的帮助，决不可有鄙薄或轻视的表示，更不可戏弄或嘲笑。

（三）平等交谈，保持中立

没有平等的态度，就不可能有融洽的人际关系，就无法推心置腹地交谈。因此，访问者必须以平等的态度对待受访者，决不可盛气凌人、摆架子，当然也不可无原则地吹捧和奉承。访问者应该以一种自信、轻松的姿态进入对受访者的访问，在访问过程中自信到足以和受访者对话。在访问过程中，访问者可以就一些具体的问题和事项表示自谦，以示对受访者的尊敬和期望，但不应过度自谦。访问者如果对一个受访者说这样的话，就不太妥当：“您是企业家，见识很多，可能我问的问题很幼稚，请您多多包涵。”“您说的肯定是对的，我也不是说您说的不对，我只是想再问您一下……”“我们是工作不久的人，经验不是很多，提出的问题也许不在点子上，您可以多指教我们。”

对于一切敏感的或有争议的问题，访问者都应严格保持客观、中立态度，而不应有带倾向性、诱导性的任何表示，以免受访者在迎合心理驱使下发违心之论。对于受访者的回答，不管是否正确、是否与访问者看法一致，都不应做肯定或否定表示，更不应去迎合对方或企图说服对方，而只能做一些中性反应，如表示“我明白了您的看法”“您的观点很有代表性”“请继续讲下去”等，以鼓励对方把心里话都说出来。

三、避免讨论型和评价型回应

在访问中，对受访者的言行做出回应要恰当，要尽量避免以下两种形式的回应。

（1）讨论型回应。即访问者利用社会科学中一些现成的理论或者访问者个人的经验对受访者所说的内容做出回应。例如，在下岗的单亲母亲为了孩子上学而辛苦工作的案例中，访问者认为母亲主动提出离婚受到了女权主义思想的影响，因此回应说：“当时您肯定受到了女权主义的影响，对桎梏您自由的家庭生活产生了排斥，因而主动提出离婚的吧？”这种回应方式不仅在态度上给人居高临下的感觉，而且在知识权力上显示出访问者的优越感和霸权。它使得受访者感觉自己是在被分析，而不是被倾听和被理解，因而产生排斥心理，不想与访问者继续交谈下去。

（2）评价型回应。即访问者对受访者的谈话内容进行了价值上的判断，其中隐含了“好”与“不好”、“对”与“不对”的意思。比如上例中的单亲母亲为了孩子上学而辛苦工作，访问者可能会说：“要是您当时不坚持离婚的话，生活也不会那么辛苦了。”这种回应方式反映的是访问者自己的价值观念和评判标准，不仅不适合受访者的具体情况，而且表现出对受访者的不尊重。评价型回应可能让受访者感觉很受伤，或者由于害怕访问者对自己的行为评头论足，而不愿意真实表露自己的思想，隐瞒有关事实，这样就影响了访问的质量。

四、重视非言语语言交流

访问技巧，首先是言语语言交流的技巧。但是，在人际交往中，不仅言语语言可以传递信息，各种非言语语言也能传达信息。所谓非言语语言，是指用来表情达意的各种声音现象（如伴随言语发生的副言语和单独发生的功能性发声、音乐、声响等）和有形现象（如人的表情、动作、姿势，以及场景、服饰、版面、照片、绘画等）。在访问过程中，既要重视言语语言交流，又要重视非言语语言交流。

在非言语语言交流中，人的外部形象、行为、面部表情、目光以及周围环境等非言语语言因素具有特殊的重要意义。

衣着、服饰、打扮等外部形象，是一个人的职业、教养、文化品位等内在素质的反映。初次见面的人，一般都是根据人的外部特征形成第一印象的。一个成熟的访问者，一方面要注意使自己的衣着、服饰尽可能得体，不要过于拘谨严肃或轻浮张扬，以便给对方易于交往的印象；另一方面，也要注意从对方的衣着、打扮来获取信息。例如：在城市做调查，穿戴应比较整洁、讲究；到农村搞访问，衣着就应朴素、大方一些。面对衣着、打扮讲究的受访者，应庄重、彬彬有礼；面对不修边幅的受访者，则可坦率、随和一些。

动作、姿态等行为是受思想、感情支配的。在访问过程中，访问者除了要尽量避免个人习惯性的小动作，如挠耳朵、抖腿、抓头发等，还要善于利用动作、姿态的变化向对方传达某种信息。同时，通过观察受访者动作、姿态的变化，捕捉受访者的思想、感情。例如：连连点头，表示“赞成”“同意”；匆匆记录，说明回答内容非常重要；东张西望，表示注意力已经转移；搞无谓的小动作，说明不感兴趣、心不在焉；伸懒腰、打哈欠，表示已经疲倦；频频看钟表，说明希望尽快结束谈话；等等。在访问过程中，通过这些细小动作、姿态来捕捉或传达信息，往往能起到言语语言交流所不能起的作用。

面部表情是内心感受的外部表现，是思想、感情信息的一种传达方式。面部表情是通过脸部器官和肌肉动作反映出来的，往往能够成为调节和控制访问进程的有效手段。一个成熟的访问者，既要善于控制自己的面部表情，又要善于观察受访者的面部表情，并恰当地运用面部表情来传达启发、鼓励的信息，激发受访者的谈话意愿，对访问过程进行有效控制。当整个访问过程变成一种情感交流和沟通过程时，受访者感到有共鸣，就更愿意说话，也更有可能提供最真实有效的资料。

眼睛是“心灵的窗口”。目光交流是访问过程中最主要的非言语语言交流方式，访问者要学会通过目光表达感情和态度。一般而言，目光要柔和、自然、放松。通过对目光的运用，既能够观察对方的情感变化，引导访问过程，又不致引起对方的不快和反感。所以在访问过程中，访问者既不能一直直视受访者，导致其拘束不安，也不能目光犹疑或者左顾右盼，躲避对方的目光，显得不自信、不坦然。要不时地与对方的目光做短暂接触，以几秒钟为宜。如果受访者谈得对路，就应该频频对视、点头表示赞赏、认可；如果谈话切入关键性部分，就应该目不转睛，表示精神专注、很感兴趣；如果对方谈话离题了，不妨低头或转移目光，以示提醒；如果对所谈内容不了解或觉得谈得不够深入，可以用目光表示困惑、惊讶或者不理解。总之，访问者要适时地根据访问的具体情况，及时领悟对方的“眼神语言”，并灵活使用自己的“眼神语言”，让目光成为访问过程的指示器和调节器。

人们周围的环境、用具、器物、陈设，以及某些活动、状态，也蕴藏着许多信息。例如：访问时步行去、乘公共交通工具去或乘私家车去，会给人不同印象；一个人去访问、结伴去访问和前呼后拥地去访问，也会给人提供不同信息。办公室是整洁、朴实、讲究实用的，还是豪华、花哨、追求排场的，同事是安安静静、各司其职，还是闹闹哄哄、喝茶、看报、随便闲聊，给人提供的信息显然不一样。同样，一个家庭的器物、摆设和文化氛围，不仅反映了主人的职业和经济状况，而且表现出主人的教养、兴趣、爱好和性格特征。所有这些，都是访问过程中不可忽视的非言语语言信息。

非言语语言信息具有多样性、整体性、暗示性、不确定性，以及语境制约含义等特点，因此，同样的非言语语言信息，在不同对象那里、在不同情景下往往具有不同含义。例如，一个衣着讲究的人，既可能是一个很有教养、作风严谨的人，也可能是一个内心空虚的花花公子。一个有豪华陈设的家庭，既可能是一个贡献卓著、经济富裕的家庭，也可能是一个巧取豪夺、发不义之财的家庭。不仅如此，同样的行为、动作、姿态、表情等，在不同情景下往往具有不同含义。因此，在访问过程中，决不能仅仅根据某些非言语语言信息就轻率下结论，而必须把非言语语言信息与言语语言信息、外部现象与内在本质联系起来思考。只有这样，才能对非言语语言信息做出正确的解释或评价。

五、做好访问记录

访问调查，一般都要做记录。记录有两种方式，即当场记录和事后追记。有的受访者对当场记录有顾虑；有的则相反，你记得越认真，他谈得越起劲。对前者，宜于事后追记；对后者，则应尽可能当场记录。究竟采用哪种方式，应从实际出发，灵活掌握。记录必须遵循一个原则，即记录必须服从访问。不要因记录而影响自己主持访问，影响受访者谈话的连续性。

标准化访问的记录比较好办，按照规定的记录方式，把受访者的回答记录在事先设计好的表格、问卷、卡片上就行了。非标准化访问的记录则比较困难，因为当场记录会分散访问者的注意力，降低访问质量和进度。为了做到访问、记录两不误，可采取两人一起访问的办法，一人专门访问，一人专门记录；也可在征得对方同意的前提下，先用录音笔录音，事后再整理为笔记。

做记录有三种方法：（1）速记，即用速记法把对方的回答全部记下来，然后再翻译和整理；（2）详记，即用文字当场做详细记录，这样就无须翻译，任何人都可看懂记录；（3）简记，即用一些符号或缩写来做记录。这三种方法各有优点和缺点，究竟采取哪种记录方法，应根据具体情况和自己的习惯而定。

无论是详记还是简记，在记录内容上都应抓住几点：

（1）记要点，即主要事实、主要过程、主要经验或教训、主要观点和建议等。

（2）记特点，即具有特色的事件、情节、语言、表情等，特别要注意捕捉那些带有思想“火花”的独特语言。

（3）记疑点，为了不打断对方的思路和回答，应把各种疑问记下来，留待后面追询或调查。

（4）记易忘点，如人名、地名、组织名称、时间以及各种数据等。

（5）记感受点，即把自己的主要感受和“闪光”思想及时记下来，以免时过境迁遗忘了。

上述几点，既包括言语信息，又包括各种非言语信息。只有这样的记录，才是真实、全面、具体、生动的记录，才是最有效的记录。

为了提高记录的可靠性、准确性，同时也为了消除受访者的疑虑，在访问结束前最好将访问记录的主要内容，特别是那些容易发生差错的部分念给受访者听，请他复核、更正或补充。在访问结束后，应尽快整理访问记录，根据记忆及时发现和解决错记、漏记等问题，对记录中所使用的符号、缩写做出解释或说明。

六、对无回答的处置

在访问调查中，经常会出现无回答现象。这有两种情况：一是访问对象因出差、旅游等原因不在家；二是访问对象不合作，拒绝接受访问。遇到这两种情况都不应轻易放弃，因为他们都是按原设计方案选定的，都代表着某些类型的调查对象。例如：经常不在家的人，往往是男性、中青年人、外出务工经商者、搞经营或跑运输的人员；那些不合作者则可能是知情人、关键人物或特殊人物。缺少了对他们的调查，全面调查就会不全面，抽样调查的样本就会失去代表性。所以，应当按照程序酌情处理，或者根据具体情况具体分析解决。

（一）对于不在家的访问对象的处理

对于不在家的访问对象，一般有四种处置方法：一是要进行三次及以上的复访，向访问对象的邻居或熟人了解他们什么时候回家，然后去做补充调查，直到找到他们为止。二是在条件许可的情况下，追踪到他们所去的地方做访问。三是可找某些熟悉访问对象的情况的人，代为回答某些事实（如家庭人口、年龄、性别、文化程度、婚姻状况等等）、行为（如从事的职业、生活习惯、外出活动的时间和地点等等）方面的问题，但不能代为回答观念、情感、意见等方面的问题。在这三种做法都行不通而调查工作又不允许拖延的情况下，则可采取第四种方法，即用备用访问对象代替或者放弃。

（二）对于拒绝回答的访问对象的处理

对于不合作的访问对象，首先应认真研究不合作的原因，然后对症下药。根据实践经验，不合作者大体有六种情况，其处置方法应各不相同。

（1）认识问题。认为调查主题无聊、与己无关，不感兴趣；或认为调查不解决问题，不愿白费时间。对这种人，应着重帮助他们认识调查的目的、意义和与他们的关系，并用通过调查解决问题的实例来增强他们对调查的信心。

（2）利害问题。有的怕补交税费、减少转移性收入等；有的怕露富，带来麻烦；有的怕得罪别人，引起不良后果。对这种人，主要应宣传有关法律法规，并说明调查工作的保密原则和决不伤害受访者利益的原则，使其消除顾虑。

（3）时间或情绪问题。或者是工作、家务太忙，怕耽误时间；或者是遇到困难、挫折，没有心情回答问题。对这种人，首先应体恤他们的困难，然后再与对方商定在他们方便的时候另做访问。如果能够采取措施帮助对方缓解或克服困难，这些不合作者就有可能转变成为访问调查的积极合作者。

（4）信任问题。或者是认为访问者人微言轻，不相信访问者调查或解决问题的能力；或者是访问者同与受访者对立的人过于亲密，受访者认为访问者已经有了偏见；或者是访问者的行为不够检点，触犯了当地的某些禁忌，引起了受访者的反感；或者是受访者以前有过不愉快的受访经历，因此不愿回答问题。在这些情况下，访问者应着重改进自己的工作，用实际行动来证明自己的能力，证明自己的客观、公正和正派，即使有了错误也能及时改正。

（5）社会态度问题。有极少数受访者对国家、对社会、对单位有成见、有抵触，因而对许多社会问题非常冷淡甚至反感。对于这种人，或者是采取“一把钥匙开一把锁”的办法做思想工作；或者是从侧面了解情况，请熟悉受访者的人代答某些能够回答的事实、行为方面的问题；或者是用备用访问对象代替。总之，对他们只能教育、等待，决不可嫌弃或强求。

（6）错罪问题。受访者犯有错误或罪行，因而做贼心虚，害怕回答问题。对于这种人，除了做思想工作和从侧面了解情况外，可考虑请有关部门人员协助调查。在证据确凿的前提下，还可采取一些在法律允许范围内的特殊办法询问有关问题。

总之，不是万不得已，决不轻易更改原定访问对象。

七、审慎对待访问结果

访问调查的结果及其质量，在很大程度上取决于访问者的素质和驾驭访问的能力，取决于受访者的合作态度和回答能力。所以，访问调查结果的差异，既可能是客观社会现象之间的真实差异，也可能是由于访问者或受访者主观素质不同而造成的虚假差异。因此，在对访问调查的结果做判断时，一定要充分考虑访问者和受访者的主观素质这一重要因素。

访问调查无法完全排除受访者社会心理因素的影响。特别是在集体访问中，那些职位较高、权力较大、能说会道的人往往垄断会场的发言权，他们的意见往往左右会议的倾向。其他人则很难充分发表意见，甚至有可能在崇拜权威或从众心理驱使下讲一些违心的话。这样，调查结果就很难全面反映真实的客观情况。

另外，由于受访者不能匿名回答问题，所以对于那些敏感性、尖锐性、保密性和隐私性问题，或者是访问者不能和不宜于当面询问，或者是受访者不愿当面回答或不可能真实回答，这些都会对访问调查及其结果产生不利影响。

第四节　集体访问法及其实施

集体访问法是访问调查方法的扩展和延伸。它是一种传统的调查方法，在现代社会中仍有广泛用途。

一、集体访问法概述

（一）集体访问法的概念及特点

集体访问法，又称焦点小组访问法，俗称开调查会，就是访问者邀请若干受访者，通过集体座谈方式针对某个主题展开自由讨论，以获得对有关问题的深入了解。毛泽东说："开调查会，是最简单易行又最忠实可靠的方法，我用这个方法得了很大的益处，这是比较什么大学还要高明的学校。"①

集体访问法同个别访问法一样，都是访问者与受访者面对面的直接调查，都是通过交谈方式进行的口头调查，都是双向互动式调查，都是需要一定访问技巧的有控制的调查。集体访问法与个别访问法的区别在于：（1）集体访问法不是一个一个地访问受访者，而是同时访问若干个受访者。（2）集体访问法不是通过与个别受访者的单独交谈来进行调查，而是通过与若干受访者的集体座谈来进行调查。由于访问者可以从参与者的对话和互动中获取资料、洞察信息，因此集体访问法很适合探索性研究。（3）集体访问讨论的议题比较集中，也就是受访者均关注的焦点话题。只有将交流重点置于受访者感兴趣的某一特定领域，才能让受访者对主题的讨论更详细。（4）集体访问过程，不仅是访问者与受访者之间互相影响、互相作用的过程，而且是若干个受访者之间互相影响、互相作用的过程。与其他调查方法不同，集体访问侧重于受访者之间的交流和互动，而非集体的问答形式。只有当受访者之间对研究议题进行了充分的交流和讨论，而不是个体单独回答访问者的问题时，才可称集体访问。（5）访问者在进行集体访问的过程中扮演着重要的角色，起着重要的作用：介绍研究议题，协助受访者进行讨论，同时鼓励受访者之间的互动并引导讨论。要取得集体访问的成功，访问者不仅要有熟练的访问技巧，而且要有驾驭座谈会的能力。

这些特点说明，集体访问法是比访问调查法更高一个层次的调查方法，也是一种更复杂、更难掌握的调查方法。

---

① 毛泽东．毛泽东著作选读：下册．北京：人民出版社，1986：466.

（二）集体访问法的种类

按照不同标准，集体访问法可分为许多不同种类。

按照调查内容的不同，集体访问可分为两类：一类是综合性集体访问，它的内容比较全面、广泛，但往往不够深入；另一类是专题性集体访问，它的内容比较集中、专一，往往能较深入地了解情况和探讨问题。

按照会议规则的不同，集体访问可分为两类：一类是讨论式集体访问，即与会者互相研讨、互相争论，既可互相补充，又可互相反驳；另一类是各抒己见式集体访问，即与会者可以充分发表自己的意见，但不允许批评别人的意见。所谓的"头脑风暴法"，就属于后一种类型。

（三）集体访问法的功能

与个别访问相比较，集体访问具有一些特殊功能。

一是有利于更全面、更准确地搜集信息。集体访问是访问者与受访者之间、受访者与受访者之间的多层次互动与交流，表达其对调查问题多元的观点、感觉、态度与想法，可以相互启发、相互补充、相互核对、相互修正，因而能获得更广泛、更全面、更完整、更准确的信息。

二是有利于更客观、更深入地探讨问题。与个别访问相比较，集体访问可以调动众多参与者共同研究、探讨问题。访问者通过与众多受访者的充分对话和交流，可以形成自己对调查问题的理论假设，可以探讨调查问题的形成原因及解决途径。

三是有利于共同建构新观点、新知识。针对研究议题进行互动和讨论，有利于互相启发，激发创造力和想象力，从而对研究议题做出集体性解释，共同参与知识的生产和建构。

四是有利于对不同受访者的研究。通过集体访问，可以了解各类受访者的言语行为反应和非言语行为反应，认识不同年龄、性别、文化程度、社会职业、社会阶层受访者的特点及相互关系。

二、集体访问的实施

集体访问要取得成功，必须做好集体访问前的准备，必须正确指导和有效控制访问过程，并及时做好访问后的各项工作。

（一）集体访问前的准备

由于集体访问参与人员较多，召集不易，时间宝贵，因此一定要做好各项准备工作。

（1）明确主题。集体访问主题要简明、集中，最好一个会议一个主题。如果会议主题含混不清，或涉及问题过多，受访者就很难发表意见，"东一榔头、西一棒子"，始终不能形成讨论中心。同时，集体访问主题应该是受访者共同关心和了解的问题。明确主题，是做好集体访问的首要前提。

（2）准备调查纲目。在集体访问前，访问者应根据会议主题拟出调查纲目。凡是应该了解和可能需要了解的问题，都应列入调查纲目，并据此来指导会议。调查纲目一般应该包括三个方面的内容：一是解释集体访问的规则，提出讨论对象；二是列出需要讨论的具体问题；三是总结讨论的重要结论。访问者如果对调查内容心中无数，全靠到会场上临时考虑、提问，就很难取得好的访问效果。拟定调查纲目，是做好集体访问的必要条件。

（3）确定会议规模。集体访问的会议规模，主要取决于访问内容的需要和访问者驾驭会议的能力。一般地说，以了解情况为主的集体访问、综合性集体访问、各抒己见式集体访问，规模可适当大一些；以研究问题为主的集体访问、专题性集体访问、讨论式集体访问，规模应适当小一些。访问者驾驭会议能力较强，参加会议的人数可多一些，反之，就应少一些。从实际经验看，集体访问规模一般以5～7人为宜。

（4）物色到会人员。正确物色到会人员，是做好集体访问的基础。一般地说，参与者或有相似的社会和文化背景，或有相似的经历，或对某事件有相似的关注，是了解情况、敢于发表意见的人。具体地说，以了解情况为主的集体访问，要注意物色那些与调查内容直接相关的当事人、主管人和知情人参加会议；以研究问题为主的集体访问，则应着重物色那些对调查课题有实践经验的人、有理论研究的人、有独特见解的人、有不同观点的人参加会议。为了使到会人员增加互信，减少疑虑，可采取对不同类型的人召开不同会议的方法分别进行访问。

（5）选好会议地点和时间。会议地点应该交通比较方便，会场环境应当封闭、安静。会议时间应该使多数受访者感到适合，应该留出比较充裕的时间，让受访者做好参会的思想准备和材料准备。

（6）做好技术准备。在可能的前提下，要做好录音、录像等技术方面的准备。

（二）集体访问过程的指导和控制

集体访问的访问者对集体访问过程的正确指导和有效控制，是做好集体访问的关键。对集体访问过程的指导和控制，应注意几个问题。

（1）打破短暂沉默。集体访问一开始，往往会出现一个短暂沉默期。为了打破沉默，访问者在会议开始时就应简明扼要地说明会议目的、意义、内容和要求，并对受访者的基本情况做些简要介绍，以减少受访者的疑虑和陌生感。如果会前已物色好带头发言人，访问者讲完后就可请他率先发言，这样就能缩短或消除会议初期的短暂沉默。

（2）创造良好气氛。许多集体访问非常沉闷，有的是一个一个轮流发言，有的是一问一答开成了“问答会”，这都不利于受访者充分发表意见。为了创造良好气氛，访问者在会议初期应做一些简短插话或解释，以消除受访者的种种疑虑，鼓励他们大胆发表意见；有时可简介一些背景情况，提高受访者对有关问题的认识和兴趣；有时可引导受访者之间互相补充、互相启发、互相对话、互相争论，努力使集体访问形成一种互相信任、友好合作、自由切磋、民主探讨的气氛。

（3）开展平等、民主对话。要做深入的讨论式集体访问，访问者不仅要善于发现问题、提出问题，组织不同观点之间展开争论，而且必须坚持平等、民主原则。在讨论过程中，访问者应尊重和保护每一位受访者的发言权利，鼓励他们畅所欲言，讲真话、讲心里话，避免形成少数人垄断会场、多数人“开陪会”，或者是会议倾向“一边倒”、少数人的意见无法发表的局面。要注意保护少数，尽可能减少他们的孤立感或压抑感。同时，访问者要注意说话简短，切忌做长篇大论的发言；要认真听取受访者反映的各种情况和意见，不轻易表示肯定或否定态度；要客观对待受访者之间的争论，一般不应表示自己的看法或倾向。只有这样，才能使受访者有充分的发言机会，才能避免对受访者的倾向产生人为影响，才能鼓励各种不同观点展开平等争论。

（4）把握访问的主题。要及时引导和控制访问的方向，使受访者始终围绕着调查主题展开讨论。许多集体访问一旦开展热烈讨论，就像脱缰的野马，致使讨论中心漫无边际地转移。这时，访问者决不可给访问泼冷水，更不可简单、生硬地制止受访者发言，而应紧紧把握访问的主题，或因势利导，把受访者的兴奋中心引向访问的主题，或另辟蹊径，围绕调查主题提出新的问题，形成新的讨论中心。访问者要通过观察参与者间的互动行为了解他们在讨论中的思维过程（如认知方式、看问题的角度、思考问题的逻辑、分析问题的步骤等）及其行为所代表的意义。如此，便能通过受访者各种不同的主观经验和解释，挖掘出事件或行为背后的原因。

（5）做好受访者之间的协调工作。在集体访问中，受访者之间常会产生一些矛盾或分歧。例如，受访者之间可能由于客观地位差异而形成分歧，可能由于思维方式不同而产生争论，可能由于性格固执而出现隔阂，可能由于互不信任而无法真诚、坦率讨论，等等。在出现这些情况时，访问者应妥善做好引导和协调工作，以保证访问顺利进行。

（6）做好会议记录。集体访问可以派专人做记录，但最好由访问者亲自口问手记。因为访问者在听取发言时，做记录或不做记录、速记或慢记、详记或简记，给受访者的信息是不一样的。这就是说，做记录不仅是为了记录下发言内容，也是指导和控制会议的一种方式，有时能起到言语信息所不能起的重要作用。

（7）及时结束访问。集体访问一般控制在 2～3 小时，达到了预期目的，或发现“打横炮”等特殊情况，应及时结束访问。访问结束时，访问者应对访问做一简短小结，并对受访者的合作表示感谢。如果还需继续开会或做个别访问，访问者应做具体的交代或安排。

（三）集体访问后的工作

每次集体访问后应及时做好后续工作。

（1）及时整理访问记录。看看记录是否完整、准确，追记当场没有记录下来的情况，注释或说明当场简记的内容，同时审查记录的情况是否真实、全面，是否有代表性，还有哪些遗漏或错误之处需要补充或更正。

（2）回顾和研究访问的情况。想想访问进程是否正常，分析每位受访者的态度、表现及其原因，研究访问争论的焦点和性质，并对集体访问结果做出实事求是的评价，以便及时发现其中的疑点、难点和尚需深入探讨的问题。

（3）查证有关事实和数据。集体访问中提供的口头信息往往不具体、不精确，有时还会出现一些明显的矛盾。因此，会后对一些关键事实、重要数据应进一步查证落实，力求使调查材料更真实、更具体、更准确。

(4) 做必要的补充调查。凡是在集体访问中遗漏了的问题，搞错了的事实和数据，发现的新情况、新问题、新线索，都应该采取适当方式做补充调查。特别是那些在集体访问过程中有顾虑的人，没有讲话、没有讲完话或没有讲真话的人，以及那些接受了邀请但没有出席会议的人、应该邀请而没有邀请的人，应成为补充调查的重点。

总之，及时做好集体访问后的各项工作，对于巩固和发展集体访问成果具有重要意义。

本章要点

1. 访问调查法，就是访问者有目的地通过口头交谈等方式直接向受访者了解社会情况或与受访者探讨社会问题的调查方法。

2. 按照不同标准，访问调查法可分为标准化访问和非标准化访问、直接访问和间接访问、浅度访问和深度访问、个别访问和集体访问、口述史和特殊访问等种类。

3. 访问过程大体上可分为接近受访者、提出问题、听取回答、引导和追询、访问结束和再次访问等几个环节。

4. 访问过程中提出的问题可分为两大类：一类是实质性问题，包括事实问题、行为问题、观念问题、感情和态度问题等；另一类是功能性问题，包括接触性问题、试探性问题、过渡性问题、检验性问题等。

5. 听有三个层次，即表面的听、消极的听和有效的听。要有效地听，就要排除听的障碍，保持正确的态度，提高记忆能力，善于做出回应。

6. 访问记录，无论是当场记录还是事后追记，在内容上都要抓住几点，即记要点、记特点、记疑点、记易忘点、记感受点。

基本概念

访问调查法　标准化访问　非标准化访问　直接访问　间接访问　个别访问　集体访问　非言语语言　追询

思考与练习

1. 什么是访问调查法？为什么说访问调查是访问者与受访者之间的双向互动调查？
2. 访问过程有哪些环节？应该掌握哪些技巧？
3. 提问有哪些种类？应该怎样把握提问的方式和语言？
4. 倾听有哪些层次和步骤？怎样才能做到有效地听？
5. 什么是引导和追询？如何引导和追询？
6. 什么是非言语语言？如何看待访问过程中的言语语言信息与非言语语言信息？
7. 集体访问法有哪些种类？实施集体访问应该注意哪些问题？

8. 作为学术研究方法的访问与新闻访问（如“焦点访谈”“今日说法”等）有什么区别？

9. 做一项关于大学教师知识观现状的深度访问，请列一份访问提纲。

推荐阅读书目

1. 毛泽东．毛泽东著作选读：下册．北京：人民出版社，1986.

2. 塞德曼．质性研究中的访谈．重庆：重庆大学出版社，2009.

3. 鲁宾，鲁宾．质性访谈方法：聆听与提问的艺术．重庆：重庆大学出版社，2010.

4. 陈向明．质的研究方法与社会科学研究．北京：教育科学出版社，2000.

5. 宋昭勋．非言语传播学（新版）．上海：复旦大学出版社，2008.

6.《鲁豫有约》走红整整 18 年，到底是什么支撑她走到今天．(2019 - 07 - 04) [2023 - 08 - 16]．http://www.sohu.com/a/324832045_120011190.

知识点

巧做现场笔记

困难与对策

访问中的问题与对策

第九章

问卷调查法

问卷调查法是访问调查法的延伸和发展，也是社会调查中最广泛使用的一种方法。

第一节　问卷调查法概述

问卷调查是标准化的、间接的、书面的调查，学习问卷调查法，应先弄清楚问卷调查法的概念、特点和类型等问题。

一、问卷调查法及其特点

（一）何谓问卷调查法

问卷调查法，也称问卷法。问卷是指为统计和调查所用的、以设问的方式表述问题的表格。问卷调查法就是调查者运用统一设计的问卷对所调查的问题进行度量，从而搜集到可靠资料的一种方法。问卷调查法的运用，关键在于编制问卷、选择调查对象和分析结果。

问卷调查法与访问调查法一样，都是通过调查对象的回答来了解情况或征询意见，但是，它又有一些与访问调查法不同的特点。

（二）问卷调查法的特点

（1）问卷调查是标准化调查，即统一设计问卷，调查的操作过程受到严格规范，这样可以避免偏见，减少误差。尤其是问卷调查具有的科学的抽样、问卷的匿名性、严密的资料统计分析等特点，使得调查研究结果具有较高的信度和效度。访问调查则有标准化访问和非标准化访问之分。

（2）问卷调查一般是间接调查，即调查者通常不是当面向调查对象提问并记录答案，而是由调查对象自己填答问卷。访问调查则一般是访问者与受访者面对面的直接调查。问卷调查能突破时空限制，在广阔的范围内对众多调查对象同时进行调查。例如，居民生活状况调查、社会结构变迁调查等，可涉及全县、全市、全省、全国，其规模可以非常庞大。

（3）问卷调查一般是书面调查，即调查者借助问卷来提出问题，调查对象通过填写问卷来回答问题。它适用于大规模调查、敏感性问题调查，可以满足多种不同目的的研究需要，具有较强的适用性。它既可以对社会现象的状况、过程和特征进行客观的说明和描述，也可以用来解释不同变量之间的关系，甚至用来预测社会发展的趋势。访问调查则一般是访问者与受访者通过交谈方式进行的口头调查。

（4）问卷调查一般是定量调查，由于问卷中的问题是经过概念和变量操作化处理后编制出来的，并且对各个答案进行了编码，因此能很方便地对调查数据进行定量分析。问卷调查的主要目的是通过样本统计量来推断调查总体。访问调查则一般是定性调查，因而通常不存在从数量上推断调查总体的问题。

（5）问卷调查一般是抽样调查，调查对象大都通过随机抽样方法选取，而且调查对象数量较多，否则就没有统计价值了。访问调查的受访者一般不通过随机抽样方法选取，而且数量较少。

问卷调查法用途十分广泛，既可用于描述性调查、因果性调查和预测性调查，又可用于对策性、检验性、评估性研究。目前在各个领域，问卷调查法的使用已越来越普遍。

二、问卷调查法的类型

问卷调查，按照问卷填答者的不同，可分为自填式问卷调查和代填式问卷调查。在自填式问卷调查中，按照问卷传递方式的不同，可分为报刊问卷调查、邮政（快递）问卷调查、网络问卷调查和送发问卷调查；在代填式问卷调查中，按照与调查对象交谈方式的不同，可分为访问问卷调查和电话问卷调查。

（一）报刊问卷调查

报刊问卷调查，就是调查者随报刊分发问卷，请读者对问卷做书面回答，然后在规定时间内通过邮局把问卷寄回给调查者。报刊问卷调查，以读者为调查对象，有稳定的传递渠道，分布面广，回答质量较高，能节省费用和时间，适用范围较广。它的缺点是调查对象代表性差（非读者意见无法反映），回复率低（往往不足10%），对影响回答的因素无法了解、控制和分析，而且有可能出现虚假现象。

（二）邮政（快递）问卷调查

邮政（快递）问卷调查，就是调查者通过邮局（快递公司）向特定调查对象寄发问卷，请调查对象按照规定的要求和时间填答问卷，然后再通过邮局（快递公司）将问卷寄回给调查者。邮政（快递）问卷调查分布面广，不受地域限制，有利于控制问卷调查的范围和对象，提高调查对象的代表性，回答质量较高，比较节省时间。但是，它同样存在回复率低、无法了解和控制回答环境、难以判断回复者的代表性和影响回答的因素等缺点，而且费用较高。

（三）网络问卷调查

网络问卷调查，就是利用电脑或手机发布调查问卷和回收调查结果。它的优点是问卷设计灵活、多样、新颖、丰富（可增添视频等），并且简单方便、辐射广泛、成本低廉、调查周期短。它的主要缺点是，不能编制抽样框，不能推断总体，无法了解回答者的具体情况，无法判断回答的真实性和可靠性，无法反映非网民的情况和意见。

（四）送发问卷调查

送发问卷调查，就是调查者派人将问卷送到选定的调查对象手中，待调查对象填答后再派人回收调查问卷。这种方法一般只适用于有组织的集体调查对象，如一个单位、部门或社区的成员，一场会议的参加者，等等。它的最大优点是回复率高，回收时间集中，节省费用，而且有利于对调查对象做某些口头说明或解释，有利于了解和分析影响回答的因素。它的缺点是调查对象过于集中，调查范围比较狭窄，回答质量可能不高，调查对象之间往往互相询问、互相影响，调查结果容易失真。

（五）访问问卷调查

访问问卷调查，就是调查者按照统一设计的问卷向调查对象当面提出问题，然后由调查者根据调查对象的口头回答来填写问卷。它的优点是，有利于选择调查对象和控制访问过程，有利于灵活运用各种访问技巧，有利于对回答结果做出分析和评价，而且回复率和有效率高。但是，访问问卷调查费用高、效率低，只适用于较小范围的调查，而且访问调查的质量往往因人而异、差别很大。此外，有些问题不宜当面询问。

（六）电话问卷调查

电话问卷调查，就是调查者通过电话按照统一设计的问卷向选定的调查对象提出问题，然后由调查者根据调查对象的回答来填写问卷。它的优点是有利于选择调查对象和运用各种访问技巧，效率较高，投入人力较少。但是，电话号码簿往往不全面或不适用，科学界定调查总体和抽取样本比较困难，而且其回复率、有效率较低（调查对象往往轻易挂断电话或草率回答问题），费用较高，无法了解非电话用户的情况和意见。

不同种类问卷调查方法的利弊，可简略概括如表 9-1 所示。

表 9-1 不同种类问卷调查方法的利弊

项目	自填式问卷调查				代填式问卷调查	
	报刊问卷调查	邮政（快递）问卷调查	网络问卷调查	送发问卷调查	访问问卷调查	电话问卷调查
调查范围	较广	较广	很广	较窄	窄	可广可窄
调查对象	有一定控制和选择，但代表性难以估计	有一定控制和选择，但代表性难以估计	无法控制和选择，代表性较差	可控制和选择，但过于集中，代表性较差	可控制和选择，代表性可能较强	有一定控制和选择，代表性可能较强

续表

项目	自填式问卷调查				代填式问卷调查	
	报刊问卷调查	邮政（快递）问卷调查	网络问卷调查	送发问卷调查	访问问卷调查	电话问卷调查
影响回答的因素	无法了解、控制和判断	无法了解、控制和判断	无法了解、控制和判断	有一定了解、控制和判断	便于了解、控制和判断	不太好了解、控制和判断
回复率	很低	较低	无法计算	较高	高	不稳定
回答质量	较高	较高	难以判断	较低	不稳定	不稳定
调查员	较少	较少	很少	较少	多	较多
调查费用	较低	较高	很低	较低	高	较高
调查时间	较长	较长	较短	短	短	较短

自填式问卷调查还有匿名性和便利性等优点。匿名性体现为调查者与调查对象不直接见面，回答问卷不署名，有利于询问那些不宜当面询问的敏感性问题、尖锐性问题，也有利于调查对象如实反映自己的情况、想法和感受。便利性体现为调查者不必花费时间去登门访问，调查对象也不必当面回答问题。这样，调查对象可以利用空余时间填答问卷，可以从容思考如何回答，可以查询某些资料，因而有利于提高回答质量。

第二节　问卷结构及其设计

问卷是问卷调查中搜集资料的工具。问卷的设计，在很大程度上决定着问卷调查的回答质量、回复率、有效率，乃至整个调查工作的成败。因此，科学地设计问卷，在问卷调查中具有关键性意义。

一、问卷的一般结构

问卷一般由卷首语、问题和回答方式、编码、其他资料四个部分组成。

（一）卷首语

卷首语是问卷调查的自我介绍信。卷首语一般应该包括以下内容：

（1）调查的主办方和调查员身份；

（2）调查的目的、意义，调查的主要内容；

（3）选择调查对象的途径和方法；

（4）填答问卷的方法和应该注意的问题；

（5）针对调查结果的保密措施；

（6）调查单位的名称、时间、联系人和联系方式；

（7）感谢语。

卷首语语气要谦虚、诚恳、平易近人，文字要简明、通俗、有可读性，对填答方式的说明要具体，一般应放在问卷第一页或第一页上部。下面就是一份问卷的卷首语。

尊敬的先生/女士：

您好！

我们是市民生活质量课题组成员，今天来了解您家2023年的生活情况，目的是研究市民生活质量状况存在哪些问题、有哪些建议，为政府制定有关政策提供依据。按照随机原则，在社区居委会抽样时，您家被抽选为调查对象。这次调查不记名，对您的回答将严格保密，调查数据只用于统计分析，而不单独使用，不会给您带来任何麻烦。填答时，请选择符合您家情况或您看法的答案，在旁边的方框（□）内或横线（____）上画"√"，或填写有关文字。希望您能如实反映情况，坦率表达看法和建议，共同做好这次调查工作。

谢谢合作！

联系电话：××××××××

E-mail：××××××@×××××××××

联系人：×××、×××

市民生活质量课题组

2023年9月

对于某些相对稳定的网络调查问卷来说，由于调查单位、联系方式等都是公开的、稳定的，因而卷首语可大大简化。

（二）问题和回答方式

问题和回答方式是问卷的主体部分，一般包括调查所要询问的问题、回答问题的答项和方式，以及对回答方式的说明等等。具体内容将在后面论述。

（三）编码

编码就是把问卷中提出的问题和调查对象回答的答项，转变为英文字母和数字，以便录入计算机并对有关数据进行处理。有关内容将在后面论述。

（四）其他资料

其他资料包括问卷名称，调查对象的地址，问卷编号，调查开始时间（一般设计在卷首），调查结束时间，调查完成情况，调查员、审核员、录入员姓名以及他们的看法或意见等（一般设计在结尾）。这些资料，是审核和分析问卷的重要依据，应该认真填写。例如，在问卷的卷首和结尾，一般应设计以下一些内容。

问卷卷首

问卷名称：《××调查问卷》。

卷首语：……

调查对象：××区，××街道，××居委会。问卷编号：______。

调查开始时间：____时____分。

问卷结尾

调查结束时间：____时____分。实际使用时间______分钟。

调查完成情况：完成________；未完成（不在家________，拒绝回答________，其他________）。

调查员姓名：________。对回答的评价：可信________，基本可信________，不可信________。

审核员姓名：________。对审核的看法：合格________，基本合格________，不合格________。

录入员姓名：________。对录入的看法：完整________，基本完整________，不完整________。

二、设计问卷的原则

设计一份科学、实用的高质量调查问卷，需要掌握如下几条原则。

（一）目的性原则

问卷必须围绕调查目的和研究主题设计询问的问题。调查目的是问卷设计工作的灵魂，决定着问卷的内容和形式。如果是描述性调查，设计的问题就应围绕调查对象的基本情况来展开；如果是因果性调查，设计的问题就应该包括因果两方面的社会指标，必须紧紧围绕研究假设和变量进行设计，否则就无法达到调查目的、无法证实或证伪研究假设。

（二）客观性原则

问卷设计的问题必须符合调查对象的客观情况。例如，在2023年调查居民拥有耐用消费品的情况，如果仅仅设计冰箱、电视机、洗衣机等老“几大件”，就大大落后于实际；如果设计高级别墅、豪华轿车、游艇等项目，又超过了现实可能。

（三）简明性原则

问卷的设计要做到简明扼要，设计出与调查主题相对称的、“少”而“精”的简短问卷。这里的“少”是指在获得必要资料的前提下，问卷中包含的问题越少越好。调查问题过少、覆盖面过窄，当然无法说明调查主题。但如果调查问题过多、覆盖面过宽，则既增加工作量，提高调查成本，又因为填写问卷需要花费的时间过长，容易使回答者产生畏难情绪，应付了事，甚至中途放弃，降低回复率、有效率和回答质量。目前，设计问题过多是一个相当普遍的现象。这里的“精”是指问题的质量高，具体体现为问卷中问题含义明确、概念具体、答案恰当、形式简单、语言通俗易懂，问卷具有较高的信度和效度。信度决定了问卷调查结果反映调查对象实际情况的可靠性或稳定性，而效度决定了问卷调查结果的恰当、准确和有效程度。

（四）适应性原则

设计问卷时不能只关注编制什么样的问题，还要多为调查对象着想，站在调查对象的立场，切实考虑其能力和心理等方面的特点。问题的提问方式和概念的操作化不仅要符合理论上的规定，有较高的信度和效度，符合调查目的的要求，还要符合经验事实，适应调查对象回答问题的能力。问卷形式不能复杂、问题本身不能抽象、所用语言不能专业，尽量避免给调查对象造成任何压力，尽量减少困难和麻烦。凡是调查对象难以理解、记忆、计算、回答的问题，都不应该提出。例如，在问卷中出现“您的价值观是什么”“您做了多少件好事”这类问题，即使调查对象勉强回答了，也不太可能正确反映真实情况。

（五）针对性原则

问卷设计必须根据不同调查对象的特点，设计出适合不同社会背景、文化程度和理解能力的调查对象填答的问卷，并针对调查对象可能出现的答题障碍，给予必要的提示，以保证问卷调查的顺利进行。凡调查对象不可能自愿真实回答的问题，特别是那些隐私性、敏感性、威胁性问题，都不应该正面提出。例如：“您走私过几次？”“您是否吸食过毒品？”“您家偷税漏税过吗？”“您是否有过婚外性行为？”对于这类问题，调查对象一般不可能做出真实回答，因而一般都不宜正面提出。

三、设计问卷的步骤

设计调查问卷，一般应该遵循下述步骤。

（一）做好准备工作

一是确定问卷纲要，即根据调查主题、目的和研究假设，起草一份问卷纲要。它是设计调查问卷的指导思想。二是了解基本情况，即通过多种途径了解调查对象的基本情况，如进行初步的非结构式访问和观察，围绕研究主题，亲自与各类对象进行自然、融洽的交流，从中观察他们的行为，了解他们的想法。这是设计调查问卷的客观依据。三是研究相关问卷，即搜集、研究前人使用过的相关问卷。它是设计调查问卷的参考资料。

（二）设计问卷初稿

设计问卷初稿有两种方法。一种是卡片法，即先把想到的每一个问题写到一张卡片上，然后将卡片分类，再按一定的逻辑结构对问题进行排序；另一种是框图法，即先根据研究假设和所需资料的逻辑结构，画出问卷的结构、排列好前后顺序，然后再思考每一部分应设计怎样的问题及答项。

这两种方法的设计程序相反。前者是从个别即具体问题开始，到部分，最后到整体；

后者是从整体到部分，最后到具体问题。它们各有优点和缺点，在实践中可根据调查目的、问卷内容、设计者的思维习惯做出选择或结合使用。目前，框图法的使用更普遍。

（三）评审和试调查

问卷初稿设计好后，一般都应该经过主观评审和客观调查的检验。所谓主观评审，就是将设计出来的问卷初稿（一般 5～10 份），委托相关领域的专家、有实践经验的工作人员以及有代表性的调查对象进行评审，请他们提出批评、修改、补充意见。所谓客观调查，就是将设计出来的问卷初稿，发放给某些有代表性的调查对象进行试调查，并从中发现问题。

具体检查和分析的内容包括回收率、有效回收率、填答错误和填答完整程度等方面。如果回收率过低，就要考虑整份问卷的总体结构是否合理；如果填答内容错误多，就要看看提问是否明确具体，用语是否清晰准确；如果填答方式错误较多，就要检查问题形式是否过于复杂，指导语是否不明确；如果问卷中某几个问题普遍未得到回答，就要准备重新设计。

（四）修改和定稿

只有根据主观评审意见和客观调查检验出来的问题，对问卷进行修改和补充，形成较为完善的调查问卷后，才能最后定稿。只有经过试调查检验和修改、完善后的问卷，才能送去印刷或上传网络，并在调查中使用。

第三节　问卷主体的设计

问卷的设计水平，主要体现在问卷主体的设计上，它对于问卷调查的成败具有关键性作用。问卷的主体，主要包括两个部分：询问的问题和回答的方式。

一、问题的种类和结构

（一）问题的种类

问卷中要询问的问题，大体上可分为四类。

1. 背景性问题

背景性问题主要针对调查对象个人的基本情况，如性别、年龄、民族、文化程度、婚姻状况、职业、职务或职称、收入、宗教信仰、党派团体等。有时还包括调查对象家庭的基本情况，如家庭成员、家庭类型、收入等。它们是对问卷进行分析研究的重要依据。

2. 客观性问题

客观性问题是指调查对象个人（或家庭）基本情况之外的、已经发生和正在发生的事实或行为方面的问题。如“您家住宅面积有多少平方米”“您使用的轿车是什么牌子的”等等，都是事实方面的问题。又如“您今年参加了几次职业培训”“您今年外出旅游到了哪些地方”等等，都是行为方面的问题。

3. 主观性问题

主观性问题是指调查对象的思想、感情、态度、愿望等主观世界方面的问题。如：“您对医疗改革有何看法?”“您认为贫富差距扩大是社会改革过程中不可避免的现象吗?”“您希望自己的孩子将来从事什么职业?”

4. 检验性问题

检验性问题是指为检验回答是否真实、准确而设计的问题。如在问卷前面先问：“您今年多少岁?”在问卷后面又问：“您哪年结的婚?”“当时多少岁?”又如，先问收入、再问支出，或先问支出、后问收入，等等。这类问题，一般安排在问卷的不同位置，通过互相检验来判断回答的真实性和准确性。

在上述四类问题中，背景性问题是任何问卷都不可缺少的。因为，背景情况是对调查对象加以分类和进行对比研究的重要依据，往往作为分析中的自变量。其他三类问题的设置，则依调查目的、内容而定。例如，人口调查主要涉及客观性问题，民意测验主要涉及主观性问题，一些比较复杂的调查问卷（特别是经济调查问卷），才需要设计检验性问题。

（二）问题的结构

问题的结构，就是问题的排列组合方式。为了便于调查对象回答问题，也为了便于调查者整理、分析调查资料，设计的问题一般可采取以下几种排列组合方式。

1. 按问题性质或类别排列

一般来说，应该把性质或类别相同的问题安排在一起。例如，把背景方面的问题放在问卷前面或后面，把经济方面的问题、生活方面的问题、家庭方面的问题等相对集中地放在一起。这样，就便于调查对象按照问题类别先回答一类问题，再回答另一类问题，而不致使他们回答问题的思维经常跳跃。

2. 按问题时间顺序排列

一般来说，应该根据调查事物的过去、现在和将来的发展顺序排列问题，也可以反过来，先问当前的有关问题，再由近及远地追溯过去的情况。但是，无论是由远到近还是由近及远，问题的排列在时间顺序上都应该有连续性、渐进性，而不应该来回跳跃，以免打乱调查对象回答问题的思路。

3. 按问题复杂程度或敏感程度排列

一般来说，应该先易后难，由浅入深；先问客观事实方面的问题，后问主观意识方面的问题；先问一般性问题，后问特殊性问题。特别是敏感性强的问题，一般应安排在问卷后面。这样，有利于增强调查对象回答问题的信心，有利于把回答逐步引向深入，而不致使调查对象产生畏难和排斥情绪。

总之，问题的排列，一般应该有逻辑性，但在特殊情况下，也不排除对某些问题做非逻辑安排。例如，许多人在回答生产或收入情况时，往往有“不断增加”的回答定势。为了打破这种回答定势，就可以把有关问题的时间顺序颠倒一下，或将这些问题分别安排在问卷的不同部分询问。此外，检验性问题也应分别安排在问卷的不同位置，否则难以起到检验的作用。

二、问题的表述

在自填式问卷调查中，调查对象只能根据书面问卷来理解问题和回答问题。因此，问题的表述就成为问卷设计的重点和难点。

（一）表述问题的要求

一方面，问卷问题的表述必须统一，让每个调查对象读到和听到完全相同的问题；另一方面，由于不同调查对象有着不同的成长背景和受教育程度，因此完全相同的问题也有可能得到不同的理解。所以，编写问题更像是一门艺术而非一门科学，它需要技巧、经验、耐心以及创造性。表述问题的要求主要包括以下几项。

1. 具体性

具体性，即问题的内容要具体，要避免抽象、笼统、模棱两可、含糊不清。例如，对于“生活质量”“社会风气”这样一些抽象、笼统的问题，人们的看法往往很不相同。在没有明确操作定义的情况下，调查对象是无法回答的，即使调查对象勉强回答了，调查者也无法进行科学分析。可以这样提问：“与 2020 年相比较，您家的生活质量有显著提高吗?”“您所在社区的社会风气好吗?”

2. 单一性

单一性，即问题的内容要单一，不要把两个或两个以上问题合在一起提。例如：“您的父母支持您到基层工作吗?”“您单位的职工经常读报吗?”对于这类复合问题，调查对象是无法准确回答的。因为，对子女到基层工作，其父母的态度可能不一样；一个单位的职工，有的经常读报，有的偶尔读报，有的从不读报。这样，对上述复合问题的任何回答，都既可以说是对的，也可以说是错的。

3. 通俗性

通俗性，即问题的表述要通俗，尽量使用大众化语言，不要使用调查对象感到陌生的语言、概念，更不要使用专业术语。例如，对一般居民就不宜问“您家有几位育龄妇女”“您家的消费结构怎样”等问题。因为，一般调查对象不可能准确理解“育龄妇女”“消费结构”等专业术语的含义。同时，问卷中也不能使用俚语、行话，如“候鸟”（指随季节迁移的人）、“晕瓶”（指葡萄酒刚刚装瓶或经过长时间运输后香气变得涣散、闭塞，结构变得松散的一种暂时性现象）和“打眼”（指古玩商人判断有误，买了假货）等。

4. 准确性

准确性，即表述问题的语言要准确，不要使用模棱两可、含混不清或容易产生歧义的语言或概念。例如，应该避免使用“也许”“好像”“可能”这些模棱两可的词语。对“经常”“有时”“偶尔”这些含混不清的词语应做具体说明，如“经常”指每周一次或更多，“有时”指每月一至二次，“偶尔”指每季度一次或更少，等等。对“收入”等容易产生歧义的概念，应该设计出明确的操作定义。例如：“您的收入是多少?”收入指的是月收入还是年收入？是本人的收入还是家庭的收入？是去年的收入还是今年的收入？是应发工资还是实发工资？不准确的问题会使得不同调查对象的理解不一致。

5. 简明性

简明性，即表述问题的语言应该尽可能简短、明确，而不要冗长、啰唆。实践证明，简短、明确的问题，回答率和有效率一般都较高；冗长、啰唆的问题，调查对象很难抓住要点，不仅回答率大幅下降，而且往往答非所问。

6. 客观性

客观性，即表述问题的态度要客观，不要用诱导性或倾向性语言。例如：“您喜欢教师这一受人尊敬的职业吗?”“多数青年人认为‘没有爱情的婚姻应该离婚’，您同意吗?”这种表述方式，包含了明显的诱导性或倾向性含义，调查对象往往在趋同心理支配下做出肯定回答，这个回答却不一定是调查对象的真实看法。另外，在问题的表述中要避免出现那些有权威的、享有盛誉的人或机构的名称，更不要直接引用其原话。例如：“孔子说‘己所不欲，勿施于人’，您认为对吗?”“党中央号召‘创建节约型社会’，您赞成吗?”对于这类问题，调查对象一般很难做出否定的回答。

7. 肯定性

肯定性，即用肯定形式表述问题，避免用否定形式表述问题，因为用否定形式表述问题往往会造成一些误解。例如：“您是否赞成在公共场合不抽烟?”对于这个问题，回答“是”的人，很可能是不反对在公共场合抽烟的人；回答“否”的人，则可能是反对在公共场合抽烟的人。如果改为“您是否赞成在公共场合禁烟”，大概就不会产生上述误解了。

8. 委婉性

委婉性，即对于涉及个人隐私、个人利害关系、社会禁忌等的敏感性强的问题，在表述方式上要做些减轻敏感程度的特殊处理，以便调查对象易于面对这些问题。例如：“您离过婚吗?”“您和您爱人感情好吗?”这两个问题可以改为：“您目前的婚姻状况是?（1）未婚；（2）已婚；（3）离异；（4）丧偶。”“当家庭遇到大事时，如孩子教育、给父母赡养费，您和您爱人会及时商量吗?”

总之，好的问卷题目，不仅应该能提供有效、可信的变量测量，也应该能让调查对象理解题目并做出有意义的回答。那些不符合调查对象视角的、让调查对象感到困惑的题目，不可能对变量进行准确测量，因此也就无法产生有效、可信的数据。

（二）特殊问题的表述方式

如前所述，对于某些隐私性、敏感性、威胁性问题，在表述方式上应该做些特殊处理，以使调查对象易于面对这些问题，敢于坦率做出真实回答。对这些问题的特殊处理，有以下几种方法。

1. 释疑法

释疑法，即在问题前面写一段消除疑虑的文字。例如："《中华人民共和国宪法》规定'中华人民共和国公民对于任何国家机关和国家工作人员，有提出批评和建议的权利'，您对您家所在乡政府主要负责人有何评价？"又如："对同一问题有不同看法是一种正常现象，每一个人都应该有自己的观点。您认为'没有爱情的夫妻有婚外情是可以理解的'这种看法对吗？"

2. 假定法

假定法，即用一个假言判断作为问题的前提，然后再询问调查对象的看法。例如："假如法律不禁止安乐死，您是否同意对已处于植物人状态的亲人实施安乐死？""如果政府对生育一个孩子奖励 10 万元，您希望生几个孩子？"实践证明，对于这样表述的问题，调查对象一般更容易回答自己的真实想法。

3. 转移法

转移法，即把回答问题的人转移到其他人身上，然后再请调查对象对其他人的回答做出评价。例如："对于销售回扣，一些人认为利大于弊，另一些人认为弊大于利，您认为哪种意见更符合实际？""对于婚姻关系中的第三者，有些人认为不道德，有些人认为无所谓，您同意哪种看法？"

4. 模糊法

模糊法，即对某些隐私性问题设计出一些比较模糊的答案，以便调查对象做出真实回答。例如，个人收入是一个隐私性问题，许多人不愿明确回答。但是，如果像下面这样设计，调查对象就有可能做出比较符合实际的回答了。

您本人的月工资是：

① 2 000 元及以下	□	② 2 001～3 000 元	□
③ 3 001～5 000 元	□	④ 5 001～10 000 元	□
⑤ 10 001～50 000 元	□	⑥ 50 001 元及以上	□

总之，问题的表述是问卷设计中一个非常重要且困难的环节。问卷设计的质量、问卷调查的效果，在很大程度上取决于问题的表述。因此，在设计问卷时，对问题的表述应该舍得下功夫，认真琢磨、反复推敲，最好是经过多次实际调查检验、修改后再定稿。

三、回答的类型和方式

"问卷"是对调查者而言的，对调查对象来说它则是一份"答卷"。与调查所要询问的问题一样，回答的类型、方式及其说明也是问卷的主要组成部分。

回答有三种类型和方式，即开放型回答、封闭型回答和混合型回答。

（一）开放型回答

所谓开放型回答，是指对问题的回答不提供任何具体答案，而由调查对象自由填写。

例如：

您对于目前的商品房价格有何看法？

____

开放型回答的最大优点是灵活性大，适应性强，特别适用于回答那些答案较多、较复杂，或事先无法确定答案的问题。开放型回答有利于发挥调查对象的主动性和创造性，促使他们自由表达意见。一般地说，开放型回答能比封闭型回答提供更多信息，有时还能出现一些超出预料的、具有启发性的回答。它的缺点是回答的标准化程度低，整理和分析比较困难，会出现许多一般化、不准确、无价值的信息。

（二）封闭型回答

所谓封闭型回答，是指将问题的一切可能答案或几种主要答案列出，然后由调查对象从中选取一种或几种答案作为自己的回答，而不能做所列答案之外的回答。封闭型回答，一般要对回答方式做某些指导性说明，这些说明大都用括号括起来附在有关问题后面。

封闭型回答的具体方式多种多样，其中常用的有以下几种。

1. 填空式

填空式即在问题后面的横线上或括号内填写答案的回答方式。如：

您的年龄：________。

您有（　　）个孩子。

这种回答方式，适用于回答各种答案比较简单的问题。由于设计中没有给出具体答案，因此填空题也可以被看作最简单的开放型问题。

2. 两项式

两项式即只有两种答案可供选择的回答方式。如：

您的性别？（请在适用的括号里画“○”）

男（　　）；女（　　）。

这种回答方式，适用于回答有互相排斥的二择一式的答案的定类问题。

3. 列举式

列举式即在问题后面设计若干条填写答案的横线，由调查对象自己填写答案的回答方式。如：

请问您选择职业时最看重的条件是什么？（请列举最重要的三个条件）

第一个条件：________；第二个条件：________；第三个条件：________。

这种回答方式，适用于回答有几种互不排斥的答案的定类问题。

4. 选择式

选择式即列出多种答案，由调查对象自由选择一项或多项的回答方式。如：

您认为您所在城镇亟须解决的社会问题是什么？（请在您选择的项目后打“√”，

可任选三项）

住房紧张________ 交通拥挤________ 看病困难________

供水不足________ 人口膨胀________ 学校乱收费________

空气污染________ 管理混乱________ 社会秩序差________

其他（请说明）________________________

这种回答方式，适用于回答有几种互不排斥的答案的定类问题。在几种答案中，既可规定选择一项，也可规定选择多项。

5. 顺序式

顺序式即列出若干种答案，由调查对象给各种答案排列先后顺序的回答方式。如：

您认为目前最突出的社会问题是什么？（请按突出程度把下列选项的编号填写在下面的空格内，最突出的填在左边第一格，然后依次向右填写）

① 看病难 ② 就业难 ③ 收入差距过大

④ 贪污腐化 ⑤ 住房价格过高 ⑥ 社会风气差

⑦ 教育乱收费 ⑧ 社会治安不好 ⑨ 环境污染严重

⑩ 其他（请说明）________________________

□ □ □ □ □ □ □ □ □ □

这种回答方式，适用于要表示一定先后顺序或轻重缓急的定序问题。

6. 等级式

等级式即列出不同等级的答案，由调查对象根据自己的意见或感受选择不同等级的回答方式。如：

您对您所在社区的社会治安工作是否满意？（请按您的感受在适合项的横线上打“√”）

① 很满意________ ② 比较满意________ ③ 无所谓________

④ 不满意________ ⑤ 很不满意________ ⑥ 不知道________

常用的表示等级的词语还有：非常赞成，比较赞成，无所谓，反对，坚决反对；非常喜欢，比较喜欢，无所谓，讨厌，非常讨厌；完全同意，同意，中立，不同意，坚决不同意，无可奉告；经常，有时，偶尔，没有，不适用；很好，可以，无所谓，不好，很差；等等。此外，还可以用数字来表示等级。如：

赞成	□	□	□	□	□	不赞成
同意	□	□	□	□	□	不同意
满意	□	□	□	□	□	不满意
喜欢	□	□	□	□	□	不喜欢
	2	1	0	−1	−2	
或者：	5	4	3	2	1	

填答者在适合的方格内打“√”。这种回答方式，适用于要表示意见、态度、情感的

等级或强烈程度的定序问题。

7. 矩阵式

矩阵式即将同类的几个问题和答案排列成一个矩阵，由调查对象对比着回答的方式。如：

您认为当前下述社会问题的严重程度如何？（请在适合项的方格内打√）

	非常严重	比较严重	一般	不太严重	无所谓	不知道
① 劳动就业问题	□	□	□	□	□	□
② 社会治安问题	□	□	□	□	□	□
③ 贫富分化问题	□	□	□	□	□	□
④ 官员腐败问题	□	□	□	□	□	□
⑤ 社会公德问题	□	□	□	□	□	□

这种回答方式，适用于有着同类问题、同类回答方式的一组定序问题。

8. 表格式

表格式即将同类的几个问题和答案列成一个表格，由调查对象依次回答的方式。它实际上是矩阵式的一种变形，如表 9－2 所示。

表 9－2　当前社会问题严重程度调查表

项目	非常严重	比较严重	一般	不太严重	无所谓	不知道
劳动就业问题						
社会治安问题						
贫富分化问题						
官员腐败问题						
社会公德问题						

注：请在您认为合适的栏目内打“√”。

与矩阵式一样，这种回答方式也适用于有着同类问题、同类回答方式的一组定序问题。

封闭型回答有许多优点：它的答案是预先设计的，标准化程度高，节约回答时间，有利于调查对象回答问题，有利于提高问卷回复率和有效率，有利于对回答进行统计和定量研究；此外，它还有利于询问一些敏感性问题，调查对象对这类问题往往不愿主动写出自己的看法，对已有的答案却有可能进行真实选择。它的缺点是：设计比较困难，特别是一些比较复杂或答案多的问题、答案不清楚或无法确定的问题，很难设计得完整、周全，一旦设计有缺陷，调查对象就无法正确回答问题；它的回答方式比较机械，没有弹性，难以适应复杂、多变的社会情况，难以发挥调查对象的主观能动性。

（三）混合型回答

所谓混合型回答，是指封闭型回答与开放型回答的结合，它实质上是半封闭、半开放型的回答。例如：

您目前最迫切需要解决的问题是什么？（请在适合项的横线上打“√”）

① 提高专业水平 ________　　② 加入政治组织 ________

③ 增加收入 ________　　④ 改善住房条件 ________

⑤ 调换工作单位 ________　　⑥ 找对象 ________

⑦ 得到理解和支持 ________　　⑧ 其他（请说明）________

您对于解决这个问题是否有信心？为什么？

____

您认为推广大学生当“村官”好不好？（请在适合项的方格内打“√”）

① 好 □

② 难说 □

③ 不好 □

为什么？____________________________________

这种回答方式，综合了开放型回答和封闭型回答的优点，避免了两者的缺点，具有非常广泛的用途。

四、设计答案应该注意的问题

（一）设计答案的要求

对于问题答案及其填写说明的设计，一般应满足以下几点要求。

1. 相关性

即设计的答案必须与询问的问题具有直接相关关系。例如，如果询问“领导干部应该具有哪些能力”，其答案就应该列举与领导工作相关的调查研究能力、科学决策能力、干部使用能力、协调服务能力等等，而不应该列举文艺写作能力、音乐欣赏能力、古玩鉴别能力等等，因为后面几种能力与领导工作没有直接相关关系。

2. 同层性

即设计的答案必须具有相同的层次关系。例如，如果询问“您希望自己从事什么职业”，其答案就应该是职业类别（国家机关、党群组织、企业、事业单位负责人，专业技术人员，办事人员和有关人员，商业、服务业人员，农、林、牧、渔、水利业生产人员，生产、运输设备操作人员及有关人员，军人，不便分类的其他从业人员，等等），而不应该包括清洁工、营业员等工种类别，也不应该包括粮农、菜农等种植业类别，因为“职业类别”与“工种类别”“种植业类别”是不同层次的类别。

3. 完整性

即设计的答案应该穷尽一切可能的答项，起码是穷尽一切主要的答项。例如，关于“婚姻状况”的答案，许多问卷只设计了“未婚”“已婚”两种答项。这样，一个结婚后又离婚的人应该怎样填写呢？填“未婚”吧，他结过婚；填“已婚”吧，他又没有配偶。显然，这个设计就违背了完整性要求。正确的设计应该是：未婚、已婚、离婚、丧偶。

即只有穷尽了“婚姻状况”的一切可能，才算符合了完整性要求。当答案过多或难以确定时，可设计几种主要答案，然后加一个“其他（请说明）________”，这样就达到完整性要求了。需要注意的是，如果一项问卷调查，选择“其他（请说明）________”一项的回答者比例较高，那么说明答案设计不恰当，有些重要的、带有普遍性的类别没有单独列出。

4. 互斥性

即设计的答案之间不能相互重叠、相互包含或交叉。例如，当询问“您的专业技术职称是什么”时，如果设计的答案是初级、中级、副高、高级，就不符合互斥性要求了，因为“副高”与“高级”不是互斥的，而是兼容的。只有将答案设计为初级、中级、高级，才符合互斥性要求。

5. 准确性

即设计的答案必须准确，有时还必须有统一的计算方法。例如，“年龄”这个调查指标，就有虚岁、周岁、标准岁、实岁等多种不同计算方法。虚岁，是数年头。它的最大误差近两岁。如某婴儿 12 月 31 日出生，第二天元旦，占两个年头，称两岁，而实际不过两天。周岁，是算年不算月。它的最大误差近 1 岁。如某人 25 岁零 11 个月 28 天，只算 25 岁。标准岁，是按某一标准时点（如 11 月 1 日 0 点）计算，此前出生算 1 岁，此后出生算 0 岁。它的最大误差为 11 个月。实岁，就是按实际出生的年月计算，有几年几个月就算几岁几个月。它的误差最小（不超过 1 个月），但不便于统计。这说明，即使是“年龄”这样一个最一般的调查指标，要把答案及其填写说明设计得准确，也不是一件容易的事情。当然，对准确性的要求应该适当。对于一般社会调查来说，采用人们比较习惯和便于统计的周岁计算方法就可以了。同样，做经济调查也应根据不同的实际需要，对准确性提出不同要求。以“国内生产总值”为例，对户、村一般可以“百元”“千元”为单位，对乡镇、县市可以“万元”为单位，对省、市则可以“亿元”为单位。一旦确定了具体要求，就应力争设计得准确一些。

6. 简明性

即设计的答案必须简明，而不应繁杂。一般地说，一个问题的答案不应超过 10 个，否则既不利于调查对象选择，又不利于调查者统计分析。如果客观答案超过了 10 个，就应该设计可满足绝大部分回答需要的 8～9 个主要答案，然后再设计一个概括性答案“其他（请说明）________”。这样，既符合了完整性要求，又达到了简明性目的。

此外，在设计答案时，最好为应对意外情况留下一点余地，建议问卷在最后为调查者记录意外情况或评价留一点空白。这样，也许能获得一些意料之外的可贵信息。

（二）相倚问题的接转

在对回答方式的设计中，应该特别注意相倚问题的接转。在调查问卷前后两个（或多个）相连的问题中，调查对象是否应当回答后一个（或几个）问题，要由他对前一个问题的回答结果来决定。前一个问题被称为“过滤问题”“筛选问题”，后一个（或几个）问题则被称为“相倚问题”。相倚问题是一种非常有价值的问题类型。一般地说，相倚问题的接转有以下几种方式。

（1）用文字说明。如：

12. 您有孩子吗？

① 有________。

② 无________。（若无，请直接回答第 13 题）

A. 有几个孩子？ ________________。

B. 现在有几个孩子与您一起生活？ ________________。

13. 您妻子在哪里工作？

（2）分层次排列。如：

您是否在业余时间学习某种专业技术？

① 是 □

为什么？ ______________________________。

② 否 □

为什么？ ______________________________。

（3）用框格表示。如：

您是否结过婚？

① 是（　　）

② 否（　　）

如果是，您第一次结婚时的年龄是________岁

（4）用线条连接。如：

您有正式职业吗？

① 有 ________

② 无 ________

（有→）您从事现在的职业已有几年？

① 2年以内 ________

② 2～5年 ________

③ 5年以上 ________

（无→）您待业已有几年？

① 1年以内 ________

② 1～2 年 ________

③ 2年以上 ________

总之，相倚问题的接转要简明、清晰，使调查对象一看就懂。如果是访问问卷，则可大大简化，只要访问者能看懂就行了。

（三）问卷设计中的常见错误

在设计问卷时，调查者经常会出现以下错误。

1. 概念抽象

概念抽象，是指概念操作化不到位，未能将抽象的概念转化为具体可测量的指标。例如：

从总体上看，你认为小米手机的营销策略如何？（请在合适答案号码上打“√”）

（1）合理　（2）基本合理　（3）存在一些弊端　（4）存在严重弊端　（5）不知道

一个企业的“营销策略”并非人人皆知。作为市场营销的专业术语，“营销策略”对于普通调查对象来说是一个抽象的概念。他们往往不清楚什么是“营销策略”，以致无法做出合适的回答。因此，类似“营销策略”之类的专业术语、学术语言、行业用语等，不要出现在问卷当中，应该通过概念的操作化尽量将它们转化成具体的指标。比如该问题可以从价格定位、促销方式、广告宣传等几个方面来询问调查对象，这样才显得更加明确。

2. 问题含糊不清

问题含糊不清，是指提问模糊，容易导致歧义，让人不清楚、不明白。例如：“您使用哪个牌子的洗发水？”这个问题表面上有一个清楚的主题，但仔细分析会发现有很多地方含糊不清。假如调查对象使用过多个品牌的洗发水，他对此可能就会有四种不同的理解或回答：第一种，回答最喜欢用的洗发水品牌；第二种，回答最常用的洗发水品牌（最常用的并不一定是最喜欢用的，比如受支付能力的影响）；第三种，回答最近在用的洗发水品牌；第四种，回答此刻最先想到的洗发水品牌。另外，这个问题在使用时间上也不明确：上一次？上一周？上一个月？上一年甚至更长时间？这些都可由调查对象随意理解，通过这样的问题显然无法收集到准确的资料。导致问题含糊不清的原因，往往是问卷设计者自身没有弄清楚为什么要提这个问题，或者是没有想好将如何对这个问题的回答进行分析。

3. 问题带有倾向性

问题带有倾向性，是指提问没能做到客观性和中立性。社会调查的基本宗旨是客观、中立，不仅研究者自身应该遵循，而且必须将其贯彻于调查研究的各个环节之中。合格的问卷也应该是“中立”的，问题和答案设计不能够带有某种倾向性，否则，调查对象就有可能被诱导甚至被误导，给出不是自己真实意愿的答案。例如：

教育专家认为长时间看电视对青少年成长不利，您认为呢？（请在合适答案号码上打“√”）

（1）不利　（2）无明显影响　（3）有利　（4）不知道

本例中问题的这种提法无疑带有明显的肯定倾向，“教育专家认为”无疑会给回答者带来一种心理压力或者说是一种心理暗示，势必形成对他们的一种诱导。如果题目改为

“您认为长时间看电视对青少年成长有什么影响”就可以消除这种倾向性，而且与答案也更为一致。

4. 问题具有多重含义

问卷设计的基本原则是“一问一答”“有问有答”，即每一个问题只能问一个方面，如果提问中同时包含了两个甚至两个以上的方面，就会导致调查对象无法做出回答。例如：

您和您家人对目前的住房条件是否满意？（请在合适答案号码上打“√”）

（1）不满意　（2）无所谓　（3）满意

问题询问的对象不仅是调查对象，而且包括了调查对象的家人。不同人由于在年龄、性格、职业、文化程度等方面存在差异，所以对住房条件的感受一般有所不同。年轻人对住房条件的要求可能会高点，而年长者可能就比较容易满足于现有的住房条件。这样一来往往会导致调查对象无法回答问题。因为调查对象自己对住房条件或许会感觉不满意，而其家人却可能感觉满意。当然，结果也可能相反。

5. 问题与答案不协调

在封闭式问题中，问题和答案是一个不可分割的整体，两者之间必须相互协调，密切配合。简而言之，即提什么问题，就准备什么答案，而不能出现“答非所问”的情况。例如：

您对我公司的售后服务是否满意？（请在合适答案号码上打“√”）

（1）服务态度不好　（2）服务不及时　（3）服务网点太少　（4）服务很到位

问的是“对我公司售后服务的满意程度”，对应的答案应该是“很不满意、不满意、无所谓、满意、很满意”等等。只有当问的是“您对我公司的服务还有什么意见”时，才可以采用上述答案。

6. 答案设计不合理

研究者在进行问卷的答案设计时一般都会自觉遵守完整性与互斥性这两个基本要求，但往往会忽视答案设计中可能出现的另外一些问题。例如：

您对孩子的期望是什么？（任选两项）

（1）学文化　（2）学技术　（3）经商　（4）做一个好人　（5）无所谓

以上问题的选项存在多个评价标准，答案中的“学文化”和“做一个好人”，在内容上并不处于同一层次。答案设计明显不合理。

又如：

您是否上网？

（1）经常　（2）有时　（3）很少　（4）每天都上一会儿

“经常”是表示行为频率的常用词，但究竟什么是“经常”，不同的人可能会有不同的理解。对于上网，年轻人可能认为 1 天 10 个小时叫作“经常”，而他们的父母可能认为 1 天 1 个小时就已经算“经常”了。所以，应当将提问转化为“请问您每天上网多长时间”等等，将行为频率具体量化。

7. 表格设计不规范

问卷中如果设有表格式问题，那么表格的形式要正确。一般而言，问卷设计中表格约定俗成的形式是主项在左，次项在上，主项是提问，次项是回答，不可颠倒，否则就会让人感觉不太专业。例如表 9-3：

表 9-3　您觉得下列现象在您就读的学校是否严重?

	迟到	早退	请假	旷课
很严重				
比较严重				
不知道				
不太严重				
不严重				

主项是问“现象”，次项是回答“严重程度”，不能颠倒。因此，“现象”应该在表格的左边，而“严重程度”应该在表格的上边。

总之，问卷设计者应该对问卷进行反复推敲，尽量避免错误的发生，以提高问卷的客观性与有效性。

五、编码

所谓编码，就是对问卷中每一个问题、每一个答案、每一项记录编定一个唯一的代码，并以此为依据对问卷进行数据处理。

问卷编码的对象，主要是问题和答案。对问题的编码，要求对每一个询问问题都要编定一个代码，并且一般在设计问卷时编定。对答案的编码，有前编码和后编码之分。所谓前编码（或预编码），是指在调查之前就已编定的代码。封闭型回答的每一个答案，在设计问卷时就设计了代码，因而都是前编码。所谓后编码，是指在调查之后再编定的代码。开放型回答的答案，只有在调查结束后才知道，只能根据答案的具体情况编定代码，因而都属于后编码（有关后编码问题，将在第十三章“整理资料”中论述）。此外，调查对象的地址、类别、户或人的标志，调查开始时间、结束时间和实际使用时间，调查完成情况，调查员姓名及对回答的评价，审核员姓名及对审核的看法，录入员姓名及对录入的看法，等等，也应该编码。因为，这些数据对于问卷分类、数据录入和统计分析具有一定的参考意义。

为了便于计算机录入和处理，一般编码都由 A、B、C、D 等英文字母和 1、2、3、4 等阿拉伯数字组成。编码的主要任务是：（1）确定代码，即对每一份问卷、每一个问题、每一个答案，以及问卷中的每一项内容，确定一个唯一的代码。例如，A1、A2、A3、A4，Q1、Q2、Q3、Q4，等等。（2）编定位数，即根据调查对象人数，问题、答案等内容所包含的数量，编定每一个代码的位数。例如，调查对象人数在 100 人以下的，代码就编定为 2 位数；在 1 000 人以下的，代码就编定为 3 位数。同样，根据问题、答案等内容所包含的数量，也要分别编定它们的位数（即1～9 为 1 位数，1～99 为 2 位数，1～999 为 3 位数，1～9999 为 4 位数）。(3) 设计填写方式，即设计每一个代码的填写方式。常用的方式有：□ □ □，（ ）（ ）（ ），____、____、____，等等。

例如，调查对象的地址、类别、户或人的标志的编码，可以设计为：

省编码	地市编码	县市编码	乡镇编码	村编码	类别编码	户（人）编码
A1	A2	A3	A4	A5	B1	C1
□□	□□	□□	□□	□□	□□	□□□

又如，问题及其答项的编码，可以设计为：

Q1 您的性别：

01 男（ ）；02 女（ ）

Q2 您的文化程度：

q1 文盲或半文盲 □	q2 小学 □	q3 初中 □
q4 高中或中专、技校 □	q5 大专 □	q6 大学本科 □
q7 硕士 □	q8 博士 □	

再如，对家庭成员基本情况的编码，可以设计为表 9－4：

表 9－4 家庭成员概况调查表

A. 与回答人的关系	B. 性别	C. 年龄	D. 文化程度	E. 职业	……
	01 男 02 女	按周岁填写（即算年不算月）	01 小学及以下 02 初中 03 高中、中专、技校 04 大专 05 大学本科 06 硕士及以上	01 单位负责人 02 专业技术人员 03 办事人员和有关人员 04 商业和服务业人员 05 农林牧渔业人员 06 生产工人和有关人员 07 军人 08 其他人员	……
1. 回答人	□□	□□	□□	□□	……
2.	□□	□□	□□	□□	……
3.	□□	□□	□□	□□	……
4.	□□	□□	□□	□□	……
……	……	……	……	……	……

此外，还应该对某些数字赋予特定的含义，例如，规定 7、97、997 为“不适用”，8、98、998 为“不清楚”，9、99、999 为“不回答”，等等。

第四节 问卷调查的实施

在问卷调查实施过程中，要明确问卷调查的一般程序，做好调查员的培训和督导工作，尤其要努力提高问卷回复率，搞好无回答和无效回答研究，等等。

一、明确问卷调查的一般程序

问卷调查的一般程序是：设计调查问卷，选择调查对象，分发问卷或开展调查，回收问卷、审查问卷。然后，再对问卷调查结果进行统计分析和理论研究。

设计调查问卷，上面已经提到，一般要经历四个步骤：做好准备工作、设计问卷初稿、评审和试调查、修改和定稿。

问卷调查的对象，既可以用抽样方法选择，也可以把有限范围内（如一个车间、一个村组、一个班级、一个居委会）的全部成员作为调查对象。问卷调查的回复率和有效率一般不可能达到100%，因此确定的调查对象应该多于研究对象。

分发问卷有多种方式，目前一般采用网络发布、电话访问、登门访问等方式。采用后两种方式，应认真做好调查员的培训和督导工作。调查员及时、准确地解答调查对象的疑问，做些口头说明，消除调查对象的疑虑，将有利于提高问卷的回收率和有效率。

回收问卷是问卷调查的重要环节。实践证明，访问问卷回收率较高，电话访问问卷的回收率不稳定，网络发布回收率较低。

在回收的问卷中，总会有一些不合格的无效问卷，如果不审查就直接录入、做统计分析，很可能会被迫中途返工或降低调查质量。因此，对回收的每一份问卷都进行严格审查，是问卷调查不可缺少的环节。只有坚决淘汰一切不合格的无效问卷，把调查数据的整理加工建立在有效问卷的基础上，才能保证调查结论的可靠性和科学性。

二、做好调查员的培训和督导工作

调查员是研究者与调查对象联系的中介，调查员的素质和工作状况，对调查工作成败、调查质量高低往往起决定性作用。因此，认真做好调查员的培训和督导工作，是搞好问卷调查的重要环节。

（一）培训必须求实

目前，担任调查员工作的主要是大、中专院校的学生和行政、企业、事业单位的基层工作人员。这两类调查员各有特点：前者文化知识较多，求知欲望较强，在有报酬的情况下调查热情也较高，但是，他们比较缺乏社会知识和人际交往经验，在问卷调查过程中往往是照本宣科提问题、按照回答做记录。因此，对这类调查员的培训，应着重提高三种能力，即把问卷书面语言转换成口头语言的能力，对调查对象回答是否真实、全面、准确的判断能力，以及在调查对象不太合作的情况下应对和处置的能力。后者社会知识和人际交往经验较多，责任感一般较强，但是，文化水平参差不齐，求知欲望有高有低，在问卷调查过程中往往不严格按照问卷要求询问问题，甚至根据自己的判断填答问卷。因此，对这类调查员的培训，应着重提高三种认识，即对研究课题重要性的认识、对问卷设计指导思想和具体要求的认识、对如实记录调查对象回答要求的认识。

（二）指导必须具体

在问卷调查的不同阶段，指导重点应有所不同：初期及时发现问题，搞好质量控制；中期加强薄弱环节，提升调查质量；后期严格控制质量，就地补充调查。此外，还应解决好几个共性问题：首先，要用好卷首语。必须从调查对象的实际情况出发，怎样有利于说明“卷首语”的基本要点，就用什么样的方法，而不应强求一律。其次，要善于提出问题。关键是要把书面语言恰当地转换为口头语言，而不应按照问卷的书面语言照本宣科地提出问题。再次，要正确判断回答。对于调查对象的回答，可通过观察验证的应该当即观察验证（如住宅面积、结构，以及耐用消费品，等等），不能通过观察验证的则应思考是否真实、全面、准确。凡是有疑问的，应适时引导或追询。最后，要如实做好记录。问卷的全部内容，包括问卷末尾的“调查结束时间”、调查员“对回答的评价”，都应该当场填写，不然时过境迁就忘记了。

（三）监督必须有效

在访问问卷调查中，要实施两种监督：一是对调查过程的监督，即在调查现场监督调查员是否按照规定程序开展调查工作，凡不符合规定程序的做法，如调查员未按规定到达调查场所，不按抽样样本入户调查，入户后不按规定抽取回答人，等等，都应及时发现、及时纠正。二是对调查问卷的监督，它一般可分为调查员自查，调查组成员互查，调查组组长、分队长或指派专人抽查三种方法。对调查问卷的监督检查，一般应在调查当地进行，这样有利于就地发现问题、就地解决问题。在电话问卷调查中，主要有两种监督方法：一是电话回访，即由调查组织者或指派专人按照抽样调查的电话号码回访调查对象，检查有关调查问卷填写的若干内容是否确系调查对象的回答，是否与调查对象的再次回答一致。如果确系调查对象的回答，而且两次回答一致，则认定调查可靠。如果确系调查对象的回答，但两次回答不一致，则应弄清楚不一致的原因，并及时纠正。如果不是调查对象的回答，而是调查员的任意填写，则应重新调查并对调查员做出严肃处理。二是在计算机辅助电话访问中，应充分发挥督导员的作用，通过起监视作用的计算机及时发现和解决访问过程中的问题。

三、提高问卷回复率

提高问卷回复率是问卷调查的一个关键问题。因为，问卷回复率是有效率的基础，是整个问卷调查成败的重要标志。影响问卷回复率的因素有很多，要提高问卷回复率，必须从下述几个方面努力。

（一）争取知名度、权威性高的机构支持

问卷调查主办者的知名度和权威性，往往会影响调查对象对问卷调查的信任程度和回答意愿。一般来说，党政机关主办的调查回复率较高，企事业单位主办的调查回复率较低；专业性机构主办的调查回复率较高。因此，要提高问卷回复率，应尽可能争取知

名度高、权威性高、专业性强的机构来主办调查，或者取得它们对问卷调查的公开支持。

（二）挑选恰当的调查对象

调查对象的合作态度及理解、回答书面问题的能力，对问卷回复率往往产生很大影响。一般来说，对问卷调查内容比较熟悉的调查对象，有较强文字理解能力和表达能力的调查对象，初次或较少接受问卷调查的调查对象，回答问卷的积极性较高。因此，在不违反抽样原则的前提下，根据问卷内容和难易程度选择恰当的调查对象进行调查，对于提高问卷回复率具有重要意义。

（三）选择具有吸引力的调查课题

调查课题是否有吸引力，往往会影响调查对象的回答意愿和兴趣。实践证明，社会重大问题、社会热点问题、切身利益问题，以及具有新鲜感或奇异性的特殊问题，往往会引起调查对象的兴趣和回答积极性，问卷回复率就可能较高；反之，问卷回复率就可能较低。因此，根据不同时期、不同地区、不同对象的实际情况，选择具有吸引力的调查课题，是提高问卷回复率的一个重要条件。

（四）提高问卷的设计质量

问卷设计质量，对问卷回复率和有效率往往产生巨大的甚至决定性的影响。问卷设计质量不仅取决于问卷的内容、问题的表述和结构以及回答的类型和方式，同时也取决于问卷的形式、长度和版面。一般来说，内容恰当、篇幅简短、形式活泼、版面清晰的问卷，回复率和有效率可能较高；反之，回复率和有效率就可能较低。问卷内容不当、篇幅冗长、形式呆板、版面庞杂，是造成回复率不高、有效率更低的一个重要原因。

（五）采取回复率较高的调查方式

调查方式对问卷回复率有重大影响。实践证明，电话问卷调查的最终回复率一般可达50%左右，访问问卷调查的最终回复率可达到80%左右。因此，在条件许可的情况下，应尽可能采取电话问卷调查、访问问卷调查方式进行调查。

四、搞好无回答和无效回答研究

问卷调查总会出现无回答和无效回答的情况，对这两种情况都不能轻易放过，而应进行认真研究。因为：首先，它是正确评价调查结果的需要。只有弄清了无回答和无效回答调查对象的具体情况，才能正确说明调查结论的代表性和有效范围。其次，它是总结和改进调查工作的需要。无回答和无效回答有调查对象方面的原因，但主要原因在调查者方面。因此，弄清无回答和无效回答的原因，有利于总结经验、吸取教训，改进调查工作。

对无回答的研究，面对不同调查方式应采取不同方法。对于电话问卷调查、访问问卷调查的无回答现象，应当即弄清楚无回答原因。网络问卷调查的无回答研究比较困难。因为，回答的问卷一般是匿名的，很难弄清回答者和无回答者究竟是谁。但也不是毫无办法，例如，可根据回复问卷的 IP 地址，弄清哪些地区回复率高，哪些地区回复率低，然后派人到回复率低的地区去做访问问卷调查。总之，无回答研究是困难的，但也不是毫无办法。只要想方设法去做，总是会弄清楚某些情况的。

对无效回答的研究，应以被淘汰的无效问卷、无效答案为依据。要研究无效回答的类型、频率和原因，看看哪些是个别问题，哪些是共性问题。一般来说，凡属带共性的问题都与问卷设计有关，或者是问题选择不当，或者是问题结构不够合理，或者是问题表述不准确，或者是回答方式不符合实际，或者是对回答的指导、说明不清楚，或者是问题接转不明晰，等等。总之，应把问卷设计中存在的问题作为研究重点，并根据研究结果来改进问卷设计工作。

总之，问卷调查法是与现代社会相适应的一种调查方法，是人们大容量、宽领域、高效率、定量化地了解社会情况的重要途径和有效方法。但要注意以下几点：问卷调查法是一种书面调查方法，只能获得书面信息，而不能了解到生动、具体的社会情况。问卷的设计是统一的、标准化的，没有变通余地，难以适应复杂多变的实际情况，因此，它绝不能代替直接调查方法。特别是对那些新事物、新情况、新问题的研究，最好将问卷调查法与其他调查方法结合起来使用。另外，问卷设计需要特别小心，避免出现重大缺陷，造成整个调查的损失。要防止调查对象随便敷衍、任意打钩画圈，或遇到对问题不理解、对回答方式不清楚等情况时不能得到具体指导，从而影响回答的质量。

本章要点

1. 问卷调查法，就是调查者运用统一设计的问卷向调查对象了解情况或征询意见的调查方法。它是标准化的、间接的、书面的、定量的、抽样的调查。

2. 设计问卷的原则是目的性、客观性、简明性、适应性和针对性。

3. 问卷中询问的问题可分为四类，即背景性问题、客观性问题、主观性问题和检验性问题。

4. 问题的结构，一般应该按照问题的性质或类别、问题的时间顺序、问题的复杂程度或敏感程度排列。问题的排列，一般应该有逻辑性，但在特殊情况下也可对某些问题做非逻辑安排。

5. 表述问题的要求是具体性、单一性、通俗性、准确性、简明性、客观性、肯定性和委婉性。对隐私性、敏感性、威胁性强的特殊问题，可采取释疑法、假定法、转移法和模糊法来表述。

6. 设计答案的要求是相关性、同层性、完整性、互斥性、准确性和简明性。

7. 问卷调查的一般程序是：设计调查问卷，选择调查对象，分发问卷或开展调查，回收问卷、审查问卷。然后，再对问卷调查结果进行统计分析和理论研究。

基本概念

问卷调查法　开放型回答　封闭型回答　混合型回答　编码

思考与练习

1. 什么是问卷调查法？设计问卷应该掌握哪些原则？应该遵循哪些步骤？

2. 询问的问题有哪些种类？其结构应该如何安排？

3. 对特殊问题应该采取哪些方式表述？

4. 回答方式有哪些类型？封闭型回答有哪些方式？

5. 如何做好调查员的培训和督导工作？

6. 如何进行无回答和无效回答研究？研究的意义何在？

7. 在互联网上找一份问卷，运用所学的问卷设计知识，从容易犯的错误角度对问卷进行讨论。

推荐阅读书目

1. 风笑天．社会调查中的问卷设计．3 版．北京：中国人民大学出版社，2014.

2. 王卫东．数字时代的问卷调查：LimeSurvey 的综合应用．北京：中国人民大学出版社，2023.

3. 布拉德伯恩，萨德曼，万辛克．问卷设计手册．重庆：重庆大学出版社，2011.

4. 布莱尔，扎加，布莱尔．抽样调查设计：问卷、访谈和数据收集．重庆：重庆大学出版社，2022.

知识点

好问题的设计原则

困难与对策

概念的操作化如何设计？

第十章

网络调查法

近年来，随着智能电子设备和社交媒体的广泛应用，PC端和移动端网络已经延伸到社会生活的每个角落，调查数据收集的方法变得越来越多样，尤其是网络调查日益发展，成为重要的信息收集技术。

第一节　网络调查法概述

网络调查是在互联网日益普及的背景下经常采用的调查方法，是一种省时、省力、省钱的调查方法。

一、网络调查的概念及特点

（一）网络调查的概念

网络调查，又称为网上调查、在线调查，是指根据一定目的，运用计算机和网络技术搜集信息，然后分析研究、得出结论的调查方法。其构成包括三个部分：用户、调查系统、参与人群。

网络调查发端于20世纪90年代，兴起于21世纪初。1994年，美国佐治亚理工学院的图形、可视化和可用性中心进行的关于互联网使用情况的调查，被认为是最早的网络调查。在国内网络应用技术领域，随着云计算平台以及WAP技术的普及应用，特别是4G、5G手机和无线移动终端产品的普及，网络多媒体用户飞速增长，网络调查也逐渐为调查者所青睐。

利用互联网进行调查有两种方式：一种是利用互联网直接进行网上问卷调查、网上讨论、网上测验和网上观察，从而收集一手资料，这种方式一般被称为网上直接调查，或称网络互动调查；另一种方式是利用互联网的媒体功能，从互联网上收集二手资料，发现和挖掘有价值信息，这种方式一般被称为网上间接调查，或称网络信息调查。

（二）网络调查的特点

网络调查可以充分利用互联网的特性，这使其具有了传统调查手段和方法所不具备的特点和优势。特别是网上问卷调查有以下特点。

1. 及时性和广泛性

网络调查是基于计算机和网络技术展开的数据搜集方法，计算机和互联网大大提高了问卷制作、问卷发放、数据清理、质量评估、调查报告撰写等工作的效率，往往只需要几天时间就可得出有意义的调查结论，其速度和效率是传统调查无法比拟的。同时，智能手机和移动互联网的普及，使网络调查突破了时间和空间条件的限制，接触到更多的社会大众。网络调查还可以充分发挥计算机和网络技术的优势，综合运用图像、声音、文本和视频等多种形式搜集和反馈信息，从而提高了调查活动的生动性和吸引力。目前，网络调查在市场调查、学术调查中应用广泛，社情民意调查成为网络调查的主要应用领域，专业的社会调查团队也逐渐使用网络问卷代替纸质问卷开展社会调查。

2. 交互性和共享性

网络的最大特点是交互性。在网络调查中，调查对象可以及时就问卷相关问题提出自己的看法和建议，这样可减少因问卷设计不合理导致的调查结论偏差。网络调查是开放的，调查对象填答完成，数据经过统计软件初步处理后，包括调查对象在内的所有参与者都可以马上查看阶段性的调查结果。

3. 超时空性和客观性

网络调查超越了时空限制，可以全天候地利用各种网络平台开展调查；可以扩大调查范围，凡有网络的地方都可开展调查。调查对象在完全自愿的原则下参与调查，调查的针对性更强，不受外界干扰，隐匿性强，因此问卷填写信息可靠、调查结论客观。特别是调查对象更可能对一些隐私性、敏感性问题做出比较真实的回答。

4. 低费用和便捷性

网络调查是一种低成本的社会调查，运用计算机和互联网制作问卷、发放问卷、清理数据、评估质量、撰写调查报告，可以节省印刷问卷或表格、组织人员调查、录入数据等方面的人力、财力、物力和时间；网络调查的参与者可独立、隐私、自由地选择最方便的时间和空间参与调查，可匿名、从容地回答问题。

二、网络调查的类型

按照调查方式和信息来源的不同，网络调查可分为两类，即网络互动调查和网络信息调查。

（一）网络互动调查

目前常用的网络互动调查主要有网上问卷调查、网上讨论、网上测验和网上观察等。

1. 网上问卷调查法

网上问卷调查法，就是调查者在网上发布问卷，调查对象在网上填答、提交问卷，调查者对调查对象所反馈的信息进行研究并得出结论的调查方法。根据采用技术的不同，网上问卷调查有四种具体做法：

（1）网站法。即将问卷放置在网站上，由调查对象自愿填写。目前常用的问卷调查网站有金数据、问卷网、问卷星和调查派等。在这种网站上，调查者可生成问卷，向调查对象发送问卷链接，并从后台收集和查验数据。

（2）电子邮件法。即通过电子邮件发送问卷，调查对象填答问卷后，再通过电子邮件向指定邮箱提交问卷。

（3）微信小程序法。即通过微信小程序（比如“问卷星”微信小程序）发放电子问卷。现在人们使用微信的频率要远高于电子邮件，因而通过微信小程序制作电子问卷，可以及时发送至调查对象的微信，及时提醒调查对象填写，还便于用户之间相互转发，扩大调查范围。

（4）二维码法。即将电子问卷转换为二维码，然后以印刷或在线媒体形式发布。这样，所有具有配备了二维码阅读器的智能手机的人，都是问卷调查的潜在参与者。例如，在硬件产品评估调查中，将二维码印刷在硬件上，愿意参加调查的人通过配备了二维码阅读器的智能手机扫码，就能参加调查。二维码法在日常生活中已得到了非常广泛的应用。

2. 网上讨论法

网上讨论法，就是调查者在网上提出问题，组织参与者在网上讨论，通过网上讨论收集信息和数据，经分析、研究后，在网上发布讨论结果的方法。网上讨论法，是集体访问法在网络上的应用。过去，西方学者开展网上讨论，一般比较喜欢通过 BBS、Newsgroup、ICQ、IRC、NetMeeting 等交互平台实施。目前，国内开展网上讨论常用的平台有以下两类：

（1）社交平台。社交平台是指互联网上基于用户关系的内容生产与交换平台，是人们彼此之间用来分享观点、意见、见解和经验的工具和平台。如微信、QQ、微博、知乎、豆瓣、陌陌等。这些平台各有特色，比如：微信和 QQ 主要用于即时通信，微博是人们在线创作、分享和发现内容的领先社交媒体平台，知乎是一个高质量内容社区，豆瓣则更偏向于文艺青年的聚集地，而陌陌是基于地理位置的移动社交工具。

（2）网络会议平台。网络会议平台有很多，例如：腾讯会议、Zoom、钉钉和云视讯。腾讯会议是腾讯公司推出的一款视频会议服务软件，适用于个人用户和小型企业。Zoom 是一款流行的视频会议软件，广泛用于远程办公、在线教育、虚拟会议等场景；它支持多种平台，提供音视频通话和屏幕共享功能。钉钉是阿里巴巴集团推出的企业级云会议服务软件，集成了音视频通话、屏幕共享、文件传输等功能，适用于各种企业场景。云视讯是一款以智能手机、平板电脑、个人电脑等便携式设备为载体的客户端软件，提供方便快捷的多方视频会议功能，支持文档、桌面、白板多重共享，支持提问、会议聊天，支持与传统语音、高清终端会议的融合互通。

网上讨论的优点是，环境虚拟、身份隐秘，参与者顾虑较少，往往能聊出许多真情况、真想法，能获得大量真实的信息。其缺点是，参与者的地域分布、社会背景无法知晓，反映的事实和数据难以核实。如果缺乏有效调控，那么网上讨论有可能为少数不负责任者编造谎言、发泄私愤提供机会。此外，由于难以引导和控制讨论过程，访问质量往往难以保证。

3. 网上测验法

网上测验法，就是调查者通过网络发出含有测验内容的问卷或电子邮件，请调查对象回答问卷或电子邮件中提出的问题，然后调查者对测验所得信息进行分析、研究，并得出测验结论的方法。

网上测验的内容非常广泛，如素质和态度、产品购买意向、各种社会热点问题等，都可成为测验的内容。例如，2009 年 1 月，美国司法部为测验其员工是否容易受骗，在互联网上泄露个人信息，向其员工发送了电子邮件。这封电子邮件写道，如果员工“节俭储蓄计划”账户的存款因股市大跌损失超过 30%，就可以获得援助。欲得援助者必须于 1 月 31 日前在一家网站上填写相关账户信息。虽然一些警惕性高的员工告诫同事不要上当，但是这封电子邮件依然在司法部引发了焦虑风潮。①

4. 网上观察法

网上观察法，是调查者进入网络聊天室观察参与者的网络聊天情况，并按事先设计的观察项目和要求做记录，然后进行分析和对比研究，并得出观察结论的方法。

网上观察法，可分为网上直接观察法和网上间接观察法。

（1）网上直接观察，又可分为网上参与观察和网上非参与观察。网上参与观察，是指观察者作为被观察者的一员参与聊天活动，在聊天过程中实施观察；网上非参与观察，是指观察者不公开自己的身份，不参与聊天活动，对被观察者围绕某个主题开展的聊天活动，不实施任何引导和干预，静观被观察者的言论和态度，并得出网上观察的结论。

（2）网上间接观察，就是利用网络技术对网站访问情况或网民在网上的行为进行监测和观察。如法国的 NetValue 公司对网络用户网上行为的监测，号称“基于互联网用户的全景测量”。它的做法是：首先，通过计算机辅助电话调查系统获取大量用户的人口统计资料。其次，从上述资料中抽出样本户，并从中招募自愿受试者。最后，在自愿受试者的电脑上安装有关软件，并通过此软件记录自愿受试者的全部网上行为。这种做法的独特之处在于：一方面，其观察基于自愿受试者，可以全面了解网站和用户情况，而一般的网上间接观察基于网站，只能通过网站计数器来了解访问量和停留时间等情况。另一方面，其是目前世界上唯一基于 TCP/IP 进行的观察，不仅能记录用户访问网站的情况，而且能记录用户上传和下载软件、收发电子邮件等网上行为，因此被称为“全景测量”。

网上观察，特别是网上非参与观察，主要是一种间接观察，因而往往能获得许多真

---

① 美国司法部“忽悠”员工 测试是否容易受骗.（2009-01-31）[2023-08-13]. https://news.sohu.com/20090131/n261981597.shtml.

实情况和思想动向，是一种有效的调查方法。

（二）网络信息调查

网络信息调查，就是调查者对网络上贮存的文本、数据、图形、视频等信息，进行搜索、筛选、下载，然后进行研究并得出结论的调查方法。

1. 网络信息调查的方法

网络信息调查有三种方法：

（1）网上文献调查法，是指调查者依据一定目的和课题，通过网络检索、阅读、获取文献资料的方法。目前，部分网站或平台还提供简单的文本分析，或具备“词云”功能，为调查者提供直观的可视化分析。调查者只要有明确的调查目的、具体的研究范围，以及一定的网络搜索技术，就可使用这种方法开展调查。运用网上文献调查法搜索文献，不需要大量调查员和设备，可节省人力、财力、物力和时间，可搜索到大量的文献，是一种极为便利、高效的文献调查方法。

（2）网上数据调查法，是指调查者依据一定目的，通过网络检索、阅读、获取数据资料的方法。调查者只要有明确的调查主题和数据需求，掌握一定的网络搜索技术，就可使用这种方法开展调查。例如，研究地区之间的收入差距及其变化趋势，只要通过搜索国家统计局网站，就可获取中国所有地级市近 20 年的 GDP 数据，并据此来分析地区之间的收入差距及其变化趋势。通过网上数据调查法获取资料，可节省收集、整理资料的时间，其缺点是失去了资料的原始性、真实性和可靠性，使自己的研究在一定程度上受到资料的限制和影响。

（3）特定软件调查法，就是利用某些网站或平台的软件、某些手机 App，来调查、获取有用信息或数据的方法。例如，百度、谷歌等网络搜索引擎提供了与网络浏览行为相关的简单数据。目前，市面上有许多对社会调查来说使用十分方便的商业软件（如锐研社会科学专题数据库、新浪微舆情、好搜指数等），能提供自动集成数据；还有一些商业软件（如“八爪鱼”），可提供简单的网页爬取服务。但需要注意的是，那些免费爬虫软件，虽然可以爬取到某些数据，但是其质量难以保证。现在，很多公共网页都加入了防爬虫功能，因而利用免费爬虫软件更难获取到高质量的信息或数据。

2. 网络信息调查的主要网站或平台

为了提高网络信息调查的可靠性、有效性和权威性，必须慎重选择网络信息调查的网站或平台。选择网络信息调查网站或平台的基本要求是：信息来源的权威性和可靠性；信息内容的广泛性和适用性；信息时间的连续性和时效性；信息形式的多样性和丰富性。以下提供若干类网站或平台，供参考。

（1）文献类信息检索网站或平台。

中国知网（http://www.cnki.net）；

维普资讯数据库（http://www.qikan.cqvip.com）；

万方数据资源系统（http://www.wanfangdata.com.cn）；

高等教育文献保障系统（http://www.calis.edu.cn）；

中文社会科学引文索引（CSSCI）（http://www.cssci.nju.edu./login_u.html）；
古籍馆（http://www.gujiguan.com/#/）。
（2）统计类信息检索网站或平台。
国家宏观统计数据：国家统计局官网（http://www.stats.gov.cn）；
教育类数据：中华人民共和国教育部政府门户网站（http://www.moe.gov.cn）；
医疗卫生类数据：中华人民共和国国家卫生健康委员会官网（http://www.nhc.gov.cn）；
财政类数据：中华人民共和国财政部官网（http://www.mof.gov.cn）；
环境保护类数据：中华人民共和国生态环境部官网（http://www.mee.gov.cn）；
科技类数据：中华人民共和国科学技术部官网（http://www.most.gov.cn）；
劳动与社会保障类数据：中华人民共和国人力资源和社会保障部官网（http://www.mohrss.gov.cn）。
（3）政策类信息检索网站或平台。
中国政府网（http://www.gov.cn）；
人民日报图文数据库（http://data.people.com.cn/rmrb/20240608/1? code=2）；
新华网（http://www.xinhuanet.com）；
光明网（http://www.gmw.cn）；
中国共产党思想理论资源数据库（http://data.lilun.cn）；
学习强国网（http://www.xuexi.cn）。
（4）二手调查资料网站或平台。
中国综合社会调查数据库（http://cgss.ruc.edu.cn）；
中国家庭追踪调查（http://www.isss.pku.edu.cn/cfps）；
中国社会质量基础数据库（http://csqr.cass.cn/index.jsp）。

第二节　网络调查的步骤和方法

网络信息调查，主要是调查者的个人活动，其步骤和方法比较简单：一是确定调查主题和内容；二是选择合适的网站或平台；三是逐步搜索、阅读和下载。

网络互动调查，大都涉及众多调查对象或参与者，必须事先制订调查计划，逐步实施，才能达到预期目的。网络互动调查的步骤和方法如下。

一、制订调查计划

制订网络互动调查计划，一般应该包括以下内容：
（1）明确调查主题。
从理论上说，凡是适合使用传统调查方法的主题，都适合使用网络调查法。从实践上看，确定网络调查主题应该注意三个问题：一是突出选择网民最盼、最急、最忧、最怨的问题。中国互联网络信息中心（CNNIC）第53次《中国互联网络发展状况统计报告》显示，截至2023年12月，中国网民规模达10.92亿人。他们是网络调查的对象，选择他们最关心、最热衷的主题，通常更有可能取得较好的调查效果。二是重点选择网民的看法、态度、感受、愿望等主观层面的主题，而不宜以客观事实为主。因为网络调查所获得的主要是书面、口头信息，只宜于回答看法、态度、感受、愿望等主观精神状况方面的问题。至于客观事实方面的问题，一般都无法查证或核实，无法做出准确评价。三是适当选择不宜面对面调查的主题。网络调查可充分发挥隐匿性特点，适当选择一些敏感性、隐私性主题开展调查，调查对象的精神压力较小，因而往往能获得比较真实、具体的回答。目前，国内外网络调查的主题，大都以民意调查、市场调查为主，但有关人口学、社会学、心理学、大众传播学、教育学、医学学科的主题也相当普遍。

（2）明确调查目标。调查要解决什么问题？解决到什么程度？达到什么样的目的？调查成果采取何种形式发布？调查成果的社会作用目标是什么？是做学术探讨、供决策参考，还是进行思想教育、影响社会舆论？对于这些，都应该做出明确设计。如果只做初期探索性研究，不做精准的统计推断，那么网络问卷调查是非常不错的选择。

（3）拟定调查内容。根据调查目标，设计调查提纲、问卷、表格或讨论提纲等工具，其核心是设计出符合实际、便于操作的调查指标。

（4）寻求合适对象。调查者无法选择网络互动调查的对象，而只能根据调查对象反馈的信息做统计分析。但是，如果通过电子邮件发送问卷，则可根据调查主题的需要，借助层次过滤寻找适合的回答者。对于某些敏感性、隐私性主题（如同性恋、吸毒等），使用特定的App则可相对容易地锁定潜在的调查对象。

（5）选择调查载体。根据调查主题和调查对象的特点，选择合适的网站或平台作为调查载体。作为调查载体的网站或平台，应该符合两个条件：一是满足调查主题和内容的需要；二是有较多潜在调查对象。

（6）明确调查时间。应明确规定调查截止时间，调查一般持续10～15天。民意调查、市场调查，应选择在有关民意、市场最活跃的时间开展调查，持续时间不能太长，否则会影响调查的时效性。

此外，为提高调查对象参与的积极性，可向调查对象提供免费礼品、调查报告等；向调查对象承诺并且做到有关个人隐私的信息不会被泄露和传播；对调查员（包括资料整理人员、统计分析人员）、调查经费（尽管网络调查成本低廉，但仍需必要的投入）等，也应做出适当安排。

二、设计调查工具

调查者应根据调查内容和方法的需要设计调查工具。例如，采用网上问卷调查法，就应设计网络调查问卷；采用网上讨论法、网上测验法、网上观察法，就应设计讨论提纲、测验卡片、观察表格等工具。以网络调查问卷为例，其大体有三种方式：

（1）简单方式。即通常只询问1个问题，设计3～5个答项（如：赞成、反对、说不好，完全同意、比较同意、无所谓、比较反对、坚决反对）。其特点是问题单一，回答简明，填写方便，统计分析快速，时效性较强。对社会热点、突发事件进行调查，一般采用这种方式。

（2）组合方式。即将调查主题分解为若干子题，每个子题设计3～4个问题，每个问题设计3～5个答项，共同组合成一份问卷。其特点是询问问题较多，填答较难，但可对调查主题进行多侧面、多视角调查，可获得较具体、较多样的信息。对某些较为复杂或较为专业的问题进行调查，多采用这种方式。

（3）完整方式。其内容一般包括：调查对象的基本情况（如性别、年龄、文化程度、居住地址、行业、职业等个人或家庭的背景情况），按一定逻辑关系展开的询问问题及其答项，对填答问卷的意见或建议，等等。其特点是调查内容比较完整，回答方式比较规范，可获得比较全面、丰富的信息，可进行比较深入的统计分析。但是，问卷内容不能过多，篇幅应大大少于书面问卷，否则就会影响参答人数或回答质量。这种方式主要用于网站对受众情况的调查，以及机构、公司委托的调查课题。

至于调查结果，简单方式多采用页面直接呈现的方式公布，各答项人数和百分比一目了然。其优点是回答者可即时看到调查结果，有利于吸引更多网民参与调查。组合方式、完整方式的调查结果，要经过整理资料、统计分析等程序才能形成，因而一般要经过一段时间才能以调查报告、研究论文、统计公报等形式呈现。

三、设计数据库和网页

设计数据库①，就是设计计算机存储、管理数据的软件系统。常用的计算机网络数据库系统软件有 Microsoft Access、MS SQL 系列、Sybase、Oracal、MySQL 等。设计数据库的主要工作是问卷编码，问题结构及其答案设计，数据规则设计，数据视图、过程、触发器设计，数据接口设计，等等。在设计过程中要考虑的主要问题是数据的完整性、有效性，数据的冗余处理，数据库存储空间，数据库访问速度，数据复用性和数据转换，等等。

网页设计，是指决定问卷在网页中以何种页面形式显示出来的计算机程序设计。它包括两个部分：客户端界面设计和后台信息收集设计。客户端界面设计，是指将数据库中存储的问题及其答项，按问卷形式再现于网页的过程。在设计中应注意：界面要易于理解、易于填写，问题要完整，答案要合理，并能进行有效性的初步验证，等等。后台信息收集设计，是指在网络服务器上对调查对象的回答做录入、检验、存储等操作设计。目前，市面上的网络调查平台，如问卷星、问卷网、调查派、问道网、乐调查、51调查网、腾讯问卷、微调查、番茄表单、调研宝等，后台信息收集设计做得都比较好，用起来十分方便。但如果条件许可，建议选择自己设计，以防数据泄露。要注意程序运行的安全性和速度，数据的合法性、有效性、完整性检验，程序运行存储空间占用，多用户

① 数据库有广义和狭义之分。广义的数据库，是指计算机存储、管理数据的硬件系统和软件系统；狭义的数据库，是指计算机存储、管理数据的软件系统。本书所说的数据库，是指狭义的数据库。

并发处理，恶意代码处理，代码复用，数据的备份、恢复和转换，匿名处理，重复数据处理，防黑客处理，以及客户端界面数据接口，等等。

四、测试和试调查

测试，是指对网页设计的客户端界面程序和后台信息收集程序进行检测、试验及修改、完善的过程，其目的是测试设计的功能是否完善，是否具有实用性和可操作性。试调查，是指对经过测试后的客户端界面程序和后台信息收集程序进行试验性调查，一般包括多用户并发试调查、安全试调查、数据管理试调查、可操作性试调查等，以期进一步修改、完善有关程序。测试和试调查，是事关网络调查成败的关键环节之一。只有认真做好测试和试调查工作，才能及时发现和改进程序设计中的重大缺陷和问题，保证后续调查工作顺利进行。

五、问卷的网络发布和开始调查

网络调查的发布，是指将设计的调查问卷或卡片、表格等其他调查工具放置到网络服务器上，以便网民参与调查，这也就意味着正式调查的开始。

（1）发送调查平台链接。在经过测试和试调查后，调查者可通过手机短信、电子邮箱、QQ、微信、微博等方式向网民发送调查平台链接。在这个网页链接当中，调查者可向调查对象告知调查目的和内容、回答方式、起止时间和注意事项；网民可以向调查者提交对问题的回答、主观想法等。如利用在线互动问卷调查服务平台“数据 100”，用户可以即时制作属于自己的在线调查问卷。从问卷设计、问卷发布，到数据采集、在线数据处理与分析，直至生成报告，所有这些传统市场调查的流程，都能够在“数据 100”上完成。

（2）设置专门负责人员。在从开始调查到截止调查的时期内，要安排专门人员监管网络信息收集状况，保证网络畅通，及时处理紧急情况，同时做好网络服务器的定时备份工作。例如，调查对象对某些概念不清楚、网页无法打开、网络信息无法发出、网络卡顿等问题，都需要专门人员通过第三方软件平台给予及时解决，否则调查对象可能会中途放弃参与调查活动。

（3）关注样本量。网络调查最大的问题是样本量浮动非常大，回收的样本量有时候比较多，但更多的时候非常少。当回收的样本量非常少时，可借用“滚雪球”办法增加样本量，以弥补样本量不足的缺陷。

六、数据收集和统计分析

调查完成后，经后台信息收集程序录入、编码的调查数据被存储在数据库服务器上。这时要做的工作是根据研究需要对调查数据做统计分析。

对于定量资料的统计分析，一般网络平台都有基本的统计分析功能，只要进行相应操作，就可完成简单的统计分析工作。如 BDP 个人版、国云大数据魔镜、网易有数 BI、简道云等数据分析平台。如果要进行较复杂的统计分析，就需要导出数据，运用专业软件（SPSS、Stata 等）做统计分析。在统计分析中应注意的是：对调查原始数据要及时、完整备份；数据提取应多用数据视图和不改变数据原貌的查询操作；不得改动调查的原始数据。

定性资料的分析处理工作相对复杂，通常情况下研究者处理这类资料的方法与传统的定性资料处理方法类似。研究者也可以借用网络平台进行词频分析，导出“词云”，其逻辑与定量分析的逻辑类似。如果希望进行更详细的文本分析，则需要借用大数据技术中的自然语义处理技术等。

第三节 实施网络调查应该注意的问题

网络调查（主要是网络问卷调查）应该注意的问题，主要有以下四个方面。

一、抽样问题

（一）特定的抽样方法

由于网络的特点，网络问卷调查一般只能采用非概率抽样方式。调查者在进行网络问卷调查时，一般采用偶遇抽样、滚雪球抽样、判断抽样、配额抽样等非概率抽样方法收集问卷数据。针对非概率样本无法进行统计推断的难题，目前学界发展出了一些特定的抽样方法或技术，主要包括样本选择法和链接跟踪抽样法。前者利用样本匹配方法，可以实现从网络访问固定样本中获取代表性样本的目的；后者根据样本中的关系网络追踪和扩展样本，以使得非概率样本接近概率样本。样本选择法适用范围有限，而链接跟踪抽样法应用较广泛。最为常见的链接跟踪抽样法是受访者驱动抽样。

受访者驱动抽样将滚雪球抽样和给样本赋予权重的数学模型相结合。这种抽样方法激励受访者（也称为“种子”）推荐特定数量的同伴群体。在多次推荐后，对“种子”的选择便不会使样本产生偏差。这种方法不同于传统的抽样方式直接从样本推断总体，而是先根据样本估计其所链接的特定社会网络结构，然后再根据这种有规律的社会网络结构推断总体。

抽样偏差主要分为“未覆盖”和“不适合”两种情况。针对“未覆盖”问题，要尽量丰富与调查对象之间的邀请路径，同时在多个线上平台联系潜在的调查对象，尽量使得更为多样的目标群体进入研究样本。这需要事先通过行业研究报告、统计资料等多种方式了解被调查群体之间的异质性，以便确定调查对象的选取路径。为了保持数据的有效性，在网络问卷的发放过程中需要谨防“不适合”的样本进入数据库。对网络问卷而言，可以采用技术手段和人工方式解决“不适合”带来的抽样框偏差。一方面，在问卷设计阶段，需要利用网络问卷系统自身的技术优势对调查对象进行甄别。另一方面，人工方式则意味着需要对问卷数据收集过程进行监控。在进行数据收集时，需要尽可能与扩散网络问卷的“中间人”认真沟通交流，并在管理后台对网络问卷进行即时审核，及时发现、处理异常数据。

（二）社交平台

在移动互联网时代，社交平台正日益成为网络问卷的主要邀请方式。这意味着网络问卷不再直接从研究者发送至目标人群，而是通过大量社交平台的用户间接转发至问卷填答者。在这种问卷扩散模式中，社交平台用户作为“中间人”的地位得以凸显。社交平台的用户既可能是问卷填答者，也可能是问卷扩散者。依赖于社交平台用户扩散问卷的邀请方式特点，研究者部分失去了对于问卷信息的解释权，更在一定程度上丧失了对于目标人群的控制权。为了保障网络问卷调查的数据质量，调查者要高度重视与社交平台用户之间的关系建设，通过关系建设对扩散网络问卷的社交平台用户施加影响，间接增强对于目标人群的控制。

适当的激励手段不仅能有效提高网络问卷调查的应答率，也能对网络问卷调查的数据质量产生重要影响。在 PC 端，网络问卷调查的奖励既可以采取传统的邮寄礼品等实物奖励方式，也可以采取提供电子礼品券等线上奖励方式。在移动客户端，网络问卷调查的奖励往往采用电子红包的方式。对于电子红包奖励，需要在保障用户应答率的基础上，尽量降低红包发放方式和红包额度设置对于数据质量的影响。在实际操作过程中，要在发放电子红包的同时，即时审核网络问卷。如果遇到问卷填答数量非正常地爆发式增长，则需要及时分析具体原因，暂时停止接收问卷，并根据具体情况对问卷扩散路径进行调整和控制，以防止大量无效问卷或者低质量问卷进入数据库。

二、程序控制问题

网络问卷调查的程序控制不同于一般问卷调查，应着重解决以下几个问题：

（1）设置 ID（身份标识号）认证。在网络问卷调查中，经常出现一址（IP）多票、重复填答现象，特别是在评比、排名、选优等调查中，有的参评个人或单位甚至雇人来网上投票，以保证自己获得较好名次。为了克服这种弊端，应通过程序设计控制一址（IP）多票、重复填答现象，避免出现大量灌水票，以增强调查的真实性。

（2）设置问题接转程序。在网络问卷调查中，问题接转是一个难点。例如，询问这样一个问题：“您是否已结婚?”回答“是”者，继续填答后续有关问题；回答“否”者，终止填答后续有关问题。但是，有些回答“否”者继续填答了后续有关问题，致使后续有关问题的回答人数大大超过了回答“是”者的人数，从而使这一数据失去统计价值。因此，要设置问题接转程序，并对相关问题的接转，以及填答不完整的问卷、回答中有逻辑错误的问卷等，实施系统的检验和控制。

（3）设置多网站链接。为了扩大调查的覆盖面，同一调查问卷可以在多个网站同时进行调查。实践证明，这种同一问卷多网站调查，最好由调查者自己生成调查程序和问卷页面，然后由有关网站做一个链接，填答者点击链接进行填答。这样不仅便于调查者随时监看调查过程，而且可以较好地保证全部数据的收集及后期的统计分析工作。

三、问卷发布问题

问卷发布问题是网络问卷调查所特有的问题。网络问卷的发布有几种做法：一是利用自己的站点发布调查问卷；二是通过电子邮件发送问卷；三是借助别人的站点发布调查问卷；四是利用公共平台放置问卷；五是通过社交平台放置问卷。如果采用第三、第四种方式，则应注意以下两个问题：

（1）慎重选择发布网站。网络问卷发布在不同网站，填答人数往往有很大差异。一般地说，网络问卷应该发布在受众群体规模较大、对调查主题关注度较高的网站。发布在门户网站或影响较大的新闻网站，填答人数往往比较多；发布在一般的、影响较小的网站，填答人数往往比较少。

（2）科学选择发布版面。网络问卷发布在不同版面，填答人数也会有较大差异。一般地说，有关社会热点的民意调查，最好能发布在网站首页或新闻频道首页的突出位置；市场调查和各类专题调查，最好能发布在相关频道、相关版面的突出位置。

四、质量控制问题

网络调查在虚拟环境中进行，参与调查者的网络行为，大都是独自、隐蔽进行的，对于他们究竟是个人独立回答，还是在他人指导下回答，或由他人代劳，调查者无法了解和控制。调查所获得的看似真实的网络信息既可能是对真实社会的反映，也可能是人为伪造的假象，特别是“网络水军”“网络枪手公司”的大量存在，更使得网络调查结果的真实性、准确性很难判断。针对网络调查的这一难以克服的缺陷，研究者需要加强质量控制。

（1）为了提高网络问卷调查所搜集数据的质量，在调查中需要时刻关注已搜集网络问卷数据的基本结构。如果在问卷审核中发现有过多不符合条件的群体或者虽然符合样本要求但是比例过高的群体，就需要仔细考虑问卷的扩散路径，对问卷的抽样方式做出恰当调整。

（2）研究者通过邀请方式和激励方式促使调查对象填写问卷后，需要审慎对待网络问卷填答过程中的“无回答”现象，尽量减少“无回答”偏差对于数据质量的影响。一般而言，“无回答”意味着“无能力回答”和“拒绝回答”两种情形。对于“无能力回答”情形，调查者需要根据调查对象的特点，尽量在问卷设计阶段优化网络问卷，适应调查对象的填答习惯。在数据收集过程中，研究者主要需要解决“拒绝回答”这种最为常见的“无回答”情形。对于网络问卷调查中的“拒绝回答”情形，需要仔细分析的是“拒绝回答”的类型。在仔细分析“无回答”的原因后，研究者需要根据研究需求尽量完善抽样方式、邀请方式，以尽可能获得符合研究要求的样本数据。

（3）根据问卷的外部特征甄别问卷的数据质量。问卷的响应时间可以作为衡量网络问卷数据质量的重要外部特征。恰当的问卷填答时间是问卷填答质量的基本保障。同时，要进行数据格式检查，对不符合编程阶段所设定的人口属性、IP 地址、手机号码等特定数据格式的填答结果进行剔除。

（4）根据问卷的内部特征进行问卷质量的深度审核。所谓内部特征，是指问卷内部不同问题之间的逻辑关联。研究者可通过网络问卷中甄别题与陷阱题的设置、直线题检测和打分题拆分等方式，结合网络问卷系统本身所提供的数据检测和自动跳转等功能予以识别。

（5）利用数据修正技术对网络问卷调查所搜集数据的误差进行评估和修正。针对不同的数据误差来源，主要有以下几种可供使用的统计技术方法：利用加权调整法修正网络调查覆盖误差与抽样误差；利用二级抽样和热卡插补技术修正网络调查无回答误差；采用混合效应随机化项目回答技术修正网络调查测量误差。

本章要点

1. 网络调查，又称为网上调查、在线调查，是指根据一定目的，运用计算机和网络技术搜集信息，然后分析研究、得出结论的调查方法。

2. 网络调查可分为两类，即网络互动调查和网络信息调查。

3. 网络互动调查，就是调查者在网络上设置问卷或提出问题，调查对象通过网络填写问卷或回答问题，然后，对反馈信息进行研究并得出结论的调查方法。网络互动调查有四种方法，即网上问卷调查法、网上讨论法、网上测验法和网上观察法。

4. 网络信息调查，就是调查者对网络上贮存的文本、数据、图形、视频等信息，进行搜索、筛选、下载，然后进行研究并得出结论的调查方法。网络信息调查有三种方法，即网上文献调查法、网上数据调查法和特定软件调查法。

基本概念

网络调查法　网络互动调查　网络信息调查　网上问卷调查法　网上讨论法　网上测验法　网上观察法

思考与练习

1. 简述网络调查法及其特点。
2. 网络调查有哪些类型和方法？
3. 什么是网上问卷调查法？它与一般问卷调查法有何异同？
4. 简述网上讨论法、网上测验法和网上观察法的特点和异同。
5. 什么是网络信息调查？它有哪些方法？
6. 网络互动调查有哪些步骤和方法？
7. 您在网络上做过调查吗？你有何经验、教训和体会？

推荐阅读书目

1. 休森，沃格尔，劳伦特．如何进行网络调查．北京：中国人民大学出版社，2021.
2. 赵国栋．网络调查研究方法概论．2 版．北京：北京大学出版社，2013.
3. 图兰格，康拉德，库珀．网络调查的科学．重庆：重庆大学出版社，2023.
4. 王卫东．网络调查与数据整合．武汉：武汉大学出版社，2018.

知识点

国内部分网络调查平台

困难与对策

网络问卷调查的注意事项

第十一章
大数据调查法

与网络调查法一样，大数据调查法也是依托于高级计算机技术开展的非实体性调查方法。21 世纪以来，随着数据充斥我们的生活，利用大数据进行调查已成为一种全新的调查研究方法。

第一节　大数据调查概述

大数据调查不仅仅是人类数据利用历史上的一次革命性转变，更是社会调查方法上的一次重大的革新。

一、大数据的概念

大数据（big data），或称巨量数据、海量数据、大资料，指的是所涉及的数据量规模巨大到无法在一定时间范围内用常规软件工具进行捕捉、管理和处理的数据集合。西方学界一般从五个维度来描述大数据的特征——体量（volume）、速度（velocity）、多样性（variety）、准确性（veracity）和价值（value），统称为 5V。中国学者认为大数据有如下四个典型特征[①]：

（1）体量巨大。传统数据处理的是以 MB 为基本单位的数据量，大数据则常常以 GB 甚至 TB、PB 为基本处理单位。其原因包括：一是各种电子设备，包括传感器、输入器和存储设备的发展和应用，使人们可以时时感知和记录信息；二是集成电路价格降低，使很多东西有了智能成分，记录是自动的，而不再是手动的，记录速度快且准确。

（2）种类繁多。一般数据种类单一，且以结构化数据为主，如问卷调查数据。大数据种类繁多，往往包括结构化数据、半结构化数据和非结构化数据等类型。此外，大数据来源广泛，不仅包括一般关系数据，而且包括以网页、图片、视频、音频、电子邮件、文档等形式存在的未加工数据。

---

① 陶雪娇，胡晓峰，刘洋．大数据研究综述．系统仿真学报，2013，25（S1）.

（3）流动速度快。大数据处理的不是以 MB 为基本单位的数据量，而是以 GB 甚至 TB、PB 为基本单位的数据量，数据流动的速度快到难以用传统的系统去处理。例如，每天几亿人口的社交媒体聊天记录、网络购物记录等等，形成了规模巨大的实时数据洪流。

（4）价值密度低。在数据量呈现指数增长的同时，隐藏在海量数据中的有用信息却没有呈现相应比例增长，反而使获取有用信息的难度加大。以监控视频为例，连续监控时长可能达几小时甚至几天、十几天，但其中有用的视频数据可能只有几分钟，甚至仅有一两秒钟，其价值密度之低，由此可见一斑。

与传统数据不同，大数据不是通过抽样调查所获取的样本数据，而是对人类活动的实时记录，并大都可以通过互联网存储、获取、交换和分析。使用大数据可以克服使用抽样调查数据带来的许多随机和非随机误差。更为关键的是，要确保抽样调查的随机性，需要建立总体的抽样框，然而现实中在绝大多数情况下很难建立抽样框，而大数据针对特定群体所收集的数据一般就是该群体的总体数据。传统数据的产生过程是“搜集”，即设计问卷后进行调查，虽然问卷的针对性强，但问卷的应用范围受到限制。大数据调查则重在“挖掘”，客观数据并不为任何一个课题而产生，而是对真实世界的自然记录，有利于研究者充分发挥想象力，可供研究的领域没有边界。

二、大数据的种类

大数据种类繁多，下面从数据来源和数据形式两个角度进行说明。

（一）按数据来源分类

1. 交易数据

随着大数据技术的成熟和发展，大数据在商业、科学研究上的应用越来越广泛，有关大数据的交互、整合、交换、交易的例子也日益增多，大数据交易所也应运而生。2015 年 4 月 15 日，全国首家大数据交易所——贵阳大数据交易所（Global Big Data Exchange，GBDEx）正式挂牌运营并完成首批大数据交易。目前，数据品种包括政府、医疗、金融、企业、电商、能源、交通、商品、消费、教育、社交、社会这十二类。在数据交易模式方面，API 接口是目前数据交易的一种常见手段，接口商（即交易平台）通过各种方法（购买、合作、爬取等）拿到上游数据生产单位的数据资源进行融合、清洗（增值），然后形成数据接口提供给下游需求用户。另一种数据交易手段是数据包交易：数据主要以数据包的形态（如 Excel 表）进行交易，即对数据进行清洗、脱敏，然后像实体商品一样出售。

2. 人为数据

人为数据是信息时代人类从事各类社会活动而自生、自在的电子记录，广泛存在于网页、图片、视频、音频、电子邮件、文档，尤其是通过社交媒体产生的数据流中。这些自生、自在性数据，具有很强的客观性、真实性、可靠性，为使用文本分析功能进行分析提供了丰富的数据源泉。

3. 移动数据

随着能够上网的智能手机和平板电脑越来越普及，这些移动设备上的App能够追踪和沟通无数事件——从App内的交易数据（如搜索产品的记录）到个人信息资料或状态报告（如地点变更即报告一个新的地理编码）。移动数据是指通过GPRS、EDGE、TD-SCDMA、HSDPA、LTE等移动通信技术上网或使用相关数据增值业务所产生的数据流量。移动数据库是能够支持移动式计算环境的数据库，其数据在物理上分散而在逻辑上集中。

4. 机器和传感器数据

机器和传感器数据包括功能设备创建或生成的数据，如智能电表、智能温度控制器、工厂机器和连接互联网的家用电器。这些设备不仅可以与互联网络中的其他节点通信，还可以自动向中央服务器传输数据，这样就可以对数据进行分析。机器和传感器数据是新兴的物联网（IoT）所产生的数据的主要例子。来自物联网的数据可以用于构建分析模型，连续监测预测性行为（如当传感器值显示有问题时进行识别），提供规定的指令（如警示技术人员在真正出问题之前检查设备）。

（二）按数据形式分类

1. 结构化数据

结构化数据，通常是指用关系数据库方式记录的数据，数据按表和字段进行存储，字段之间相互独立。

2. 半结构化数据

半结构化数据，是指以自描述的文本方式记录的数据。这种数据形式无须满足关系数据库中那种非常严格的结构和关系，使用起来非常方便。很多网站和应用访问日志采用了这种数据形式。

3. 非结构化数据

非结构化数据，通常指音频、图片、视频等格式的数据。这类数据一般按照特定的应用格式进行编码，数据量非常大，且不能被简单地转换成结构化数据。

三、大数据调查法的概念及特点

大数据调查法是指调查者有目的、有计划地运用计算机和网络技术采集、处理、存储和分析实时记录社会现象及活动而形成的海量数据的调查方法。

与其他调查方法相比较，大数据调查法的特点是：

（1）从“大型数据”到“大数据”。使用其他调查方法获取的数据，无论规模多大，至多能称为大型数据。大型数据可以拆分成为一系列小型数据集合用传统方法处理。大数据则不同，传统调查统计方法无法对其进行处理，必须使用新的模型、算法及新的计算机集成技术才能对其进行有效采集与处理。大数据调查需要应对数据的异构性和质量的不一致性问题。数据的异构性主要表现为：一是数据类型从以结构化数据为主转向结构化、半结构化、非结构化三者的融合；二是数据产生方式的多样性带来了数据源变化，移动终端数据带有明显的时空特性；三是数据存储方式的变化，要求在集成的过程中进行数据转换，而这种转换的过程是非常复杂和难以管理的。质量的不一致性，是指数据量大不等同于信息量增大或者数据价值提高，反而很多时候意味着信息垃圾泛滥，使得数据清洗过程更加复杂。

（2）从“随机抽样”到“观察总体”。其他调查方法往往运用随机抽样调查方法，通过样本的统计量去推断总体的参数值。大数据调查法采集、处理的数据，一般都不是个别的、局部的，也不是抽样获得的。大数据调查法是对总体信息进行海量的抓取，通过海量数据直接观察总体，所以其调查结果能更加贴近调查对象的总体特征，规避了抽样调查推断总体时经常出现的抽样误差等问题。这样，就突破了通过样本去推断总体的局限，为社会调查开辟了一种全新的调查方法。

（3）从“精确测量”到“总体真实”。其他调查方法一般要求测量精确，强调“宁缺毋滥”，因为传统小数据分析的数据量本身并不大，任何一个错误数据都有可能对结果产生相对较大的负面影响。对错误数据必须花大精力去清除，这是小数据时代必须坚持的原则。大数据时代的原则变成了“要效率不要精确”，这并不是说精确不好，这样说是因为在大数据时代，就单个数据来说很难做到精确。以调查媒体用户信息为例，调查获取数据的类型繁多，有网络日志、视频、图片、地理位置信息等，但很难获取一个用户的完整信息，其中还可能包括用户有意或无意填写的错误信息。如果继续把排除错误数据作为重要工作，大数据分析就无法进行。况且大数据的规模庞大，数据的精确性没有那么重要。因为海量数据可以更好地反映总体的真实情况，从而大大降低错误数据造成的误差。

（4）从“因果关系”到“相关关系”。其他调查方法通常把揭示、验证社会现象之间引起与被引起的因果关系作为调查最关注的目标。大数据调查法虽然无法揭示或验证因果关系，但却可以通过海量数据揭示社会现象之间的相关关系，并据此成功做出预测。例如，国内外关于流感趋势的成功预测，就是通过互联网检索流感状况与地区间的相关性而实现的。

尽管大数据调查法与网络调查法都是计算机调查方法，但它们之间却有着质的区别：虽然网络调查法通过网络收集数据，但其数据处理依然沿用传统方法。而大数据调查法，由于数据海量，通过传统技术和方法不可能采集和处理，因而在数据采集层面要依赖更高级的网络技术，在数据处理层面要依赖人们创造出的新算法及更高性能的计算机。

第二节　大数据调查的步骤

大数据调查的一般步骤是：甄别与分类数据；采集与提取数据；审读和清理数据；分析和挖掘数据；从数据到结论。

一、甄别与分类数据

大数据调查要从甄别与分类数据开始。由于大数据来源和形式多样，分布广泛，所以数据甄别与分类是一项重要工作。

（一）数据的甄别

数据的甄别，就是对大数据进行研究鉴别，明确调查课题需要什么样的大数据，以及如何获得、如何分析这些大数据。数据的甄别，主要包括以下内容：

一是研究鉴别调查课题与数据类型、数据规模的关系。调查者必须大致了解什么问题可以用数据来解决，什么问题不能用数据来解决，并着重弄清楚调查课题需要哪些类型的数据，以及需要多大规模的数据。

二是研究鉴别数据的来源和搜集数据过程中可能存在的问题。调查者必须研究从哪些来源搜集数据，如何搜集数据，什么类型的数据容易提取，什么类型的数据比较难以提取，对那些难以提取的数据应该通过什么技术途径实现提取。

三是研究鉴别数据存储、处理和分析中可能存在的问题。数据搜集完成后，调查者要研究将这些数据存储在何处，使用哪些方法来处理、分析数据，以及如何处理可能遇到的法律法规问题、隐私性问题，等等。

（二）数据的分类

根据人们活动的类别，可以将目前常用的大数据分为以下四类：

一是关于日常生活的数据。这类数据可来自很多方面，包括网络电商购物数据、网页搜索数据、银联消费数据、视频监控数据、手机通信数据等。其中，商业数据较容易提取，使用它们能有效反映人们的生活状态、预测市场需求。例如，在京东、淘宝等电商平台购买口罩、防护服、消毒液等防护用品的数据，可帮助人们了解防护用品市场需求的变化。

二是关于主观态度的数据。这类数据通常来自网络社交媒体。例如，QQ、微信、微博、脸书、推特等。这类数据，定位准确，实时空间分辨率较高，时间分辨率则取决于用户发帖的频率。它们可成为情感分析、个人观点挖掘的有效来源。

三是关于交通出行的数据。这种数据可通过车载 GPS 和公交卡获取。车载 GPS 一般具有较高的空间和时间分辨率，可记录位置、时间、速度、行程、运动轨迹和起终点等数据；公交卡一般具有连续性好、覆盖范围广、动态更新快等特点，可记录持卡人的账号信息、上下公交车的时间和地点等数据。一般地说，对于这类数据，普通社会科学研究者比较难以获取和处理。

四是关于空间分布的数据。这类数据可通过手机、无人机、遥感卫星获取。这类数据，一般包括经度和纬度、地址和名称、高分辨率遥感影像和夜间光等信息，可反映城市的行业、功能、土地用途等情况，以及人类活动的强度。目前，这种数据已被广泛应用于城市活力、就业地点评估等，对人口城镇化和城市发展研究具有重要意义。但是，同样的问题是，普通社会科学研究者缺少获取这类数据的权限。

二、采集与提取数据

常用的数据采集与提取技术主要有以下几种：

（一）探针采集法

探针采集法是一种采集数据的物理方法。人们日常打电话、手机上网时的数据交换，是由路由器、交换机等设备承载的。探针是一种从路由器、交换机上把数据采集过来的专用设备。根据放置的位置不同，探针可分为两种：内置探针和外置探针。此外，使用探针采集数据时还需要配套使用 Tap/分光器。这个设备可在不影响网络数据传输的情况下，对通过铜缆或光纤传输的数据或移动 IP 网络中的数据进行复制，然后汇集到探针服务器上，提供给采集者。需要注意的是，目前随着越来越多网站使用 HTTPS/QUIC 加密 L7 协议，传统探针的采集能力正在受到越来越大的限制。

（二）网页采集法

网页采集是指从网页中获取数据。互联网上有大量散落的数据。采集互联网上的数据，必须把数据从网络中截取下来，这就需要网页爬虫技术。爬虫技术，就是利用编程语言编写脚本，模拟人的浏览行为，自动获取网页上的数据，形成一个网页备份，作为采集数据的载体。例如，可利用该技术爬取新闻门户、综合网站、社交平台上的舆情信息，用于社会动态研究或预测。在爬虫系统的采集设计中，抓取策略的设计（如抓取 URL 队列设计，即先抓取哪个页面，后抓取哪个页面）和硬件设备水平，往往决定着抓取数据的最终质量。如果将爬虫技术应用于社会调查，就需要更优秀的抓取策略设计，以及硬件设备水平的大幅提升。实践证明，尽管爬虫技术是比较成熟的技术，可以快速高效地采集大量数据，但使用它需具备一定的编程能力。

（三）日志收集法

任何一个计算机系统，在运行过程中都会产生大量日志文件，其中蕴含着非常丰富的有价值的信息。如果不加以利用，这些日志文件经过一段时间就会被清理、就会消失。随着网络技术的发展和成熟，使用大数据技术可以将这些日志文件收集起来加以研究。例如，通过对日志文件所蕴含信息的分析，可了解计算机用户的行为特征，挖掘其消费的倾向或关注的重点等。目前，日志收集系统越来越多。例如，Flume 就是一款高性能、多用途的分布式日志收集系统。同类型的日志收集系统，还有 Facebook Scribe、Apache Chuwka 等。

（四）应用程序接口法

在通常情况下，不同软件之间会预先设定一个接口（如函数或 HTTP 接口），让使用者可在无须访问源码、无须理解内部工作机制的情况下，调用可共享的功能或资源。

这种设定，对于获取数据的调查者来说是非常方便的。例如，百度、阿里云、京东、腾讯、住哪网等，都设定有应用程序接口。调查者通过这些应用程序接口，就能非常方便地采集、提取大量所需的数据。

（五）数据采集软件收集法

在大数据调查过程中，数据量会从GB级上升至TB级甚至是PB级，这是传统数据采集、存储方式无法处理的。目前，市场上有许多数据采集软件，能够为社会科学不同领域的研究者提供各种个性化的数据采集服务。

三、审读和清理数据

在“采集与提取数据”与“分析和挖掘数据”之间，必须“审读和清理数据”，这是顺利实施大数据调查不可缺少的步骤。

（一）判断数据结构

审读和清理数据，首先要判断数据的结构。按照结构化程度，数据可分为前述三类：结构化数据、半结构化数据和非结构化数据。

（二）数据结构化过程

在大数据调查中，采集、提取的数据约有80%以上是半结构化、非结构化数据。而分析和挖掘数据，必须按照结构化数据格式实施。因此，在分析和挖掘数据之前，必须对采集、提取的数据进行审读和清理，即将半结构化、非结构化数据转换为结构化数据。这就是说，审读和清理数据的过程，就是数据的结构化过程。其工作量非常巨大，调查员日常工作的60%～90%的时间，被用来完成这一工作。数据结构化过程，主要有三个环节：

（1）数据集成，就是将不同来源、不同结构的数据，通过审读、调整、翻译和创建等方法，融合、集成为统一的结构化数据。对结构化前后的数据，应建立一定的对应关系，以便在后续程序中访问和操作，使结构化过程成为可追溯的过程。此外，数据集成还应处理隐私性问题，努力避免在集成数据中泄露某些隐私信息。

（2）数据准备，就是将通过数据集成生成的统一的结构化数据，转换为满足分析和挖掘技术要求的格式数据，为计算机读取和操作做好准备。例如，使用自然语义处理技术[①]，进行文本分类、情感分析和意图识别，挖掘出许多有定性价值的材料；或通过图像识别技术[②]，处理各种图片、视频数据。

（3）数据检验，就是在通过清理形成一份“干净、整齐”的数据后，通常还应做一

---

① 自然语义处理技术，就是对日常语言表达进行分词处理和分类，提取有效信息以了解人们的主观意图和情感状态。目前，以笔者所在研究团队为例，基于大数据训练的自然语义识别算法，在政策文献分类上的正确率已达到70%～80%。

② 图像识别技术，就是对图像进行识别，以区分各种不同模式目标和对象的技术。

些探索性检验。通过检验，进一步发现数据中可能的重复值、缺损值，甚至是奇异值。这些数据，通常没有记录，或被错误记录。如果出现这种情况，就得回过头去，采集更多数据，或花更多时间清理数据。这就是说，审读和清理数据并不是一次完成的，清理办法并不是一次确定的，往往需要不断检查、不断改变清理策略，才能逐步完成这一工作。

四、分析和挖掘数据

大数据分析和挖掘主要有五种方法：分类、聚类、回归、关联规则分析和社交网络分析。

（一）分类

分类，就是根据某些规则或属性将观察结果划分为预定义组的方法。其中，决策树[①]、支持向量机[②]和朴素贝叶斯分类器[③]都是相对成熟的分类模型。以城市研究为例，通过分析城市基础设施和文本数据，量化城市基础设施模式，提取不同类型城市的土地利用率，就可有效预测城市的发展状态和趋势。

（二）聚类

聚类，是一种将相似或相关数据聚集在一起，实现“组内相似，组间不同”的分析方法。基于大数据的聚类方法，主要用于获取不同类别的数据，而不特别关注所获取数据的意义。聚类方法在区分“无标签”数据方面比较有优势。例如，在分析蜂窝网络数据和车辆GPS数据时，可以使用聚类分析法，以此发现不同时间的人口分布模式和乘客出行模式，为制定公共交通网络规划奠定基础。

（三）回归

回归，是一种确定两个或两个以上变量之间相互关系的分析方法。其中，线性回归和逻辑回归是使用最广泛的两种算法。回归分析法，主要用于事物之间因果关系的分析和预测，具有降维、信息提取、估计和预测等功能。例如，运用回归分析法，可以根据居住环境与居民健康的数据，确定居民疾病与环境的关系；可以根据居住环境与房地产的数据，弄清居住环境与房价的关系；等等。

---

① 决策树（decision tree）是在已知各种情况发生概率的基础上，通过构成决策树来求取净现值的期望值大于等于零的概率，评价项目风险，判断其可行性的决策分析方法，是直观运用概率分析的一种图解法。

② 支持向量机（support vector machine，SVM）是一种按监督学习方式，对数据进行二元分类的广义线性分类器。它的目的是寻找一个超平面来对样本进行分割，分割的原则是间隔最大化。

③ 朴素贝叶斯分类器（naïve Bayes classifier，NBC）是一系列以假设特征之间强（朴素）独立下运用贝叶斯定理为基础的简单概率分类方法。所谓强（朴素）独立是指假定给定目标值时属性之间相互条件独立。也就是说，没有哪个属性变量对决策结果来说占有较大的比重，也没有哪个属性变量对决策结果来说占有较小的比重。它与决策树，是两种运用最为广泛的分类模型。

（四）关联规则分析

关联规则分析，是一种用于发现事物间相关性或相互依赖性的方法。其中，Apriori 和灰色关联分析是两种广泛使用的算法。关联规则分析法，可基于某些事件的发生推测其他事件的出现，并确定事物之间的影响程度，发现有价值的数据项之间的相关性，也可用于分析遥感数据、社交媒体数据，研究城市扩张与城市活力之间的关系，等等。

（五）社交网络分析

社交网络分析，是一种用来查看节点、连接边之间社会关系的分析方法。节点是社交网络里的每个参与者，连接边则表示参与者之间的关系。节点之间可以有很多种连接。社交网络是一张地图，可以标示出所有与节点相关的连接边。随着社交媒体的发展，该方法已成为一种相当流行、新颖的大数据分析方法，已被广泛应用于分析人与人之间、人与物之间、物与物之间的关系。例如，分析人口流动和物资流动的方向、强度等。

五、从数据到结论

数据不可能自动形成结论。调查者只有在分析和挖掘数据的基础上，以唯物史观基本原理为指导，进行去粗取精、去伪存真、由此及彼、由表及里的思维加工，才能得出结论。这就是说，大数据调查法的实施，既要重视各种数据采集、分析技术和算法的应用，又要重视唯物史观基本原理的指导，并努力把二者有机结合起来。只有如此，才能科学验证现有理论，或提出新的科学理论。

目前，大数据调查法已被应用于许多领域。其中，在市场调查中的应用占较大比重；在社会科学领域的应用尚处于初始阶段。实践证明，应用大数据调查法，要注意两个方面的问题：一是防止过于强调理论。如果调查者偏重于理论研究与阐述，对数据的利用只停留于简单的统计分析和表述层面，就可能失去大数据调查的价值。二是防止过于沉迷技术。如果调查者沉迷于各种技术或算法，而忽视唯物史观基本原理的指导作用，就有可能把大数据调查变成技术化、数字化的游戏。此外，应该重视大数据调查的预测功能，谨慎对待其反馈机制。

第三节　大数据调查的技术和工具

大数据是一类多源异构、分布广泛、动态增长、先有数据后有模式的数据。与传统数据管理迥然不同的是，对大数据进行管理需要不断创新技术和方法，需要掌握从 Excel 到 Apache Hadoop 等方面的技术。

一、数据挖掘和机器学习

利用计算机技术对网络大数据进行挖掘分析，发现其中蕴含的知识，研究社会运行的规律与发展趋势，是挖掘网络大数据的深层价值和实现社会行为可计算的主要途径。同时，数据挖掘与机器学习之间有很大的交集，它们都是大数据应用的前沿，也是应用起来比较困难的两个领域。

（一）数据挖掘

大数据方法或者说大数据分析技术的核心是“数据挖掘”（data mining）。数据挖掘就是从海量数据中，提取能揭示有意义的潜在规律和人们感兴趣的知识的处理过程。因此，数据挖掘又被称为“爬梳”或 KDD（knowledge discover in database）。要实现自行采集大数据，通常需要掌握专业数据抓取技术。大数据挖掘主要分为基于内容信息的数据挖掘和基于结构信息的社会计算。

1. 基于内容信息的数据挖掘

语言是社会媒体最重要的表现形式，文本是社会媒体中用户表达信息的最重要的方式。基于内容信息的数据挖掘包括网络搜索技术与实体关联分析等主要研究内容。社会媒体的出现为互联网信息搜索提出了新的挑战，研究的热点从传统的海量数据抓取、索引结构优化和用户查询分析等转移到了排序学习算法，专注于提高检索质量。此外，社会媒体需要关注数据的短文本特征以及对简短关键词表达的深入理解和分析，掌握用户真实的查询意图。如米歇尔等人曾使用谷歌图书大数据研究不规则动词的使用趋势。考虑到一些不规则动词的使用率非常低，只能使用像谷歌图书这样的大数据才能支撑起这项研究。研究所用的语料库包含超过 5 000 亿个单词，时间跨度超过 4 个世纪。

2. 基于结构信息的社会计算

社会网络是以社会媒体中的用户为节点，以用户间的关系为连接边而构建的网络。它既是用户间社会关系的反映，也是用户间进行信息交互的载体。社会网络具有关系的异质性、结构的多尺度性以及网络的动态演化性三方面特性。在社会网络中，个体因血缘关系或兴趣爱好等因素而形成了连接紧密的圈子，这种内部关系紧密而对外关系相对稀疏的结构被称为社区。社区结构是社会网络所普遍具有的结构特征，社区结构的存在对于网络高效搜索、网络演化、网络信息扩散等具有重要意义。针对社区结构的研究可分为社区发现、社区结构演化等方面。父母社会经济地位对子代地位获得的影响是社会学研究领域的一个经典议题。很多研究人员通过对比父子两代的社会经济地位来分析社会流动，其基本研究结论是：父母社会经济地位越高，子代的社会经济地位也越高。但是，代与代之间在社会经济地位上的关联程度在不同时期和不同社会也存在非常明显的差异。受限于研究数据，以往的研究很少对这种异质性进行深入分析，而切蒂及其同事使用 4 000 多万美国人的纳税记录对这个问题进行了开创性研究。他们发现，在美国的不同地区，社会流动率之间的差异很大。例如，在加利福尼亚州的圣何塞，如果一个小孩出生于全美收入等级最低 1/5 的家庭，那么他的收入跃居全美收入水平最高 1/5 的概率约为 13%；而在北卡罗来纳州的夏洛特，这一概率仅为 4%。而且，他们的进一步研究显示，一个地区的社会流动率与该地区的居住隔离程度、收入不平等水平、教育资源、社会资本和家庭稳定性等指标密切相关。毫无疑问，这项研究对深入研究社会流动率的地区差异及其产生原因具有重要意义。

数据挖掘也经常被应用于市场调查领域。例如，超市通过对一段时间内客户消费记录的调查分析，就能发现哪些商品畅销，哪些商品滞销，哪些商品经常被顾客一起购买。这样，商家就可以做出摆放调整，以达到促销的目的。例如，从 20 世纪 80 年代到 21 世纪初，美国沃尔玛超市通过分析客户特征数据发现，出来买尿不湿的家长以父亲居多，如果他们在买尿不湿的同时看到了啤酒，将有很大概率购买啤酒，这样就可提高啤酒的销售量。于是，沃尔玛超市经常把婴儿尿不湿与啤酒摆放在一起，从而达到促销啤酒的目的。这个经典的“啤酒＋尿不湿”案例，实际上就是在做数据挖掘。

（二）机器学习

机器学习，是一门多领域交叉学科，涉及概率论、统计学、逼近论、凸分析、算法复杂度理论等多门学科。简单地说，机器学习就是让计算机根据历史数据自己去学习，以适应新的环境，模拟或实现人类的学习行为，以获取新的知识或技能，重新组织已有的知识结构，不断改善自身的性能。它是人工智能的核心，是使计算机具有智能的根本途径。

目前，热门的“神经网络”和“深度学习”，都属于机器学习范畴。所谓神经网络，是指通过模拟人的神经系统实现机器学习。例如，交通管理中对车牌的识别技术，就属于神经网络技术的应用。深度学习，则是神经网络的一个分支，是一种多层级神经网络。2011 年中国自主研制的红旗 HQ3 无人车和 2020 年“苏州无人公交早鸟计划”，都属于深度学习技术应用的典型。

二、大数据调查的常用工具

目前，大数据调查的工具有很多，如 Excel、R 软件、Python、Apache Hadoop、RapidMiner、Apache Storm、HPCC、Apache Drill 和 BI 等。这里简单介绍几个常用的工具。

（一）入门级工具

大数据调查的入门级工具包括：Excel、R 软件、Python 等。

（1）Excel。它是许多学者比较熟悉的数据处理软件，一般办公系统中都备有这款软件。它容易上手，资源丰富，可以完成一些简单的建模、可视化、绘制图表等工作，可做一些简单的方差分析和回归分析。但是，Excel 数据文件能够容纳的数据仅有 100 多万行，不适合处理大数据；Excel 内置的统计分析种类过于简单，不适合用于复杂建模。如果数据在 108 万行以内，只进行简单处理，那么使用 Excel 是不错的选择。如果希望操作得更好，就需要掌握 Visual Basic 宏语言。

（2）R 软件。这是统计分析和大数据分析中使用较多的一款软件，功能上能满足大部分大数据调查需求，例如数据清理与集成、网页爬虫、数据可视化、统计假设检验、较复杂的统计建模等。这款软件是免费开源的，适合大多数研究者使用。但它的命令代码比较复杂，安装包质量良莠不齐。实践证明，从代码编写看，R 软件不如 Stata 语言简洁；从上手难度看，R 软件不如 SPSS 简单。如果使用者不熟悉代码，R 软件使用起来并不比商业软件方便。但是 R 软件更新较快、更加灵活，如果使用者有 C 语言基础，那么 R 软件使用起来要优于很多商业软件。

（3）Python。这是一款需要编程的数据分析工具。与 R 软件一样，它也是免费开源的。不同的是，R 软件是专门用于数据分析的软件，而 Python 除可用于数据分析外，还可用于计算机领域，比如 Web 页面开发、系统后端开发等。它在大数据管理方面可以起到非常重要的作用。此外，Python 在很多地方借鉴了 R 软件的特色，近几年在网页爬虫、机器学习、文本挖掘等领域比 R 软件更有优势。但是，在数据可视化方面，R 软件的效果更好。例如，R 软件中非常著名的 ggplot2，在可视化效果上要大大优于 Python。

另外，对于缺乏数据抓取技术的人来说，可以使用八爪鱼、集搜客、火车采集器等网页数据抓取工具，这些数据抓取工具通过简单的操作就可以采集网络数据。

（二）高级工具

大数据调查的高级工具包括：Apache Hadoop、RapidMiner、Apache Storm 等。

（1）Apache Hadoop。这是一款公认的大数据标准开源软件。Apache Hadoop 框架最核心的设计是 HDFS 和 MapReduce，能够处理 PB 级数据，从而为 Apache Hadoop 提供了海量数据的存储和计算功能，而且对硬件的要求不高。目前，几乎所有主流企业的大数据处理都使用 Apache Hadoop。例如，淘宝、亚马逊的商品推荐功能背后的数据处理，脸书、推特、LinkedIn 上"发现您可能认识的人"技术背后的数据处理，都使用 Apache Hadoop。与只作为一种编程语言存在的 Python 不同，Apache Hadoop 是真正意义上的大数据处理软件。对于大数据调查者来说，Apache Hadoop 虽然由 Java 写成，但也可以使用 Python 来操作，这就意味着只要熟悉 Python，就可调用 Apache Hadoop，实现大数据分析的一些功能。

（2）RapidMiner。它是主要用于数据挖掘的工具。它的最大优点是无须编程，从而避免了大量的编程工作。调查者可用 RapidMiner 连接其中算子形成数据处理流程，实现对大数据文件的挖掘，并获得对挖掘流程的理解。美国耶鲁大学已成功地在许多领域应用 RapidMiner，包括文本挖掘、多媒体挖掘、功能设计、数据流挖掘、集成开发和分布式数据挖掘。RapidMiner 的缺点是，在处理更大量数据方面存在局限。但调查者可将它与 Apache Hadoop 连接使用，以弥补这一缺点。

（3）Apache Storm。Apache Storm 是一个免费开源、分布式、高容错的实时计算系统，它是基于 Apache Hadoop 研发的。Apache Hadoop 有吞吐量大、自动容错等优点，因在海量数据处理上的优势得到了广泛应用，但 Apache Hadoop 不擅长实时计算。Apache Storm 则可以使持续不断的计算变得容易，这就弥补了 Apache Hadoop 不擅长实时计算的缺陷。所以，在大数据处理中，Apache Storm 经常被应用于实时分析、在线机器学习、持续计算、分布式远程调用等领域。此外，Apache Storm 的部署、管理简单，若调查者需要实时处理海量数据，Apache Storm 是一个不错的选择。

此外，大数据分析领域还有许多其他应用广泛的工具，包括大规模并行处理计算平台 HPCC，基于 Apache Hadoop 的数据查询而研发的 Apache Drill，擅长智能报表分析的 BI，等等。读者可根据自己的需求做进一步学习，这里不再对它们进行一一介绍。

第四节　大数据调查的关键问题

在社会调查研究中，作为总体、实时记录的大数据有助于我们发现或寻找人类活动的行为规律，并在此基础上进而发现社会历史的发展规律。但是随着云计算、物联网等的发展，数据呈现爆炸式增长，人们正被数据洪流包围，这给我们管理数据、运用数据带来了极大的挑战。

一、技术依赖性问题

大数据调查法从甄别、获取、采集、提取、清理、分析、挖掘，直至得出调查结论，都高度依赖于软件和计算机技术。被采集、处理的数据尽管是具有很大客观性、真实性、可靠性的自在数据，但却是非实体性的存在。调查者依赖的是计算机和软件，缺乏实际的调查体验。这一特征虽然可以有效避免“价值有涉”的问题，但也会降低调查者对社会现象和社会问题的认知程度。

自然语言的细微和丰富可以提供有价值和深度的内涵。然而，机器分析算法需要的是结构化数据，而不能理解细微差别。因此，在进行数据分析时，必须在数据分析之前（或在数据分析的第一步）仔细地进行数据清理和纠错，将数据结构化。即使这样，数据中的缺漏或错误依然可能存留。数据分析必须有效控制这些缺漏或错误。同时，依赖大数据技术获取的大数据，其与目标总体之间的差异往往难以分清。从理论上看，作为“全体数据”的大数据可以彻底消除随机性抽样误差。但是如果综合考虑系统性抽样误差，特别是覆盖误差，那么大数据并非完美无瑕的，大数据调查比传统抽样调查更复杂，存在的问题也更隐蔽。当然，大数据的数据量极大，这使得研究者可以使用大数据进行非常精细的事后分层，并基于事后分层对原始计算结果进行统计调整。[①]

二、大数据调查的多学科配合问题

大数据调查一般都要涉及广阔的调查空间、众多的调查对象、海量的调查数据、多

---

① 许琪．大数据大在何处：数据量大的价值及分析策略//赵联飞，赵锋．社会研究方法评论：第 1 卷．重庆：重庆大学出版社，2023.

方面的调查资料，要使用多学科的调查方法和技术，其工作量往往十分巨大，并有一定的时间要求，单靠个别调查员是很难完成的。一般地说，大数据调查课题，都应该组建一个多学科合作的、有一定规模的团队来承担。

一个理想的大数据调查团队，至少应该由四类学科的学者和一个核心组成。四类学科的学者是，社会学学者、计算机学学者、统计学学者和社会调查学学者；团队的核心应该是一个具有跨学科知识背景、具有综合素质的人才，他不仅需要熟悉马克思主义哲学和社会学理论，还应当了解计算机软件工程和统计学知识，且具有丰富的社会调查学知识和实践经验，并善于组织协调。有了这样一个团队，再加上必要的经费、较好的硬件设备和调查环境，才能承担和顺利完成大数据调查课题。

此外，若希望更好地完成大数据调查课题，团队最好与具有物理学、电子信息学背景的电子数据取证分析师（即从事电子数据的收集提取、恢复及取证分析的人员）进行合作，其任务是：(1) 针对各类电子数据的现场及在线提取固定；(2) 分析基于物理修复或数据特征等的电子数据恢复技术；(3) 提取分析不同介质和智能终端电子数据；(4) 提取分析服务器、数据库及公有云电子数据；(5) 提取分析物联网、工程控制系统电子数据；(6) 设计建立电子数据取证可视化分析模型；(7) 分析计算机及其他智能终端应用程序功能。

三、隐私与信息安全问题

互联网的发展使数据更加容易产生和传播，数据隐私问题越来越受到关注。一是隐私数据暴露问题。互联网，尤其是网络社交媒体的出现，使得人们在不同的地点产生越来越多的数据足迹。如果有办法将某个人的很多行为信息从不同的独立地点聚集在一起，他的隐私就很可能会暴露。二是数据公开与隐私保护的矛盾。如果仅仅为了保护隐私就将所有的数据都加以隐藏，那么数据的价值根本无法体现。大数据时代的隐私性主要体现为在不暴露用户敏感信息的前提下进行有效的数据挖掘，这有别于传统的信息安全领域更加关注文件的私密性等安全属性。

同时，大数据中有大量涉及国家安全的信息（如国情、国力数据，金融、银行信息，商业、外贸情况，以及公民个人健康、医疗记录，等等），在缺乏足够安全保障措施的情况下，这些数据的采集和使用，可能会对国家安全造成一定威胁，甚至出现泄露风险。

四、大数据管理的易用性问题

从数据集成到数据分析，直到最后的数据解释，易用性应当贯穿整个大数据管理的流程。易用性的挑战突出体现在两个方面：一方面，大数据时代的数据量大，分析更复杂，得到的结果形式更加多样化。其复杂程度已经远远超出传统的关系数据库。对于大数据管理来说，需要借助人工智能发挥作用。比如在数据治理方面，自动检测相似任务、利用 NLP 技术生成数据质量规则、冷热数据分级等；在数据开发方面，自动推断 Join 字段及代码片段等；在安全合规方面，完成智能审批及异常访问检测等。另一方面，大数据已经广泛渗透到人们生活的各个方面，很多行业开始有大数据分析的需求。要想达到易用性，需要关注以下三个基本原则：可视化（对相对抽象的数据通过可视的、交互的方式进行展示，从而形象又直观地表达出数据蕴含的信息和规律）、匹配（对于匹配的对象，基本思想是识别不太可能更改的属性，并对这些属性进行阻止和匹配，然后使用数学来确定每个属性依次匹配的概率，最后将所有加权的概率求和，以得出最终匹配值，可能是匹配不匹配或可能的匹配）和反馈（通过快速、准确的分析，识别匹配对象不易变动的属性，确定每个属性依次匹配的概率，得出最终匹配值，确定是否匹配。目标是在正确的时间将正确的信息提供给正确的对象）。满足这三个基本原则的设计就能够达到良好的易用性。

本章要点

1. 大数据调查法是指调查者有目的、有计划地运用计算机和网络技术采集、处理、存储和分析实时记录社会现象及活动而形成的海量数据的调查方法。其特点是：从“大型数据”到“大数据”、从“随机抽样”到“观察总体”、从“精确测量”到“总体真实”、从“因果关系”到“相关关系”。

2. 大数据调查法的一般步骤是：甄别与分类数据；采集与提取数据；审读和清理数据；分析和挖掘数据；从数据到结论。

3. 常用的采集与提取数据的技术主要有：探针采集法、网页采集法、日志收集法、应用程序接口法和数据采集软件收集法。

4. 大数据分析和挖掘主要有五种方法：分类、聚类、回归、关联规则分析和社交网络分析。

基本概念

大数据　大数据调查法　数据挖掘　机器学习　结构化数据　半结构化数据　非结构化数据

思考与练习

1. 什么是大数据？它有何特点？
2. 简述大数据调查法的概念及特点。
3. 大数据调查法的一般步骤和方法是什么？
4. 简述大数据采集与提取的主要技术。
5. 大数据分析和挖掘有哪些方法？
6. 实施大数据调查应当注意哪些问题？

推荐阅读书目

1. 涂子沛．大数据：正在到来的数据革命，以及它如何改变政府、商业与我们的生活．桂林：广西师范大学出版社，2013.

2. 稻田修一．从零开始学习大数据：大数据知识入门手册．北京：中国人民大学出版社，2019.

3. 杨正洪．大数据技术入门．北京：清华大学出版社，2020.

4. 黄宏程，舒毅，欧阳春，等．大数据之美：挖掘、Hadoop、架构，更精准地发现业务与营销．北京：电子工业出版社，2016.

5. 吴明晖，周苏．大数据分析．北京：清华大学出版社，2020.

知识点

大数据分析工具

困难与对策

大数据分析原理

第十二章
实验调查法

实验调查法，是一种最重要的直接调查方法，是一种最复杂、最高级的调查方法，也是一种具备实践性、可控性、动态性、因果性、综合性、可检测性、可重复性的调查方法。

第一节　实验调查法概述

要掌握实验调查法，必须首先弄清楚什么是实验调查法，以及实验调查法的特点、种类和实验调查的原则等问题。

一、什么是实验调查法

（一）实验调查法的概念

“实验”与“试验”，是两个含义相近但又有所区别的概念。实验是指为检验某种理论或假设而进行的某种操作或活动。试验则是指为了解某种事物的特性或某种结果而进行的尝试性活动。它们的相同点是“验”，即检验，就是都要从事某些操作或活动，都是为了正确认识检验对象。它们的不同点则是，实验一般有一定的理论、假设为前提，试验则不一定有这一前提。社会调查一般以一定的理论假设为指导，其目的是正确认识实践活动的对象，因而我们把这种调查方法称为实验调查法，也称实验法或实验观察法。

实验调查法，就是实验者按照一定的实验假设，通过改变某些自然、社会条件或环境的实践活动，来检验某种理论假设，认识实验对象的特性、内在本质及发展规律的调查方法。实验调查法特别适用于对假设进行检验的解释性研究，要求概念与假设范围有限，界定明确。

（二）实验调查的基本要素

实验调查的基本要素包括：

（1）实验者，即实验调查的有目的、有意识的活动主体。

（2）实验主题，即实验所要回答的问题和实验目的。

（3）实验假设，即实验者用来指导实验活动的理论假设。

（4）实验对象，即实验调查所要影响、认识的客体，它们往往被分为实验组和对照组。

（5）实验环境，即实验对象所处的各种自然、社会条件或环境的总和，它们可分为人工实验环境（如实验室实验）和自然实验环境（如现场实验）。

（6）实验活动，即改变实验对象所处的自然、社会条件或环境的各种实践活动，包括一定的实验控制活动，它们在实验调查中被称为“实验激发”或“实验处理”“实验控制”。

（7）实验效果，亦称实验效应，即由实验活动（实验激发）而引起的实验对象的各种变化。

（8）实验检测，即在实验过程中对实验对象所做的检查或测定，它分为实验激发前的检测（简称前测）和实验激发后的检测（简称后测）。

（三）实验调查的程序

实验调查的一般程序是：实验者根据指导确定实验主题→提出实验的理论假设→以实验假设为指导设计实验方案→选择实验对象和实验环境→对实验对象实施前测→通过实验激发改变实验对象所处的自然、社会条件或环境→产生实验效果→对实验对象实施后测→整理前测和后测的对比资料→进行统计分析和思维加工→得出实验调查的结论→写出实验调查报告。

二、实验调查法的特点

实验调查法的主要特点包括：

（1）调查活动的实践性。实地观察法、访问调查法等直接调查方法，都不涉及调查对象所处的自然、社会条件或环境的改变问题。实验调查法则不同，它不仅要求眼看、口问、耳听，而且要求亲自动手干，即通过某些实践活动有计划地改变实验对象所处的自然、社会条件或环境，并在实践活动基础上对实验对象的因果联系、特殊本质及发展规律进行调查和研究。因此，科学的实验调查，其调查结论经过了实践检验，具有相对客观真理的性质。

（2）调查对象的动态性。在实地观察、访问调查等直接调查的实施过程中，调查对象一般处于相对静止状态。实验调查则不同，由于实践活动不断进行，自然、社会条件或环境不断变化，实验对象也必然发生运动和变化。实验调查的实践性，决定着实验对象的动态性。

（3）调查环境的可控性。由于实验调查要通过某些实践活动有计划地改变实验对象所处的自然、社会条件或环境，因而实验环境必须是可调控、可改变的。没有可控性，就没有实验。调查环境的可控性，是实验调查的基本要求。

（4）调查目的的因果性。文献调查法、实地观察法、访问调查法、问卷调查法等调查方法，大都是描述性的；即使是因果性调查，其结论也只具有或然性，需要经过实践检验。实验调查法则不同，它不仅能解决“是什么”的问题，而且能解决“为什么”的问题，通过揭示实验激发与实验对象变化之间的因果联系，认识事物的本质及发展规律。

（5）调查方法的综合性。在实验调查过程中，除要改变实验对象所处的自然、社会条件或环境，一般还要采用实地观察法、访问调查法等直接调查方法，有时还要采用文献调查法、问卷调查法等间接调查方法。不仅如此，实验调查过程不仅是不断搜集材料的过程，而且是不断研究材料的过程，它是各种调查方法和研究方法综合使用的过程。

（6）调查过程的可重复性。在实验对象、实验环境等实验要素大致相同的情况下，不管由谁来实验，不管在何时何地实验，实验过程都可以重复、可以被检验。因而，调查过程的可重复性，应该是实验调查的一个重要特点。

（7）实验效果的可检测性。由实验活动（实验激发）而引起的实验对象的变化，必须是可以检测、可以量度的。只有如此，才能说明实验激发的效应，才能得出实验调查结论。实验效果的可检测性，是实验调查必不可少的特点。

三、实验调查法的种类

按照不同的标准，实验调查法可做不同分类。

（一）实验室实验和现场实验

按照实验环境的不同，可分为实验室实验和现场实验。

实验室实验，是指在人工“纯化”环境中进行的实验，实验者根据研究目的设置实验环境，并对实验过程实行完全有效控制。例如，对汽车驾驶员反应能力的实验，就可在实验室内进行。实验者可以按照自己的设想控制驾驶条件（实验环境）的变化（实验激发），并通过在实验前后和实验过程中对驾驶员（实验对象）的检测（实验检测），来判断他们在不同条件下的反应能力。

现场实验，或称自然实验，是指在现实的自然、社会环境中进行的实验，实验者对实验环境、实验过程及其变化只能实施部分控制。例如，在企业进行工资制度改革实验，实验者所能控制、改变的只有工资发放的办法或数量这一个实验条件，而对于企业领导者素质、职工人数和技术水平、企业经营状况、国家税收政策等环境因素，实验者往往难以有效控制。一般地说，社会领域里的实验，大多采用现场实验方法，因为这种实验所处的环境是现实的，其调查结论较易于应用和推广。

（二）单盲实验和双盲实验

按照实验对象和实验者对实验是否知情，可分为单盲实验和双盲实验。

单盲实验，就是不让实验对象知道自己正在接受实验，而由实验者根据实验目的实施实验激发和实验检测。双盲实验，就是不让实验对象和实验者知道正在进行实验，而由第三方（研究者）根据实验目的实施实验激发和实验检测。采用这两种实验方法，目的是排除心理预期对实验的客观效果及评价产生的不利影响。由于实验对象和实验者对实验目的、实验检测、实验激发都会产生某种“良好”或“不良”的心理预期，因而往往造成实验效果及评价失真。例如，对某种保健品进行效用实验，如果实验对象知道自己参加了这种实验（即了解实验目的），进行了身体检查（即实验检测），并正在服用这种保健品（即接受实验激发），他们往往就会产生某种良好的心理预期，从而影响实验的客观效果及评价。同样，实验者对实验的心理预期，也有可能对实验的客观效果及评价产生不利影响。为了克服实验对象或实验者对实验的心理预期，一般可采用单盲或双盲实验方法。

（三）单一实验组实验、实验组控制组实验、多实验组或多控制组实验

按照实验组织方式的不同，可分为单一实验组实验、实验组控制组实验、多实验组或多控制组实验。关于这几种类型的实验，将在下一节论述。

此外，按照实验目的的不同，可分为探索性实验和检验性实验；按照实验内容的不同，可分为心理实验、教育实验、经济实验、政治实验、法律实验、军事实验；等等。

四、实验调查的原则

（一）自愿原则

实验对象的自愿参与和积极合作，是实验调查得以顺利进行的必要前提。一般地说，凡是涉及个人、单位、机构的社会调查，都应是调查对象自愿参与的。实验调查要改变实验对象所处的自然、社会条件或环境，引起实验对象的某些变化，更应由实验对象自愿参与。因此，自愿原则是实验调查必须遵守的首要原则。

（二）知情原则

实验调查的目的、内容、方法等基本情况，以及实验调查的结果，都应让实验对象知晓。这是知情原则的题中应有之义。单盲实验和双盲实验，一般只应在特殊情况下使用。即使如此，在单盲实验或双盲实验结束后，仍应将实验调查的基本情况和结果告知实验对象，并说明采取单盲实验或双盲实验的原因，以求得实验对象的理解。

（三）保密原则

在实验调查过程中，实验对象所处的自然、社会条件或环境会发生某些变化，实验对象也会发生某些变化，这些变化往往会涉及实验对象某些不愿被人知晓的经历或状况。因此，从尊重实验对象的隐私出发，实验调查应该遵守保密原则，最好是匿名进行，起码对实验对象不愿公开的经历或状况严守秘密。

（四）道德与法律原则

实验调查有一条底线，那就是必须遵守国家的法律法规。许多涉及政治、文化、

社会的隐私性、敏感性课题，不能进行实验调查。实验调查的各个环节、各个要素，都不允许违背法律法规、家庭道德、职业道德与社会公德。例如，对贩卖人口、走私贩私、偷税漏税、制假贩假、吸毒、赌博、卖淫嫖娼等丑恶社会现象就不允许进行实验调查。

第二节　实验调查方案的设计

进行实验调查，首先要明确研究问题，制定合理的设计方案。

一、实验设计的步骤

实验设计的一般程序是：

（一）识别和陈述研究问题

首先要明确研究问题是什么，并形成一个清晰的、可实施的问题陈述。研究问题的识别与陈述，通常需要借团队之力，以团队形式完成，以期形成具体研究问题的清单。一个清晰的问题陈述有助于更好地理解待研究的现象或问题。

实施实验有很多不同的原因，不同的原因会产生不同的问题清单。一般而言，实施实验的原因主要包括：

（1）筛选影响因素。面对一个社会现象或社会问题，研究者通常想要了解哪些因素对该社会现象的出现或该社会问题的形成有重要影响。由此，将多个可能的影响因素纳入实验，筛选出重要影响因素，从而形成对于社会现象或社会问题的解释。

（2）最优化或稳健性检验。当通过研究获知社会现象或社会问题的重要影响因素后，需要研究重要影响因素的特定水平或取值所对应的因变量的变化情况。如果是有两个或多个重要影响因素，就需要找到在两个因素的何种水平组合下，所对应的因变量表现能达到最佳效果或稳定结果。最优化实验通常是筛选实验的后续跟进。

（3）检验确认。基于实践经验或理论而建立的研究假设，通常需要通过实验检验是否成立。经过实验检验的研究假设，还需要经得起后续研究者反复实验的检验。

（4）发现。实验可能会以发现为目标，这在自然实验中较为常见，在社会实验中较为少见。例如，研究者通过实验发现治疗疾病最为有效的新药或者新药组合。

（二）选择反应变量

在选择反应变量时，研究者应确定选择的反应变量提供了关于待研究问题的有用信息。研究者常选择被测量特征的均值或标准差作为反应变量，也可能同时选择多个反应变量。研究者必须明确反应变量如何测量，并考虑到测量敏感性、信效度及误差等重要方面。如果测量不够灵敏，因素效应就可能无法检出，实验就可能因此需要重复多次。

（三）因素、水平和范围选择

可能的影响因素包括潜在设计因素、干扰因素两类。潜在设计因素是指研究者可能希望在实验中变化的因素，包括设计因素、常量因素和允许变化的因素。设计因素是被选择在实验中加以研究的因素。常量因素是对实验有影响，但非当前实验研究兴趣之所在，因此通常被加以控制而保持不变的因素。允许变化的因素是对实验有影响，通常需要使用随机化方法平衡其影响的因素。我们通常假定，常量因素和允许变化的因素所产生的效应是相对较小的。

与此相反，干扰因素可能会产生较大的效应，必须加以考虑，但是又非当前实验研究兴趣之所在。干扰因素通常可分为可控干扰因素、不可控干扰因素和噪声因素。可控干扰因素是指研究者可以加以控制并将之设定为某一特定水平的因素。区组设计常被用于处理可控干扰因素。如果干扰因素在实验中不可控，但是可测量，那么可以采用协方差分析，分析出这种不可控干扰因素的效应。噪声因素是指自然变化的，在实验过程中不可控的其他因素。噪声因素的效应通常需要通过对可控设计因素的设定加以控制，这种找到可控设计因素的设定水平，从而使得噪声因素的效应最小化的研究，通常被称为稳健性研究。区组设计、协方差分析和稳健性研究是形成科学合理的实验设计的重要方法。

在确定了设计因素后，研究者还必须考虑对因素施加实验处理的特定水平和因素变化的范围，以及因素如何控制，其变化如何测量。这需要借助研究者相关的理论储备和实践经验。当实验的目标是筛选影响因素时，一般建议设定较少的因素变化水平（比如两个变化水平）以及较广的因素变化范围。一旦重要的影响因素被识别出来，在随后的最优化实验中，则会设定较窄的因素变化范围。

鱼骨图，或称为因果图，是在实验计划阶段非常有用的技术，用于组织实验设计中的重要信息。它通常会将研究所关心的反应变量作为鱼的主骨，将潜在设计因素及干扰因素作为鱼刺。研究者可能会构建多个不同的鱼骨图来指导实验前的计划。

（四）选择实验设计

实验设计的选择包括考虑样本容量（实验重复量）、考虑实验实施顺序、决定是否采用区组设计或随机化处理。在确定了影响因素的数量、水平和变化范围后，研究者可能有不同的实验设计可供选择。在实验设计的选择阶段还应同时考虑到未来的实验数据统计分析，构建用于解释设计的影响因素与反应变量之间关系的实证模型。在很多情况下，研究者可能会考虑一阶模型（也称为主效应模型，被广泛用于筛选实验），并可在一阶模型的基础上，考虑交互作用，从而将之扩展为有交互的一阶模型。另一个广泛使用的模型是二阶模型，通常被用于优化实验。

（五）实施实验

实施实验中最关键的是仔细监测实验流程，确保按照计划实施，进而确保实验效度。实施实验中一个常见的错误是没有将影响因素设定为相应的水平。通常在正式实验前，研究者需要实施预实验。预实验有助于研究者收集关于实验的相关信息，检查测量工具，形成关于实验误差的大概看法，并练习整体的实验技术与流程。

（六）数据的统计分析

通过实验收集的数据，通常需要使用统计方法加以分析。研究者想要回答的问题通常可以被设计成假设检验的框架，因此假设检验和置信区间估计等方法通常在实验数据的分析中非常有用。统计分析的结果可以借用图表的方式加以呈现。值得注意的是，只有在科学合理的实验设计和实验实施的基础上收集得来的数据，才能够借由统计分析导向正确的结论。统计方法的运用，增加了决策过程的客观性。

（七）结论和建议

通过数据的统计分析，研究者获得了关于结果的实证结论，进而形成行动建议。实验结论还需要后续的验证性研究加以重复研究验证。提出研究问题，形成研究假设，实施实验收集数据以检验假设，并在结果基础上形成新的假设，如此循环往复，因此实验是一个迭代的过程。成功的实验要求关于相关影响因素的知识、关于因素变化范围的经验、合适的因素变化水平的设定，以及合适的测量。

二、实验设计的类别

根据实验组织方式的不同，可设计出多种实验调查方案。坎贝尔与斯坦利于 1963 年描述了 16 种不同的实验与准实验设计。下面介绍几种常用的实验设计。

（一）单一实验组设计

单一实验组设计，也称为单组前后测设计，就是只选择一批实验对象作为实验组，通过实验激发前后实验对象的变化来得出实验结论。它的具体步骤如下：

（1）选择实验对象；

（2）对实验对象实施前测；

（3）实验激发，即实施改变实验对象所处的自然、社会条件或环境的实践活动；

（4）对实验对象实施后测；

（5）得出实验结论，其公式是：实验效应＝后测－前测。

例如，要实验技术改造对企业经济效益的影响，并以资金利税率作为衡量经济效益的主要指标，其具体步骤如下。

（1）选择实验对象：假定选择甲、乙、丙三个企业组成实验组。

（2）前测：计算技术改造前一年的资金利税率，假定 2011 年三个企业平均为 5%。

（3）实验激发：2012 年对企业实行技术改造。

（4）后测：计算技术改造后一年的资金利税率，假定 2013 年三个企业平均为 12%。

（5）得出实验结论：实验效应＝12%（后测）－5%（前测）＝7%。

单一实验组设计是最简单的实验设计，只要选择一组实验对象就可开展实验调查。

同时，它也是最基本的实验设计，任何其他实验设计都离不开选择实验对象→前测→实验激发→后测→得出实验结论这一基本程序。因此，这种设计应用非常广泛。

然而，单一实验组设计得出的实验结论，既可能正确，也可能不完全正确。因为在实验过程中，特别是在现场实验过程中，人们无法把实验对象与社会隔绝开来，无法完全排除种种非实验因素对实验过程及结果的影响。这样，把实验对象前后测之间的变化全部看作实验激发的结果，是不完全正确的。在前例中，甲、乙、丙三个企业 2013 年的资金利税率比 2011 年提高了 7 个百分点，其原因既可能是进行了技术改造，也可能是改善了供销渠道、提高了工人的技术水平等非实验激发因素。显然，把非实验激发因素引起的资金利税率变化全部当作实验激发的结果，是不符合实际的。这说明，单一实验组设计只有在实验者能有效排除非实验因素干扰，或者使非实验因素的影响缩小到可以忽略不计的情况下，才能把实验对象前后测之间的变化看作实验激发的结果，否则就不能得出这样的结论。

（二）实验组控制组设计

实验组控制组设计，或称为古典实验，就是选择一批相同或相似的实验对象分别组成实验组和控制组，并使它们处于相似的实验环境中；然后，对实验组给予实验激发，对控制组不给予实验激发；最后，对实验组和控制组前后测的变化进行对比，并得出实验结论。它的具体步骤如下。

（1）选择实验对象；

（2）选择实验环境；

（3）前测；

（4）对实验组给予实验激发，对控制组不给予实验激发；

（5）后测；

（6）得出实验结论，其公式是：

实验效应＝实验组（后测－前测)－控制组（后测－前测)

仍以上述技术改造实验为例，如采用实验组控制组设计，其具体步骤如下。

（1）选择实验对象：实验组选择甲、乙、丙企业，控制组选择 A、B、C 企业。

（2）选择实验环境：职工队伍、主要设备、能源供应、主要产品、交通条件等情况基本相同，产供销和资金周转均通过市场调节。

（3）前测：2011 年资金利税率为 5%。

（4）实验激发：对甲、乙、丙实施技术改造，对 A、B、C 不实施技术改造。

（5）后测：甲、乙、丙 2013 年资金利税率为 12%，A、B、C 2013 年资金利税率为 8%。

（6）得出实验结论，其公式是：

实验效应＝(12%－5%)－(8%－5%)＝7%－3%＝4%

与单一实验组设计相比较，实验组控制组设计的结论发生了很大变化。因为，在单一实验组设计中，实验组后测与前测之间的差值 7%，全部被看作实验激发即实施技术改造的结果，而完全忽视了非实验因素对实验过程及结果的影响。实验组控制组设计则不同，由于控制组没有实施技术改造，它的后测与前测之间的差值 3%，显然是由技术改造之外的因素（如能源供应增加、供销渠道改善、职工技术熟练程度提高等）引起的非实验效应。一般地说，引起控制组资金利税率发生变化的非实验因素对实验组也产生作用。因此，实验组的实验效应（即 7%），实际上是实验效应与非实验效应之和。如果按控制组非实验效应为 3%计算，那么，实验组的实验效应实际上只是 7%－3%＝4%。

这个例子说明，实验组控制组设计的最大优点在于，它能大致离析出实验效应与非实验效应的范围或程度，从而使对实验效应的评价更客观、更准确。但是，在现场实验调查中，这种设计的最大困难是实验组和控制组的实验对象、实验环境的选择很难完全匹配或基本相似。因此，要准确评价实验效应，还必须采用其他调查方法做更深入、更细致的研究。

（三）多实验组或多控制组设计

1. 多实验组设计

多实验组设计，就是选择若干批实验对象组成若干实验组。首先，在各自实验环境下进行实验；其次，通过检测实验激发前后的变化，各组得出自己的实验结论；最后，对比研究各组的实验结论，得出总实验结论。根据实验者、实验对象、实验环境、实验激发的相同与不同，多实验组设计可以有多种多样的类型。从理论上说，它可做如下一些类型设计，详见表 12－1。

表 12－1　多实验组设计可能的类型

	类型1	类型2	类型3	类型4	类型5	类型6	类型7	类型8	类型9	类型10	类型11	类型12	类型13	类型14	类型15	类型16
实验者	√	√	√	√	√	√	√	√	×	×	×	×	×	×	×	×
实验对象	√	√	√	√	×	×	×	×	√	√	√	√	×	×	×	×
实验环境	√	√	×	×	√	√	×	×	√	√	×	×	√	√	×	×
实验激发	√	×	√	×	√	×	√	×	√	×	√	×	√	×	√	×

注：“√”表示相同，“×”表示不同。

多实验组设计的组织工作比较复杂，但是，它得出的实验结论往往比较客观、准确。因此，它在实际工作中的用途非常广泛。我国政府在制定重大方针政策时，就往往采取多实验组对比的方法进行实验，一般能取得较好效果。例如，从 2003 年开始的新型农村合作医疗制度（简称“新农合”制度）改革，首先在各省、自治区、直辖市选择 2～3 个县（市）试点，取得经验后再逐步推开，到 2010 年实现基本覆盖全国农村居民。这些实验，由于实验者（即各省、自治区、直辖市所辖的试点县、市政府）不同，实验对象（即各省、自治区、直辖市所辖的试点县、市农村）自身特点不同，所处实验环境（即各省、自治区、直辖市所辖的试点县、市农村所处的地理位置和经济、文化、社会条件等）不同，所做的实验激发（即各种合作医疗改革措施）不同，因而它们的实验结论不完全一样，但其中必然会异中有同。经过对这些实验结论的对比研究，就得出了比较符合实际的总实验结论——建立由政府组织，农民自愿参加，采取个人缴费、集体扶持和政府资助的方式筹集资金，以大病统筹为主要内容的医疗互助共济制度。实践证明，这种制度，既符合当前中国经济发展的水平，又能减轻农民由疾病带来的经济负担，提高农民的健康水平。这说明，多实验组设计一般能取得良好的实验效果，能对实际工作起到很大的指导和推动作用。

2. 多控制组设计

在实验调查中，不仅前测、实验激发会使实验对象产生某些心理预期，前测与实验激发之间还会产生某些交互效应，它们都会对实验结果产生某种影响。为了离析、排除这些心理预期、交互效应的影响，可进行实验组、双控制组设计和实验组、三控制组设计，其特点是对不同控制组的前测和实验激发做出不同安排，其研究方法如下（见表 12－2、表 12－3）。

表 12－2　实验组、双控制组设计的研究方法

组别	实验程序		
实验组	前测	实验激发	后测
第一控制组	前测	—	后测
第二控制组	—	实验激发	后测

表 12－3　实验组、三控制组设计的研究方法

组别	实验程序		
实验组	前测	实验激发	后测
第一控制组	前测	—	后测
第二控制组	—	实验激发	后测
第三控制组	—	—	后测

在实验组、双控制组设计中，第二控制组不做前测，其前测值一般用实验组前测和第一控制组前测的平均值代替。这样，第二控制组的实验效应＝后测－实验组前测和第一控制组前测的平均值。如此一来，第二控制组的实验效应，大体上就可归因于实验激发的影响，从而离析、排除了前测导致的心理预期和前测与实验激发之间的交互效应对实验结果的影响。

然而，按照实验组、双控制组设计进行实验调查，仍无法排除实验外部因素对实验结果的影响。实验组、三控制组设计，则是一种排除实验外部因素对实验结果影响的办法。这种设计又被称为所罗门四组设计。

在实验组、三控制组设计中，第三控制组既不做前测，又不实施实验激发，其前测值一般用实验组前测和第一控制组前测的平均值代替。这样，第三控制组的实验效应＝后测－实验组前测和第一控制组前测的平均值。如此一来，第三控制组的实验效应，大体上就可归因于实验外部因素的影响。

应该指出，控制组数量越多，一方面，可离析、排除的非实验效应就越多，对实验效应的评价就越客观、越准确；另一方面，实验对象、实验环境的选择和匹配将越困难。因此，多控制组设计，在实验调查实践中使用得很少。

第三节 实验误差的控制

实验调查是一种非常复杂的调查方法，在实验过程中经常会发生一些误差。实验误差，其实质关涉实验的效度问题。因此，有必要专门探讨产生实验误差的原因和减少实验误差的途径和方法。

一、产生实验误差的原因

实验误差的来源，主要有以下几个方面。

（一）来自实验者自身的误差

一是急于求成心理。例如，有的实验者为了“早出成果”“出好成果”，往往给予实验对象一些优惠条件和特殊照顾，致使实验结果失真或失去推广价值。二是替代补偿心理。有的实验者由于控制组得不到某些实验措施的实惠，往往自觉或不自觉地给予控制组实验对象一些补偿性关怀，从而导致控制组失去对照作用。

（二）来自实验对象的误差

一是实验对象的选择缺乏代表性，实验组与控制组不具有可比性。二是实验对象对实验活动不适应、不合作或不认真。例如，某些村民的宗族、房头活动会对农村村委会竞选实验产生严重干扰，某些居民的消极应付会使社区管理实验失去原有意义。三是实验对象受实验活动“污染”，而产生某些反应性心理或行为。例如，当控制组实验对象（如控制组企业的工人）通过传播途径受到实验活动“污染”（如分配制度改革信息）后，既可能做出竞争性努力（如加倍努力工作），又可能做出自暴自弃反应（如消极等待或怠工等），致使控制组失去对照意义。四是实验对象受群体性心理效应影响，对实验激发形成某些相同或近似的心理或行为反应。五是实验对象自身不断成熟和变化。例如，学生无论是否参加教育改革实验都在自然成长，因而实验效应与自然成长效应很难严格区分。六是实验对象由于种种原因中途退出实验活动，从而使实验计划变形，甚至被迫中断。

（三）来自实验环境的误差

一是实验组、控制组所处实验环境的选择不可能完全匹配，甚至很难相近或相似。二是自然环境变化的干扰。例如，由于严重自然灾害的影响，农业集约化实验可能达不到预期目的。三是经济环境变化的干扰。例如，出口退税政策改革实验，由于遭受全球金融危机袭击，不得不调整实验方案和进程。四是政治环境变化的干扰。例如，由于“文化大革命”的影响，20 世纪 60—70 年代中国社会主义现代化实验被迫中断。此外，文化环境、社会环境和生态环境的变化，也会对某些实验过程、实验结果产生或大或小的干扰或影响。

（四）来自实验激发的误差

在社会实验中，例如，在农村开展创新乡村治理体系实验，实验激发（如民主选举、民主决策、民主管理、民主监督）的方式、强度、广度、深度等难以做到完全相同，因而对实验过程和结果会产生不同影响。

（五）来自实验检测的误差

实验检测（包括前测和后测）的工具及其灵敏程度不可能保持绝对一致，检测人员的操作方法及熟练程度不可能完全一样，实验检测的过程不可能绝对相同，接受实验者对实验检测的适应能力也在不断变化（或强化，或弱化），所有这些方面都可能对实验过程及结果产生非实验因素的干扰。

此外，实验对象发生的变化，可能是其从原先极端的位置向平均数回归的效果，这容易让人误判为实验激发的效果，即所谓的统计回归效应。在社会研究中，有可能存在因果关系不明、实验刺激和因变量变化孰先孰后不能清楚判断的情况，导致研究结论受到挑战。

二、减少实验误差的途径和方法

（一）慎重选择实验调查的领导者

实验调查往往是探索性、开拓性调查。要取得实验成功，必须慎重选择实验者。一般地说，实验调查的领导者必须具备以下一些基本条件：

（1）要兼具严谨的科学精神与深厚的人文关怀。在一些具体研究任务中，实验调查法往往被运用于政策应用的调查环节。因此，在实际运用过程中，实验调查法经常会涉及较大的社会范畴，涉及较多的人群，带有“社会实验”的内涵。社会实验不仅需要考虑到大的社会范畴上非实验因素的效应，还应该尤其注意到将实验调查法施予人群时的人道主义和伦理问题。因此，作为首要的条件要求，实验调查的领导者应该具备严谨的科学精神与深厚的人文关怀。

（2）要解放思想，实事求是，敢于负责，勇于创新。要坚持从实际出发，敢于打破旧框框，探索新道路，开拓新天地。一个观念陈旧、墨守成规、不敢越雷池一步、不敢负责的人，不可能领导实验调查取得成功，更不可能获得重大发现。

（3）要有较高的理论水平和较强的实际工作能力。实验调查中，不仅需要较多的政治、法律知识，较强的鉴别能力和判断能力，而且需要一定的实际工作经验和灵活处理问题的能力。实验者如果本身缺乏理论修养，不熟悉国家的政治和法律，不能独立鉴别和判断探索过程中出现的新情况、新问题，就很难对实验进行正确指导和得出科学结论。

（4）要有比较充裕的时间。在实验调查中，实施改变自然、社会条件或环境的实践活动需要一个过程，实验对象适应改变了的自然、社会条件或环境也需要一个过程，特别是在改变了的自然、社会条件或环境中实验对象本质的变化和充分暴露更需要一个较长过程。因此，实验调查从开始到结束往往需要相当长的时间，不可能“立竿见影”，不能急于求成。

（二）正确选择实验对象和实验环境

正确选择实验对象和实验环境，对于实验的成败及社会作用的大小具有重要意义。

被选择的实验对象和实验环境，一定要在同类事物中具有较高的代表性。对于复杂事物来说，被选择的实验对象和实验环境，还应该具有不同类型、不同层次的代表性。例如，在从普通中学到职业中学的中等教育结构改革实验中，被选择的实验对象就应该既有大中小城市中学，又有城镇中学和农村中学；既有完全中学，又有高级中学和初级中学。不仅如此，还应该选择不同的实验环境，最好是在东部地区、中部地区和西部地区，经济发达地区、经济中等发达地区和经济不发达地区，都选择一些中学。只有选择的实验对象和实验环境具有较高代表性，最好是典型环境中的典型对象，实验结果才具有普遍意义。

实验对象和实验环境的选择，一般有两种方法：一是立意挑选，即由实验者根据实验目的、要求和对实验对象及其所处自然、社会环境总体情况的了解，有意识地挑选那些具有代表性的单位进行实验。二是随机抽取，即按照随机原则从实验对象、实验环境的总体中抽取一定实验环境中的实验对象进行实验。前一种方法适用于实验对象总体中个体单位较少、个体间异质性较强，实验者对实验对象、实验环境的总体情况了解较多的情形；后一种方法适用于实验对象总体中个体单位较多、个体间同质性较强，实验者对实验对象、实验环境的总体情况了解较少的情形。

如果采用实验组控制组设计，那么还应该注意实验对象和实验环境的匹配，即实验组的实验对象和实验环境与控制组的实验对象和实验环境，应尽可能相同或相近。为了做到这一点，实验者在选择实验对象和实验环境时可采用配对分派法，即每次选择两个相同或相近的单位组成匹配对，然后将其中一个分派到实验组，将另一个分派到控制组。只有按照这种配对分派法组织的实验组和控制组，才能起到互相对照的作用。

（三）有效控制实验过程

实验调查能否达到预期目的，在很大程度上取决于能否有效控制实验过程。对实验过程的控制，主要包括两个方面：一是对实验激发的控制，二是对非实验因素的控制。

对实验激发的控制，既要严格按照设计方案实施，又要在不违背实验目的的前提下具有一定的灵活性。因为，一方面，不严格按照设计方案实施实验激发，不改变或任意改变实验对象所处的自然、社会条件或环境，就会打乱实验计划，达不到实验的预期目的。另一方面，实验调查是一种实践性、动态性调查，原定方案无论怎样完善，都不可能完全符合实验过程中不断变化、发展的实际情况。因此，必须给予实验者一定的自主权，以便他们在不违背实验目的的前提下，灵活处置那些在实验过程中无法完全避免的特殊情况或特殊问题。

对非实验因素的控制，应该注意以下一些问题：

（1）要克服急于求成心理和替代补偿心理，客观看待实验过程，公平对待实验对象，决不可揠苗助长，给实验对象以种种实验之外的特权或照顾。例如，搞现代企业制度改革实验，就不能给实验企业除现代企业制度之外的任何优惠条件或特殊待遇。如果实验企业在税收、信贷、能源和材料供应、产品销售等方面享有其他企业所不能享有的特权，那么，这些企业的生产经营无论取得多大成绩，都不能说明现代企业制度改革的必要性和优越性；从这些企业总结出来的“成功经验”，无论说得怎样头头是道，都不会有说服力。实践证明，靠“吃小灶”搞成功的实验是没有生命力的，是没有推广价值的。

（2）要采取积极有效的措施取得实验对象对实验活动的支持。例如，在农村搞创新乡村治理体系实验，就必须加强党的领导，提升村支两委的管理能力，提高村民的自主意识，克服村民自私、狭隘心理和宗族、房头观念，把创新乡村治理体系实验坚持到底；否则，实验就无法正常进行，甚至有可能被迫中断。同时，要防止实验激发对控制组的“污染”，要严格区分实验效应与自然成长效应，要努力减少实验对象中途退出实验活动现象的发生。

（3）要控制非实验因素对实验过程的干扰，一般可采取以下几种方法。

一是排除法，即将一切可以排除的非实验因素排除在实验过程之外。例如，搞家庭农场集约化经营实验，在那些自然环境恶劣地区以及天灾严重地区就难以进行。为了使实验得以顺利进行，在选择实验对象和实验环境时，就应该避开这些地区。这样，“自然环境恶劣”“天灾严重”这些非实验因素对实验过程的影响就被排除了。

二是纳入法，即把无法排除的某些非实验因素完全纳入实验过程，作为实验所要研究的因素。例如，搞现代农业经营体系改革实验，区位条件、地理环境本来都是非实验因素，但是，实验过程又无法排除区位条件、地理环境对现代农业经营的影响。在这种情况下，就可采取纳入法，即对东部地区、中部地区、西部地区，城市近郊区、远郊区和边远区等不同区位条件、不同地理环境的乡村，分别进行现代农业经营体系改革实验。这样，就把区位条件、地理环境等非实验因素完全纳入了实验过程。

三是平衡法，即使某种非实验因素在每一个实验对象那里都保持相对平衡、稳定的水平。例如，对于国有企业产权制度改革实验来说，水电供应情况及价格本来是一个非实验因素。为了控制水电供应情况及价格变化对实验过程的干扰，就可以采取平衡法，即对实验组和控制组中每一个国有企业，都供应同等比重的水电，并实行同等价格。这样，就排除了水电供应情况及价格变化这些非实验因素对实验过程的影响。

四是统计法，即对实验过程中无法排除的非实验因素，在实验后再用统计方法计算出它们对实验结果的影响。例如，在工资制度改革实验中，物价波动是一个非实验因素，但是，在检测实行新工资制度前后产值、利润、工资等的变化时，物价又是一个无法排除的因素。对于这类可以计算的非实验因素，可在实验后运用统计方法进行计算，然后再说明它们对实验结果造成了多大影响。这样，就等于对这类非实验因素进行了有效控制。

（4）要控制实验过程自身非实验因素的干扰。主要包括：控制对不同实验对象的实验激发，尽可能在激发方式、强度、广度和深度等方面保持相对一致；控制对不同实验对象的实验检测（包括前测和后测），尽可能在检测工具及其灵敏程度、操作人员和方法，以及检测过程等方面保持相对统一。此外，要根据实验对象对实验激发、实验检测适应能力的变化（强化或弱化），适当调整实验激发的方向、形式和部位，适当改变实验检测的方式、程序和方法，从而把实验过程自身非实验因素的影响降到最低。

总之，只有正确地控制实验激发和有效地控制非实验因素对实验过程的干扰，才能对实验调查的结果做出客观、科学的评价。

（四）正确检测实验效果

实验效果的检测与实验结果的评价是密切联系在一起的。检测是评价的前提或依据，评价则是对检测结果所做的解释或说明。

实验效果的检测，要有科学性、统一性和可重复性。

所谓科学性，是指检测指标、检测手段和检测方法要科学。其中，首要的是检测指标要科学。例如，对于教学质量、经济效益这类较复杂的社会现象的检测，往往需要设计出一套科学的指标体系。如果仅仅用“升学率”去检测教学质量，用“国内生产总值增长速度”去检测经济效益，就不可能得出科学结论。同时，对于科学的检测指标，还要用科学的方法去检测，并尽可能使用现代化的科学检测手段。

所谓统一性，是指对不同实验对象、对前测和后测，都应该使用统一的指标、方法和手段去检测。在单一实验组实验中，如果对不同实验对象，或者对前测和后测，使用不同检测指标、不同检测手段、不同检测方法；在实验组控制组实验中，如果对实验组使用一套检测指标、手段和方法，对控制组使用另一套检测指标、手段和方法；在多实验组或多控制组实验中，如果各实验组、各控制组使用各自的一套检测指标、手段和方法——就不可能得出统一的具有可比性的科学检测结论。

所谓可重复性，是指检测的结果必须是稳定的、可靠的、可重复的。一种真正科学的检测，如果实验对象、实验环境、实验激发以及实验检测的指标、手段和方法是基本相同的，那么，不管由谁来检测，不管在何时、何地检测，检测结果都应该是基本相同的、可重复出现的。

（五）科学评价实验结果

实验结果评价，应该包括两个方面：一是内在效度评价，即对实验结果说明问题的正确程度做出评价。二是外在效度评价，即对实验结果的推广适用程度或正确程度做出评价。

实验的内在效度是指实验中的自变量与因变量之间因果关系的明确程度。如果实验中自变量变化时，因变量随之变化，而自变量恒定时，因变量亦恒定，则可确定是自变量而不是其他因素引起了因变量的变化，这个实验因此可以判定具有较高的内在效度。内在效度与对无关变量的控制有关，实验中未得到控制的无关变量越多，因变量的变化不是由自变量引起的可能性就越大，实验内在效度就越低。当实验结果未受到其他变量的干扰、自变量与因变量的因果关系明确时，实验的内在效度就是高的。

实验的外在效度，是指实验结果能够普遍推论到样本总体和其他同类现象中去的程度，即实验结果的代表性和适用性。

实验的内在效度越高，其结果就越能确认是由实验处理所造成的；而实验的外在效度越高，其结果的可推论范围就越大。而且，实验的内在效度和外在效度是相互联系、相互影响的。有时，提高实验内在效度的措施可能会降低其外在效度，而提高实验外在效度的措施又可能会降低其内在效度。

要对实验的内在效度做出科学评价，关键在于把实验效应与非实验效应严格区别开来。实践证明，各种非实验因素对实验过程的干扰，如实验对象缺乏代表性，实验环境不匹配，实验激发不规范，在实验过程中对非实验因素的控制不恰当，以及实验检测的指标、手段和方法不科学、不统一，等等，都会对实验的内在效度产生不利影响。因此，要科学地评价实验的内在效度，就必须尽可能排除或控制一切非实验因素的干扰。

要对实验的外在效度做出科学评价，关键在于把实验结果中的共性与个性区别开来。因为，在现场实验调查中，不管实验对象和实验环境具有多大代表性，实验过程控制多有效，实验检测多科学，它们都必然具有一定的特殊性或个性。这就是说，任何实验结果都既包含共性的东西，又包含个性的东西，都是共性与个性的统一，其中只有共性的东西才具有推广价值。因此，要科学地评价实验的外在效度，就必须正确区分实验结果中哪些是共性的东西，哪些是个性的东西。只有正确说明了具有共性的实验结果，才能科学评价实验结果的外在效度。

对实验结果的内在效度和外在效度的评价，必须实事求是、恰如其分，决不可弄虚作假、扩大效果，更不可不顾时间、地点、条件盲目推广。实验调查既然是实验，就应该既允许成功，也允许失败；即使是失败的实验，也应该认真总结和科学评价。因为，在探索未知的道路上，失败往往是成功之母。从这个意义上说，失败与成功一样，都具有不可抹杀的意义。

本章要点

1. 实验调查法，就是实验者按照一定的实验假设，通过改变某些自然、社会条件或环境的实践活动，来检验某种理论假设，认识实验对象的特性、内在本质及发展规律的调查方法。它的特点是实践性、动态性、可控性、因果性、综合性、可重复性和可检测性。

2. 实验调查的基本要素包括：实验者、实验主题、实验假设、实验对象、实验环境、实验活动、实验效果和实验检测。

3. 实验调查的基本程序为：确定实验主题→提出理论假设→设计实验方案→选择实验对象和实验环境→前测→实验激发→产生实验效果→后测→整理前测和后测的对比资料→统计分析和思维加工→得出实验调查结论→写出实验调查报告。

4. 实验调查法可分为实验室实验和现场实验，单盲实验和双盲实验，单一实验组实验、实验组控制组实验和多实验组或多控制组实验，等等。

5. 实验误差主要来自实验者、实验对象、实验环境、实验激发和实验检测五个方面。

6. 减少实验误差的主要途径和方法是：慎重选择实验调查的领导者，正确选择实验对象和实验环境，有效控制实验过程，正确检测实验效果，科学评价实验结果。

基本概念

实验调查法　实验室实验　现场实验　单盲实验　双盲实验　单一实验组实验　实

验组控制组实验　多实验组或多控制组实验

思考与练习

1. 什么是实验调查法？它的主要特点是什么？

2. 实验调查法有哪些种类？它们各有何特点和用途？

3. 简述单一实验组、实验组控制组和多实验组或多控制组实验设计各自的优点、缺点及用途。

4. 减少实验误差有哪些途径和方法？

5. 控制实验环境因素对实验过程的干扰有哪些方法？

6. 对实验效果的检测应该符合哪些要求？

7. 什么是实验的内在效度和外在效度？怎样科学评价实验的内在效度和外在效度？

8. 实验设计的原则有哪些？形成科学合理的实验设计有哪些方法？

推荐阅读书目

1. 任莉颖．用问卷做实验：调查-实验法的概论与操作．重庆：重庆大学出版社，2018.

2. 奥斯普格，欣茨．因素调查实验．上海：格致出版社，2021.

3. 陈廷湘，吕毅，傅应明，等．民国乡村建设：晏阳初华西实验区档案选编．重庆：西南师范大学出版社，2016.

4. 克里斯滕森，约翰逊，特纳．研究方法、设计与分析．北京：商务印书馆，2018.

知识点

霍桑实验简介

困难与对策

如何解决实验调查法的效度问题？

第四篇

研究阶段

本篇论述研究方法及有关知识，学习这一篇的目的是：

明确认识整理资料的重要意义和一般原则，掌握整理问卷资料、统计资料、文字资料的步骤和方法，学会制作统计表、统计图和勾画概念图。

认真学习统计分析的目的、过程、层次等问题，初步学习描述统计与推断统计，单变量统计分析、双变量统计分析，概略了解多变量统计分析。

深刻领会思维加工的概念，初步掌握比较和分类、分析和综合、矛盾分析、因果分析、系统分析、结构-功能分析等方法，对调查中掌握的材料进行去粗取精、去伪存真，再由此及彼、由表及里地深入思考和推理，透过现象把握本质，找出规律性和普遍性的东西，找到解决问题的有效办法。

第十三章 整理资料

在完成调查阶段资料收集任务之后，社会调查就进入了研究阶段。整理资料是研究的基础，是研究阶段的第一项工作。调查阶段搜集的资料，只有经过科学、系统的整理和分析，才能为统计分析和思维加工打好基础。

第一节　整理资料的意义、原则和类型

要做好整理资料工作，首先应该弄清楚它的重要意义、主要原则和基本类型。

一、整理资料的意义

所谓整理资料，就是根据调查研究的目的，运用科学的方法，对通过调查所获得的资料进行审核、检验、分类、汇编等初步加工，使之系统化和条理化，并以集中、简明的方式反映调查对象总体情况的工作过程。

整理资料的重要意义在于：

（一）整理资料是提高调查资料质量及其使用价值的必要步骤

运用各种调查方法获得的调查资料往往是分散的、零乱的，而且难免出现虚假、差错、短缺、冗余等现象。要解决这些问题，除在调查阶段组织调查员就地自查、互查和指派专人督查外，还必须在研究阶段开始时进行一次全面检查和整理，以区分资料的真假和精粗，消除资料中的假、错、缺、冗等现象，以保证资料的真实、准确和完整，提高调查资料的质量和使用价值。

（二）整理资料是研究调查资料的重要基础

研究阶段的任务在于获得正确的调查结论，而正确的调查结论来源于科学的统计分析和思维加工，科学的统计分析和思维加工又依赖于调查资料的真实、准确和完整。为此，就必须运用统计学方法和手段，以及各种科学的思维方法，对搜集到的资料进行鉴

别和整理，把各种资料的差错，特别是数据差错消灭在统计分析和思维加工之前。这是保证研究工作顺利进行的重要基础。

（三）整理资料是保存资料的客观要求

社会调查的原始资料，不仅是当时得出调查结论的客观依据，而且对今后研究同类社会现象具有重要的参考价值。因此，每次社会调查都应认真整理调查资料，以便长期保存和研究。

总之，如果说调查阶段是认识的感性阶段、研究阶段是认识的理性阶段的话，那么，整理资料则是从调查阶段过渡到研究阶段、由感性认识上升到理性认识的一个不可缺少的中间环节。

二、整理资料的原则

整理资料应该遵循的主要原则包括：

（一）真实性原则

整理的资料必须是真实的、实事求是的，而不是虚假的、主观杜撰的。郭沫若曾指出："无论做任何研究，材料的鉴别是最必要的基础阶段。材料不够固然大成问题，而材料的真伪或时代性如未规定清楚，那比缺乏材料更加危险。因为材料缺乏，顶多得不出结论而已，而材料不正确便会得出错误的结论。这样的结论比没有更要有害。"① 真实性原则，是整理资料首要的、最根本的原则。

（二）准确性原则

整理后的资料，事实要清楚，数据要准确。如果整理出来的资料事实含混不清、数据互相矛盾，就不可能得出科学结论。当然，对准确性的要求应该从实际出发，以能说明问题为原则，而不是越精确越好。

（三）完整性原则

整理资料应该尽可能地全面、完整。即：既要有历史资料，又要有现实资料；既要有正面、肯定的资料，又要有负面、否定的资料；既要有主体资料，又要有辅助资料；等等。只有这样，才能真实反映调查对象的全貌。

（四）统一性原则

整理出来的资料要统一，包括调查对象要统一，调查指标及其操作定义要统一，调查数据的计算公式、计量单位要统一，调查结果的表现形式要统一，等等。

---

① 郭沫若．十批判书．北京：人民出版社，1954：1.

（五）简明性原则

整理所得的资料应该尽可能地系统化、条理化，并以集中、简明的方式反映调查对象的总体情况。

（六）新颖性原则

整理资料时，要尽可能用新观点、新角度来审视资料、组合资料，尽量避免按照陈旧思路考虑问题、反映问题，更不能简单重复别人已经走过的老路。只有勤于思考、勇于创新，从调查资料中发现新情况、新问题，才能为创造性研究打下良好基础。

总之，整理资料应力求真实、准确、完整、统一和简明，并尽可能新颖。只有在这样的调查资料的基础上，后续研究才有可能得出科学的结论。

三、整理资料的类型

调查阶段搜集的资料，有文字、数据、图像、视听、实物、问卷等不同类型。在实际研究过程中，最常见的有三类资料：问卷资料、统计资料和文字资料。

（一）问卷资料

问卷资料是指通过问卷调查而获得的资料，它通常是标准化的数字信息。这些数字代表有关变量的取值，是对访问对象或其他对象进行调查、测量的记录。整理问卷资料，就是将问卷中记录的数据或符号，通过一定的程序和方式转换成可供计算机分析的数据，并可按照一套模式和方法、通过一些登录技术将其录入计算机。

（二）统计资料

统计资料（亦称数字资料、定量资料）是指通过调查所获得的各种数据资料。这些数据资料一般反映在统计表或统计图，以及各种统计手册、年鉴、汇编和专题数据库中。整理统计资料，就是对这些数据资料进行鉴别、加工，使之条理化、系统化。这不是一项单纯的技术工作，只有在一定的科学理论指导下，才能在整理过程中抓住那些最基本、最能说明问题的统计指标和统计数据。

（三）文字资料

文字资料是指通过调查所获得的文本资料，如访问记录、观察记录、会议记录、文件、日记、档案、地方志、年鉴、调查报告、研究论文等。整理文字资料，就是根据研究需要，对搜集到的各种文本资料加以登录、分类和编码，使之成为不同层次的备用资料。文字资料具有多样性、开放性等特点，其整理工作没有也不可能有一套固定的程序和模式，必须以一定的理论为指导，与研究紧密结合。

第二节　问卷资料的整理

问卷资料的整理过程，通常分为审查问卷、资料编码、数据录入和数据清理四个阶段。

一、审查问卷

审查问卷，是指对回收的问卷进行审阅，矫正错填、误填答项，剔除乱填、空白和严重缺答的废卷。其目的是使进入后续程序的问卷具有较高的准确性、完整性和真实性。

（一）审查问卷的内容

审查问卷的主要内容包括：

（1）调查对象的选择是否符合设计要求。

（2）对调查指标的理解和对操作定义的把握是否科学、合理。

（3）对询问问题的回答是否符合原设计要求。

（4）填写的数据是否真实、准确。

（5）对检验性问题的回答是否经得起检验。

（6）如果是访问问卷，还应审查访问员访问的起止时间、对回答的评价和复核员的复核意见是否填写完整、符合要求。

（7）编码是否正确、完整。

（8）问卷的填写是否有漏填项目。此外，还要检查填写问卷的字迹是否清楚等。

（二）审查问卷的方法及问题处置原则

在实践中，审查问卷有两种做法：一是就地审查，即在问卷调查过程中进行审查，包括调查员自查、互查和组织专人抽查。这样有利于及时发现问题、就地重新调查、核实解决问题，但是审查标准很难统一，审查质量很难保证。二是集中审查，即在整理资料初期对回收问卷进行集中、全面审查。它的好处是，审查可以在统一指导下进行，审查标准比较一致，审查质量比较有保证，但是工作周期较长，不利于就地复查和核实。

对审查中发现的问题，应该进行适当处置。处置的原则包括：

（1）凡在问卷已有答项中能够解决的问题，都应在审查过程中立即予以更正，以免时过境迁遗忘了，留下质量隐患。

（2）凡在问卷已有答项中无法解决的问题，都应力争通过补充调查弥补问卷填写的缺陷，努力使这些问卷成为完全合格或基本合格的问卷。

（3）凡既无法进行补充调查，又无法采取其他措施弥补的不合格回答，可对该项指标做无回答或无效回答处理。

（4）凡对调查对象的选择违背原设计方案的问卷，以及问卷中主要内容填写错误而且无法弥补的问卷，均应作为不合格问卷予以坚决淘汰。

（5）访问员对回答的评价和复核员的复核意见，要集中起来，供撰写报告、阐明结果、估计偏误时参考。

总之，通过审查，要努力提高问卷合格率和指标合格率，坚决淘汰一切不合格问卷和不合格指标。只有如此，才能保证问卷调查的基本质量。

二、资料编码

（一）资料编码及其类别

资料编码即资料数码化，要求根据计算机统计程序的规定把汉字等信息数字化，以便计算机统计程序识别。

编码是使用计算机统计分析的关键环节。问卷中封闭型答项的种类和编码，在设计时已经确定，并在调查时填写，因而被称为“前编码”；开放型答项的种类和编码，由于在调查之前无法事先确定答项的种类及数量，只能在调查结束后再来确定和填写，因而被称为“后编码”。无论是哪种编码，一般都要制定出明确的编码手册。编码手册是根据调查问卷的问题制定的，它需明确列出每一问题对应的变量、每一问题的答案及其代码。

（二）后编码的步骤

后编码的一般步骤如下：

（1）预分类和预编码。在问卷总数中任意选择10%左右的问卷，把对有关问题的回答分类罗列出来并编码，从而形成预分类和预编码。在这个阶段，分类应该尽可能详尽一些，只有这样才便于以后的选择和归并。

（2）“对号入座”和“不断加座”。按照预分类类别和预编码，对另外90%左右问卷中有关问题的回答“对号入座”进行分类和编码。如果在这些问卷的有关回答中，发现预分类中没有的新回答类别，就在预分类中“加座”，增加一个新类别，同时在预编码中“加座”，增加一个新编码。这样“不断加座”，直至把开放型回答的全部答案都包括进去。

（3）选择、归并、确定后编码的类别和编码。按照研究需要，对预分类的类别清单进行选择和归并，即归并相近类别，保留有用类别，删除无用类别。最后，对选择归并后定型的回答类别正式编码，从而确定后编码的类别和编码。

（4）完成编码工作。按照确定的后编码类别和编码，对全部问卷中的开放型答项进行编码，从而完成后编码工作。

三、数据录入

数据录入就是把问卷调查的结果和其他原始资料转换为计算机可读取的数据，输入计算机，建立数据文件。数据录入主要有以下三种方式。

（一）使用登录表

首先，将问卷调查的结果在问卷上编码；其次，将编码数据转录到专门的登录表上；最后，把登录表上的数据录入计算机。它的优点是，计算机录入员录入起来比较方便，录入速度较快。但它的缺点是增加了一次转录，不仅增加了工作量，而且增加了出现差错的可能。

（二）直接录入

问卷调查完成后，预先在计算机中设定可以接受有关数据的程序，然后将问卷上的数据录入计算机。在输入问卷数据时，最好采用可以对编码范围、变量之间的逻辑关系实施控制的软件，如 dBASE、FoxBASE、FoxPro 等。这样，可以减少输入差错。当然，也可以通过 SPSS 软件输入数据，但速度较慢。

（三）光学扫描

问卷调查完成后，通过把方框或圆圈涂满的方式将它录入光学扫描卡，接着利用光学扫描器将资料转换、录入计算机。它的优点是快速、准确。但是，它的缺点是难以适应回答较复杂的问题，而且需要有光学扫描器等特殊设备。

数据录入看似简单，实际上很容易出错，需要认真校对。如果条件允许，最好采取双录入方法——既可以是一个录入员录入两次，也可以是两个录入员分别录入一次，然后互相校对、互相纠错，这样就有可能基本消除录入差错。

四、数据清理

在录入数据后、统计分析前，还应借助计算机仔细地进行数据清理，不让错误数据进入运算过程。数据清理有以下几种方法。

（一）有效范围清理

问卷中的任何一个变量，都有某种有效编码值范围，凡超出这个范围的数据，肯定是错误的。例如，“性别”这一变量的有效编码值是：1 男、2 女、0 无回答。如果在这一变量栏中出现了其他数字，就肯定是错误的。在 SPSS 软件中，可以通过频数统计表查找输入数据时可能发生的差错。如果发现了错误，在 SPSS 软件中执行查找（find）命令，即可发现错码的问卷编号（个案号码），然后查找原始问卷，更正错误。如果一份问卷中错误答项过多，则可考虑将这份问卷作为废卷处理。

（二）逻辑一致性清理

逻辑一致性清理比有效范围清理复杂一些，其基本思路是：依据问卷中问题之间的逻辑关系，来检查前后答项数据之间的合理性。例如，前面询问：“您有孩子吗?”答项为：“1 有；2 没有。”后面再询问：“请问您的孩子今年几岁了?”如果前一个问题的回答

“2 没有”，后一个问题的回答出现了“4”“6”等数字，这个答项就肯定有问题。纠正这类错误，应该根据变量测量层次采用不同方法。对于定类、定序或定距变量，可采用交互分类统计（列联表）方法，检查变量之间是否存在逻辑矛盾。如果发现了问题，先在 SPSS 软件上查找发现错码的问卷编号，然后根据原始问卷相关答项分析出错的原因。如果数据录入没有错误，就应向调查对象复查、核实。对于定比变量，可在 SPSS 软件上建立新变量的 compute 命令，分析两个变量间存在的逻辑错误。

（三）数据质量抽查

如果数据录入时输入的错误数据在正常有效编码值范围之内，那么查出这类输入错误的唯一办法就只能是拿着原始问卷，一份一份、一个答项一个答项地核对。由于这种方法核对的工作量过大，一般只能采用随机抽样方法，从全部样本中随机抽取一部分问卷进行校对。然后，用这一部分问卷校对的结果，来评估全部问卷的数据质量。

五、缺失值的种类及其处理

（一）缺失值及其类别

问卷调查，经常会出现缺失值。缺失值的存在，既会造成样本代表性的变形，又会形成总体评价的偏差。因此，有效处理缺失值，是数据清理中一个十分棘手而又必须去做的工作。

缺失值一般可分为两类：一是非系统性缺失值。例如，在调查过程中，调查对象拒答、漏答或登录者疏忽、漏填造成的缺失值；在数据录入过程中，录入员遗漏、疏忽等造成的缺失值。这类缺失值，如果研究者有根据地补填，补填数据与真实数据之间的差距，可被视为随机性的变差，一般影响不大。二是系统性缺失值。例如，调查对象普遍拒答、漏答，登录者普遍错填、漏填而导致的缺失值。这类缺失值，如果研究者有根据地补填，就会造成系统性的高估或低估，从而对调查结论产生重大的不利影响。

实践证明，系统性缺失值的产生，主要与问卷设计有关。或者是问题表达不清楚，调查对象的理解发生了偏差；或者是问题过于敏感，超越了调查对象的回答意愿；或者是问题过于复杂，超出了调查对象的回答能力；等等。对于系统性缺失值，一般不能简单补填，而应该分析其产生的原因。具体做法是，用一个虚拟变量，将产生缺失值的样本归为一类。然后，将其与其他没有产生缺失值的样本进行对比研究。如果两类样本统计量有显著差异，就应修改问卷，重新调查；如果没有条件修改问卷、重新调查，则应该如实说明系统性缺失值的情况和产生原因，以便研究者得出自己的结论。

（二）处理方法

对于既无法从问卷中找到答项，又无法通过重新调查来弥补的缺失值，常用的处理方法有四种：

一是平均值估计法。一般是用全部样本平均值来代替缺失值，或者是用分层平均值来代替缺失值。例如，调查对象没有回答其收入，就用全部样本平均收入来代替，或用调查对象同层次人的平均收入来代替。

二是回归估计法。一般是将缺失变量设为被预测变量，将其他相关变量设为预测变量，然后做回归分析。例如，住宅投资水平与家庭规模和家庭收入相关，就可用回答这三个问题答项的调查对象的数据，构造一个回归方程。对于未回答住宅投资水平的调查对象，只要知道其家庭规模和家庭收入，就可通过回归方程计算出其住宅投资水平。回归估计法比较烦琐耗时，只适用于缺失值不多的情况。

三是保留有缺失值的样本，排除存在缺失值的那个变量。采用这种方法，要满足三个条件：较大的样本量，较少的缺失值，变量之间没有高度相关性。此外，在计算有缺失值的那个变量的平均值时，应在样本总量中减去有缺失值的样本数。

四是删除有缺失值的样本。如果有缺失值的样本比重很小（如占3%～5%），就可采用删除有缺失值的样本的方法来处理。但是，要注意两点：(1) 剩下的样本不能太少，否则就无法满足统计分析对样本量的要求。(2) 检验删除后样本的代表性，如果出现代表性偏差，就会影响对总体的统计推断。

总之，无论用何种方法处理缺失值，在调查报告中都应该说明对缺失值进行了何种处理，以便研究者得出自己的结论。

第三节　统计资料的整理

统计资料的整理包含两层含义：一是对原始资料进行整理，二是对已加工的资料（次级资料）进行进一步的整理。前者包括对原始数据加以分类或分组，使之成为可以进行统计处理或分析的数据；后者是指在前者的基础上，用统计表和统计图等形式对资料做初步的分析。统计资料的整理一般要经过检验、分组、汇总、制作统计表和统计图等步骤，它是统计分析的基础。

一、检验

检验，就是检查、验证各种统计资料是否完整和正确。

统计资料的完整性检查，主要包括两个方面：一是检查应该调查的对象和每个调查对象应该填报的表格是否齐全，有没有遗漏调查对象或表格的现象；二是检查每张调查表格的填写是否完整，有没有缺报的指标或漏填的内容。

统计资料的正确性检查，就是看资料中的数字是否符合实际，计算是否正确。统计资料的正确性检查，一般采用以下三种方法。

（一）经验判断

根据已有经验来判断统计资料是否真实、正确。如已知某单位比较落后，而其统计资料却超过了先进单位，那么，对这些统计资料就应该进一步调查核实。反之，也应该如此。

（二）逻辑检验

从逻辑关系来检验统计资料是否正确、符合实际。例如，收入与支出、播种面积与总产量、教师数与学生数、劳动生产率与利税率等等之间都有一定的逻辑关系。如果发现支出大大超过收入、播种面积与总产量不相吻合、教师数与学生数不成比例、劳动生产率与利税率大幅逆向增长等不符合逻辑的情况，这样的统计资料就可能是不正确的，就应该复查和核实。

（三）计算审核

通过各种数学运算来审核统计资料有无差错。例如，各分组数字之和是否等于总数，各部分占总体比例相加是否等于百分之百，各种平均数、发展速度、增长速度、指数的计算是否正确，等等，都可以通过数学运算来审核。此外，对于调查指标的计量单位是否一致、不同调查单位的计算方法是否统一等等，也应该进行必要的审核。

对于通过检验发现的各种问题，如表格不齐、答案不全、数字不真实或计算错误等等，都应及时查明原因，并采取措施予以补充或更正。对于无法补充或更正的统计资料，则应作为无效资料剔除，以免影响整个统计资料的真实性和准确性。

二、分组

统计资料核对无误后，下一步就要做初步的资料整理，也就是对原始资料按一定标准进行分组和汇总，使之条理化、系统化。

统计分组，是指根据调查对象的某些特征或标志把有关数据划分为不同的类别或组成部分。统计分组包含两层含义：对总体而言是“分”，即将总体中的每一个个体按其差异性划分出来；对个体而言是“合”，即将性质相同的个体组合成类。

分组应该坚持以研究目的为依据，以客观实际为基础，以界限明确为要求，以穷尽性和互斥性为原则。分组的目的在于，反映各组事物的特征，考察总体内部的构成状况，研究总体内各组成部分的相互关系，等等。

分组的一般步骤是选择分组标志、确定分组界限、编制变量数列。

（一）选择分组标志

分组标志，就是分组的标准或依据。分组的标志多种多样，调查目的不同，调查对象情况不同，选择的分组标志就应有所不同。

常用的分组标志有四种，即质量标志、数量标志、空间标志和时间标志。

（1）质量标志，就是按事物的性质或类别分组。例如，人口可按性别标志分为男人和女人，可按民族标志分为汉族和少数民族；企业可按行业、规模、经营情况等标志分成多种类型；等等。按质量标志分组，可以把不同性质或类别的事物区别开来，有利于认识不同性质或类别事物的数量特征，有利于对不同性质或类别的事物进行对比研究。

（2）数量标志，就是按事物的发展规模、水平、速度、比例等数量特征分组。例如：城市可按常住人口规模来分组，如 1 000 万人以上为超大城市，500 万～1 000 万人为特大城市，300 万～500 万人为Ⅰ型大城市，100 万～300 万人为Ⅱ型大城市，50 万～100 万人为中等城市，20 万～50 万人为Ⅰ型小城市，小于 20 万人为Ⅱ型小城市，等等。按数量标志分组，可以把不同发展规模、水平、速度、比例的事物区别开来，有利于从数量上认识客观事物，有利于对具有不同数量特征的事物之间的关系进行分析和研究。

（3）空间标志，就是按事物的地理位置、区域范围等空间特性分组。例如：中国经济发展状况，可按东部、中部、西部三大地理区域分组；义务教育普及程度，可按省、县、乡等不同等级、不同规模行政区划分组；等等。按空间标志分组，可以把不同地域的事物区别开来，有利于了解事物的空间分布状况，有利于对不同地理位置、不同区域范围内的事物进行对比研究。

（4）时间标志，就是按事物从发生到结束的持续性、间隔性和先后顺序分组。例如：工业总产值可按月、按季、按年度分组；国内生产总值增长速度可按季度、年度、5 年、10 年分组；等等。按时间标志分组，可把不同时点或时期的事物区别开来，有利于认识事物在不同时点或时期的变化，有利于揭示事物运动、变化、发展的趋势。

上述四种标志是最基本的分组标志。在这四种标志的基础上，可以用两个或两个以上标志——性质和水平、年度和类型、规模和区域、地理位置和年度等等——组合成多种多样的复合标志。例如，国家统计局颁布的《统计上大中小微型企业划分办法(2017)》，使用的就是由“从业人员”“营业收入”“资产总额”三个指标组成的复合标志（见表 13－1）。

表 13－1 统计上大中小微型企业划分标准（部分）

行业名称	指标名称	计量单位	大型	中型	小型	微型
农、林、牧、渔业	营业收入（Y）	万元	Y≥20 000	500≤Y<20 000	50≤Y<500	Y<50
工业*	从业人员（X）	人	X≥1000	300≤X<1 000	20≤X<300	X<20
	营业收入（Y）	万元	Y≥40 000	2 000≤Y<40 000	300≤Y<2 000	Y<300
建筑业	营业收入（Y）	万元	Y≥80 000	6 000≤Y<80 000	300≤Y<6 000	Y<300
	资产总额（Z）	万元	Z≥80 000	5 000≤Z<80 000	300≤Z<5 000	Z<300
零售业	从业人员（X）	人	X≥300	50≤X<300	10≤X<50	X<10
	营业收入（Y）	万元	Y≥20 000	500≤Y<20 000	100≤Y<500	Y<100
交通运输业*	从业人员（X）	人	X≥1 000	300≤X<1 000	20≤X<300	X<20
	营业收入（Y）	万元	Y≥30 000	3 000≤Y<30 000	200≤Y<3 000	Y<200

注：（1）大型、中型和小型企业须同时满足所列指标的下限，否则下划一档；微型企业只需满足所列指标中的一项即可。（2）附表中各行业的范围以《国民经济行业分类》（GB/T 4754—2017）为准，带 * 的项为行业组合类别。（3）企业划分指标以现行统计制度为准。

选择分组标志，是统计资料分组的关键。因为分组标志的选择是否正确，直接关系到分组的科学性，关系到分组结果能否正确反映调查对象的总体情况。因此，一定要根据调查目的、要求和调查对象的实际情况，以科学理论为指导，实事求是地慎重选择分组标志。

（二）确定分组界限

分组界限，是指划分组与组之间的间隔限度。确定分组界限，包括组数、组距、组限、组中值的确定和计算等内容。

1. 组数

组数，就是组的数量。对组数的确定，应从实际出发。当数量标志变动范围很小、标志值项数不多时，可直接将每个标志值确定为一组。这时，组数等于数量标志值项数。例如，调查 7～12 岁学龄儿童入学率，就可将每一岁儿童确定为一组。当数量标志变动范围大、标志值项数多时，可将邻近的几个标志值合为一组，以减少组的数量。例如，调查人口年龄结构，就可将邻近的 5 个年龄合为一组。对标志值项数较多的统计资料进行分组，还可以按斯特奇斯提出的经验公式（通常称为 Sturges 法则）来确定组数 K：

$$K=1+\log_2 N\approx1+3.322\log N$$

公式中，N 为标志值项数，对计算结果用四舍五入办法取整数即为组数。

2. 组距

组距，就是各组中最大数值与最小数值之间的距离。确定组距后，应编制组距数列。编制的组距数列，各组组距相等的，叫等组距数列；各组组距不相等的，叫不等组距数列。确定组距数列时，究竟是采用等组距数列还是不等组距数列，应从实际情况出发。如编制等组距数列，应先确定组数，再用全部变量最大值与最小值之间的差距即全距除以组数，就可得出组距的大小。如编制不等组距数列，就应根据研究目的和实际情况来确定组距。

3. 组限

组限，就是组距两端数值的限度。一般将每组的起点数值（最小数值）称为下限，终点数值（最大数值）称为上限。组限有两种表现形式：一种是封闭式组限，即在变量数列中最小组的下限值和最大组的上限值都是确定的；另一种是开口式组限，即在变量数列中最小组的下限值或最大组的上限值是不确定的。如在表 13－2 中，左为封闭式组限，右为开口式组限。

表 13－2　某村农民收入分层情况

项目	封闭式组限		开口式组限	
	人均年纯收入（元）	人数（人）	人均年纯收入（元）	人数（人）
合计	14 589	1 197	11 569	1 197
低收入户	4 000～6 000	465	6 000 以下	465
小康户	6 000～12 000	384	6 000～12 000	384
宽裕户	12 000～50 000	290	12 000～50 000	290
富裕户	50 000～100 000	58	50 000 及以上	58

划分组限后，如果某一数值正好与某一组组限的起点值或终点值相同，就应该遵循统计学中“上限不在内”原则，将某一数值划归属于下限的那一组。例如，某一农民人均年纯收入为 6 000 元，就应划归属于组限 6 000～12 000 元的小康户组。

4. 组中值

组中值，就是各组标志值的代表值。组中值是根据各组组距上限与下限之间的中点数值确定的。

封闭式组距数列组中值的计算公式是：

组中值＝(下限＋上限)/2

例如，在表 13－2 中，小康户组的组中值＝(6 000＋12 000)/2＝9 000。

开口式组距数列组中值的计算公式是：

缺下限的组中值＝开口组上限－相邻组组距/2

缺上限的组中值＝开口组下限＋相邻组组距/2

例如，在表 13－2 中，富裕户组的组中值＝50 000＋(50 000－12 000)/2＝69 000

（三）编制变量数列

数量标志中可以取不同数值的量，统计上称为变量。把数量标志的不同数值编制为数列，称为编制变量数列，即把各数量标志的数值汇总归入适当的变量数列表。

常用的变量数列表有：(1) 按质量标志分组的变量数列表；(2) 按数量标志分组的变量数列表；(3) 按空间标志分组的变量数列表；(4) 按时间标志分组的变量数列表；(5) 累积频数表，又称累计频次表，即把各值的频次按一定顺序（从小到大或从大到小）相加后所形成的表格。

三、汇总

汇总，是指根据研究目的把分组后的数据汇集到有关表格中，并计算、加总，以集中、系统的形式反映调查对象总体的数量情况。

汇总方法分为手工汇总和计算机汇总两大类。手工汇总有画记法、折叠法、分表法、过录法、卡片法等方法。随着计算机的普及，手工汇总方法已逐渐为计算机汇总方法所代替。计算机汇总方法，必须先把原始资料转变为计算机可识别的数据。现在，大多是在 SPSS、Excel、dBASE、Stata 等统计软件上直接登录统计资料、建立数据文件，然后进行汇总计算。

四、制作统计表和统计图

汇总数据，如果要通过表格或图形表现出来，就要制作统计表和统计图。

（一）统计表的制作

统计表以表格形式反映变量的数值分布，是表述统计资料数量特征及其关系的主要形式。它具有系统、完整、简明、集中的特点，而且便于计算、查找和对比研究。广义地讲，统计表包括调查表、汇总表、整理表、分析表和公布统计资料的表式等。狭义地讲，统计表则是指记载汇总结果和公布统计资料的表式。这里讲的统计表，是就狭义而言的。

1. 统计表的结构

从形式上看，统计表一般由表号、标题、标目（横标目、纵标目）、指标数值、表注和资料来源等要素构成。表号是表的序号，位于表顶端左侧，一般在表号后用空格或冒号与标题隔开。标题，就是统计表名称，它简要说明表中统计资料的内容，一般位于表顶端中部。标目，分横标目和纵标目。横标目通常列在表的左侧，用以说明总体各组或各单位的标志。纵标目通常放在表的右侧上方，用以说明总体各组或各单位有关情况的各种指标。指标数值是统计表的主体，一般用绝对数、相对数或平均数等数值来说明总体各组或各单位有关指标的数量特征。表注是对表内的标目、统计方式、数据所做的解释或说明。因为表内数字中不能混杂文字，所以凡需要解释或说明的内容一律写入表注。资料来源用于说明统计数据的出处。

从内容上看，统计表由主词和宾词两部分组成。主词，就是统计表所要说明的总体各组或各单位的名称，通常排在表的左侧。宾词，就是统计表用来说明主词的各种指标，通常排在表的右侧上方。统计表的结构，见图 13－1。

表号　　标题

表 1　　**城镇居民人均现金消费支出**

主词　　宾词

横标目

项目	2019	2020	2021	2022
	金额（元）	金额（元）	金额（元）	金额（元）
食品烟酒	7 583.9	7 709.6	8 443.8	8 715.9
衣着	1 831.3	1 644.2	1 841.8	1 734.4
居住	2 223.5	2 222.2	2 392.5	2 503.1
生活用品及服务	1 676.2	1 627.1	1 807.3	1 789.3
交通通信	3 665.0	3 468.9	3 925.1	3 903.0
教育文化娱乐	3 326.0	2 590.7	3 320.4	3 049.3
医疗保健	1 754.6	1 658.4	1 880.6	1 895.4
其他用品及服务	737.6	634.6	768.9	784.8

资料来源：国家统计局．中国统计年鉴 2023．北京：中国统计出版社，2023.

资料来源

图 13－1　统计表的结构

2. 统计表的分类

（1）按照主词结构，统计表可分为简单表、分组表和复合表三种。

简单表，即主词未做任何分组的统计表。在简单表中，主词只列举总体各部分的名称，或只按地域分布、按时间顺序排列。

分组表，也称次数分布表，即主词按某一个标志分组的统计表。分组表可以按一个标志揭示出不同类型现象的数量特征，有利于研究调查对象总体的内部结构，分析不同类型社会现象之间的数量关系。

复合表，也称交互分类统计表或列联表，即主词按两个或两个以上标志分组的统计表。复合表可以把多种标志结合起来，从多种角度反映社会现象的不同数量特征。

（2）按照宾词结构，统计表可做两种设计，即简单设计和复合设计。

宾词简单设计，就是宾词各指标的平行配置设计，其指标栏数等于各标志分组项数之和。同时，各指标之间没有数值关系。

宾词复合设计，就是宾词各指标的互相重叠设计，其指标栏数等于各标志分组项数的乘积，因而指标栏数有较大增加。

宾词复合设计指标不能过多，否则不仅工作量大增，而且会损害统计表简明、集中的特点。

3. 制作统计表应该注意的问题

（1）必须根据制表目的、要求和内容，通盘考虑统计表布局，使分组和指标的安排主次分明、重点突出，并反映出内容的内在逻辑关系，使人一目了然。

（2）标题文字要简明、准确，以说明表的主要内容为原则。

（3）纵标目、横标目的概念要明确，排列顺序要符合逻辑。跨页时，纵标目、横标目应照原表列出。

（4）主词和宾词的合计、总计，一般应安排在前面，以便首先给人一个总概念。如果只列出一部分项目，则合计必须在前面，在所列部分指标名称前必须冠以“其中”字样。

（5）统计表的栏目，一般应该编号。主词栏目通常用（甲）（乙）（丙）等文字标明，宾词栏目通常用（1）（2）（3）等数码编号。为了说明各栏目之间的关系，有时还应用恰当的公式标明，如（6）=（4）×（5）等等。

（6）表的上下两端画粗线，表内各栏目之间画细线或不画线，左右两端可不封口，横行之间可不画线。

（7）全表的计量单位，如果数量较少，可在表上方右侧注明；如果数量较多，则应在各指标下注明。如果主词的计量单位变化较多，就可在纵标目中专设一个“计量单位”栏目。

（8）表中的数字要填写整齐，对准位数，数字精确度要一致。下行与上行数字相同时，不应用“同上”或符号表示，而应填写数字。无须填写或无数字的空格，用短线“—”表示；缺数字的空格用虚线“…”表示；估算数据应在表注中说明；负数则应在数字前冠以负号。

（二）统计图的制作

统计图是指根据统计数据绘制的图形，用以反映统计对象的数量特征，如规模、结构和发展趋势等。作为统计资料整理的一种形式，它具有比统计表更加形象、生动、直观、概括和醒目等特点，具有较强的吸引力和说服力。统计图大体可分为四种类型。

1. 几何图

几何图，指利用点、线、面来表示统计资料的图形，主要包括：圆形图，又称饼图；

条形图，又称柱形图；直方图；曲线图，又称折线图。圆形图是以圆形面积或以圆内扇形面积的大小表示数量关系。圆形图适用于表示定类变量。条形图是用直条的高低或长短表示统计数值的特征。它又分为单式条形图、复式条形图和结构条形图等形式。条形图绘制的要点是：它既可用绝对数，也可用相对数、平均数等来表示资料的数量特征。图形一般为等宽的长条形，其宽度无意义。图形既可平行于纵轴，也可平行于横轴。条形图适用于表示定类和定序变量。直方图是用直条的面积表示统计数值的特征分布。它主要用于表示定距变量资料。直方图的绘制要点是：与条形图相比，不但图形的高度有意义，其宽度也有意义；数值分组连续明确，各直条连续排列；要注意坐标轴的方向和单位。在直方图的基础上还可绘制累计图和曲线图。曲线图有不同种类，如钟形曲线图、U 形曲线图、J 形曲线图等。它们多用于表示一些特殊现象的数量分布特征。

2. 美术图

美术图，亦称形象图、绘画图，指用形象来表达统计数据的图形，多用于展览、宣传和广告。它主要包括：象形图、装饰图和特种美术图。

3. 统计地图

统计地图，指以地图为背景，运用点、线、面等几何图或形象图来表示统计资料地域分布状况的图形。例如，运用点的大小、多少，线的粗细、疏密，颜色的深浅、明暗，圆形或方形面积的大小，实物形象的大小和多少，等等，来表示统计数量的地域分布。

4. 复合图

复合图，指用两种或两种以上统计图复合而成的统计图，如条形图曲线图的复合图、条形图美术图的复合图等等。

绘制统计图的基本要求是：(1) 根据绘图目的和统计资料本身的特性选取适合的图形。(2) 图示内容应简单，突出重点；图示标题、数字和文字说明等应清晰、一目了然。(3) 图形设计要科学，数据计算要准确，图示表现要真实。(4) 统计图要美观、大方、生动、鲜明，具有较强的吸引力和说服力。现在，运用计算机绘制统计图不仅十分方便、效率很高，而且非常准确。常用的制图软件有 SPSS、Excel 和 SAS 等。

第四节　文字资料的整理

田野记录、录音资料、文献档案等，通常是零散、庞杂的，需要研究者进行编排、登录、分类、归档等整理工作，以使原先较为分散的资料得以系统化和条理化，构成存档形式的文本资料，为研究分析奠定基础。

一、整理文字资料的步骤

文字资料（有的称为定性资料）的来源一般有两个：一是实地调查资料，包括访问和观察记录等；二是文献资料，包括机关档案、政府文件、会议记录、个人日记、信件、调查报告和研究论文等。文字资料的来源不同，整理方法就有所不同，但是，一般都要经过审查、分类、汇编、编码、撰写备忘录、形成新概念或者绘制概念图等程序。

（一）审查

所谓审查，是指通过仔细推究和详尽考察，来判断、确定文字资料的真实性和适用性。审查可分为真实性审查和适用性审查两类。

1. 真实性审查

真实性审查也称信度审查，包括两个方面：一是文字资料本身的真实性审查，二是文字资料内容的可靠性审查。

文字资料本身的真实性审查，是指通过细究和考察以判明调查所得的文献资料、观察和访问记录等资料本身的真伪。它一般采用两种方法：一是外观审查，即从文字资料的著者、编者、出版者、版本、印刷技术、纸张等外在情况来判断文字资料的真伪。二是内涵审查，即从文字资料的内容，使用的词汇、概念，写作的技巧和风格等内在情况来判断文字资料的真伪。观察和访问记录等资料的真实性审查，还可从记录时间、地点、内容、语言和字迹等情况来判断其真伪。例如，那些内容贫乏、时间重叠、语言雷同、字迹相同的记录，就可能是伪造的记录。

文字资料内容的可靠性审查，是指通过细究和考察以判明文字资料内容是否真实地反映了调查对象的客观情况。它一般采用四种方法：

（1）经验法。根据以往实践经验和常识判断文字资料内容的可靠性，如文字资料中有明显违背实践经验、违背常识的内容，就应重新调查或核实。

（2）逻辑法。根据文字资料的内在逻辑检验其可靠性，如文字资料内容前后不一致，或存在逻辑矛盾，或违背客观事物发展逻辑，就应对这些文字资料重新核实，剔除不符合事实的部分。

（3）来源法。根据文字资料来源判断其可靠性。一般地说，当事人反映的情况比局外人反映的情况可靠性大一些，多数人反映的情况比少数人反映的情况可靠性大一些，有文字记录的情况比口耳相传的情况可靠性大一些，引用率高的文字资料比引用率低的文字资料可靠性大一些，等等。

（4）比较法。根据反映同一事实不同来源的文字资料的对比判断其可靠性。例如，对访问记录与观察记录进行对比审核，对不同调查员的访问、观察记录进行对比审核，对访问、观察记录与文献资料进行对比审核，等等。一般地说，多种来源互相印证的文字资料比单一来源的文字资料可靠性要大一些。

2. 适用性审查

文字资料的适用性审查，属于效度审查。它主要是审查文字资料是否符合原设计要求，是否适用于分析与解释调查所要回答的问题。搜集的文字资料，如果违背了原设计要求，不适用于分析与解释调查所要回答的问题，或者字迹无法辨认，等等，就都应被列为不适用的、无效的文字资料。

对于不真实或不适用的文字资料，一般应进行补充调查，使之成为真实的、适用的文字资料。如果无法补充调查，不能使其成为真实的、适用的文字资料，就应将其剔除，以免影响整个调查资料的真实性和适用性。

（二）分类

文字资料的分类，就是根据资料的性质、内容或特征，将相异的资料区别开来，将相同或相近的资料合为一类的过程。通过分类，可以使文字资料条理化、系统化，为找出规律性的联系提供依据。

1. 分类的方法

文字资料分类有两种方法，即前分类和后分类。前分类，就是在设计调查提纲、表格或问卷时，按照事物或现象类别设计调查指标，然后按分类指标搜集资料、整理资料。这样，分类工作在调查前就安排好了。如有结构观察卡片、标准化访问记录等，大都采取前分类方法。后分类，是指在调查资料搜集起来后，再根据资料的性质、内容或特征将它们分别集合成类。如文献调查资料、无结构观察和非标准化访问记录等，一般是在搜集资料后再去分类。

分类是否正确，关键在于如何确定分类标准。分类标准的选择，一般应基于某种研究假设或理论。正确确定分类标准，必须掌握三条原则：

（1）科学性原则，即分类标准必须符合科学原理。

（2）客观性原则，即分类标准必须符合客观实际。

（3）有效性原则，即分类能有效地服务于研究目的，能有效地说明研究所要说明的问题。此外，分类还必须符合科学分类的逻辑规则。

2. 分类的意义

分类的意义在于：

（1）它是认识社会现象的初步成果。人们关于社会现象类别的概念就是通过分类形成的，而类别概念的形成正是人们认识社会现象的初步成果。

（2）它是揭示事物内部结构的前提。要揭示事物的内部结构，必须首先将事物区分为不同的组成部分，分类就是根据一定标准把事物区分为不同的组成部分，因而它就成为揭示事物内部结构的必要前提。

（3）它是研究不同类别事物之间关系的基础。要研究不同类别事物之间的关系，必须首先将不同类别的事物区别开来，而要区分不同类别的事物就离不开分类，因而分类就成为研究事物之间关系的基础。

必须指出，分类绝不是一个简单的程序性、技术性问题，而是以一定理论为指导，对调查资料进行概括、抽象的一种分析和研究。例如，对调查所获得的多种多样闲暇活动资料的分类，人们往往通过抽象、概括把它们分为生存类、发展类、享受类，或者分为高雅休闲类、大众娱乐类、学习类、健身类，等等。其背后隐藏着研究者一定的理论解释：或者是说明不同社会发展阶段休闲方式的不同，或者是说明不同社会阶层休闲情趣的差异。列宁指出：“由于分类的方法不同，同一个材料竟会提供截然相反的结论。”[①] 因此，分类具有重要的认识意义。

（三）汇编

汇编，就是按照调查目的和要求，对分类后的资料进行汇总和编辑，使之成为反映调查对象总体情况的系统、完整、集中、简明的材料。

对分类资料进行汇编，首先，应根据调查目的、要求和调查对象的具体情况，确定合理的逻辑结构，使汇编后的资料既能反映调查对象总体的真实情况，又能说明调查所要说明的问题。其次，要对分类资料进行初步加工。例如，给各种资料加上标题，给重要部分标上各种符号，对各种资料按照一定逻辑结构编上序号，等等。

文字资料汇编的基本要求是：一要完整和系统。所有可用资料都要汇编到一起，大类小类要层次分明，井井有条，能系统、完整地反映调查对象总体的全貌。二要简明和集中。要用尽可能简短、明了的文字，集中说明调查对象的总体情况，并注明资料来源。如有必要，还可对资料的价值等做些简短述评，以供进一步研究参考。

（四）编码

1. 何谓编码

编码，是指信息从一种形式或格式转换为另一种形式或格式的过程。在社会调查中，编码分为文字资料的编码与问卷资料的编码，两者具有不同的含义。在定量研究中，编码是给不同的选项标上不同的数字代码，编辑成为计算机可以读取的形式，以便于统计分析。定性研究则不同，文字资料的编码所要编制的不是数字代码，而是语意性代码，是指对初始的定性资料，根据其内容和意义用类别标签、概念术语、解释性短语加以标识、说明和区分的过程。也就是说，经过编码的定性资料，包含了较多分类性和引导性的概念和信息，为下一步的研究分析提供了更为清晰的资料框。

2. 文字资料的编码及其方法

文字资料的编码一般采用后编码方法，具有分类学意义。其作用是根据文字资料的内容和意义将其分为不同类别，使其蕴含的意义由具体上升到抽象，创造出不同主题或概念，然后再用这些主题或概念来分析资料。

文字资料的最初、最基本的整理是初始编码。初始编码的特点是忠于初始资料，对资料进行最基本、最简单的编排和标识，也就是用简洁的语词来标记和解释资料片段的内容和大意。初始编码的一个重要原则就是尽量贴近资料的本意，不因资料编码影响后来的理论研究。在初始编码中，需要关注“资料关涉什么方面的研究”“这些资料表明什么样的事实”“这些资料指向哪些类型的理论”等问题，这些问题实际上主要涉及文字资料的大体内容和属性，因此，初始编码通常只对文字资料做快速的判断、处理和标识。

初始编码的方式主要有：

---

① 列宁．列宁全集：第 27 卷．2 版．北京：人民出版社，1990：202.

（1）逐段编码：是指对已记录的文本资料内容逐行、逐段地加以概括、命名和标码的方法。逐段编码实际就是把每个片段的资料的大体内容突出出来。

（2）行动编码：是指按照初始资料中人的行动来进行编码，即对文字资料有关行动的记录内容用语词、概念来编码。将行动作为编码的依据，主要体现了初始编码反映的是最基本的信息，因为社会行动是社会现象的最基本元素。

（3）事件编码：是指根据初始资料所记录的事件进行逐个编码。事件编码方式所编排的是事件的内容和名称。这种编码更为简练，所反映的也是最为基本的信息。对资料中的事件进行逐个编码的过程，实际也包含了对各个事件的分析和比较，这对于事件之间的关系尤其是事件的因果关系有重要的启发作用。这种编码有助于形成注重事实的分析和解释模式，即从事件之间的因果关系中寻找理论建构的突破口。

虽然初始编码是对初始资料的简单编码，但是它也是定性资料整理和初步分析的重要方法。

3. 资料编码的类别

美国社会学家斯特劳斯提出，定性资料的编码有以下三种类型[①]：

（1）开放式编码。所谓开放式编码，是指编码的过程需要保持客观性和中立性，尽量不带有理论倾向，这样可以保持定性资料对于各种理论分析来说都是开放的，编码只是建立客观事实的资料库。明确资料中的“什么”“是什么”，是开放式编码的主要任务。通常情况下，在对田野调查资料的编码过程中，首先要明确资料记录了“什么事件”“什么行动”，以及调查对象的观点“是什么”。具体做法是：在初步翻阅资料后，制作一份主题清单，并赋予其相应编码。由于此时主题处于较低抽象层次，因此可采用最初的研究问题和资料中的词汇、短语、句子或段落作为编码单位。接着，仔细阅读原始资料，根据主题清单编码在资料右边空白处标明编码。

（2）轴心式编码。所谓轴心式编码，是指以某一类属为中轴，然后围绕这一中轴建立起密切关联的亚类属，由此把资料内容的类属属性及维度具体化和明确化。轴心编码主要回答这样一些问题：一是调查对象是在怎样的环境或条件下采取某种行动的，互动是在什么情境中进行的。二是调查对象为什么采取那种行动或进行那种互动，他们行动或互动的目的是什么。三是调查对象选择谁作为互动对象。四是调查对象是怎样行动的，后来的结果如何。具体做法是：从一组初始编码或初始概念入手，在审查初始编码的过程中，思考原因与结果、条件与互动、策略与过程等问题，记录下出现的额外编码或新想法，并寻找能将它们聚合在一起的类别或概念，确定分析的主轴。例如，在研究婚姻问题时，可以将婚姻的一般性议题分为订婚、结婚等几个部分，然后把婚姻与性、家务工作的劳力分配、对子女的看法等主题相联系，当主题在不同地方重复出现时，对其进行比较，以便找出新的主题。轴心式编码实际上为理论分析提供了一个较为清晰的逻辑框架。

（3）选择式编码。所谓选择式编码，是指研究者有选择地查找那些说明主题的个案，并在大部分或所有资料收集完成之后，围绕核心概念或观点对早先编码中所识别的主题

---

① STRAUSS A L. Qualitative analysis for social scientists. New York：Cambridge University Press，1987：55.

进行再组织，以生成一种意义系统。选择式编码是要回答某种概括和抽象包含哪些意义，以及这些意义之间有什么联系。所以，进行选择式编码，就是要问："这是什么意思?""这一意义与什么有关?"例如，婚姻生活研究者决定把性别关系作为首要主题，在进行选择式编码时，先浏览自己的调查笔记，找出男女回答人在回答约会、订婚、结婚、离婚、婚外情或夫妻关系等方面问题上的差异，然后对比研究男人与女人对于婚姻这个主题的每个方面的态度。显然，选择式编码实际上就是在各个主题中找到一个可以统领其他相关主题的核心主题，并将所有研究结果统一在这个核心主题之下。

编码是为了确保资料分析的严密性，让理论建立在定性资料基础上，通过对资料进行编码，进行自下而上的层层抽象并形成理论，从而避免调查者在处理资料时的主观随意性。在编码完成后，还要编制编码簿。编码簿的作用在于说明编码的意义，了解编码的数量和类型，同时为查阅编码提供方便。

（五）撰写备忘录

撰写备忘录是调查者在研究过程中始终保持在概念或理论层面进行思考的一种手段。与编码不同，它让调查者在更高的理论层次来审视资料，从而让调查者得以自上而下地审视资料，并伴随研究的进展而发觉资料缺口。这些资料缺口则通过随后的理论抽样和有目的的资料收集而得到弥补。可见，编码（自下而上的资料分析）和撰写备忘录（自上而下的资料审视）在功能上相互弥补。编码为调查者提供严密性，而撰写备忘录则促使调查者发挥社会学想象力。

（六）形成新概念或者绘制概念图

在整理资料的过程中，需要针对一些已经习以为常、理所当然的现象提出"是什么"的问题，用新的视角重新审视这些司空见惯的现象。例如，针对空姐服务乘客这个司空见惯的现象，霍茨查尔德却提出了"情感劳动"的概念。针对当代青年推迟结婚生子的现象，阿莱特却提出了"成人初显期"的概念。

另外，理论的建立需要一些基本概念，为了便于形成研究问题、得出研究结论，有必要确定概念维度。图 13－2 展示的就是幸福概念的维度。

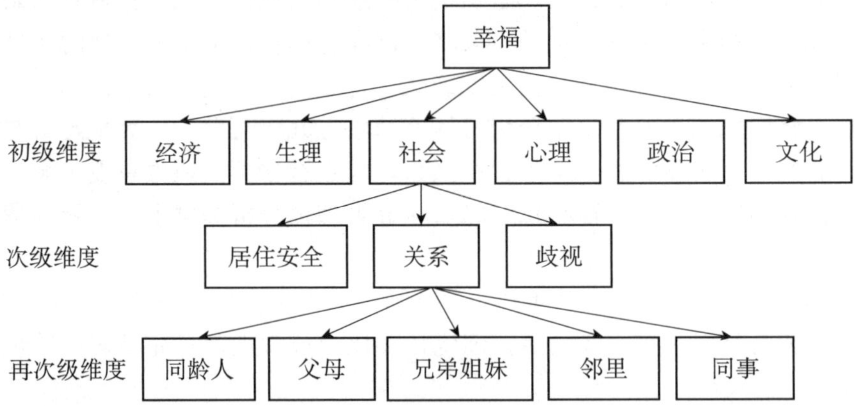

图 13－2　幸福概念的维度

概念维度绘制有助于澄清概念，在社会调查中还需要构建概念图，确定该概念与其他概念的相关关系或因果关系。“概念图”是用来组织和表征知识的工具。它通常将某一主题概念置于圆圈或方框之中，然后用连线将相关概念或命题与之连接起来，有时还会在连线上标明不同概念或命题之间的意义或关系，从而实现对理论的直观展示。

概念图由概念、命题、交叉连接线和层级结构四种图标组成。概念，是反映事物本质属性的词或词组；命题，是一个判断（陈述）的语义（实际表达的概念），是两个概念之间通过某个连接词而形成的意义或关系；交叉连接线，表示不同概念之间的相互关系；层级结构，是不同层次概念的排列组合方式。在概念图中，主题概念是核心，一般置于概念图的最上层或者中心，从属的概念、命题则安排在下层或四周，并用交叉连接线来表示各种概念、命题之间的关系。概念图画好后，还应用文字说明来体现概念图中的思想，为理论的提出打好基础。一般说来，概念图不能指望一次绘成。随着研究的不断深化，概念图需要不断地修改和完善，直至绘制出最终的概念图。图 13-3 是一张概念图的实例[①]。

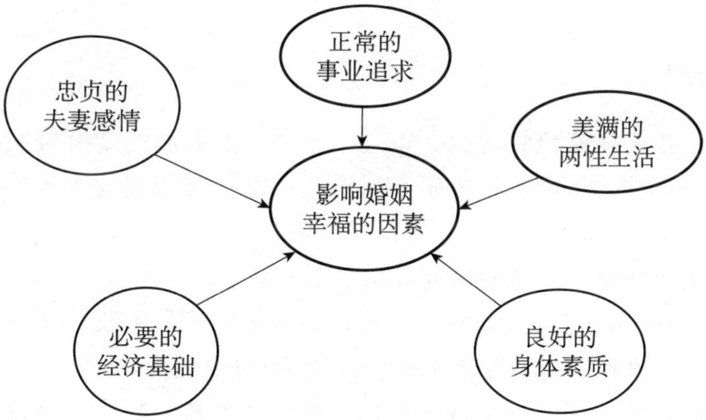

图 13-3 影响婚姻幸福的因素

如图 13-3 所示，影响婚姻幸福的因素有很多种，通过调查分析，调查者发现其中的主要影响因素有五种，画出其中的关系结构，就实现了理论对所研究现象的图画式阐释。

绘制概念图的方法对形成理论有很大帮助，其主要表现在两个方面：一方面，概念图可以把隐而不显的理论用图表示出来，使它们直观可见，让人们更好地看清理论的内在逻辑关系以及它们与当前研究的关系；另一方面，概念图也是一种文本思考的方法，有助于发现研究中意料之外的某种联系，或找到现有理论的漏洞或矛盾，从而提出新理论。

需要注意的是，绘制概念图本身并不是目的，概念图只是为了提炼理论并使理论清晰化的一种工具。因此，不要过分注重概念图的外在形式，而忽视了概念图的理论洞察力。

① 马克斯威尔．质的研究设计：一种互动的取向．重庆：重庆大学出版社，2007：37.

二、整理文字资料的手段

将松散的定性资料整理成系统的数据库，通常采用两种方法：一是人工整理，二是电脑整理。

（一）人工整理

人工整理资料是一项基本工作，在定性资料整理过程中，很多工作都离不开资料整理人员的手工劳动。例如，将记录材料整理成档案、给归档材料贴上标记、编写材料目录等。人工整理方法主要包括：对文字资料进行审查、分类、汇编、编码后，进行登录和建档。分类就是把零散的资料按照内容分成不同类别，并按类别将它们编排成系列文档。登录，就是将审查、分类、汇编、编码后的文字资料，用规范的文字登记、记录下来，形成新的文字资料。建档，就是将登录的文字资料整理成为可供分析研究用的文本档案。

（二）电脑整理

电脑整理，就是用计算机将通览、审查、分类、汇编后的文字资料录入、存储到计算机中，形成电子文档，然后再根据研究需要，对电子文档编写内容摘要、编排档案目录、编制目录索引等。

电脑整理的优点包括：一是使研究者从手工劳动中解放出来，大大提高了工作效率。二是改变了文字资料的研究方式和研究流程，为组织大型研究提供了新的可能。三是通过软件录入形成电子文档，储存于数据库中，便于检索和分析研究。

目前，电脑整理的应用已越来越普遍，应用软件也越来越多。整理文字资料的软件主要有：Qualrus、NVivo、MAXQDA、ATLAS. ti 等。它们的功能有较大差别，选用何种软件来整理文字资料，应根据文字资料的特点和软件的功能来判定。如 NVivo 软件有以下功能：现场笔记、编辑、编码、储存、搜寻和提取、资料联结、备忘录、内容分析、呈现数据、得出结论及确证、确立理论，以及视觉化分析。

至于文字资料整理的具体方法，莱文借鉴图书馆及信息科学的方法，提出了五条原则：（1）建立格式；（2）交互参考；（3）编写摘要；（4）编排目录；（5）编制索引[①]。

系统的资料一般都需要一定的格式，如图书馆或档案馆的书籍、档案检索系统，都要按某种固定格式来登录。在通常情况下，一些田野记录材料可以做成一定格式的文件夹和记录卡片。文件夹和记录卡片上都标有主题词或文档名、观察或访问人员、时间、地点、受访者等关键信息。这样，田野中收集的定性资料就能得到有序地呈现。

在一份资料卡片或档案中，可对相关联的资料加以标识，以便于相互参考和检验。例如，一份田野记录档案记录了受访者提到某一次纠纷事件，而且在其他影像资料中，

---

① LEVINE H G. Principles of data storage and retrieval for use in qualitative evaluations. Education evaluation and policy analysis，1985，7（2）.

也有关于此次事件的记录，那么，在整理资料时就需要在这一事件记录旁标上交互参考的具体提示。

文字资料通常包含很多庞杂的内容，资料整理的一个重要任务就是利用这些繁杂的资料架构起一个较为清晰、较为简洁的信息框架。为此，资料整理一般要将资料内容简写成摘要，以概括和代表资料的核心内容与信息。

编排目录是给按照一定格式建成的文件、档案、卷宗编上页码、卷次或序号，然后根据顺序编辑出整个资料的目录。从目录中，人们能够清晰地看到完整的定性资料的结构。

编制索引就是结合定性资料的主题、摘要、目录，再从中选择出一些重要的概念、人物、事件、问题等，根据它们在文件或档案中的具体位置，编制出一个可供检索的索引。

三、资料整理的逻辑

定性资料的整理往往采取非线性形式，即循环研究模式。定量研究过程是线性过程，这个线性过程是建立在演绎逻辑基础上的。因此，定量研究采取的是演绎型线性研究模式。但是，定性研究多半不采取这种演绎型线性研究模式，因为定性研究不是建立在演绎逻辑基础上的，而是建立在归纳逻辑基础上的。调查者需要先接触田野，先收集定性资料，然后通过对定性资料进行分析，才能得出理论结论。但不能以此认为定性研究的资料收集和资料分析可以分为前后两个独立的阶段。调查者在收集资料的同时，就要同步开展资料分析和理论思考。如果等资料收集完成，才开始进行资料分析（归纳），就往往会发现资料太过分散，无法聚焦。

一些学者提出要重视演绎逻辑在定性资料整理中的作用，包括重视研究者的洞察力、灵感和思想火花的作用，并提出循环研究模式，即资料收集与理论思考相互碰撞、相互循环的研究模式。在收集资料时，就同步进行资料分析，尽管存在资料不全的问题，但不妨碍研究者从有限的资料中，借助演绎逻辑提出初步的或初显雏形的理论，并以此指导随后的资料收集。而随后收集到的资料，也是对该理论雏形的检验。在提出理论雏形后，研究者得以察觉该理论还缺哪些方面的资料支撑（资料缺口），从而在随后的资料收集中有意识地去搜集这方面的资料。如果随后收集到的资料支持这个理论雏形，就据此来进一步丰富该理论。① 如果随后收集到的资料与先前提出的理论雏形相冲突，就修改理论，并以此指导随后的资料收集。这种从资料到理论，再从（修改过的）理论到资料的循环往复的研究模式，就是循环研究模式。

本章要点

1. 整理资料，就是根据调查研究的目的，运用科学的方法，对通过调查所获得的资

---

① 王宁．走出质性研究的三个误区：论青年研究的规范化．青年探索，2022（3）．

料进行审核、检验、分类、汇编等初步加工，使之系统化和条理化，并以集中、简明的方式反映调查对象总体情况的工作过程。

2. 审查问卷，是指对回收的问卷进行审阅，矫正错填、误填答项，剔除乱填、空白和严重缺答的废卷。其目的是使进入后续程序的问卷具有较高的准确性、完整性和真实性。

3. 统计图是指根据统计数据绘制的图形，用以反映统计对象的数量特征。按表现形式不同，统计图可分为几何图、美术图、统计地图和复合图四种类型。

4. 文字资料的审查，就是通过推究和考察，来确定文字资料的真实性和适用性。

5. 概念图是用来组织和表征知识的工具，它通常将某一主题概念置于圆圈或方框之中，然后用连线将相关概念或命题与之连接起来，有时还会在连线上标明不同概念或命题之间的意义或关系，从而实现对理论的直观展示。

基本概念

整理资料　审查　汇总　统计表　统计图　分类　编码　概念图

思考与练习

1. 什么是整理资料？整理资料应该遵循哪些原则？
2. 整理问卷资料一般有哪些阶段？
3. 后编码有哪些步骤？
4. 统计资料的正确性检验有哪些方法？
5. 统计资料分组的目的是什么？分组有哪些基本标志？
6. 如何确定组数、组距、组限和组中值？
7. 统计表和统计图有何联系和区别？它们各自的特点和作用是什么？
8. 文字资料的真实性、适用性审查有哪些方法？
9. 什么是分类？确定分类标准应该掌握哪些原则？
10. 请选择一个你熟悉的理论，绘制一个概念图，并做必要的说明。

推荐阅读书目

1. 纽曼．社会研究方法：定性和定量的取向．北京：中国人民大学出版社，2007.
2. 陆益龙．定性社会研究方法．北京：商务印书馆，2011.
3. 吉布斯．质性资料分析．上海：格致出版社，2023.
4. 陈向明．质的研究方法与社会科学研究．北京：教育科学出版社，2000.
5. 科宾，施特劳斯．质性研究的基础：形成扎根理论的程序与方法．重庆：重庆大学出版社，2015.

知识点

定性分析辅助软件简介

困难与对策

如何从资料整理中形成研究主题?

第十四章
统计分析

统计分析是定量研究不可缺少的环节和重要内容。要科学地进行统计分析，必须正确认识统计分析的目的、过程、层次等问题，掌握描述统计和推断统计，以及单变量统计分析、双变量统计分析和多变量统计分析等基本方法。

第一节　统计分析概述

要掌握统计分析方法和技术，必须首先清楚统计分析的目的、过程和层次等问题。

一、统计分析的目的

统计分析就是运用统计学原理和方法处理调查所获得的数据资料，简化和描述数据资料，揭示变量之间的统计关系，并进而推断总体的一整套程序和方法。

统计分析的主要目的是：

（1）简化和描述数据。在社会调查中，搜集的数据多种多样，数量庞大。在撰写调查报告时，没有必要也没有可能罗列每个数据，而是运用统计分析方法将调查数据简化后再描述出来。例如，一项有关 3 000 个农民工（样本）的调查，每个样本都有很多反映其特性或状态的变量数据，如性别、年龄、文化程度、职业、收入、态度与行为等。在报告调查结果时，没有必要也没有可能将这些人的每个数据都罗列一番，而是通过频数、百分比、均值、中位数等统计量（如男性占 50.82%、平均年龄 42.8 岁等），把他们的特性或状态描述出来。

（2）用样本推断总体。在随机抽样调查中，对样本的调查只是手段而不是目的，真正的目的在于通过对样本分析获得的统计量，来推断总体参数。样本统计量简称统计量，就是运用统计方法对样本数据进行处理而得出的统计值，如平均数、百分比等，它是对样本群体特性的描述或反映。总体参数简称参数，是反映总体特征的统计数值，如总体平均数、总体百分比等。在统计学界，人们习惯于用英文字母表示统计量，而用希腊字母表示参数。

（3）发现变量之间的统计关系。社会调查中统计分析的目的之一，是发现并展示各种变量之间的统计关系。在社会调查中，调查者收集到的是一大堆表面看来杂乱无章的数据，只有通过统计分析才能把隐藏在这些数据后面的统计关系揭示出来。

二、统计分析的过程

在数据录入和清理之后，数据的统计分析，大致要经过两个过程：

（1）数据预处理，就是在统计分析之前对清理后的数据做预备性处理。预处理，一般包括缺损值处理、加权处理、变量重新编码、数据重新排序，以及创造新变量等等。数据预处理工作，有的在统计分析之前完成，有的伴随着统计分析过程逐步进行。在进行许多数据预处理工作时，一般的统计软件都有专门的程序可供调用。

（2）数据统计分析，就是调用统计软件中的各种统计程序对数据进行分析，包括单变量、双变量、多变量统计分析，以及制作统计图、统计表等一系列工作。

三、统计分析的层次

统计分析可按照不同标准划分层次。按照统计分析的性质，可分为描述统计和推断统计；按照统计分析涉及变量的多少，可分为单变量统计分析、双变量统计分析和多变量统计分析。

（一）描述统计与推断统计

描述统计，就是运用数字（如频数、百分比、平均值），以及图、表等形式汇总所收集来的数据信息。描述统计的目的是在不歪曲或丢失大量信息的情况下，将数据信息简化为更易理解的形式。描述统计的数据如果是样本数据，那么所获分析结果被称为统计量，对总体数据的描述结果被称为参数。当数据描述结果仅适用于一个样本，而我们希望了解总体的特征时，可以使用推断统计。

推断统计，是运用概率分布知识，通过样本统计量预测总体参数的分析方法。例如，一项全国流动人口调查的数据分析显示男性占 58.55％，但我们还想知道全国流动人口总体的男性占比，这时就可以使用区间估计法，预测在 95％置信水平上男性的比例落在 58.33％～58.76％。

认识总体是社会科学研究的最终目标，在过去的一百多年里，人们逐渐认识到统计推断的威力，人们运用少量的样本就可以相当准确地推测总体。

（二）单变量、双变量、多变量统计分析

在社会调查中，通常会涉及多个变量。但是，在统计分析中，究竟是进行单变量统计分析，还是进行双变量统计分析或多变量统计分析，则取决于研究者的意图和目的。

单变量统计分析只涉及一个变量，它既可以用统计数值来描述单个变量的特征，如平均数、百分比等，也可以进行区间估计、显著性检验等推断统计分析。常用的双变量

统计分析方法，包括列联表分析与 χ^2 检验、秩相关检验、单因素方差分析、简单线性回归分析等。

当一项统计分析涉及三个或三个以上变量（其中至少有一个因变量）时，则称为多变量或多元统计分析。多变量统计分析是一种更为复杂的统计分析方法。在计算机统计软件产生之前，多变量统计分析方法由于技术太复杂、计算太困难，因而应用范围受到很大限制。在计算机统计软件产生并推广应用之后，这种情况已完全改变，各种设计精巧的统计软件可以让研究者根据需要进行各种复杂的多变量统计分析。当然，要正确使用统计软件、正确解释和使用统计分析结果，必须掌握多变量统计分析的基本原理和方法。否则，用再好的统计软件也不可能做出正确的统计分析。在社会调查中，多变量统计分析方法有很多，如双因素方差分析、多元线性回归分析、因子分析、Logistic 回归分析等。

第二节　描述统计与推断统计

一、描述统计

描述统计和推断统计这一对概念，与描述性研究和解释性研究这一对概念容易产生混淆。描述性研究是关于“是什么”的研究，而解释性研究则是要说明“为什么”的研究，它们与描述统计和推断统计有某些联系。但是，这两对概念的含义是不同的：首先，描述统计不等于描述性研究。描述统计与样本、总体有关，而与变量多少无关。描述统计主要计算样本的统计量，它既可以是单变量统计分析，也可以是双变量或多变量统计分析，唯独不对总体做推断。描述性研究则只涉及变量多少，而不涉及样本或总体问题。描述性研究由于只做描述不做解释，因此通常只涉及单个变量，不涉及变量之间的关系。其次，推断统计与解释性研究也不同。推断统计是用样本统计量推断总体的统计方法，它既可以是描述性研究，也可以是解释性研究。解释性研究要回答“为什么”的问题，所以必然要做双变量或多变量统计分析，而不能只做单变量统计分析。

二、推断统计与抽样分布

与描述统计相比，推断统计的理论和方法更加复杂。推断统计是运用样本统计量对总体进行推断的一种统计分析方法。它的前提是，样本数据必须来自随机抽样调查。这就是说，只有用随机抽样方法抽取的样本，其样本统计量才具备推断总体的资格。

抽样分布是统计推断的关键。所谓抽样分布，是指在一个总体中重复抽取许多大小一样的样本的统计量而形成的分布。例如，在一项社会调查中，研究者用随机抽样方法抽取了一个 3 000 人的样本，计算得知其平均年龄是 42.8 岁。假设用同样的方法从同样的总体中重复抽样，样本量同是 3 000 人，一共抽了 100 次，从而形成了 100 个样本年龄平均数。由于抽样随机误差的存在，特别是在总体年龄差异很大的情况下，在这 100 个样本年龄平均数中，会存在有的大于 42.8 岁，有的小于 42.8 岁，这 100 个样本的年龄平均数便形成了一个概率分布，即样本的抽样分布。抽样分布说明了特定统计量可能值的概率。每个样本统计量都有一个抽样分布，常见的如样本均值的抽样分布、样本比例的抽样分布。

抽样分布的一个重要作用在于预测统计量的落点及其与所估计参数的接近程度。因此，抽样分布是统计推断的依据或工具，没有它，统计推断便无从谈起。抽样分布的建立与作用并非只是人们的一种设想，它有其实际的数理基础或理论依据，这就是中心极限定理。

这条定理证明：如果我们从任何一个平均数为 μ、标准差为 σ 的调查总体中，用随机抽样方法反复地抽取多个大小相同的样本，那么，当样本中的个案数 n 增加时，样本的抽样分布就会接近正态分布，在样本的抽样分布中，平均数 $\mu_x=\mu$，标准差 $\sigma_x=\frac{\sigma}{\sqrt{n}}$。中心极限定理表明：在样本容量足够大的情况下，样本的抽样分布接近正态分布，其平均数 μ_x 与总体的平均数 μ 趋于一致，其标准差（也称标准误）等于 $\frac{\sigma}{\sqrt{n}}$，公式中 n 即样本量的大小，σ 为总体的标准差。

正态抽样分布，在统计分析中是一种理想的分布，它的独特之处使得很多统计规律得以显现。就前例的抽样分布而言，当我们把以年龄平均数这个统计量为内容的抽样分布转换成标准正态分布后，我们便知道，大约有 95%的调查样本的平均年龄在距离样本平均数 $\overline{X}\pm1.96$ 个抽样分布标准差的范围之内，大约有 99%的调查样本的平均年龄在距离样本平均数 $\overline{X}\pm2.58$ 个抽样分布标准差的范围之内。也就是说，对于任何一个随机抽取的调查样本来说，其平均年龄处在距离样本平均数 $\overline{X}\pm1.96$ 个抽样分布标准差之内的可能性为 95%，处在距离样本平均数 $\overline{X}\pm2.58$ 个抽样分布标准差范围之内的可能性为 99%。更一般的说法是，对于任何一个随机抽取的调查样本来说，我们有 95%的把握说它会处在样本平均数 $\overline{X}\pm1.96$ 个抽样分布标准差的区间之内，有 99%的把握说它会处在样本平均数 $\overline{X}\pm2.58$ 个抽样分布标准差的区间之内。这实际上就是在用样本统计量推断总体参数，即进行参数的区间估计。

三、推断统计的两种基本形式

推断统计有两种基本形式，即参数估计与假设检验。

（一）参数估计

人们通常把样本计算出来的统计值称为样本统计量，简称统计量，而把总体统计值称为参数。所谓参数估计，就是运用样本统计量对总体参数进行推断或估计的统计过程与统计方法。参数估计包括点值估计与区间估计两种方法。

1. 点值估计

点值估计，就是选择一个适当的样本统计量来直接代表总体的参数值。用一个统计量来估计总体参数，总会存在误差。由于抽样变异的存在，样本统计量正好等于总体参数的可能性很小。为了判别不同统计量对总体参数点值估计的优劣，统计学家们提出了无偏性、一致性、有效性等原则。所谓无偏性，是指如果抽样分布以参数为中心，则参数估计值的期望值与参数真值就是相等的，或者非常接近。用估计值估计参数涉及样本规模大小，如果样本规模越大估计值越接近总体参数，则这个估计值符合一致性原则。估计值的第三个优良特性是有效性，表现为抽样分布的标准差尽可能小，一般而言，有效估计值比其他估计值落点更接近参数。

点值估计的最大缺陷就是无法知道估计的误差到底有多大。因此，在实际研究工作中通常选择另一种参数估计方法，即区间估计法。

2. 区间估计

区间估计，是用一个数值区间表示未知总体参数落入该区间的概率或可能性有多大的一种统计方法。

（1）置信区间与置信水平。置信区间是指在进行区间估计时，在某一概率水平下总体参数所处的数值区间。区间的上、下限（端点）被称为临界值，所确定的概率水平被称为置信水平或置信度，以概率 $1-\alpha$ 表示。α 被称为显著性水平，表示该区间估计的不可靠性程度，即估计参数位于该区间时可能犯错误的概率。显然，$1-\alpha$ 则表示估计参数落入置信区间的可靠性程度或把握度。例如，前例以样本平均年龄 42.8 岁来估计总体的平均年龄，就是说其平均年龄有 95%的可能性处于 41.77～43.83（42.8±1.96 个标准差）岁，或者说研究总体的平均年龄处于 41.77～43.83 岁的概率为 95%。这里的 41.77～43.83 为置信区间，临界值分别为 41.77 和 43.83，置信水平为 95%，显著性水平 $\alpha=0.05$。

（2）区间估计的原理。区间估计的理论基础是抽样分布。区间估计的核心问题是把样本统计量与总体参数之间的关系转换成抽样分布来处理。由于抽样分布在样本规模足够大的情况下会趋近正态分布，因此借助抽样分布的平均数、标准差及其正态分布的统计特性就可对样本统计量与总体参数之间的关系做出概率意义上的估计与推断。

样本均值的抽样分布具有的特性是：总体平均数或抽样分布平均数处于样本平均数±1.96 个抽样分布标准差范围内的概率为 95%，处于样本平均数±2.58 个抽样分布标准差范围内的概率为 99%。

抽样分布标准差的计算公式是$\frac{\sigma}{\sqrt{n}}$，但公式中的总体标准差 σ 是未知的，我们只能用样本标准差 S 来代替。为了减小用 S 代替 σ 所产生的误差，公式中用 $n-1$ 代替 n，即抽样分布的标准差为$\frac{S}{\sqrt{n-1}}$，且称其为标准误。当样本容量 n 比较大时，公式取 $n-1$ 或 n 对抽样分布标准差（即标准误）的影响微乎其微，因此很多统计学书上干脆取 n 而不取 $n-1$。于是我们得到：

在 95%的置信水平条件下，总体平均数的置信区间$=\overline{X}\pm1.96\frac{S}{\sqrt{n-1}}$。

在 99%的置信水平条件下，总体平均数的置信区间$=\overline{X}\pm2.58\frac{S}{\sqrt{n-1}}$。

在前例中，通过样本 $n=3\ 000$ 人的调查，得到调查对象平均年龄 $\overline{X}=42.8$ 岁，样本标准差 $S=28.8$，于是可以做出如下总体平均年龄的区间估计：

在 95%的置信水平下，研究总体平均年龄的置信区间为 $42.8\pm1.96\ \frac{28.8}{\sqrt{3\ 000-1}}$，即 41.77～43.83 岁。

在 99%的置信水平下，研究总体平均年龄的置信区间为 $42.8\pm2.58\ \frac{28.8}{\sqrt{3\ 000-1}}$，即 41.44～44.16 岁。

从这里可以看出：置信水平越低，置信区间越小；置信水平越高，置信区间越大。

（二）假设检验

假设检验是以抽样分布原理为基础，检验调查样本中的统计特性是否在总体中同样存在的一种统计方法。它是推断统计中最重要也是最常用的方法。假设检验与参数估计一样，都是从样本出发来推断总体，但两者又存在区别。参数估计是用具体的样本统计量（如平均数、标准差、百分比等）来推断总体参数；而假设检验则是检验样本中的事实、关系在总体中是否也存在。

许多调查报告或研究论文中有各种各样的检验，如 Z 检验、t 检验、χ^2 检验及 F 检验等，这些都属于假设检验。为什么对研究结论要进行假设检验呢？事实上，许多调查报告或研究论文只有统计描述而没有假设检验。但是，必须明确，有无假设检验的研究结论，其解释或适用的范围是不同的。不经过假设检验的研究结论，只能适用于已调查的对象或样本（在普查中不存在假设检验问题，因为样本等于总体），而不能推断总体；只有在样本统计量基础上经过假设检验后，才能说样本中发现的现象或规律有多大把握在总体中存在或不存在。由此可见，假设检验在调查研究中具有非常重要的作用。

然而，并不是所有的调查数据都能进行假设检验。与参数估计的必备条件一样，只有通过随机抽样调查得来的数据才有资格进行假设检验。这是因为，假设检验与参数估计一样，都属于推断统计范畴，而随机抽样则是各种推断统计的共同前提。

进行假设检验，必须首先建立两个假设，即零假设和备择假设。

零假设，就是假设样本中观察到的事实或变量之间的关系在总体中并不存在。从性质上说，零假设是一个关于“不存在”的假设，用 H_0 表示。

备择假设，是与零假设相对立的假设，就是假设在样本中出现的情况并不是抽样误差，在总体中真实存在。从性质上说，备择假设就是关于“存在”的假设，用 H_1 表示。

缺少经验的研究者常常不知道如何着手建立零假设。其实，只要把握住零假设是关于“不存在”的假设，就能针对不同的研究问题设立正确的零假设。零假设建立了，备择假设自然就形成了。

假设检验的过程，是以检验零假设 H_0 为中心展开的。检验的结果无非两种情况：一是接受零假设 H_0，即检验结果表明，样本中出现的事实或变量之间的关系在总体中不存在，样本中出现的情况是由抽样误差造成的。二是拒绝零假设 H_0、接受备择假设 H_1，即检验结果表明，在样本中出现的情况在总体中同样存在，因而可以用样本代表或推断总体。从这里可以看出，假设检验的基本原理是通过直接检验零假设 H_0，从而间接地检验备择假设 H_1，目的是排除抽样误差的可能性。

假设检验的数理基础是“小概率事件在一次抽样中不可能出现原理”，即小概率事件在通常情况下是不可能出现的，如果居然在一次抽样中出现了，则有理由认为存在其他原因而拒绝 H_0。无论进行何种形式的假设检验，都是根据零假设 H_0 来建立抽样分布，然后计算 H_0 正确的可能性。如果能从统计上证明 H_0 正确的可能性很小（小概率事件），那就可以据此拒绝 H_0。这实际上就是拒绝样本中的情况是由抽样误差造成的这一说法，而接受备择假设 H_1，即认为 H_1 可能是对的。

第三节　单变量统计分析

一、集中量数分析

所谓集中量数分析，是指用一个具体的统计量反映一组数据向该统计量集中的趋势的统计方法。它所表示的是一组数据集中的程度或水平。集中量数有平均数、中位数、众数、四分位数、百分位数，以及倒数平均数、几何平均数等。其中，常用的集中量数是平均数、中位数和众数。

（一）平均数

平均数，也称算术平均数，是人们最熟悉、使用最频繁的一个集中量数，常用 M 或 $\overline{X}$ 表示。计算平均数的条件是，所有数据必须是定距或定比测量层次的数据。计算平均数的公式是：

$$\overline{X}=\frac{X_1+X_2+\cdots+X_n}{n}=\frac{\sum X}{n}$$

这是平均数的定义公式，适用于用单个原始数据计算平均数。

例如在某次考试中，5 位同学的得分分别为 85 分、74 分、90 分、65 分、78 分，则这 5 位同学的平均分数为：

$$\overline{X}=\frac{\sum X}{n}=\frac{85+74+90+65+78}{5}=78.4$$

如果从调查中获得的是如下 5 个分组的资料：

考试分数	人数
65 分	2
74 分	4
78 分	2
85 分	3
90 分	3
合计	14

则其计算公式为 $\overline{X}=\frac{\sum Xf}{\sum f}=\frac{\sum Xf}{n}$，即：

$$\overline{X}=\frac{65\times 2+74\times 4+78\times 2+85\times 3+90\times 3}{14}=\frac{1\ 107}{14}=79.07$$

如果从调查中获得的是如下类型的数据：

分数	人数
65～74 分	4
75～84 分	4
85～100 分	2
合计	10

这种分组的数据，一般不太好计算平均数；如果一定要计算平均数，则可取每个组的组中值来计算平均数。组中值的计算公式是：

$$组中值=\frac{上限+下限}{2}$$

$$\overline{X}=\frac{\sum Xf}{n}=\frac{\frac{(65+74)}{2}\times 4+\frac{(75+84)}{2}\times 4+\frac{(85+100)}{2}\times 2}{10}=78.1$$

（二）中位数

中位数，又称中数、中点数，是指位于按一定顺序排列的一组数据中央位置的数值。定序、定距、定比数据可以求中位数，定类数据则无中位数可言。中位数常表示为 *Md* 或 *Mdn*。

当资料为一组单个数据时，求中位数比较简单。其中，组成数据的个数为奇数时，中位数的数值就是位于中央的那个数据的数值。例如，前例 5 位同学的考试成绩分别为 65 分、74 分、78 分、85 分、90 分，由 5 个数据组成，这组数据的中位数就是处于中央位置上的 78 分。当组成数据的个数为偶数时，中位数的位置则处于中间两个数据之间，在没有直接对应数值的情况下，通常取这两个数值的平均数作为中位数。例如，6 位调查对象的年龄由小到大排列为 18 岁、21 岁、26 岁、28 岁、35 岁、44 岁，中位数所处位置为 $(n+1)/2=(6+1)/2=3.5$，就是在第 3 位和第 4 位之间，中位数的数值则是取两个数据之和的一半，即 $(26+28)/2=27$。

当资料为分组数据特别是组距分组数据时，求中位数的方法就比较复杂。由于这类中位数在社会调查中用处不大，而且在统计软件（如 SPSS、SAS）中求任何资料的中位数、四分位数、百分位数等都很容易，因此这里就不再做介绍，有兴趣者可参看有关统计学书籍。

（三）众数

众数，又称为范数、密集数、通常数等，常用符号 M_0 表示。众数是指在一组数据中出现次数最多或出现频率最高的那个数的数值。众数也是一种集中量数，同样用于表达一组数据的集中趋势。

求众数最简单的方法是观察法，即通过观察找到一组数据中出现次数最多或频率最高的那个数，其数值就是所求的众数。如一组数据为 6、8、4、7、5、8、4、8，其中 8 这个数出现了 3 次，出现的次数最多，故 8 为这组数据的众数。在分组数据中也可用观察法求众数。如果是从单值分组数据中求众数，可先找出最大的频数组，该频数组所对应的标志值就是所求的众数。如果是从组距分组数据中求众数，在各组组距大小相同、各组上下限表示方法一致的情况下，可用与在单值分组数据中求众数相同的方法求众数，即先找出最大的频数组，然后以该组之组中值作为所求的众数；在各组组距大小不同、各组上下限表示方法不一致的情况下，求众数的方法就比较复杂了（如金氏插补法等），但这种求众数的方法在社会调查中用处不大，故不再介绍，有兴趣者可参看有关统计学书籍。

（四）对平均数、中位数、众数的评价

平均数、中位数、众数这 3 种集中量数，各有优点和缺点。平均数是最常用的集中量度，但它往往受极端数据的影响，使平均数反映数据整体集中趋势的准确性变得面目全非。例如，某村有 100 户农民，其中 99 户年平均收入为 1 万元，另一户私营企业主年收入达 1 000 万元，由于这个极端数据的影响，全村户年平均收入就变成了 10.99 万元。显然，这个平均数所反映的集中趋势是极不准确的。当一组数据中存在极端数据，或数据中有个别数据不准确、不清楚时，中位数能比平均数更准确、更稳定地反映数据整体的集中趋势。众数的优点是适用于所有类型的数据，另外在需要快速而又粗略地找出一组数据的代表值时，众数比平均数、中位数更能表现出优越性。

二、离散量数分析

要真实反映数据整体的全貌，仅用集中量数来描述是不够的。因为集中量数反映的只是数据整体的平均水平和典型情况，除此之外，数据整体还存在着分散性、变异性等情况。因此，对于一组数据整体，只有既用集中量数描述其平均水平和典型情况，又用离散量数反映其分散性、变异性等情况，才能真实描绘出这组数据的全貌。

所谓离散量数，就是表示一组数据变异程度或分散程度的量数。离散量数越大，表示数据分布范围越广，越不集中，越不整齐；离散量数越小，则表示数据分布范围越集中，变动程度越小。离散量数有多种，如方差与标准差、全距、四分位差、异众比率、离散系数、偏度系数等。其中，常用的是方差与标准差、全距、异众比率、离散系数和偏度系数。

（一）方差与标准差

方差是一种重要的离散量数。它的计算方法是，把一组数据中的每个数据与该组的算术平均数相减，将其差进行平方然后相加，再除以数据的个数。方差的计算公式为：

$$S^2 = \frac{\sum (X - \overline{X})^2}{n}$$

方差的平方根就是标准差，即 $S=\sqrt{\frac{\sum(X-\overline{X})^2}{n}}$。由于在计算方差时，每个数据与平均数的差有正有负，所以要平方使之都变成正数后加总才不至于相互抵消。但是，把数据与平均数之差（即 $X-\overline{X}$）平方后，数据的单位也被平方了，为了使离散量数的单位与原始数据相一致，又需要开平方，这就是标准差产生的原因。

标准差是最重要、应用最广泛的离散量数。标准差的值越大，表明数据的离散程度越大，也就是数据的差异性越大，分布越不均匀；标准差的值越小，则数据的离散程度越小，数据的差异性越小，数据越整齐。

1. 用定义公式求方差和标准差

标准差公式为：

$$S=\sqrt{\frac{\sum(X-\overline{X})^2}{n}}$$

方差公式为：

$$S^2=\frac{\sum(X-\overline{X})^2}{n}$$

用定义公式求方差和标准差，首先要求平均数 $\overline{X}$ 和离差（$X-\overline{X}$），将离差平方再相加，然后除以 n。

举例：有一组数据为 6、8、4、2、5，求 S^2 和 S。

解： 先求 $\overline{X}=\frac{6+8+4+2+5}{5}=5$，

则 $S^2=\frac{\sum(X-\overline{X})^2}{n}=\frac{(6-5)^2+(8-5)^2+(4-5)^2+(2-5)^2+(5-5)^2}{5}$

$=\frac{1+9+1+9}{5}=4$，

故 $S=\sqrt{4}=2$。

2. 用原始数据计算方差和标准差

用定义公式求方差和标准差，先要计算平均数 $\overline{X}$ 和离差（$X-\overline{X}$）。如将定义公式稍加变换，则可直接用原始数据计算 S^2 和 S。定义公式可变换成下列公式①：

$$S^2=\frac{\sum X^2}{n}-\left(\frac{\sum X}{n}\right)^2$$

$$S=\sqrt{\frac{\sum X^2}{n}-\left(\frac{\sum X}{n}\right)^2}$$

① 公式的推导过程为：

$$S^2=\frac{\sum(X-\overline{X})^2}{n}=\frac{\sum X-2\sum X\overline{X}^2}{n}=\frac{\sum X^2-2n\overline{X}+n\overline{X}^2}{n}=\frac{\sum X^2-n\overline{X}^2}{n}=\frac{\sum X^2}{n}-\left(\frac{\sum X}{n}\right)^2;$$

$$S=\sqrt{\frac{\sum X^2}{n}-\left(\frac{\sum X}{n}\right)^2}.$$

举例：有一组数据为 6、8、4、2、5，求 S^2 和 S。

解：$S^2=\frac{\sum X^2}{n}-\left(\frac{\sum X}{n}\right)^2=\frac{6^2+8^2+4^2+2^2+5^2}{5}-\left(\frac{6+8+4+2+5}{5}\right)^2=29-25=4$，

$S=\sqrt{4}=2$。

3. 分组数据计算方差与标准差

当处理的数据为分组资料时，计算方差和标准差的公式为：

$$S^2=\frac{\sum fX^2}{n}-\left(\frac{\sum fX}{n}\right)^2$$

$$S=\sqrt{\frac{\sum fX^2}{n}-\left(\frac{\sum fX}{n}\right)^2}$$

公式中 X 表示单值分组数据中的实际数值，或组距分组数据中的组中值，f 表示各组的频数。

从这里可以看出，分组数据计算方差与标准差的公式，与用原始数据计算方差与标准差的公式实质上是一样的，只是前者用单值分组数据中的实际数据或组距分组数据中的组中值取代原始数据，并且要与组的频数 f 相乘后再求和。

（二）全距

全距，又称极差，是一组数据中最大值与最小值之差，通常用 R 表示。

全距是最简单的离散量数，它概念清楚、含义明确、计算简单。但是，也正由于计算过于简单，仅由数据中最大值与最小值两个数据相减而得，不考虑中间数据的情况，因而反映数据的离散状况太粗略、不灵敏，只能作为离散量数的参考性指标。

（三）异众比率

异众比率，是指非众数的个案数与全部个案数的比值，用 VR 表示，其含义是众数所不能代表的其他数据（即非众数数据）在总数据中的比重。显然，VR 值越大，表示非众数数据所占总数据的比例越大，也就是众数的代表性越弱；VR 值越小，则表示众数的代表性越强。可见，异众比率这个离散量数是从反面检验众数的一项指标。VR 的计算公式为：

$$VR=\frac{n-fM_0}{n}$$

其中，VR 表示异众比率，n 表示样本数量，fM_0 表示众数的样本个数。

举例：有一组原始数据为 6、8、4、7、5、8、4、8，求 VR。

该组数据共有 8 个（$n=8$），众数 $M_0=8$，非众数 $n-fM_0=5$。

则 $VR=\frac{n-fM_0}{n}=\frac{8-3}{8}=\frac{5}{8}=0.625$。

表明非众数数据占了总数据的 62.5%。

其他分组数据的异众比率也可用相同的计算方法求得。

上述方差、标准差、全距等离散量数，都属于绝对离散量数，即它们都是带有与原观察值（数据）相同量纲（单位）的量数。绝对离散量数的局限是，只有当两种离散量数的单位相同时，才能比较其大小；当两种离散量数的单位不同时，就无法进行差异比较。为了解决这个问题，统计学家建构出了相对离散系数。离散系数便是其中的一种。

（四）离散系数

所谓离散系数，即标准差与平均数的百分比值，用 CV 表示。它是一种无量纲的相对数，因而便于进行比较。离散系数的计算公式为：

$$CV=\frac{S}{\overline{X}}\times 100\%$$

其中，CV 表示离散系数，S 表示标准差，$\overline{X}$ 表示平均数。

离散系数的最大功用是可以比较不同单位数据分布的差异程度。

例如，比较某区某一季度二手房成交价格与房屋面积分布的差异程度。假设通过调查得到如下数据：

	平均数（$\overline{X}$）	标准差（S）
房屋价格	17 028 元	562 元
房屋面积	58.16 平方米	2.86 平方米

分别求价格、面积的离散系数：

$$房屋价格\ CV=\frac{S}{\overline{X}}\times 100\%=\frac{562}{17\ 028}\times 100\%=3.30\%$$

$$房屋面积\ CV=\frac{S}{\overline{X}}\times 100\%=\frac{2.86}{58.16}\times 100\%=4.92\%$$

显然，该区二手房在房屋面积方面的差异明显大于在房屋价格方面的差异。面积与价格是两种不同单位的量，用绝对离散量数（如方差、标准差、全距等）是无法进行其差异程度的比较的，当把它们转化为无单位的离散系数时，便可进行比较了。

（五）偏度系数

偏度系数是用来描述数据分布特征的统计量数。所谓偏度，指的是数据分布的偏倾方向和程度。因此，偏度系数属于离散系数范畴。计算偏度系数对于推断统计具有重要意义，因为它能说明数据总体是否近似于正态分布，从而确定能否进行统计推断或如何进行统计推断。例如，如果发现一个样本数据的偏度较大，则该样本是否来自一个正态总体就值得怀疑，而这直接关系到能否进行统计推断的问题。

关于偏度系数的计算，有几种不同的计算公式，如按平均数与众数的离差求偏度系数、按平均数与中位数的离差求偏度系数、按四分位数与中位数的离差求偏度系数等。这里简要介绍常用的两种方法。

1. 按平均数与众数的离差求偏度系数

这种方法是由统计学家皮尔逊首先提出来的，因此又称皮尔逊偏度系数，记作 Sk_p，其公式是：

$$Sk_p=\frac{\overline{X}-M_0}{S}$$

其中，Sk_p 表示偏度系数，$\overline{X}$ 表示样本数据的平均数，M_0 表示众数，S 表示标准差。

当 $Sk_p=0$ 时，数据呈严格的正态分布；当 $Sk_p>0$ 时，数据分布呈正偏态；当 $Sk_p<0$ 时，数据分布呈负偏态。

2. 按平均数与中位数的离差求偏度系数

这种方法也是皮尔逊发明的。皮尔逊发现，在数据呈基本正态分布的情况下，平均数、中位数、众数三者之间存在如下关系：

$$M_0=3Md-2\overline{X}$$

将这一公式代入前边的公式得：

$$Sk_p=\frac{\overline{X}-(3Md-2\overline{X})}{S}=\frac{3(\overline{X}-Md)}{S}$$

皮尔逊鉴于中位数较众数更稳定、更具有代表性，认为用平均数与中位数的离差求偏度系数的方法比前一种方法更好、更准确。

三、单变量统计推断

单变量分析不仅可做统计描述，而且能进行统计推断。单变量统计推断与双变量、多变量统计推断，在统计原理上是一样的，但在统计方法和目的上不同。因此，对单变量统计推断问题应该进行专门的阐述。

（一）参数估计

参数估计（主要是区间估计）是用样本统计量来估计总体参数，它通常只涉及一个变量，当然也有涉及两个变量的，如相关系数的区间估计等，只是较少用到而已。

在单变量分析中，参数估计实际上可分为三种情况或类型，即总体平均数的参数估计、总体比率的参数估计和总体方差的参数估计。三大区间估计类型中的每一大类型又可分成若干小类型，各种区间估计类型所要求的数据分布条件和统计计算方法都各不相同。

（二）假设检验

在单变量分析范围内，假设检验可分为三大基本类型，即总体均值的假设检验、总体比率的假设检验、总体方差的假设检验。三大假设检验类型中的每一大类型又可分为两种小类型，即单样本总体假设检验和双样本差异的总体假设检验。单样本总体假设检验，就是对单个样本的统计量（如平均数、比率、方差）是否可推断总体的检验；双样本差异的总体假设检验，就是对两样本统计量的差异（如平均数之差、比率之差、方差之差）是否在总体中也存在的检验，亦即要证明两样本的差异是否由来自两个不同的总体造成。

单变量分析范围内的参数估计与假设检验，在社会调查的统计分析中应用较少（在教育统计分析和心理统计分析中运用较多），因而这里只做粗略介绍，有兴趣者可参看有关统计学书籍。

第四节　双变量统计分析

对变量关系的统计分析，分双变量统计分析和多变量统计分析。双变量统计分析只涉及两个变量，是最简单的变量关系分析，也是多变量统计分析的基础。

一、双变量统计分析的内容

两变量间的关系，分为相关关系和因果关系两种形式。

（一）两变量间的相关关系

两变量间的相关关系，是指当一个变量 X 发生变化时，另一个变量 Y 也随之发生变化，相反，当 Y 发生变化时，X 也发生变化。人们通常把两个变量之间的相关关系表示为 $X \leftrightarrow Y$。必须指出，两个变量之间存在相关关系，只强调它们之间存在着相互影响的关系，而不清楚也不在乎它们变化的先后，因而也无所谓前因后果的问题。

社会现象之间的相关关系，从不同角度可区分为不同类型：

（1）按照相关方向的不同，可分为正相关和负相关。当一个变量与另一个变量向相同方向变化时，这两个变量之间就存在着正相关关系，相关系数取正值。例如，随着学生年龄的增长，社会经验也不断增加，可以说年龄与社会经验这两个变量之间呈正相关关系。当一个变量与另一个变量向相反方向变化时，这两个变量之间就存在着负相关关系，相关系数取负值。例如，随着经济增长，失业人数不断减少，就表明经济增长与失业人数这两个变量之间存在着负相关关系，相关系数取负值。

（2）按照相关强度的不同，可分为完全相关、不相关和不完全相关。当一个变量的数量完全由另一个变量的数量变化所确定时，它们之间即为完全相关。例如，在价格不变的条件下，销售额与销售量之间的正比例函数关系，即为完全相关。当变量之间彼此互不影响，其数量变化各自独立时，则变量之间为不相关——又称零相关。例如，股票价格高低与气温高低在一般情况下是不相关的。两个变量的关系介于完全相关和不相关之间的，称为不完全相关。在统计分析中，通常用相关系数来精确表示两变量间的相关强度，相关系数的取值区间为［−1，1］。相关系数为 1 时表示两变量完全正相关，为−1 时表示两变量完全负相关，为 0 时表示两变量完全不相关。相关系数的绝对值越接近 1，表示相关强度越大。

（3）按照相关形式的不同，可分为线性相关和非线性相关。线性相关是指当一个变量变动时，另一个变量随之发生大致均等的变动。从图形上看，其观察点的分布近似地表现为一条直线，例如，人均消费水平与人均收入水平通常呈线性相关关系。非线性相关是指当一个变量变动时，另一个变量也随之发生变动，但这种变动不是均等的。从图形上看，其观察点的分布近似地表现为一条曲线（如抛物线、指数曲线等），例如，农田施肥在一定数量范围内，可增加产量，但超过一定限度，产量反而下降。所谓两个变量 X 和 Y 呈线性相关，用数学语言表达，是指一个变量可以用另一个变量线性表示，如 $y=bx+a$；反之，则表示两变量为非线性相关。线性相关在很多情况下成为变量相关分析的基础条件，如一元线性回归分析要求自变量和因变量必须存在线性相关关系，否则，回归分析就失去了意义。

（二）两变量间的因果关系

两变量间的因果关系，是指一变量的变化可以确定为另一变量变化的原因的关系。在自然科学中，确定现象之间的因果关系比较容易。在社会研究中，要确定两个变量之间的因果关系则比较困难。因为，要确定两个变量之间的因果关系，必须同时满足三个条件：

（1）两变量间必须存在相关关系，它是因果关系的必要条件，但不是充分条件。这就是说，如果存在相关关系，则可能是因果关系，也可能不是因果关系；如果没有相关关系，则不可能存在因果关系。反过来说，如果两变量间存在因果关系，则必存在相关关系。

（2）必须确定自变量变化在前，因变量变化在后，即先有原因，后有结果。两变量的因果关系通常表示为 $X\rightarrow Y$。

（3）必须确定变量 X 与 Y 之间的关系，不是由于第三个变量的存在而呈现出的一种虚假关系。

在研究中，要使两个变量完全满足上述三个条件，是一件很不容易的事情，因而在社会研究中很难完全确定两种现象之间的因果关系。尽管如此，在统计分析中，仍然可以对社会现象之间的因果关系进行粗略的分析。实践证明，这种粗略的因果关系分析，虽然不能像自然科学的因果分析那样严密、准确，但仍然具有重要的应用价值。

二、双变量统计分析的方法

在双变量统计分析中，由于变量的测量层次不同，因而计算两变量相关系数的方法和假设检验的方法也不相同。变量的测量层次，可分为定类、定序、定距、定比四种类型，这样就形成了多种不同测量层次变量的两两组合。为了便于全面了解双变量统计分析方法，可把两变量测量层次类型和与之相应的相关测量方法、假设检验方法列成一个一览表（见表 14-1）。

表 14-1 双变量统计分析方法一览表

双变量测量层次	相关测量方法	假设检验方法
定类-定类 定类-定序	λ，*tau-y*	χ^2 检验

续表

双变量测量层次	相关测量方法	假设检验方法
定序-定序	G，dy	Z 检验或 t 检验
定类-定距 定序-定距	E^2	F 检验或 t 检验
定距-定距	r，b	

资料来源：李沛良．社会研究的统计应用．北京：社会科学文献出版社，2001：206.

（一）定类-定类（或定序）变量分析

当两个变量均为定类变量，或一变量为定类变量、另一变量为定序变量时，抽样分布属于 χ^2 分布，因而进行 χ^2 检验，用 λ 或 $tau\text{-}y$ 计算两个变量之间的相关强度与方向。

χ^2 值的计算公式为：

$$\chi^2 = \sum \frac{(f_o - f_e)}{f_e}$$

其中，f_o 表示实际观察值频数，f_e 表示理论意义上的期望值频数。

自由度的计算公式为：

$$df = (r-1)(c-1)$$

其中，df（degree of freedom）表示自由度，r（row）表示交互表的行数，c（column）表示交互表的列数。

对两变量关系进行 χ^2 检验的步骤是：

第一步，建立两变量不存在相关关系的零假设 H_0 和与之对立的备择假设 H_1。

第二步，按照 χ^2 计算公式计算 χ^2 值。

第三步，根据计算出的自由度和选定的显著性水平（P 值），查 χ^2 值表得到一个临界值。

第四步，把计算所得 χ^2 值与临界值进行比较：若 χ^2 值大于临界值，则拒绝 H_0，接受 H_1，表示两变量间存在显著性相关关系；若 χ^2 值小于临界值，则接受 H_0，拒绝 H_1，表示两变量间不存在显著性相关关系。

λ 和 $tau\text{-}y$ 公式被用于计算两个变量的相关强度的方向。

λ（lambda）相关测量法有两种基本形式：一种是对称形式（symmetrical）的计算公式，即不分自变量和因变量，用 λ 表示；另一种是不对称形式（asymmetrical）的计算公式，即要求区分自变量（X）和因变量（Y），用 λ_Y 表示。两个计算公式如下：

$$\lambda = \frac{\sum m_X + \sum m_Y - (M_X + M_Y)}{2n - (M_X + M_Y)} \quad \text{对称公式}$$

$$\lambda_Y = \frac{\sum M_Y - M_Y}{n - M_Y} \quad \text{不对称公式(自变量 } X\text{,因变量 } Y\text{)}$$

其中，λ 表示对称式相关系数计算公式，λ_Y 表示非对称式相关系数计算公式，m_X 表示变量 Y 的每个取值之下变量 X 的众数值，m_Y 表示变量 X 的每个取值之下变量 Y 的众数值，M_X 表示变量 X 的众数值，M_Y 表示变量 Y 的众数值，n 表示全部数据或个案的数目。

λ 相关系数计算公式是以众数作为预测的准则而展开的。由于公式比较复杂，只有举例才能说明如何运用上面两个公式进行计算。实际上，现在进行数据分析，统计软件能够很快计算出各种统计量，不再需要手工去计算，讲解上述统计公式的目的，主要是帮助学习者了解统计学原理，理解统计量得出的来龙去脉。

先看对称公式：

$$\lambda=\frac{\sum m_X+\sum m_Y-(M_X+M_Y)}{2n-(M_X+M_Y)}$$

举例（见表 14-2）：

表 14-2　调查对象人生理想与择偶意愿交互分类表

人生理想（X）	择偶意愿（Y）			
	人生伴侣	事业帮手	爱情至上	总数
人生就是享受	26	18	10	54
人生就是奋斗	24	44	16	84
人生如草木	8	6	12	26
总数	58	68	38	164

从表 14-2 可知：

$$M_X=84,\quad M_Y=68,\quad \sum m_X=26+44+12=82,$$

$$\sum m_Y=26+44+16=86,\quad n=164,$$

$$\text{则 }\lambda=\frac{\sum m_X+\sum m_Y-(M_X+M_Y)}{2n-(M_X+M_Y)}=\frac{82+86-(84+68)}{2\times164-(84+68)}=\frac{16}{176}=0.09。$$

再看非对称公式：

$$\lambda_Y=\frac{\sum m_Y-M_Y}{n-M_Y}$$

举例（见表 14-3）：

表 14-3　调查对象性别与择偶意愿交互分类表

择偶意愿（Y）	性别（X）		
	男	女	总数
人生伴侣	35	23	58
事业帮手	44	24	68
爱情至上	10	28	38
总数	89	75	164

从表 14-3 可知：

$$M_Y=68,\quad \sum m_Y=44+28=72,\quad n=164,$$

$$\text{则 }\lambda_Y=\frac{\sum m_Y-M_Y}{n-M_Y}=\frac{72-68}{164-68}=\frac{4}{96}=0.04。$$

需要注意的是，在不对称公式 λ_Y 中，只有与 Y 变量有关的数据，与 X 变量有关的数据不必参与计算过程。这是因为，在 λ_Y 公式中，假定 X 为自变量，Y 为因变量，公式中的分母 $n-M_Y$ 表示在不知道 X 值情况下来预测 Y 值时所产生的全部误差，即 $E_1=n-M_Y$；公式中的分子 $\sum m_Y-M_Y$ 则表示根据 X 值来预测 Y 值所能消减的误差，即：

$$E_1-E_2=(n-M_Y)-(n-\sum m_Y)=\sum m_Y-M_Y$$

于是有：

$$\lambda_Y=\frac{E_1-E_2}{E_1}=\text{PRE}$$

PRE（proportionate reduction in error）叫作消减误差比例。

在社会统计学中，消减误差比例（PRE）是一个很重要的概念，也是一种很重要的统计方法。社会研究的目的是解释或预测社会现象的变化，当我们进行双变量统计分析时，说两个变量存在相关关系或因果关系，实际上也就是说用一个变量的变化能在多大程度上解释另一个变量的变化。这种解释肯定会存在误差，我们进行研究的目的，就是设法减少这种解释上的误差。PRE 表示的就是当我们用一个变量 X 来解释另一个变量 Y 时，能够减少多少比例的误差，能够消减误差的比例越大，表明两个变量的关系越密切，亦即相互影响的作用力越大，反之则越小。PRE 的取值区间为［0，1］。

消减误差比例的计算公式为：

$$\text{PRE}=\frac{E_1-E_2}{E_1}=\frac{\text{全部误差}-\text{相关误差}}{\text{全部误差}}$$

PRE 反映的是测量两个变量相关关系的一种思路，也是一种方法，它的优点是能很直观地对两个变量的关系做出解释。我们称以此种思路和方法测量两变量间的关系为具有消减误差比例的特性。显然，并不是每一种双变量相关测量方法都具有 PRE 特性。一般而言，在实际研究工作中，应尽量选用具有 PRE 特性的分析方法，我们前边介绍的 λ 和 λ_Y 都具有 PRE 特性。

tau-y 系数与 λ_Y 性质一样，也是一种不对称相关测量法，具有 PRE 特性。由于计算公式比较复杂，故在此不做介绍。

（二）定序-定序变量分析

对两个定序变量的统计分析，一般运用 Gamma 或 d_y 公式计算相关系数，并进行 Z 检验或 t 检验。这里只介绍 Gamma 级序相关分析方法。

Gamma 简称为 G，属于级序相关计算法，就是在计算公式中使用各原始数据的等级次序而不是数据本身。它又属于对称相关测量法（不区分自变量和因变量），且具有 PRE 特性。

Gamma 系数的计算公式如下：

$$G=\frac{N_s-N_d}{N_s+N_d}$$

其中，G 表示 Gamma 级序相关系数，N_s 表示同序对数，N_d 表示异序对数。

同序对数是指两个数据或个案在两个变量上的相对等级相同的对数，不相同的便称为异序对数。

Gamma 系数的假设检验分为两种情况：当样本规模属大样本（$n\geqslant100$）时，Gamma 的抽样分布接近于正态分布，故可用 Z 检验法进行假设检验。Z 值的计算公式为：

$$Z = G\sqrt{\frac{N_s + N_d}{n(1-G^2)}}$$

其中，Z 表示正态分布状态下的 Z 分数值，G 表示 Gamma 级序相关系数，N_s 表示同序对数，N_d 表示异序对数，n 表示样本量。

当样本规模属小样本（$n<100$）时，则要改用 t 检验法。t 值的计算公式为：

$$t = G\sqrt{\frac{N_s + N_d}{n(1-G^2)}}$$

$$df = N_s + N_d - 2 \quad (df\text{ 表示自由度})$$

由于 Gamma 系数的计算和假设检验用手工完成比较复杂，而用统计软件能轻而易举地完成这些工作，加之本章篇幅所限，故此从略。

（三）定类（或定序）-定距变量分析

在双变量统计分析中，当一个变量为定类变量或定序变量（定序变量作为定类变量处理），另一个变量为定距变量时，需进行方差分析和 F 检验（或 t 检验），并用 Eta 平方系数来测量两变量的相关强度。Eta 平方系数简写成 E^2，E^2 同样具有 PRE 特性。

E^2 的计算公式为：

$$E^2 = \frac{\sum n_i \overline{Y}_i^2 - n\overline{Y}^2}{\sum Y^2 - n\overline{Y}^2}$$

其中，E^2 表示 Eta 平方系数，Y 表示因变量的数值，$\overline{Y}$ 表示因变量的平均数，$\overline{Y}_i$ 表示在每个自变量取值（X_i）上各因变量取值的平均数，n_i 表示每个自变量（X_i）的个案数，n 表示总个案数。

举例（见表 14-4）：

表 14-4　26 名调查对象的职业类型对休闲活动的影响

	职业类型（X）		
	工人	干部	教师
休闲活动（每周小时数）（Y）	20	28	18
	24	26	16
	18	32	12
	22	38	8
	21	26	10
	28	18	14
	30	20	18
	32	24	16
	25		
	22		
n_i	10	8	8
Y_i	24.2	26.5	14

分析结果表明，用职业类型来解释人们的休闲活动，可以消减56%的误差，也就是说，调查对象的职业类型与休闲活动之间的相关强度系数为0.56。

E^2 的抽样分布属于 F 分布，故 E^2 采用 F 检验法，其 F 值的计算公式为：

$$F=\frac{E^2}{1-E^2}\left(\frac{n-k}{k-1}\right)$$

$$df_1=k-1$$

$$df_2=n-k$$

其中，k 表示分组数目，n 表示样本数。

由于 $k=3$，$n=26$，$E=0.56$，代入公式得：

$$F=\frac{0.56^2}{1-0.56^2}\times\frac{26-3}{3-1}\approx 5.25$$

根据表14-4中数据计算得：

$$n=26$$

$$\overline{Y}=21.77$$

$$\sum Y^2=20^2+24^2+18^2+\cdots+16^2=13\ 610$$

$$\overline{Y}=\frac{20+24+18+\cdots+16}{26}=21.77$$

故得 $$E^2=\frac{\sum n_i\overline{Y}_i^2-n\overline{Y}^2}{\sum Y^2-n\overline{Y}^2}=\frac{10\times 24.2^2+8\times 26.5^2+8\times 14^2-26\times 21.77^2}{13\ 610-26\times 21.77^2}$$

$$\approx\frac{720.14}{1\ 287.74}\approx 0.56$$

根据 $df_1=3-1=2$，$df_2=26-3=23$，查表得临界值3.59，由于 $F=5.25>3.59=F_{0.05}$，故 $p<0.05$，拒绝零假设 H_0，接受备择假设 H_1，即样本统计结论可以推断总体，职业类型与休闲活动之间存在显著性相关关系。

在自变量为定序变量，因变量为定距变量时，其统计方法和定类-定距变量完全一样，也就是把定序变量作为定类变量来处理。

（四）定距-定距变量分析

两个定距变量的统计分析，是传统统计分析的主要内容，因而也是相对成熟的统计分析方法。它包括相关分析方法和回归分析方法。

相关分析与回归分析，是两种既有密切联系又有本质区别的统计分析方法。

首先，相关分析与回归分析都以两个定距变量的线性关系为基础，分析与解释两个变量之间的相关或相互影响作用力的大小。

其次，相关分析是回归分析的前提和基础。一般地说，只有当两个变量之间存在着比较强的相关关系时，回归分析才有价值，而且相关程度越高，回归预测效果越好。

但是，相关分析与回归分析又是两种不同的分析方法，它们的区别是：

其一，相关分析是对两个变量双向依存关系的分析，通常不确定谁是自变量、谁是因变量；回归分析是对两个变量单向关系的分析，即对自变量影响因变量的分析，必须明确谁是自变量、谁是因变量，而且对于自变量每一个给定的数值，通过回归方程求得的因变量的估计值不是一个确定的数值，而是许多可能数值的平均数，因而可以计算估计值的误差。

其二，从分析层次上讲，相关分析是一种描述和解释既存事实的研究方法，而回归分析则是一种通过对已有事实的分析进一步推断和预测未来可能发生什么的研究方法。因此，与相关分析相比较，回归分析是一种更高层次、更为深刻的统计分析方法。

1. 两个定距变量的相关分析

两个定距变量的相关系数，通常使用皮尔逊积差相关（或积矩相关）公式计算。由于原始公式计算时略为复杂，为了能直接运用 X 和 Y 的原始数据计算相关系数，可以将皮尔逊积差相关公式转化成如下公式：

$$r=\frac{n\sum XY-(\sum X)(\sum Y)}{\sqrt{n\sum X^2-(\sum X)^2}\sqrt{n\sum Y^2-(\sum Y)^2}}$$

其中，r 表示皮尔逊积差相关系数，X 表示变量 X 的取值，Y 表示变量 Y 的取值，n 表示个案数或样本容量。

在处理分组数据时，则采用如下计算公式：

$$r=\frac{\sum f(X-\overline{X})(Y-\overline{Y})}{\sqrt{\sum f(X-\overline{X})^2}\sqrt{\sum f(Y-\overline{Y})^2}}$$

皮尔逊积差相关系数 r 自身不具备 PRE 特性或意义，但 r^2 具备 PRE 特性或意义。在实际研究中，我们通常用 r^2 表示一个变量 X 在解释另一个变量 Y 时所能消减的误差比例，从而更直观地表示出变量 X 与变量 Y 之间的相关强度。因此，这个 r^2 在相关分析与回归分析中都具有很高的应用价值，并被称为决定系数（coefficient of determination）。

让我们举例说明如何进行相关分析（见表 14－5）：

表 14－5　100 名调查对象自我评价得分与拥有知心朋友个数的相关分析计算表

自我评价得分（X）	拥有知心朋友个数（Y）	频数（f）	$X-\overline{X}$	$Y-\overline{Y}$	$f(X-\overline{X})^2$	$f(Y-\overline{Y})^2$	$f(X-\overline{X})(Y-\overline{Y})$
10	1	4	4.16	−8.48	17.31	71.91	−35.28
9	2	6	3.16	−7.48	9.99	55.95	−23.64
8	4	18	2.16	−5.48	4.67	30.03	−11.84
6	8	16	0.16	−1.48	0.03	2.19	−0.24
5	12	26	−0.84	2.52	0.71	6.35	−2.12
4	14	30	−1.84	4.52	3.39	20.43	−8.32
$\overline{X}=5.84$	$\overline{Y}=9.48$	$N=100$	—	—	$\sum=36.1$	$\sum=186.86$	$\sum=-81.44$

将表 14－5 中的初步计算结果代入公式得：

$$r=\frac{\sum f(X-\overline{X})(Y-\overline{Y})}{\sqrt{\sum f(X-\overline{X})^2}\sqrt{\sum f(Y-\overline{Y})^2}}=\frac{-81.44}{\sqrt{36.1}\sqrt{186.86}}$$

$$=\frac{-81.44}{6.01\times 13.67}=\frac{-81.44}{82.16}=-0.99$$

$$r^2=(-0.99)^2=0.98$$

上述相关分析结果表明，变量 X 与变量 Y 之间存在很强的负相关，即自我评价越高的调查对象，拥有的知心朋友个数越少；相反，自我评价越低者，拥有的知心朋友个数越多。决定系数 $r^2=0.98$，表明用变量 X（自我评价得分）去解释或预测变量 Y（拥有知心朋友个数）可以消减 98%的误差。

皮尔逊积差相关系数 r 的假设检验通常采用 F 检验法，也有人用 t 检验法。用 F 检验法对 r 进行检验时，F 值的计算公式为：

$$F=\frac{r^2(n-2)}{1-r^2}$$

$$df_1=1$$

$$df_2=n-2$$

对上述调查对象自我评价得分（X）与拥有知心朋友个数（Y）的相关分析结果进行 F 检验。

其假设为 $H_0: r=0$，$H_1: r\neq 0$，

用公式计算 F 值，

$$F=\frac{r^2(n-2)}{1-r^2}=\frac{(-0.99)^2(100-2)}{1-(-0.99)^2}=\frac{0.98\times 98}{1-0.98}=\frac{96.04}{0.02}=4\ 802。$$

根据 $df_1=1$，$df_2=100-2=98$，以 $p<0.01$ 为显著度，查 F 分布表得：$F_{0.01}=7.08$，由于计算所得结果 $F=4\ 802>7.08=F_{0.01}$，故可拒绝 H_0，接受 H_1，即人们的自我评价得分与拥有知心朋友个数之间存在显著性相关关系。

若要对 r 进行 t 检验，t 值的计算公式为：

$$t=\frac{r\sqrt{n-2}}{\sqrt{1-r^2}}$$

$$df_1=1$$

$$df_2=n-2$$

其程序与 F 检验法相同。

2. 一元线性回归分析

对两个定距变量进行回归分析，称为一元线性回归分析，即只有一个自变量 X，且两变量间存在线性相关关系。一元线性回归分析，实质上就是要在变量 X 和变量 Y 之间建立一个线性回归方程，从而用 X 去预测 Y。建立线性回归方程通常采用的方法是最小二乘方法。

一元线性回归方程的标准形式为：

$$Y'=bX+a$$

建立线性回归方程的主要问题是求出方程中的回归系数 b（回归线的斜率）和回归线

在 Y 轴上的截距 a，这一过程被称为配制回归线或拟合回归线。确定回归系数 b 的原则是使散布图（将 X 和 Y 一一对应的值绘制而成的分布图）上各点距回归线上的相应点的纵向距离平方和为最小，这种求回归系数 b 的方法被称为最小二乘方法。

求回归系数 b 的公式为：

$$b=\frac{\sum(X-\overline{X})(Y-\overline{Y})}{\sum(X-\overline{X})^2}$$

这个公式可以说是回归系数 b 的定义公式，为计算方便，可将其转化为能直接使用原始数据计算 b 的公式：

$$b=\frac{n\sum XY-\sum X\times\sum Y}{n\sum X^2-\left(\sum X\right)^2}$$

$$a=\overline{Y}-b\overline{X}=\frac{\sum Y-b\left(\sum X\right)}{n}$$

其中，b 表示回归系数，X 表示自变量取值，Y 表示因变量取值，n 表示样本量或样本规模，$\overline{X}$ 表示自变量的平均数，$\overline{Y}$ 表示因变量的平均数。

回归分析的大致程序是：先根据研究目的确定自变量 X 和因变量 Y，对 X 和 Y 进行相关分析（如画散点图，计算 X 与 Y 的相关系数），确定有无价值进行回归分析（如果 X 与 Y 相关强度太弱，则回归分析价值不大）和能否进行回归分析（如确定 X 与 Y 是否存在线性相关关系）；然后计算回归系数 b 和截距 a，建立回归方程，并用自变量 X 对 Y 进行预测。

我们用前述 100 名调查对象自我评价得分对拥有知心朋友个数影响的数据进行一元线性回归分析。

前边的相关分析表明，人们的自我评价得分（X）与拥有知心朋友个数（Y）之间存在很强的线性负相关关系，因此对这两个变量进行回归分析既有必要也有可能。

用公式计算回归系数 b 和截距 a：

$$b=\frac{\sum(X-\overline{X})(Y-\overline{Y})}{\sum(X-\overline{X})^2}$$

表 14－5 中已求得：

$$\sum(X-\overline{X})(Y-\overline{Y})=-81.44,\quad \sum(X-\overline{X})^2=36.1,\quad \overline{X}=5.84,\quad \overline{Y}=9.48。$$

代入公式得：

$$b=\frac{-81.44}{36.1}=-2.26$$

$$a=\overline{Y}-b\overline{X}=9.48-(-2.26)\times5.84=9.48+13.20=22.68$$

故得回归方程：

$$Y'=-2.26X+22.68$$

这个方程简化了 100 名调查对象在自变量 X（自我评价得分）与因变量 Y（拥有知心朋友个数）问题上的众多资料，从中抽象出统计规律，从而可以由自变量 X 来预测 Y。

例如，如果两个人对自己的评价分别为 7 分和 3 分，根据回归方程可预测这两个人应该拥有多少个知心朋友。

$$Y' = -2.26 \times 7 + 22.68 = -15.82 + 22.68 \approx 7$$

$$Y' = -2.24 \times 3 + 22.68 = -6.72 + 22.68 \approx 16$$

这个分析结果告诉我们：一个自我评价得分为 7 分的人，其知心朋友个数可能为 7；自我评价得分为 3 分者则可能有 16 个知心朋友[①]。当然，回归分析方法用自变量 X 来预测因变量 Y 肯定是存在误差的，误差的大小取决于对各方面条件的满足程度。

第五节　多变量统计分析简介

多变量统计分析，又称多元统计分析，是指涉及三个及三个以上变量（其中至少一个因变量）的统计分析方法。社会现象之间的复杂性使人们认识到，正确使用多变量统计分析通常会比只进行单变量和双变量统计分析更具有解释力。20 世纪 80 年代以来，随着计算机的普及和统计软件的广泛应用，多变量统计分析方法迅速发展，已成为一个各种方法互相交叉、内容丰富、层次复杂的庞大体系。这里简略介绍比较通用的几种多变量统计分析方法。

一、多变量相关分析

多变量相关分析是相对于双变量相关分析而言的。双变量相关分析，是用一个统计量（如相关系数 λ、G、r 等）反映两个变量间的相关关系。当变量达到三个或三个以上时，相关关系的分析就属于多变量相关分析或多元相关分析了。从本质上说，多变量相关分析与双变量相关分析一样，也是用一个统计量（如偏相关系数、复相关系数等）来简化和反映多个变量之间的相互依存关系，只是这种关系更加复杂而已。与多变量相关分析直接有关的方法，有偏相关分析、复相关分析和典型相关分析等。

（1）偏相关分析，是指在控制了其他变量影响的情况下，用一个统计值来测量某一变量 X 和另一变量 Y 之间相关关系强弱程度与方向的方法。这个统计值被叫作偏相关系数。

（2）复相关分析，是测量多个自变量（如 X_1、X_2、$X_3 \cdots X_n$）共同对一个因变量（如 Y）发挥作用时形成的相关关系的方法，它用一个统计值来表示这些自变量与另一因变量关系的强弱和方向。这个统计值被称为复相关系数。

（3）典型相关分析，是一种用于测量两组变量（每组变量均多于一个变量）相关强弱与方向的多元统计方法。这种方法，统计学家在 20 世纪 30 年代就曾提出，但真正推广应用则是近几年的事情。在进行典型相关分析时，习惯上将自变量组称为预测变量，而将因变量组称为标准变量，将用于测量典型相关的统计量称为典型相关系数。实际上，

---

① 这里（包括前面的相关分析）使用的数据是虚设的，是为了说明方法的使用，并不一定符合实际情况。

典型相关分析就是简单相关分析和复相关分析的进一步推广，因为当两个变量组均只有一个变量时，典型相关系数就成了双变量统计分析中的简单相关系数；同理，当典型相关中的两组变量中有一组变量只有一个变量时，典型相关便成了复相关。也就是说，简单相关和复相关都是典型相关的特例。

二、多元回归分析

多元回归分析是研究两个或两个以上自变量（X_1、$X_2 \cdots X_n$）和一个因变量（Y）之间的关系，并用自变量解释与预测因变量的多变量统计分析方法。在社会研究中，应用较多的是多元线性回归分析方法和 Logistic 回归分析方法等。

（1）多元线性回归分析，是多元回归分析方法中的基本形式，它的应用通常对数据有比较严格的要求。例如，它要求各自变量之间不能存在高度的线性相关性。此外，它还要求自变量和因变量均为定距（比）变量。如果自变量为定类或定序变量，则可将其转化为虚拟变量后再进行多元线性回归分析。由于在社会研究中，很多数据难以完全符合这些要求，因而多元线性回归分析方法的应用受到了很大的限制。

（2）Logistic 回归分析，是自变量为定距、定比变量（或虚拟变量），因变量为定类、定序变量条件下的多元回归分析方法。Logistic 回归分析方法的广泛运用，促进了社会定量研究的突破性发展。由于社会研究中的数据，很多时候是以定类与定序的属性数据形式出现的，采用多元线性回归分析存在诸多缺陷。Logistic 回归分析方法的出现，弥补了多元线性回归分析方法的局限，目前已经得到了广泛的使用。

三、多元方差分析

多元方差分析是对多个定类变量（自变量）与多个定距变量（因变量）之间关系进行研究的多元分析方法，其分析的统计原理与方法同一元方差分析相似，只是程序更加复杂。

四、因子分析

因子分析是一种从众多相关变量中抽取若干个共同因子，从而使复杂数据得以简化的多变量统计分析方法。被抽取的因子，称为公共因子。因子分析的作用主要表现在两个方面：其一，探索数据的基本结构和变量之间的关系。其二，用公共因子简化数据，以便于做进一步分析。

五、对数线性模型分析

对数线性模型分析，是在自变量和因变量都是定类或定序变量时，用以分析它们之间的相互关系的多元统计分析方法，它处理的是以交互分类表形式出现的定类或定序数据。

六、结构方程模型分析

结构方程模型分析，是一种用于建立、估计、检验因果关系模型的功能强大的多元统计分析方法，它把因子分析、回归分析、路径分析、方差分析等多种多变量统计分析方法有机地整合在一起，形成了一种思路新颖、用途广泛的综合性统计分析技术。

七、多层线性模型分析

多层线性模型分析，是专门用于对具有层次结构特性的数据进行多元分析的统计分析方法。这种方法在欧美的产生和发展已有了不短时间，目前国内不少社会研究采用了这一统计分析方法。

上面用非常简略的文字介绍了几种主要的多变量统计分析方法，其目的是让对社会统计学发展感兴趣的读者了解这方面的信息。对于要学习多元统计分析方法的读者来说，还必须参考和阅读其他相关的专门书籍。

本章要点

1. 统计分析就是运用统计学原理和方法处理调查所获得的数据资料，简化和描述数据资料，揭示变量之间的统计关系，并进而推断总体的一整套程序和方法。

2. 单变量统计分析，可分为集中量数分析和离散量数分析两大部分。单变量统计分析不仅可做描述统计，而且可做推断统计。

3. 双变量统计分析，是分析两个变量之间的关系，包括相关关系与因果关系。

4. 相关关系可分为不同类型：按照相关方向，可分为正相关和负相关；按照相关强度，可分为完全相关、不相关和不完全相关；按照相关形式，可分为线性相关和非线性相关。

5. 确定两个变量之间的因果关系必须同时满足三个条件：(1) 两变量间必须存在相关关系；(2) 必须确定自变量变化在前，因变量变化在后；(3) 必须确定变量 X 与 Y 之间的关系，不是由于第三个变量的存在而呈现出的一种虚假关系。

6. 双变量统计分析有各种各样的方法，选择双变量统计分析方法的基础是变量的测量层次。双变量统计分析同样可进行描述统计与推断统计。

基本概念

统计分析　描述统计　推断统计　参数估计　点值估计　区间估计　假设检验　零假设　备择假设　置信水平　置信区间　集中量数　离散量数　相关关系　因果关系　抽样分布　统计量　参数　消减误差比例（PRE）　方差　标准差

思考与练习

1. 如何认识统计分析在社会研究中的作用？

2. 某城市 2022 年有大学生 106.95 万人，从中抽取 2 000 人进行烟瘾调查，在调查问卷中提问："在过去一周中，你每天至少吸一包烟的天数有多少？"

（1）在以上叙述中，什么是总体，什么是样本？

（2）经统计分析发现，回答 0 天的学生占 89%，它是一个参数还是一个统计量？为什么？

3. 假如你获得了一份人口普查的总体数据，你会如何进行统计分析？解释为什么你只需要进行描述统计，而不需要进行推断统计。

4. 2020 年中国综合社会调查（CGSS）问道："您上一周是否为了取得收入而从事一小时以上的劳动？"在 11 764 个受访者中，有 6 751 人回答"是"，请证明回答"是"的总体比例 95%的置信区间为 [0.56，0.58]。

5. 以下假设是零假设还是备择假设？说明这些假设的参数符号和参数值。

（1）在大学中，谈恋爱的学生比例为 0.37。

（2）目前所有在校大学生的饮酒比例小于 10 年前的 0.31。

（3）某大学在校男生的平均身高大于 172cm。

6. 一项调查显示，成年男性的吸烟和饮酒状况如下表。请根据表中结果对吸烟和饮酒两变量之间的关系进行 χ^2 检验。

成年男性吸烟、饮酒状况 单位：人

		饮酒		合计
		否	是	
吸烟	否	387	381	768
	是	290	806	1 096
合计		677	1 187	1 864

7. 一项关于居民幸福感的调查的数据分析结果显示，幸福感（不太幸福、一般、比较幸福）和收入（低于平均数、等于平均数、高于平均数）之间的 Gamma 系数为 0.45，请解释。

8. 某年度一项涉及 63 个国家的预期寿命研究结果表明，预期寿命（Y）与人均国内生产总值（X）的预测方程为 $Y=-10.65+0.16X$。其中预期寿命的范围为 54 岁（海地）至 79 岁（加拿大），人均国内生产总值的取值范围为 0.037 万美元（塔吉克斯坦）至 4 万美元（瑞士）。

（1）解释 Y 的截距和斜率。

（2）求海地和加拿大的预期寿命预测值。

（3）相关系数为 0.72，请解释。

9. 简述因果关系的三个条件。对每一个条件，描述两个变量之间因为违背这些条件

而没有因果关系的情况。

推荐阅读书目

1. 李沛良．社会研究的统计应用．北京：社会科学文献出版社，2002.
2. 萨尔金德．爱上统计学．重庆：重庆大学出版社，2008.
3. 孙凤．社会统计学．北京：中国人民大学出版社，2021.
4. 穆尔，诺茨．统计学的世界．北京：中信出版社，2017.

知识点

高尔顿与回归方程的起源

困难与对策

理解抽样分布

第十五章
思维加工

思维加工是在调查资料基础上形成调查报告的思维过程，是从感性认识上升到理性认识的关键步骤，是研究阶段的中心环节。

第一节　思维加工概述

一、什么是思维加工

思维有广义和狭义之分。广义的思维，相对于存在而言，是指意识、精神；狭义的思维，相对于感性认识而言，是指理性认识或理性认识过程，即思考或思考过程，是认识的高级形式。思维加工中的思维，是就狭义而言的，它贯穿于社会调查全过程。例如，调查课题的选择、调查方案的设计、调查方法的采用、调查资料的整理、调查报告的撰写等，都离不开人脑的思维。

研究阶段的思维，是指调查研究者对整理后的调查资料进行分析、研究、概括、判断、推理等加工的过程，简称"思维加工"。一般地说，思维加工有五大要素：(1) 思维主体，即调查研究者；(2) 思维对象，即整理、统计分析后的问卷、数据、文字资料等；(3) 思维工具，即语言、文字、符号、表格等思维的物质外壳；(4) 思维方法，即思维活动的规则、途径、手段或办法；(5) 思维目的，即在理论上、实践上得出结论。

简而言之，所谓思维加工，就是调查研究者运用语言等思维工具和科学的思维方法，对整理、统计分析后的问卷、数据、文字资料等进行研究并得出结论的思维过程。

二、思维加工的任务

在研究阶段，思维加工的主要任务包括以下几种。

(一) 概括调查对象的真实情况

整理、统计分析后的问卷、数据、文字资料，往往内容繁多、数量较大、精粗相伴、层次混杂。只有运用比较和分类、分析和综合等思维方法进行加工，才能去伪存真、去粗取精，概括出调查对象的真实情况。可以说，以系统、简明的方式概括反映调查对象的真实情况，是思维加工的首要任务。

（二）分析有关现象的因果关系

要深入认识调查对象，必须把握有关现象之间的因果关系。社会调查的目的，不仅是了解调查对象的真实情况，而且是分析各种社会现象的原因。因此，对整理、统计分析后的问卷、数据、文字资料进行由此及彼、由表及里的分析，弄清楚造成各种社会现象的内部和外部原因，是思维加工的又一重要任务。

（三）揭示有关事物的本质及发展规律

调查资料所反映的社会现象总是个别的、特殊的，总带有某些偶然性。本质和规律则不同，它是同类事物中具有普遍性、可重复性和相对稳定性的东西。思维加工的另一重要任务，就是从个别的、特殊的社会现象中抽象、概括出一般性、普遍性和相对稳定性的认识，从而揭示出有关事物的本质及发展规律。

（四）证实或证伪、补充或修改原来的研究假设

科学的社会调查，总是以一定的研究假设为指导的。社会调查的目的，就是证实或证伪这些研究假设，或是补充、修改这些研究假设。因此，思维加工的又一重要任务，就是以调查资料为依据，运用各种思维方法来证实、证伪、补充、修改原来的研究假设。

（五）做出理性判断或得出结论

对调查资料进行思维加工，概括调查对象的真实情况，分析有关现象的因果关系，揭示有关事物的本质及发展规律，证实或证伪、补充或修改原来的研究假设，都是为了对社会调查做出某种理性判断或得出结论。可以说，通常反映在调查报告中的这种理性判断或结论，是思维加工成果的最集中的体现。

（六）提出促进工作的对策性建议

对于学术性调查课题来说，只要对调查结果做出某种理性判断或得出结论，就算完成了思维加工的任务。对于应用性调查课题来说，它不仅需要做出理性判断或得出结论，而且需要提出针对实际工作的具体建议。因此，对于应用性调查课题来说，只有提出了促进实际工作的对策性建议，才能算是全部完成了思维加工的任务。

三、思维加工的方法

思维加工的方法——思维方法，是指思维的规则、途径、手段或办法。思维方法有两方面特征：一方面，它的内容是客观的，是人们依据事物客观规律而形成的思维规则。事物客观规律是形成思维方法的现实基础。另一方面，它的形式是主观的。事物的客观

规律只有内化入人的头脑，转化为思维活动的规则，才能成为思维方法。由于人们对事物客观规律的认知程度不同、认知目的不同、主观创造能力不同，因而不同人的思维方法往往具有不同特点，带有一定主观色彩。这就是说，思维方法是客观与主观的统一，是人们认识客观事物必须遵守的规则、途径、手段或办法。

在社会调查中经常使用的思维方法，大都属于哲学思维方法和一般科学思维方法，其中主要的是比较法和分类法、分析法和综合法、矛盾分析法、因果分析法、系统分析法以及结构-功能分析法。

第二节　比较法和分类法

人们认识事物总是从区分事物开始的。要区分事物，就要比较和分类。因此，比较法和分类法是人们认识事物的两种基本思维方法。

一、比较法

比较法，是把两个或两个以上的事物或现象放在一起考察和分析，以检视和把握它们之间所具有的相同、相似或相异的属性和特征的思维方法。世界上的一切事物都有相异点和相同点。如人的指纹，全世界几十亿人的指纹都由不同花纹组成，它们的长短、粗细、凸凹程度和形状各不相同。但是，千差万别的指纹又分为“弓”“箕”“斗”三种基本类型，而且终身不变。这说明，世界上既没有绝对相异的事物，也没有绝对相同的事物。事物之间的差异性和共同性，是比较法的客观基础。

（一）比较法的构成要素

比较法一般由三个基本要素构成：

（1）比较的客体，即我们选择加以比较的对象。选择比较客体的主要参考有两个。一是可比性，即所选客体是可以拿来比较的，或比较是有意义的。二是针对性，即选择什么比较客体，必须针对我们的认识目的。

（2）比较的维度，就是从哪个角度来对这些事物加以比较。选择什么来作为比较的维度，关键是看研究所要达到的认识目的。在一般情况下，研究者可以选择的比较维度有两种：一是模式，二是案例。模式是一种综合性的要素，由多个方面构成。模式与类型有一定关系，但要比类型更含糊。例如，在比较经济学以及比较社会学中，比较研究通常会选择模式（如治理体系、经济体制及文化模式）来加以比较，这种比较可以在较为广泛的范围和笼统的层面进行，对于从宏观层面理解制度的结构及变迁规律有积极意义。而管理学和心理学的比较研究，则常常会选择案例或个体加以比较，这样便于比较和分辨出不同管理经验或个性的具体特征。

（3）对比和分析，即以比较维度为标准，将比较客体加以对比，分析它们之间的异同，并对它们在相关方面的属性做出某种判断，如孰优孰劣等。分析比较是对不同事物的结构要素加以分析和比较，总结和概括出不同事物间具体要素的相似性和关联性。分析比较更加细致深入，不仅可以辨别异同，也能揭示差异的原因。

比较，有多种方法，如质量比较、数量比较、横向比较、纵向比较、内容比较、形式比较、结构比较、功能比较、类型比较、历史比较、理论与事实比较等等。采用哪种比较法，取决于人们研究的需要。其中，常用的比较法有以下几种。

（二）横向比较法

从时空角度看，比较的方式可分为纵向比较和横向比较。横向比较法是根据同一标准在同一时间对不同空间中的认识对象进行比较的思维方法。它可以是同类事物之间的比较，也可以是不同类事物之间的比较；可以是同一事物不同方面之间的比较，也可以是同一事物不同部分之间的比较。横向比较法，是在质或量上区分不同认识对象的思维方法。离开了它，人们就无法把千差万别的客观事物区别开来。

类型比较，就是同类事物之间的横向比较。类型比较在逻辑上的运用，就是类比推理。所谓类比推理，就是根据两类事物的某些相异或相同属性，推断出它们在其他方面也有相异或相同属性的推理形式。

（三）纵向比较法

纵向比较法是对同一认识对象在不同时间的相异点或相同点进行比较的思维方法。它可以是同一事物不同时点或时期之间的比较，也可以是同一事物不同发展阶段之间的比较。纵向比较法是揭示认识对象不同时点或时期、不同阶段特点及变化发展趋势的思维方法。离开了它，人们就无法把千变万化的客观事物区别开来。

历史比较，就是不同时期之间的纵向比较。所谓历史，其本义是过去的事实，或对过去事实的记载。历史比较法，就是对认识对象不同时期的特点进行比较的思维方法。历史比较分析主要有三个方面的内容：第一，探究社会历史现象的起源，如恩格斯的《家庭、私有制和国家的起源》一书，就是通过历史比较分析，来探寻家庭、私有制和国家的起源问题。第二，分析和揭示社会历史现象的本质和特征，如汤普森在《英国工人阶级的形成》一书中，对工业革命时期英国工人的工资、物价、生活水平、劳动条件和劳动纪律、宗教与道德、休闲与娱乐、妇女与儿童、工会与互助会组织等等进行了历史比较分析，以揭示阶级和阶级意识的本质及特征。第三，寻找和发现因果关系，例如，韦伯运用历史比较分析寻找西欧的宗教改革，特别是新教伦理与资本主义之间的因果关系。

在历史比较法中，较为常用的分析比较方法主要有对比分析法和理想类型分析法。对比分析是指在分类的基础上对某类现象或事件在不同阶段的表现和特征进行对比，并由此推论出现象产生的原因和变化规律。理想类型分析是由韦伯创立的。理想类型是一种分析概念或逻辑工具，理想类型分析是在实际存在的类别之中，先选择出一种“典型的”类别，然后对它进行概念性的“纯粹类型”的构造。这就是说，从发生学上分析，“理想类型”是源于经验性存在的“类别”。但从形成的结果上看，它是远离了观察基础的，是以逻辑推演为基础的，通过抽象思维把现实典型的类别“加工改造”为只有在思维中才存在的“纯粹的类别”，如“资本主义精神”“新教伦理”“科层制”“理性”等。对理想类型的分析，主要包括比较不同理想类型的本质特征，分析不同理想类型之间的结构关系，并根据结构一致性的原则来理解和解释事物或现象的原因。

（四）理论与事实比较法

它是对某种理论观点与客观事实进行比较的思维方法。在社会调查中，人们除了在客观事实之间进行比较外，还必须将研究假设、理论观点与客观事实进行比较，看看研究假设、理论观点是否符合客观事实。理论与事实的比较过程，实质上就是用客观事实检验研究假设、完善研究假设，检验理论、发展理论的过程。爱因斯坦指出：“知识不能单从经验中得出，而只能从理智的发明同观察到的事实两者的比较中得出。”① 理论与事实比较法，实质上就是检验、完善研究假设，检验、发展理论的思维方法。

运用比较法认识客观事物，必须注意以下几个问题：

（1）有统一、科学的比较标准。因为，没有统一的标准，就无法比较；没有科学的标准，就不能正确比较。例如，斤不可与尺比，人不可与畜比，物质生产和精神生产也不能简单用利润指标来比较，否则就会得出错误结论。

（2）重视本质比较。黑格尔说：假如一个人能见出显而易见之异，如能区别一支笔与一头骆驼，我们不会说这人有了不起的聪明；一个人能比较两个近似的东西，如橡树与槐树，或寺院与教堂，而知其相似，我们也不能说他有很高的比较能力。“我们所要求的，是要能看出异中之同，或同中之异。”② 在社会调查中，要特别注意表面差异极大的事物之间的共同本质，或表面极为相似的事物之间的本质差异。例如，“民生日益改善”“不满日益增多”，这两种现象表面差异极大，但本质上可能都是经济发展、政治宽松、社会进步的结果。又如，同样是富裕家庭，有的是勤劳致富，有的是“为富不仁”，它们之间存在着本质差别。社会调查中的比较，要特别注意发现这样一些异中之同或同中之异。

（3）必须不断提高和深化比较的内容。例如，对不同社区的比较，应该从地理环境、区位条件等浅层次比较，逐步提高、深入到内在结构、制度设置、运行机制、文化积淀等深层次比较。对不同人员的比较，应该从性别、年龄、籍贯、文化程度等浅层次比较，逐步提高、深入到知识结构、理论水平、实践经验，直至人生观、价值观、世界观等深层次比较。只有这样，才能逐步认识社会现象的本质及发展规律。

比较法是区分不同认识对象、发现客观事物的变化发展趋势、检验研究假设和发展理论的思维方法，在社会调查中有广泛用途。但是，比较法有它自身的局限性。列宁指出：“任何比喻都是有缺陷的……任何比喻都只是拿相比事物或概念的一个方面或几个方面相比，暂时和有条件地撇开其他方面。”③ 这就是说，任何比较都有一定的片面性。

---

① 爱因斯坦．爱因斯坦文集：第1卷．北京：商务印书馆，1976：278.

② 黑格尔．小逻辑．北京：生活·读书·新知三联书店，1954：262.

③ 列宁．列宁全集：第10卷．2版．北京：人民出版社，1987：336.

二、分类法

（一）什么是分类法

分类法，是指根据认识对象的差异点或共同点，将相异事物区分为不同类别，将相同事物归并为一类的思维方法。分类与比较有密切联系。一方面，人们认识客观事物往往从比较开始，即先通过比较识别事物之间的差异点或共同点，然后根据差异点把不同事物区分开来，根据共同点把相同事物归并到一起，这样就将事物区分成了不同类别。从这个意义上说，比较是分类的前提，分类是比较的结果。另一方面，只有对事物做了科学分类，对它们进行了全面、深入比较，才能更好地认识不同类别事物的本质及特点。从这个意义上说，分类又是比较的前提，比较则是分类的结果。这说明，比较与分类之间存在着互为前提、互为因果的关系。事物之间的差异性和共同性，是比较法和分类法共同的客观基础。

（二）分类的核心问题

分类有三个要素，即分类的母项、分类的子项和分类根据。分类有两个核心问题：

一是分类标准问题。分类的标准通常代表事物的一种属性或特征，也在一定程度上概括了事物的某种规律。例如，涂尔干把自杀现象分为利己主义、利他主义、宿命论和失范的自杀四种类型。这一分类的标准是自杀动因中的社会团结程度，即从社会团结的理论视角来分析和解释自杀现象，把自杀现象与个人的社会关系或社会团结程度关联起来。在分类标准的确立问题上，需要遵循两条原则：一是针对性原则，即分类标准的确立能有效揭示和有助于分析事物或研究对象的重要特征；二是合理性原则，即按照标准进行的分类较为符合事物或研究对象的特征和规律。①

二是分类名称问题。分类标准是确保分类一致性和连贯性的基础，也是事物或现象某一重要特征和规律的反映。分类名称则是对事物特征的总结和概括，对不同类别的命名，本身就是将复杂现象加以简化的方式。一个类别名称既要能包括该类别所指的全部事物，又要能反映该类别事物的某种重要特征。譬如，将社会组织分为“正式组织”与“非正式组织”，类别名称中的“正式”和“非正式”实际上就概括了该类别的一些基本特征。

（三）分类的类型与步骤

科学合理地运用分类法，必须严格遵循分类的类型与步骤，使分类构成完整的逻辑系统。

客观事物都是现象和本质的统一。因此，分类也有两种基本类型，即现象分类和本质分类。现象分类是指根据事物外部标志或外部联系分类。例如，根据人口的性别、年

---

① 陆益龙．定性社会研究方法．北京：商务印书馆，2011：167.

龄分类，根据企业的规模、所在地分类，等等，都属于现象分类。本质分类则是根据事物本质特征或内部联系分类。例如，根据人口的经济地位、政治态度和意识形态等社会属性分类，根据企业的所有制和经营模式分类，等等，则属于本质分类。由于人们对客观事物的认识，是从现象到本质、从不甚深刻的本质到更深刻的本质的无限发展过程，因此，对客观事物的分类也是一个从现象分类到本质分类、从不甚深刻的本质分类到更深刻的本质分类的不断发展过程。任何把某种分类绝对化、凝固化的做法，都是不正确的。现象分类依据的是事物固有的类型，即在事物或现象的构成中，自然具有的类型性特征。譬如，自然及社会世界中的“黑-白”“前-后”“上-下”等，这些相对应范畴既是事物的固有结构特征，又是对事物的分类方式。本质分类属于建构性类型。所谓建构性类型，是指人们根据理论建构或理论解释的需要，而对社会事物或现象的本质进行类型划分。建构性类型是根据对社会现象的认识，按照一定理论演绎逻辑来确立划分规则，同时建构性类型又能与客观事物的特征相吻合。就像费孝通将土地产权分为“田面权”和“田底权”那样，既提供了权利结构分析的理论视角，同时又能简洁地概括出现实的基本特征。

就分类步骤而言，一般有两种分类方式：一是自上而下的分类，二是自下而上的分类。所谓自上而下的分类，是指从所要加以分类的事物或现象的总体开始，按照不同的分类标准将其所包含元素逐层、逐级地进行分类。所谓自下而上的分类，是指从具有相同属性或特征的个体开始，将它们归纳成不同类别，然后逐步概括类别间的共性并形成另一种类别系统。

（四）分类的逻辑规则

1. 分类的根据必须同一

分类必须按照同一根据，而不能对一部分子项采用一种根据，对另一部分子项采用另一种根据，否则就会犯“分类根据不同一”的错误。例如，把工业分为重工业、轻工业、乡镇工业，就犯了“分类根据不同一”的错误。因为对重工业、轻工业两个子项采用的是一种分类根据，即产品性质和用途；对乡镇工业这个子项采用的是另一种分类根据，即企业所在地和所有制。“分类根据不同”，分类结果就必然产生混乱。

2. 分类的子项必须互不相容

分类各个子项之间必须是全异关系，否则就会犯“子项相容”的错误。例如，把小城镇居民的职业分为工人、农民、机关干部、个体户、党政企事业单位负责人、专业技术人员、办事人员、商业服务业人员等几类，就犯了“子项相容”的错误。因为机关干部与党政企事业单位负责人、专业技术人员、办事人员往往相交叉，个体户与商业服务业人员往往相重叠。这样，这几个子项就形成了相容关系。

3. 分类的子项之和必须等于母项

分类的子项之和必须等于母项而不能小于或大于母项，否则就犯了“子项不全”或“子项过多”的错误。例如，把直系亲属分为父母和子女两项，就犯了“子项不全”的错误，因为它漏掉了配偶这个子项。如果把直系亲属分为父母、子女、配偶、兄弟姐妹四项，就犯了“子项过多”的错误，因为兄弟姐妹一般不属于直系亲属的子项。如果一个母项包含的子项过多，就可列出一些主要子项，然后用一个“其他”项来包含剩余的子项。这样，既可使分类简明，又可满足“分类的子项之和必须等于母项”的要求。

4. 分类必须按一定层次逐级进行

分类必须按一定层次逐级进行而不能混淆层次，否则就犯了“越级分类”的错误。例如，把劳动者直接分为非农业劳动者、种植业劳动者、林业劳动者、畜牧业劳动者、渔业劳动者，就混淆了层次界限，模糊了种属关系，犯了“越级分类”的错误。因为，对于劳动者这个母项来说，非农业劳动者和农业劳动者才是两个同层次的子项，而种植业劳动者、林业劳动者、畜牧业劳动者、渔业劳动者，则是农业劳动者这个母项的子项。如果“越级分类”，把它们混杂在一起，就会造成分类的混乱。

总之，科学分类可以揭示事物的内部结构和比例关系，有时还具有科学预见的作用。但是，分类法只能静态反映事物的现状，而不能动态揭示事物变化发展的规律。

第三节　分析法和综合法

人们认识事物离不开比较和分类，也离不开分析和综合。与比较法和分类法一样，分析法和综合法也是人们认识事物的两种基本思维方法。

一、分析法

分析法，是指在思维中把客观事物分解为各个要素、部分、方面，然后逐个分别加以考察的思维方法。分析法一般包括两个步骤：（1）分解，即把客观事物分解为各个要素、部分或方面；（2）分别考察，即对分解后的各个要素、部分、方面分别加以考察或研究。

思维方法中的分析法，起源于实践中的动作分析。原始人类在生活实践中逐渐懂得了要吃带果壳的果子的果肉必须先去掉果壳，并吐出果核。这样，吃果子的过程，实际上就被分解为剥果壳—吃果肉—吐果核等一系列动作。经过无数次反复实践，人们逐渐从分解动作中学会了在思维中分解事物的方法——分析法，从而大大提高了人类的认识能力。

分析法是人们认识客观事物的一种重要思维方法。因为，客观事物是由各个部分组成的统一整体。当客观事物以感性整体形式呈现在人们面前时，人们对它的认识总是直观、笼统、粗浅的。但是，当人们用分析法把客观事物分解为各个部分并分别对各个部分加以考察之后，特别是在找出构成事物的基础部分或本质方面之后，人们对客观事物的认识就大大前进了一步。分析过程，是思维运动从整体到部分、从复杂到简单的过程。在分别考察各个部分的基础上，分析法能够找出构成事物的基础部分或本质方面，因而它是一种较为深刻的思维方法。

运用分析法认识客观事物，应该注意几个问题：

（1）分析应该是客观的，即应该按照客观事物本来的组成状况去分解事物，而不能主观任意地分解客观事物。

（2）分析应该是多方面的，既应从质上分解事物的各种属性，又应从量上分解事物的各种数量特征；既应从空间上分解事物的各个组成部分，又应从时间上分解事物发展的各个阶段。究竟从哪些方面分解事物，则应根据研究任务的客观需要而定。

（3）分析应该是多层次的，即在把客观事物分解为各个组成部分之后，对各个组成部分又可做深一个层次的分解和考察。从理论上讲，分析的层次是无限的。在实际工作中，应该根据研究的主客观需要和可能，选择适当的分析层次。

（4）分析应该是深入的，即对客观事物的分析应该深入，应该把基础的、本质的部分与非基础的、非本质的部分区分开来，并着重分析基础的、本质的部分。分析法之所以是一种较为深刻的思维方法，就在于它能够而且应该深入事物的本质。

分析的具体方法多种多样。目前，人们常用的分析方法有：定性分析、定量分析、矛盾分析、因果分析、系统分析、结构分析、功能分析、信息分析、模式分析等等。随着人类实践和科学认识的发展，分析的具体方法还在不断增加。

二、综合法

综合法，是指在思维中把对客观事物各个要素、部分、方面分别考察后的认识联结起来，然后从整体上加以考察的思维方法。综合法一般包括两个步骤：（1）联结，即把分解、考察客观事物各个要素、部分、方面所得到的认识联结起来；（2）整体考察，即把客观事物的各个要素、部分、方面及其相互关系综合起来作为一个整体加以考察或研究。

与分析法一样，综合法也是人们认识客观事物的一种重要思维方法。因为，任何客观事物都是由各个要素、部分、方面构成的统一整体。要完整地认识事物，就必须在分析基础上加以综合。例如，要正确认识一个村，就必须在分析它的地理环境、区位条件、历史变迁、人口状况、风土人情，以及经济、政治、文化、社会等方面状况的基础上进行综合，才能形成整体性判断。这说明，分析不是目的，而只是深入认识事物的手段。只有在分析的基础上通过综合形成对客观事物的整体认识，才能达到思维加工的目的。分析过程是思维运动从整体到部分、从复杂到简单的过程，与此相反，综合过程则是思维运动由部分到整体、由简单到复杂的过程。综合法与分析法相对应，也是一种较为深刻的思维方法。事物的可分割性和整体性，是分析法和综合法共同的客观基础。

运用综合法认识客观事物，应该注意几个问题：

（1）综合应该是客观的、求实的，而不是幻想的、虚构的。

恩格斯指出：思维“只能把这样一些意识的要素综合为一个统一体，在这些意识的要素中或者在它们的现实原型中，这个统一体**以前**就已经**存在**了。如果我把鞋刷子综合在哺乳动物的统一体中，那它决不会因此就长出乳腺来”①。只有现实原型中已经存在的要素，才能被科学地综合。

① 马克思，恩格斯．马克思恩格斯选集：第 3 卷．3 版．北京：人民出版社，2012：417.

（2）综合应该是全面的、有机的，而不是片面的、机械的。

例如，对企业的综合，不仅要看产值、产量，以及厂房、设备等硬件要素，而且要看产权制度、管理体制、运行机制，特别是领导素质、人员结构、创新能力等软件要素。只有这种全面、有机的综合，才能科学说明为什么有的企业能蓬勃发展，有的企业却逐渐衰落。

（3）综合应该是内在的、本质的，而不是外在的、现象的。

例如，对于一个人的综合，不仅要看性别、年龄、民族、脸型、身材、穿着打扮、举止神态等外部现象，而且要看社会职业、实践经历、经济状况、政治面貌、文化素养、道德品质、学识才干等内在本质。只有这种兼顾内在本质与外部现象的综合，才能正确揭示出人的社会本质。

三、分析与综合的统一

分析法，是把客观事物分解为各个部分并分别加以考察的思维方法；综合法，是把客观事物各个部分联结起来加以考察的思维方法。分析法与综合法的思维过程、方法是相反的、相对立的，但是，它们又是相互联系、相互统一的。它们之间的联系、统一表现在以下几个方面。

（一）分析和综合互相依赖、互为前提

一方面，分析是综合的基础或前提，没有分析就没有综合。另一方面，综合是分析的前导和完成，没有综合就没有分析，就不能达到分析的目的，因为分析总是在一定的整体观念指导下进行的。例如，分析人的本质，如果没有关于人的整体知识，提不出有哪些本质方面，就无法分析。尽管分析前的整体知识与在分析基础上形成的综合知识，在深度和广度上有质的区别，但不管怎样，分析都必须以一定的综合知识为前导是肯定无疑的。同时，分析是为了正确认识客观事物。如果不综合，就无法形成对客观事物的整体认识，就无法达到分析的目的。

（二）分析和综合互相渗透、互相转化

一方面，分析中包含综合——模糊的、粗浅的综合，同时任何分析都是为了更深刻地认识事物，最终都会转化为综合。因此，综合不仅渗透于分析之中，而且是分析的完成和归宿。另一方面，综合中包含分析——作为综合的基础或前提的分析，而且每一个综合的认识，都既是前一阶段分析的终点，又是后一阶段分析的起点。例如，对一个领导干部的考察，在分析其德、能、勤、绩、廉等方面表现的基础上得出的综合性结论，既是对他前一阶段分析、考察的终点，又是对他后一阶段分析、考察的起点。人的认识就是在分析—综合—再分析—再综合的过程中不断深化和提高的。

这一切都说明，分析法和综合法是对立的统一，是辩证的思维方法。列宁把“分析和综合的结合，——各个部分的分解和所有这些部分的总和、总计”[①] 确定为唯物辩证法

---

① 列宁．列宁全集：第55卷．2版．北京：人民出版社，1990：191.

的一个基本要素，是完全正确的。

第四节　矛盾分析法

矛盾分析法，是指运用矛盾规律（即对立统一规律）分析社会现象的思维方法。对立统一规律是唯物辩证法的实质和核心。矛盾分析法的内容非常丰富，其中最主要的是分析事物内部的对立和统一、揭示事物发展的内因和外因、认识矛盾的普遍性和特殊性。

一、分析事物内部的对立和统一

唯物辩证法认为，事物内部或事物之间都包含着矛盾，对立和统一是矛盾固有的两种基本属性或基本关系。矛盾的对立属性又称斗争性，是指矛盾对立面之间的相互排斥和相互否定。矛盾的统一属性又称同一性，是指矛盾对立面之间的相互依赖和相互贯通（相互包含、相互转化）。斗争性和同一性，是矛盾的两种相反属性，但是，它们又相互联系、不可分割。对立是统一中的对立，统一是对立中的统一。所谓矛盾关系，就是对立统一关系。

社会生活中充满了各种各样的矛盾，要正确认识社会现象就必须运用对立统一分析方法。通俗地说，就是要坚持“两点论”“两分法”。在社会调查中，对任何社会现象都要用一分为二的观点去分析。既要看到肯定的一面，又要看到否定的一面；既要看到当前的现实状况，又要看到今后的发展趋势；既要看到不同方面之间的对立，又要看到不同方面之间的统一；既要在对立中把握统一，又要在统一中把握对立。要做到这一点，就必须反对“一点论”、片面性和绝对化。决不可片面肯定一切，也不可片面否定一切；决不可把统一绝对化，也不可把对立绝对化。只有这样，才能揭示事物内在矛盾，才能正确认识社会现象及其本质。

必须指出，客观事物内在矛盾的两个方面，不是“半斤八两”、绝对平衡的，其中必有一个方面居于主导地位。因此，坚持“两点论”“两分法”，必须与坚持“重点论”相结合，必须在坚持“两点论”“两分法”的基础上，着重分析、把握居于主导地位的方面或属性。

二、揭示事物发展的内因和外因

唯物辩证法认为，矛盾同一性是有条件的、相对的，矛盾斗争性是无条件的、绝对的。“有条件的相对的同一性和无条件的绝对的斗争性相结合，构成了一切事物的矛盾运动。”[①] 事物的运动和变化，主要是由事物内部矛盾引起的，但也受外部矛盾影响。内部

---

① 毛泽东．毛泽东著作选读：上册．北京：人民出版社，1986：175.

矛盾是事物变化的内因，外部矛盾是事物变化的外因。内因和外因在事物发展中的地位和作用是不同的，“外因是变化的条件，内因是变化的根据，外因通过内因而起作用”①。揭示社会现象发展的内因、外因及其相互转化的关系，是正确认识社会现象发展源泉或动力的根本方法。

运用内因和外因辩证关系原理分析社会现象，必须做到以下几点：第一，要分析社会现象变化的内部原因，认识该社会现象存在和发展的客观基础。第二，要分析社会现象变化的外部原因，认识该社会现象存在和发展的外部条件。第三，要研究内因和外因在一定条件下的相互转化，认识该社会现象内在要素与外在环境之间的相互联系和相互影响。例如，要正确认识一个企业的成功经验，首先，要分析企业的内在要素，特别是领导者素质、管理体制、运行机制、科技创新力等关键要素的状况；其次，要分析企业所处的外部环境，包括自然环境、社会环境和市场环境等状况；最后，要研究企业与外部环境之间的相互联系和相互影响，特别是要研究如何把外部有利条件转化为企业内在发展优势，如何化解、弱化外部不利条件对企业的影响，等等。那些通过接受外援、改善外部环境增强竞争能力而获得成功的企业，就是外因转化为内因的实例。

应该指出，内因和外因的划分是相对的、可以互相转化的。在考察单一社会现象时，该社会现象的内部矛盾是内因，该社会现象与其他社会现象的矛盾是外因。但是，如果把上述两种社会现象作为一个对象来研究，它们之间的矛盾又成了内因。例如，如果把村委会干部作为研究对象，那么村委会干部之间的矛盾是内部矛盾，村委会干部与村民之间的矛盾是外部矛盾。但是，如果把整个村委会作为研究对象，那么村委会干部与村民之间的矛盾就变成了内部矛盾，村委会与乡镇政府、与其他部门之间的矛盾则成为外部矛盾。

三、认识矛盾的普遍性和特殊性

唯物辩证法认为，矛盾既具有普遍性，又具有特殊性。矛盾的普遍性，是指矛盾的共性、矛盾存在的绝对性。每一事物的发展过程都存在着自始至终的矛盾运动。矛盾的特殊性，是指矛盾的个性、矛盾存在的相对性。矛盾的特殊性表现为物质运动形式的特殊性、矛盾发展不同过程及不同阶段的特殊性、矛盾系统中各种矛盾以及同一矛盾两个方面地位和作用的特殊性、矛盾斗争形式的特殊性等等。矛盾普遍性和特殊性的区别是相对的，在一定条件下是可以相互转化的。矛盾普遍性和特殊性的关系，就是矛盾共性和个性、绝对性和相对性的关系。任何事物都是共性和个性、绝对性和相对性的统一。

在社会调查中，运用上述原理分析社会现象应该把握几个要点。

（一）矛盾具有普遍性

矛盾无处不在，无时不在。因此，要正确认识社会现象，就必须按照实际情况分析社会现象的内在矛盾及其发展变化。必须明确，没有什么社会现象是不包含矛盾的，也

---

① 毛泽东．毛泽东著作选读：上册．北京：人民出版社，1986：141.

没有什么时候是不存在矛盾的。任何社会现象、任何时候，都只存在矛盾差异问题，而不存在矛盾有无问题。差异就是矛盾。没有矛盾就没有世界。

（二）矛盾具有特殊性

矛盾总是具体的、有条件的。因此，在肯定矛盾的普遍性的前提下，应该着重分析矛盾的特殊性。一般地说，分析社会矛盾特殊性应注意以下几个方面：(1) 分析社会现象性质的特殊性，它是一个社会现象与其他社会现象相互区别的客观依据。(2) 分析社会现象发展过程的特殊性，它是同一社会现象在不同发展过程中相互区别的客观依据。(3) 分析社会现象发展阶段的特殊性，它是同一社会现象发展过程在不同阶段相互区别的客观依据。(4) 在由多种社会矛盾构成的社会矛盾系统中，分析各个社会矛盾所占地位和所起作用的特殊性，它是社会基本矛盾和非基本矛盾、社会主要矛盾和非主要矛盾相互区别的客观依据。(5) 在一个社会矛盾统一体中，分析矛盾各个方面所占地位和所起作用的特殊性，它是主要矛盾方面和非主要矛盾方面相互区别的客观依据。(6) 分析社会矛盾斗争形式和解决办法的特殊性，它是社会矛盾性质特殊性的必然表现和客观要求，也是认识社会矛盾特殊性的目的和落脚点。总之，分析社会矛盾的特殊性越具体越好。一切以时间、地点、条件为转移，具体问题具体分析，是矛盾分析法的基本内容和根本要求。

（三）矛盾普遍性和特殊性的辩证统一

个性包含共性，共性寓于个性之中，个性与共性是相互联系的。因此，要深刻认识社会现象及其本质，就必须把共性和个性有机统一起来，把普遍原理与各地实际情况有机统一起来，按照“实践—认识—再实践—再认识”，以及“个别——一般—个别”的认识秩序，循环往复，不断深化。只有这样，才能逐渐把普遍原理与具体实践结合起来，才能达到正确认识社会现象及其本质的目的。

总之，矛盾分析法是唯物辩证法的根本方法，其内容博大精深，极为丰富。但是，从社会调查实际应用角度看，可以把矛盾分析法简要地归纳为：一分为二分析法、内因外因分析法、具体问题具体分析法、普遍原理与具体实践相结合分析法。

第五节　因果分析法

因果分析法，是探求事物或现象之间因果联系的思维方法。形式逻辑和唯物辩证法是研究因果联系的有效方法。

一、形式逻辑的因果分析法

因果联系的重要特点是，原因在先，结果在后，而没有相反情况。根据这一特点，

19 世纪英国逻辑学家穆勒提出了著名的探索因果联系的归纳方法——穆勒五法，即求同法、求异法、求同求异并用法、共变法和剩余法。

（一）求同法（即契合法）

求同法，就是通过对不同个案的比较分析，寻找它们之间的相同因素和特征。通常的做法是，在研究某一社会现象（X）的原因时，如果该社会现象分别在几种不同场合出现，在每个场合的先行情况中只有一种情况（A）相同，其他情况都不相同，那么，这一相同情况（A）就可能是被研究社会现象（X）的原因。求同法的形式是：

场合	先行情况	被研究社会现象
1	A、B、C	X
2	A、D、E	X
3	A、F、G	X
所以，	A 可能是	X 的原因

求同法的特点是异中求同，其结论只具有或然性。

（二）求异法（即差异法）

首先比较不同对象之间有什么不同的特征，尤其是要找出它们之间突出的差异。然后，继续比较分析各个个案不同的要素或在其他方面的不同特征。通过对对象之间差异性的比较分析，达到对不同对象的模式或规律差异及其构成的认识。通常的做法是，在研究某一社会现象（X）的原因时，如果该社会现象在一种场合出现，在另一种场合不出现，在两种场合的先行情况中只有一种情况（A）不同，其他情况基本相同，那么，这一不同情况（A）就可能是被研究社会现象（X）的原因。求异法的形式是：

场合	先行情况	被研究社会现象
1	A、B、C、D、E	X
2	—、B、C、D、E	—
所以，	A 可能是	X 的原因

求异法的特点是同中求异，其结论也只具有或然性，但比求同法的结论要可靠一些。

（三）求同求异并用法

求同求异并用就是既比较对象的相同或相似特征，又比较它们之间的差异或不同特征。这样，在共同性与差异性之间实际又形成了一种鲜明对比，从而更加有助于了解现象特征及其所包含的规律或模式。具体做法是：当被研究社会现象（X）在几个正面场合出现时，先行几种情况中都只有一个共同情况（A）；而在几个反面场合不出现时，先行几种情况中都没有这个共同情况（A）。这样，就可以确定这个共同情况（A）可能是被研究社会现象（X）的原因。求同求异并用法的形式是：

	场合	先行情况	被研究社会现象
正面场合	1	A、B、C	X
	2	A、D、E	X
	3	A、F、G	X
	⋮	⋮	⋮
反面场合	1	—、B、M、N	—
	2	—、C、Q、R	—
	3	—、D、Q、P	—
	⋮	⋮	⋮
	所以	A 可能是	X 的原因

求同求异并用法的特点是既求同又求异，它一般经过三个步骤：(1) 正面场合，用求同法得出结论；(2) 反面场合，仍用求同法得出结论；(3) 比较正反两种场合，用求异法得出最后结论。这就是说，它两次求同、一次求异，兼有求同法和求异法的优点，其结论比较可靠，能更加有效地揭示现象的特征和规律。但它仍只具有或然性。

（四）共变法

共变法，就是在其他条件（B、C、D 等）不变的情况下，如果某一社会现象（A）发生一定程度变化，另一社会现象（X）也随之发生一定程度变化，那么，前一个社会现象（A）就可能是后一个社会现象（X）的原因。共变法的形式是：

场合	先行情况	被研究社会现象
1	A1、B、C、D	X1
2	A2、B、C、D	X2
3	A3、B、C、D	X3
⋮	⋮	⋮
所以，	A 可能是	X 的原因

在社会学家涂尔干看来，在社会科学研究中，对象的复杂性和不可重复性决定了研究者不能人为地设计实验。“社会实验”既然不可能，人们就难以详细完备地掌握一个社会中的各种复杂因素。由于求同、求异、剩余及求同求异并用四法对研究对象的准确性要求极高，因此研究者无法将它们用于社会现象间因果联系的考察。而共变法是通过观察两种现象同步变化的情形，确定二者之间联系的一种归纳策略。换言之，如果在被研究社会现象发生变化的几个场合中，唯有一种情况相应地发生了变化，那就可得出初步结论：这种相应变化的情况与被研究社会现象之间具有因果联系。同其他归纳法相比，共变法不要求研究者全面掌握一种环境下所有现象的存在或变化状态，研究者只需把那些具有同步变化特征的现象找出来即可。

共变法的特点是在变化中求因。它不仅有利于发现社会现象之间的因果联系，而且有利于研究因果之间的数量关系。但是，共变关系不一定都是因果关系（如闪电光越强，雷鸣声越大，但闪电不是雷鸣的原因，它们都是自然放电的结果）。共变法通过两种现象之间的共变，来确定两者之间的因果联系，这是以其他条件保持不变为前提的。另外，许多共变关系有一定限度（如施肥与增产是共变的，但施肥过多反而导致减产）。因此，共变法的结论也只具有或然性。

（五）剩余法

剩余法，就是被研究的某种复合社会现象（X、Y、Z、R），是由某种复合原因（A、B、C、D）引起的，已知B、C、D分别是引起Y、Z、R的原因，则剩余的A与X之间也可能存在因果联系。剩余法的形式是：

被研究的复合社会现象X、Y、Z、R的复合原因是A、B、C、D

已知　　　B是Y的原因

已知　　　C是Z的原因

已知　　　D是R的原因

所以，　　A可能是X的原因

剩余法的特点是由余果推余因，因此又叫残余法。剩余法的结论也只具有或然性。

上述五种方法，都是探求因果联系的有效方法，但都只是初步的方法，它们的结论都只具有或然性。因此，要真正判明社会现象之间的因果联系，还必须借助于唯物辩证法。

二、唯物辩证法的因果分析法

穆勒五法是建立在“原因在先、结果在后”这一基点上的。应该肯定，因果联系在时间顺序上，总是原因在先，结果在后，而不会出现相反情况。但是，先后相随的联系并不一定都是因果联系。例如，白天黑夜先后交替、春夏秋冬前后相随就不具因果联系，地球自转和围绕太阳公转才是它们的真正原因。这说明，先后联系是因果联系的必要条件，而不是充分必要条件。因此，穆勒五法的结论只具有或然性，而不具有必然性。

唯物辩证法认为，世界上一切现象都是由某种或某些现象引起的，因果联系的本质就是引起和被引起的联系。其中，引起某一现象的现象叫原因，被某种现象引起的现象叫结果。只有这种引起和被引起联系，才是因果联系的充分必要条件。这就是说，在做因果分析时，固然首先要弄清楚调查材料所反映的客观事物或现象发生的时间顺序，并在先行现象中去寻找原因，在后续现象中去寻找结果，但是，更重要的是考察它们之间是否存在着引起和被引起的联系，只有这种引起和被引起的联系才是真正的因果联系。

因果联系是客观的、普遍的、必然的，同时又是多种多样的、特殊的、相对的、有条件的。因此，要判明社会现象之间的因果联系，除了要揭示社会现象之间引起和被引起的联系外，还应该把握以下几个要点。

（一）因果联系是相对的、有条件的

原因和结果只在一定范围内才是确定的，一旦超出一定范围，原因和结果是可以互相转化的。一方面，“原因和结果经常交换位置；在此时或此地是结果，在彼时或彼地就成了原因，反之亦然”①。另一方面，原因和结果往往互相作用、互为因果。因此，探求因果联系必须牢牢把握它的条件性和相对性，否则就会在原因和结果不断转化的无限链条中迷失方向。

（二）因果联系是特指的、对应的

原因正是也仅仅是它造成了结果才成为原因，结果规定着它的引起者成为原因；结果是作为原因的被引起者才成为结果，原因规定着它的被引起者成为结果。离开了这种特指的、对应的关系，就无法区分什么是结果，什么是原因。例如，因犯罪而被判刑。其中，犯罪是引起判刑的原因，判刑是犯罪引起的结果。如果离开这种特指的、对应的关系，“犯罪”究竟是原因还是结果，就很难区分了。因为，任何犯罪活动背后都有许多深刻的个人、社会原因，对于这些原因来说，“犯罪”又成为结果了。

（三）因果联系是对称的、相当的

只有特定性质和规模的原因，才能引起特定性质和规模的结果；反过来说，特定性质和规模的结果，只能由特定性质和规模的原因所引起。例如：社会结果主要由社会原因引起，仅用自然原因不足以说明社会结果；特殊结果主要由特殊原因引起，仅用普遍原因不足以说明特殊结果（例如，仅用国家对农业科学研究重视这一普遍原因，不足以说明杂交水稻之父袁隆平取得成功的特殊结果）；重大结果主要由重大原因引起，仅用较小原因不足以说明重大结果（例如，仅用农村实行家庭联产承包责任制这一促进农业发展的原因，不足以说明改革开放以来我国城乡经济社会文化取得巨大成就的重大结果）；持久结果主要由持久原因引起，仅用暂时原因不足以说明持久结果（例如，仅用世界银行的几笔贷款，不足以说明改革开放以来中国经济高速发展这一持久结果）；现实结果主要由现实原因引起，仅用可能原因不足以说明现实结果（例如，仅用中国将会成为创新型国家这一可能原因，不足以说明改革开放以来外资越来越多进入中国这一现实结果）。

（四）因果联系是多样的、特殊的

由于事物的内在本质不同，所拥有的外部条件不同，因而因果联系的特点就各不相同。一般地说，因果联系有以下几种类型：

（1）一因多果，同因异果，即一种原因同时引起多种结果，同一原因在不同条件下引起不同结果。例如：粮食增产，既可满足消费者需求，又可增加农民收入；粮食增产，在粮食供不应求时是好事，在粮食供过于求时又是难事。

（2）一果多因，同果异因，即一种结果由多种原因引起，同一结果在不同条件下由不同原因引起。如农业增产，往往是政策好、天帮忙、人努力等多种原因引起的。农业增产，在经济体制转型期，主要靠政策、靠改革；在市场经济体制建立后，主要靠科技、集约化经营、产业结构调整和农民素质提高等。

（3）多因多果，复合因果，即原因和结果都不是单一的，而是复合的。例如，“文化

---

① 马克思，恩格斯．马克思恩格斯文集：第 9 卷．北京：人民出版社，2009：25.

大革命”和改革开放，都是由多种原因引起的，同时又都会引起多种多样的结果。社会生活极其复杂，因果联系多种多样，特别是多因多果、复合因果现象非常普遍。因此，在分析因果联系时，不仅要注意社会现象之间引起和被引起的联系，而且要注意分析不同事物在不同条件下因果联系的多样性和特殊性。只有实事求是地分析、揭示各种各样因果联系的不同特点，才能得出符合实际的科学结论。

第六节　系统分析法

所谓系统，是指处于一定环境下的、由相互关联的要素或部分构成的、具有一定结构和功能的有机整体。系统论是研究现实系统或可能系统的一般性质和规律的理论。系统分析法，就是运用系统论观点分析社会现象的思维方法。

运用系统分析法研究社会现象，应该把握以下几个要点。

一、分析系统的构成要素

要素是构成系统的基础，离开了要素就无所谓系统。无论研究什么系统（包括社会系统），都应从分析构成系统的要素开始。它是正确认识系统的基础和起点。

要素是构成系统的单元、成分或因素。要素有几个特点：

（1）个别性和独特性。每个要素都具有自己独特的质和量的规定性、独特的内在矛盾。

（2）差别性和多样性。构成系统的各个要素之间都存在着差异，就系统而言其构成要素总是多种多样的。

（3）不可分割性和完整性。对于系统而言，每个要素都是不可分割的，都是作为完整的非复合体出现的。例如，劳动力、劳动资料、劳动对象、科学技术、生产管理、生产信息等生产力要素，对于生产力系统来说就具有个别性、差异性和不可分割性等特点。

由于事物联系的普遍性、多样性和复杂性，要素和系统的划分只具有相对意义。因为：任何要素都是由更小的要素构成的，对于更小的要素来说，它本身就是一个系统；任何系统都包含在更大的系统之中，对于更大的系统来说，它本身只是一个要素。一种社会现象，对于它的构成要素来说是系统，对于它所构成的更大系统来说则是要素或子系统。例如：对于劳动力、劳动资料、劳动对象、科学技术、生产管理、生产信息等要素来说，生产力是系统；而对于生产方式这个更大的系统来说，生产力只是要素或子系统。

运用系统分析法研究社会现象，应该注意几个问题：

（1）社会中的系统是抽象的产物。与物质世界不同，社会科学中所说的系统一般是人们根据现实抽象出来的，而不是真实的、有形的系统。例如，社会学家帕森斯提出的社会系统 AGIL 模式，即任何系统皆由调适、目标、整合和维系四个子系统构成。其中，系统与子系统其实都是一种理论抽象的产物。

（2）要明确界定系统的内涵和外延。任何系统都与其所在的环境有着相互作用的关系，因而系统对环境是开放的。然而就结构而言，任何系统又具有相对独立性，即能与环境区分开来。而且，为了对一个系统进行分析，必须将系统置于封闭状态，即保持其独立性。如果系统的内涵模糊、外延不清，就不可能进行系统分析。

（3）要正确划分系统的构成要素。社会系统虽然是抽象出来的，但包含了各种各样的结构要素或元素。这些要素或元素通常是具体的，如物质设置、成员、机构及组织等。系统内的复杂要素或元素之间存在着某种联系，系统正是通过各种各样的关系将复杂的要素或元素组织起来、统一起来，并构成具有一致性的系统的。如果对系统构成要素的划分不正确、不全面或有重大遗漏，就无法正确分析系统。

（4）要分别研究各个构成要素的质和量的规定性。如果不深入研究各个要素的特点，就失去了研究系统的起点和基础。

二、研究系统的内在结构

所谓结构，是指构成系统诸要素所固有的相对稳定的组织方式或联结方式。系统和结构是不可分割的，系统不可能没有结构，结构也不可能脱离系统而存在。系统之所以成为系统、系统的整体性质和功能如何，不仅取决于它的构成要素，而且取决于联结这些要素的结构。例如，生产力系统的整体性质和功能，不仅取决于劳动力、劳动资料、劳动对象、科学技术、生产管理、生产信息等构成要素的数量和质量，而且取决于这些要素的组织方式和联结方式。如果组织方式、联结方式科学合理，生产力系统的整体性质就优越，整体功能就有可能大于各生产力要素个别功能之和；如果组织方式、联结方式不科学、不合理，生产力系统的整体性质就粗劣，整体功能就有可能小于各生产力要素个别功能之和。这说明，研究系统的内在结构是正确认识系统不可缺少的环节。

系统的内在结构有几个特点：

（1）稳定性。系统诸要素之间的联系方式是相对稳定的，稳定性是系统存在和发展的前提。结构受到损害，系统就发生震荡；结构发生质变，系统就会崩溃。

（2）有序性。系统内在结构是按照一定规则或方式联结起来的。有序性是稳定性的内在要求，无序性则是对稳定性的否定或破坏。

（3）层次性。正如系统、要素有层次之分一样，系统结构也有层次之分。每一层次的结构，既由下一层次结构组成，又是上一层次结构的组成部分。层次性是有序性的具体表现。

（4）关联性。系统的内在结构是相互联系、相互影响的。任何一个部分的结构发生变化，都会引起其他结构发生相应变化，并对系统的整体性质和功能产生或大或小的影响。

（5）形式性。系统结构是一种组织方式或联结方式，即一种形式关系。由于同样形式（结构）可以容纳不同内容（要素），同样内容（要素）可以具有不同形式（结构）。因此，应该把对系统构成要素的研究与对系统内在结构的研究有机结合起来。

任何社会系统，一般都存在着三类结构：一是人的结构（如性别、年龄、民族等自然结构，以及行业、职业、收入水平、社会阶层等社会结构，等等）；二是物的结构（如农村的耕地、水面、山林，工厂的厂房、设备、原材料，学校的校舍、操场、教学设施，等等）；三是人与物的结构（如人与物的数量是否合适、质量是否匹配等）。运用系统分析法研究社会现象，就必须研究这三类结构。认真研究这些内在结构，有利于全面、系统地认识社会系统，有利于正确把握社会系统的整体性质和功能，有利于探求通过调整系统内在结构来提高社会系统整体性质、整体功能的途径或方法。在现实生活中，许多成功的企业，在改革、改组、改造的过程中，不仅注重调整劳动力、劳动资料、劳动对象、科学技术、生产管理、生产信息等生产力要素的数量和质量，而且注重适时调整各种生产力要素之间的组织方式和联结方式，适时调整生产关系的各个环节，从而促进了生产力迅速发展。实践证明，调整系统内在结构是实现从量变到质变的重要途径之一。

三、揭示系统的整体性质和整体功能

系统之所以是系统，就是因为它是一个整体。整体性原则是系统分析法的实质和核心。因此，在社会调查中，不仅要研究系统的构成要素和内在结构，而且要研究系统的整体性质和整体功能，并把它作为研究系统的归宿和落脚点。

系统结构分析是为了揭示系统内部基本元素之间的各种关系，以及由这些关系构成的各种形态特征。系统结构分析是认识和了解系统的整体形态和特征的基础，同时也为分析各元素的功能奠定了基础。在系统构成要素和内在结构基本相同的条件下，系统的整体性质和整体功能主要取决于系统内部的自我协调和自我控制能力。这种能力是通过控制和反馈来实现的。事实上，任何系统都存在着两个互相联系、互相作用的子系统，即施控系统和受控系统。系统自我协调和自我控制的过程，就是施控系统与受控系统相互作用的过程。

首先，施控系统根据系统的目标要求、内部状况和外部环境及其变化做出某种决策，并向受控系统下达执行某种决策的行为指令或信息。

其次，受控系统根据施控系统的决策调整自己的行为，执行下达的指令或信息，并将执行的后果反馈给施控系统。

再次，施控系统对受控系统反馈的信息进行加工处理，与系统目标做比较研究，并据此修订系统目标、做出新的决策。

最后，施控系统根据新的目标和新的决策向受控系统下达新的调整行为的指令或信息。

这样循环往复，不断调整，就可逐步接近目标，直至完全达到系统的最终目标。任何社会系统，如果其施控系统和受控系统完善、高效，自我协调和自我控制能力强，其整体性质就优越，就具有顽强生命力和巨大发展潜力，其整体功能就往往大于各要素功能之和。反之，其整体性质就低劣，就必将走向衰败或没落，其整体功能就往往小于各要素功能之和。

在社会调查中，运用系统分析法研究社会现象，必须在研究系统构成要素和内在结构的基础上，进一步研究它的施控系统和受控系统的状况和系统自我协调、自我控制的实际能力。例如，要研究一个企业的整体性质和整体功能，就必须在研究该企业构成要素和内在结构的基础上，首先，研究企业决策机构、管理机构、执行机构的设置状况，看它们是否完善、科学、合理。其次，研究企业决策机构、管理机构、执行机构的运行情况，看它们是否正常、灵活、高效。最后，研究企业生产经营过程中自我协调、自我控制的状况，特别是施控系统和受控系统应对突发事件的决策能力、执行能力、反馈能力，并根据其实际结果来判断企业的整体性质和整体功能。如果一个企业的决策机构、管理机构、执行机构设置完善、科学、合理，运行正常、灵活、高效，而且这个企业有很强的自我协调、自我控制能力，能真正做到科学决策、有效管理、坚决执行、及时反馈，并能妥善应对各种突发事件，这个企业的整体性质就优越，它的整体功能就必然大于它的各个组成部分功能之和。反之，这个企业的整体性质就低劣，它的整体功能就必然小于它的各个组成部分功能之和。

四、探究系统的外部环境

所谓环境，是指系统周围各种外部条件的总和。任何系统都处于一定环境之中，并与之发生一定联系。系统与环境之间的联系，是系统保持平衡、稳定、更新、发展不可缺少的条件。探究系统外部环境以及系统与环境之间的关系，是正确认识系统的必要条件。

系统与环境的关系有两种类型，即开放型和封闭型。开放型系统，是指在质料、能量、信息等方面与外部环境不断进行交换的系统。这类系统只有通过与周围环境进行质料、能量、信息的不断交换，才能保持自身的生存和稳定，才能克服系统内的某些不平衡性或无序状态，使系统逐渐从无序走向有序，从低级走向高级，促进系统的更新、改造和发展。例如，生物有机体、个人、家庭、企业、社会组织、社区、国家等，都是这样的开放型系统。封闭型系统，则是指与外界环境极少发生交换的、相对独立的系统。例如，沙粒、晶体等无机物，超稳定性的小农经济、闭关锁国的国家，以及程控机床、自动化生产线等现代化装置，等等。当然，这些系统的封闭性是有条件的、相对的。严格地说，绝对封闭的、不与外部环境发生任何联系的系统，在现实中是不存在的。因此，系统与环境的关系问题，不是有无的问题，而是何种关系的问题，这正是必须探究系统所处外部环境的根本原因。

在社会调查中，运用系统分析法研究社会现象，就必须在研究系统的基础上，进一步研究系统所处的环境。对环境的分析主要有两种形式：一是分析外部环境中某种特定条件或资源对系统的输入，以及由此产生的作用和影响；二是分析系统内部某个结构元素与外部环境的关系。对于系统所处环境的研究，应该注意两个问题：

一是环境的层次。社会系统所处的环境是分层次的。一般地说，社会系统所处的外部环境可分为宏观环境、中观环境和微观环境三个层次。例如，对于一个现代企业来说，在经济全球化背景下，国际经济态势、全国经济状况，是宏观环境；省市经济态势、行业发展状况，是中观环境；企业所在地的区位、自然、生态、经济、政治、文化、社会等条件，则是微观环境。

二是环境的内容。社会系统所处环境的内容是多种多样的。一定的数量和素质的人口，一定的地域范围、区位条件、自然资源和生态环境，一定的生产方式、经济结构和经济状况，一定的经济体制、政治制度和社会组织，一定的文化传统、意识形态和心理特征，一定的生活方式、行为规范和社会习俗，等等，都是社会系统不可能脱离的环境，都是社会调查应该探究的可能的内容。在一个具体调查项目中，究竟探究外部环境的哪些内容，应该根据研究课题的需要和调查者的可能做出适当选择。

第七节　结构-功能分析法

结构-功能分析法，是指运用系统论关于结构与功能相互关系的原理来分析社会现象的思维方法。

任何社会事物都是由一定的组成部分或要素构成的，这些部分或要素组成了一个社会系统，它们之间的相对稳定的联系就是这一系统的结构。系统结构，是指系统内部要素之间的联系方式；系统功能，是指系统与外部环境相互联系或作用的能力。每一个系统要存在和发展下去，就必须满足一些基本的条件或需求，这些条件或需求是由系统的某一特定部分来满足的，换句话说，系统组成部分担负着特定的社会功能。例如，在民族国家这个社会大系统中，生产组织的功能是提供物质产品；军事组织的功能是对外保卫国家，对内维持社会的稳定；政治组织的功能是确定国家的基本目标，并组织各种力量以实现这些目标；等等。并且每一个民族国家的生存和发展，都离不开它的这些组成部分所发挥的社会功能。

结构与功能的一般关系是：结构决定功能，功能反作用于结构，并在一定条件下引起结构变化。结构-功能分析法是社会调查研究中常用的一种理论分析方法，它是通过考察事物的结构和功能来认识事物和分析事物的方法。它的理论依据来源于社会学的一大理论流派——结构功能理论。在现代社会调查研究中，结构-功能分析法已成为一种应用广泛的理论分析方法。

结构分析法，是指通过剖析系统内在结构来认识系统特性及其本质的思维方法。例如，自然科学关于天体结构、地质结构、分子结构的探索，社会科学关于经济结构、政治结构、文化结构、社会结构、生态结构的研究，所使用的思维方法都是结构分析法。对社会结构的分析和解释，是要在调查获得经验事实的基础上，揭示社会中有哪些类型的结构，这些结构又具有何种典型的特征，不同类型结构之间有何区别和联系。对形态问题的分析和解释属于结构分析，结构分析是功能分析的基础。结构分析法多用于经济学研究，是在统计分组的基础上，计算各组成部分所占比重，进而分析某一总体现象的内部结构特征、总体的性质、总体内部结构依时间推移而表现出的变化规律的统计方法。

功能分析法，是指通过系统与环境之间“输入”和“输出”的关系来判断系统内部状况及其特性的思维方法。系统与环境之间的相互联系和相互作用，体现在它们之间的质料、能量和信息的交换之中。其中，环境对系统的作用称为“输入”，系统对“输入”的质料、能量和信息进行加工并反作用于环境称为“输出”。从这一意义上说，所谓功能就是把特定“输入”转化为特定“输出”的能力。通过对这种转化能力的分析，就可以对系统内部结构及其特性形成一定的认识。例如，通过X光的照射和反映（底片）来透视一个人的生理状况，通过电磁波、超声波输入和输出的变换来探索地质的内部结构，通过人力、财力、物力投入和产出的分析来判断一个企业、地区、国家的经济状况，等等，就是运用功能分析法认识客观事物的实例。

亨普尔对功能分析对象的特点做了这样的概括：“功能分析所要解释的现象类型是比较典型的重复活动，或者是个体或组群方式的行为模式，例如，它可以是一种生理学机制，一种神经病特性，一种文化型式，或一种社会体制。而这种分析的主要目标，是展示行为模式对于维持和发展它发生于其中的个体或组群所起的作用。所以功能分析寻求认识行为型式或社会文化体制，根据它们把一定系统保持在适当工作秩序中，并因而将其维持为运转着的事物时所起的作用来认识。”①

功能分析主要从两方面进行：一方面是分析系统内一个或几个结构元素对其他元素的作用和功能，即元素间的相互功能；另一方面是分析一个或几个结构元素对系统整体的作用或功能，也就是各个结构元素在满足系统维持方面所发挥的作用。从这一逻辑结构来看，功能分析需要弄清这几种逻辑关系：一是总体与部分的关系，即必须区分什么是总体，哪些是总体的构成；二是总体特征与构成特征的关系，也就是要弄清有机整体的基本特征和各个构成部分的特征；三是功能需求与功能作用的关系，即明确整体特征的维系对各个构成部分提出的功能需求是什么，明确各个构成部分实际发挥的功能是什么。默顿进一步细化了功能分析，区分了社会系统中的“显功能”和“潜功能”，并讨论了“反功能”。显功能是指有助于体系之适应或顺应的客观后果，这种后果为此体系之参与者所预期并认可。潜功能是指那些没有为系统参与者所预期和认可的结果。“反功能的概念在结构的层次上蕴含强制、紧张、压力的概念，可提供一条研究动态与变迁的途径。”② 功能分析的焦点就在于分析所考察的部分的功能是否与整体的功能需求相吻合，为我们理解复杂的系统提供了一条便捷的路径。

结构分析法，通常被称为“内描述方法”，是一种静态研究方法；功能分析法，通常被称为“外描述方法”，是一种动态研究方法。这两种方法既可以分别使用，也可以结合使用。只有既对系统进行静态“内描述”研究，又对系统与环境的关系进行动态“外描述”研究的方法，才能算是完整的结构-功能分析法。

本章要点

1. 思维加工，就是调查研究者运用语言等思维工具和科学的思维方法，对整理、统计分析后的问卷、数据、文字资料等进行研究并得出结论的思维过程。

① 哈维．地理学中的解释．北京：商务印书馆，2009：519.

② 默顿．论理论社会学．北京：华夏出版社，1990：139－142.

2. 比较法，是把两个或两个以上的事物或现象放在一起考察和分析，以检视和把握它们之间所具有的相同、相似或相异的属性和特征的思维方法。分类法，是指根据认识对象的差异点或共同点，将相异事物区分为不同类别，将相同事物归并为一类的思维方法。

3. 分析法，是指在思维中把客观事物分解为各个要素、部分、方面，然后逐个分别加以考察的思维方法。综合法，是指在思维中把对客观事物各个要素、部分、方面分别考察后的认识联结起来，然后从整体上加以考察的思维方法。

4. 矛盾分析法，是指运用矛盾规律（即对立统一规律）分析社会现象的思维方法。从社会调查实际应用角度看，可以把矛盾分析法简要地归纳为：一分为二分析法、内因外因分析法、具体问题具体分析法、普遍原理与具体实践相结合分析法。

5. 因果分析法，是探求事物或现象之间因果联系的思维方法。因果联系的本质就是引起和被引起的联系。其中，引起某一现象的现象叫原因，被某种现象引起的现象叫结果。

6. 系统分析法，就是运用系统论观点分析社会现象的思维方法。结构分析法，是指通过剖析系统内在结构来认识系统特性及其本质的思维方法。功能分析法，是指通过系统与环境之间“输入”和“输出”的关系来判断系统内部状况及其特性的思维方法。

基本概念

思维加工　比较法　分类法　分析法　综合法　矛盾分析法　因果分析法　系统分析法　结构-功能分析法

思考与练习

1. 什么是思维加工？它有哪些任务？

2. 怎样认识比较法与分类法的关系？运用比较法、分类法认识客观事物应该注意哪些问题？

3. 怎样认识分析法与综合法的关系？运用分析法、综合法认识客观事物应该注意哪些问题？

4. 什么是矛盾分析法？它主要包括哪些内容？

5. 唯物辩证法的因果分析法与形式逻辑的因果分析法有何异同？

6. 怎样理解因果联系的有条件性、特指性、对称性、多样性？

7. 运用系统分析法认识客观事物应该把握哪些要点？

推荐阅读书目

1. 毛泽东．矛盾论//毛泽东．毛泽东选集：第1卷．2版．北京：人民出版社，1991.

2. 麦克伦尼．简单的逻辑学．杭州：浙江人民出版社，2013.

3. 陆益龙．定性社会研究方法．北京：商务印书馆，2011.

4. 彭漪涟．辩证逻辑基本原理．上海：华东师范大学出版社，2000.

5. 李秀林，王于，李淮春．辩证唯物主义和历史唯物主义原理．6版．北京：中国人民大学出版社，2022.

知识点

思维方法的层次性及其作用

困难与对策

如何借用理论提升思维加工深度？

第五篇

总结阶段

本篇阐述总结阶段的几项工作，学习这一篇的目的是：

学习撰写调查报告的有关知识，着重掌握调查报告的特点、类型、结构、体例、写作步骤和撰写要则等问题。

尽管分享调查成果的方法有很多，但在大多数研究领域，书面的调查报告仍然是最主要的分享方式。

精心修改调查报告，努力做一个自觉的、科学的社会调查工作者。调查报告观点应仔细推敲，条理应认真梳理，文字应恰当取舍，做到“删繁就简三秋树，领异标新二月花”。要尽量将一些赘言套话删掉，努力做到“丰而不余一言，约而不失一辞”，使文章主题和文中的新观点、新思想更加突出。古今中外，大凡精品之作，必为创新之作。要敢于想别人之未想，善于谋别人之未谋，大胆提出新观点、新思路。

第十六章

调查报告的撰写

调查报告是调查工作最重要的总结，是调查成果的最终载体，撰写好调查报告是提高调查质量的关键环节。

第一节　调查报告的类型

调查报告是以文字、图表等形式反映调查对象真实状况、表达调查者观点的书面报告。它是调查研究成果的集中体现，是交流、使用和保存调查成果的重要载体。调查报告可分为许多类型。

一、综合性调查报告和专题性调查报告

根据调查报告内容的广度，可分为综合性调查报告和专题性调查报告。

（一）综合性调查报告

综合性调查报告是指调查涉及面广、反映内容丰富的一种调查报告类型。它通过对大量调查数据资料的整理、分析和归纳，将某一社会现象或社会问题、一个单位或地区等的基本情况全面反映出来。它的内容比较广泛、全面，篇幅一般较长。例如，李景汉的《定县社会概况调查》，从地理、历史、县政府及其他地方团体、人口、教育、健康与卫生、农民生活费、乡村娱乐、乡村的风俗与习惯、信仰等 17 个方面对定县（现为定州市）社会状况进行了全面描绘，涉及面非常广，资料极为丰富，被学术界称为中国农村社会生活的百科全书①。

（二）专题性调查报告

专题性调查报告是指针对某一特定的社会现象或社会问题，对调查情况和结果进行

---

① 李景汉．定县社会概况调查．上海：上海人民出版社，2005.

说明的调查报告形式。它一般主题鲜明、内容专一、问题集中、资料深入具体，有较强针对性和实效性，篇幅一般较为简短。例如，毛泽东的《湖南农民运动考察报告》，就是一篇关于农民运动问题的专题性调查报告。某些重大的、基础性的专题调查报告，篇幅也可能相当长。例如，陆学艺主编的《当代中国社会结构》[①]、王春光发表的《地方性与县域现代化实践：基于对太仓与晋江持续近三十年的调查》[②]，以及李静松发表的《流变与坚守：中国西南山区农业变迁追踪研究》[③]，就是一些基础性的专题性调查报告。该类报告主要针对亟须解决的实际问题，因此结论往往比较鲜明，提出的对策和建议比较具体。

如果说综合性调查报告主要是描述性的，那么专题性调查报告往往是解释性的。当然，综合性调查报告与专题性调查报告的区分是相对的，两者之间并没有绝对分明的界限。例如，《中国农民工调研报告》，就调查对象的专一性而言，可说是专题性调查报告，但从调查内容的广度和全面性来看，也可说是综合性调查报告。

二、描述性调查报告和因果性、预测性调查报告

根据调查报告内容的深度，可分为描述性调查报告和因果性、预测性调查报告。

（一）描述性调查报告

该类报告是对社会真实情况进行具体描写和叙述的调查报告，其内容可以是定性的，也可以是定量的，但都以回答“是什么”和“怎么样”的问题为主。也即通过对资料和结果的详细描述和分析，对所调查的社会现象和社会问题的基本状况、主要特点和变化趋势进行全方位的展示。例如，《农村籍高校毕业生的就业和就业选择变化及其影响因素：基于中国社会状况综合调查的实证研究》[④]、《岂不怀归：三和青年调查》[⑤]，就是以描述为主的调查报告。

（二）因果性、预测性调查报告

该类报告是以揭示社会现象之间的因果联系为主要内容的调查报告，其特点是解释、说明，不仅要说明“是什么”和“怎么样”的问题，而且要回答“为什么”和“怎么办”的问题，有的因果性调查报告还包含预测性内容或对策性建议。例如，《城乡关系、空间差序与农户增收：基于中国综合社会调查的数据分析》一文立足于农民收入的空间转换逻辑和城乡关系的差序类型，并借助相关数据系统检验了促进农户增收的三种机制是否存在空间差异[⑥]。《房价对家庭生育决策的作用机制：基于中国家庭追踪调查数据的实证

---

① 陆学艺．当代中国社会结构．北京：社会科学文献出版社，2010．

② 王春光．地方性与县域现代化实践：基于对太仓与晋江持续近三十年的调查．社会学研究，2023，38（3）．

③ 李静松．流变与坚守：中国西南山区农业变迁追踪研究．开放时代，2023（1）．

④ 谢倩芸．农村籍高校毕业生的就业和就业选择变化及其影响因素：基于中国社会状况综合调查的实证研究．中国青年研究，2023（5）．

⑤ 田丰，林凯玄．岂不怀归：三和青年调查．北京：海豚出版社，2020．

⑥ 张兆曙，王建．城乡关系、空间差序与农户增收：基于中国综合社会调查的数据分析．社会学研究，2017，32（4）．

研究》一文基于 2010—2018 年中国家庭追踪调查面板数据，借助 Probit 回归模型分析得出：家庭所在区县的房价会对家庭当期的生育决策产生显著的负面影响，且该影响在不同人群中存在明显的异质性[①]。从调查报告的视角审视，它就是典型的因果性、预测性调查报告。

必须明确，描述性内容，尽管在层次上比较浅显，却是任何调查报告都不可缺少的组成部分。任何因果性、预测性调查报告，都必然包括一定的描述性内容，并以此为立论基础和分析前提。描述性调查报告可以独立成篇，因果性、预测性调查报告则是在描述性内容基础上深入分析研究的结果。

三、应用性调查报告和学术性调查报告

根据调查报告的主要用途和目标读者，可分为应用性调查报告和学术性调查报告。

（一）应用性调查报告

应用性调查报告是以实际工作需要为目的而撰写的报告，具有实效性、通俗性的特点，往往直接针对某一具体现象或问题进行探讨，比较多地采用统计图、统计表等直观形式说明，强调对调查结果的描述、说明，并要提出明确的对策和建议，即不仅让人们知道“是什么”，还要让人们知道“怎么办”。

按其主要目的，应用性调查报告大体上可分为以下六种类型。

（1）以认识社会为主要目的的调查报告。这类调查报告，主要目的是认识社会现象、了解社会问题。在写作上，应该突出事实，在事实叙述上要力求全面、系统、具体、深入。例如，《当代中国社会阶层研究报告》就是一篇以认识社会为主要目的的调查报告，它提出了以职业分类为基础的社会阶层划分标准，把当今中国社会群体划分为十个阶层，并对每个阶层的地位、特征和数量做了界定和说明，还分别对产业工人、农业劳动者、私营企业主和社会中间阶层的阶层状况进行了描述[②]。

（2）以政策研究为主要目的的调查报告。这类调查报告，主要为正确制定政策或正确执行政策服务。撰写这类调查报告，不仅要叙述必要的调查材料，而且要进行深入分析和论证，阐述利弊，权衡得失，并对今后的实际工作提出政策性建议。例如，《基于第四代评价理论的“双减”政策评估：面向教师群体的调查研究》[③]、《进一步完善农民工随迁子女教育政策：基于对 46 个地级及以上城市的问卷调查》[④] 等，就属于以政策研究为主要目的的调查报告。

---

① 张芬，方迎风，彭浩宸．房价对家庭生育决策的作用机制：基于中国家庭追踪调查数据的实证研究．人口研究，2023，47（2）．

② 陆学艺．当代中国社会阶层研究报告．北京：社会科学文献出版社，2002．

③ 侯浩翔，刘志，罗枭．基于第四代评价理论的“双减”政策评估：面向教师群体的调查研究．教育发展研究，2022，42（22）．

④ 李晓琳．进一步完善农民工随迁子女教育政策：基于对 46 个地级及以上城市的问卷调查．宏观经济管理，2022（6）．

（3）以经验总结为主要目的的调查报告。这类调查报告，主要是为了总结、推广先进经验，同时也有树立典型、表彰先进的作用。撰写这类调查报告，应具体说明其产生的社会历史条件、发展的阶段和过程，特别是要详细介绍曾经遭遇的困难、问题及其解决办法，以及已经取得的成绩和推广的意义，等等。例如，《大学生群体对社会主要问题的认知变迁与积极心态培育：基于“中国大学生社会心态调查（2015—2020）”的经验研究》①、《项目类型与基层公共服务成效：基于城乡社区调查的数据研究》②，就是这类调查报告的范例。

（4）以揭露问题为主要目的的调查报告。这类调查报告，主要揭露社会生活中的阴暗面、消极面，以达到提高认识、吸取教训、改进工作的目的。写作这类调查报告，不仅要如实揭露问题，而且要深入分析原因，判明性质，指出问题的危害性，有的还要提出解决问题的建议。例如，《直播电商产业存在的问题和治理对策》③、《数字乡村建设中“乡村不动”问题的成因与化解》④ 等，就属于这一类调查报告。

（5）以支持新事物为主要目的的调查报告。这类调查报告，主要通过反映新人、新事、新思想、新创造，以达到宣传、发展新事物的目的。撰写这类调查报告，应着重说明新事物“新”在何处、它的产生条件和发展过程、如何解决前进过程中的矛盾和困难，揭示出它的成长规律和意义，并指明它的发展方向以及应该采取的对策，等等。例如，《AGI 临近了吗：ChatGPT 热潮之下再看人工智能与未来教育发展》⑤ 就是比较有说服力的以支持新事物为主要目的的调查报告。

（6）以思想教育为主要目的的调查报告。这类调查报告，主要目的是对干部、群众进行思想教育，以达到明辨是非、统一认识的目的。这类调查报告应当具有很强的针对性和时效性。如果抓不住症结，隔靴搔痒，或者时过境迁，不能及时回答人们迫切需要解决的思想问题，就会影响调查报告的社会效果。撰写这类调查报告，要准确把握人们的思想脉搏，针对现实生活中人们普遍关注的热点、疑点问题，采取平等对话的态度，有理有据地摆事实、讲道理。例如，《贯彻新发展理念 构建新发展格局》⑥、《贯彻新发展理念是新时代我国发展壮大的必由之路》⑦ 等，就是以思想教育为主要目的的调查报告。

（二）学术性调查报告

学术性调查报告是以学术研究为目的而撰写的报告，理论性和专业性较强，往往侧重于对社会现象的理论分析，通过理论预设和研究假设，力图探讨不同现象之间的相互

① 郑雯，付宇，桂勇．大学生群体对社会主要问题的认知变迁与积极心态培育：基于“中国大学生社会心态调查（2015—2020）”的经验研究．人民论坛，2023（3）．

② 陈家建，巩阅瑄．项目类型与基层公共服务成效：基于城乡社区调查的数据研究．经济社会体制比较，2022（6）．

③ 冯华．直播电商产业存在的问题和治理对策．人民论坛，2023（6）．

④ 刘少杰，周骥腾．数字乡村建设中“乡村不动”问题的成因与化解．学习与探索，2022（1）．

⑤ 顾小清，胡艺龄，郝祥军．AGI 临近了吗：ChatGPT 热潮之下再看人工智能与未来教育发展．华东师范大学学报（教育科学版），2023，41（7）．

⑥ 李雪松．贯彻新发展理念 构建新发展格局．改革，2022（6）．

⑦ 顾海良．贯彻新发展理念是新时代我国发展壮大的必由之路．红旗文稿，2022（9）．

关系和因果联系。

学术性调查报告主要可分为两种：理论研究性调查报告和历史考察性调查报告。

（1）理论研究性调查报告。这类调查报告，主要通过调查研究，对现实问题做出理论性概括和说明。其特点是，对调查对象、程序、方法等都要做具体说明，调查资料要真实、系统和完整，论证过程要符合逻辑，研究结论要明确和新颖，对不同理论观点要做出评论或分析。例如，《社会空间的继替与共存：一个郊区村庄城镇化的社会学研究》①、《透视算法黑箱：数字平台的算法规制与信息推送异质性》② 等，就是理论研究性调查报告的实例。

（2）历史考察性调查报告。这类调查报告，主要通过对文献资料的调查研究，揭示某些社会现象的内在本质及发展规律。写这类调查报告，要从历史事实出发，既要旁征博引，注意资料的真实、全面，又要约束行文，注意归纳、综合，以揭示社会现象的本质及发展规律。例如，《“任人唯贤”的制度悖论：以明代科举为例》③、《江山代有才人出：中国教育精英的来源与转变（1865—2014）》④ 等，就属于这类调查报告。

应该指出，应用性调查报告与学术性调查报告的区分，是就其主要目的而言的。它们的区分只具有相对意义，它们的社会作用往往是互相渗透的。应用性调查报告可以做出理论性概括；学术性调查报告也可以用于指导实践，为现实服务。

总之，调查报告分类是一个比较复杂的问题。对于同一篇调查报告，因分类标准、视角不同，往往能把它归于不同类型。例如，毛泽东的《湖南农民运动考察报告》，从调查报告内容的广度来说，既可说是有关农民运动问题的专题性调查报告，又可说是考察了农民运动方方面面的综合性调查报告；从调查报告内容的深度来看，既可说是对湖南农民运动做了非常生动、具体叙述的描述性调查报告，又可说是对湖南农民运动的前因后果做了深刻分析的因果性调查报告；从调查报告的主要用途和目标读者分析，既可说是服务于当时革命斗争需要的应用性调查报告，又可说是在农民和农民运动理论问题上做出重要贡献的学术性调查报告。所谓“横看成岭侧成峰，远近高低各不同”，对于调查报告分类来说，这句话是完全适用的。

第二节　调查报告的结构与体例

撰写调查报告没有固定的模式，由于调查研究类型不同、作者写作习惯不同、读者对象不同，调查报告的结构也必然互不相同。但是，既然都是调查报告，它们的基本结构和内容就是大体相同的，这就是所谓的“定体则无，大体须有”。一般地说，调查报告

① 陆兵哲．社会空间的继替与共存：一个郊区村庄城镇化的社会学研究．社会学研究，2023，38（2）．

② 刘河庆，梁玉成．透视算法黑箱：数字平台的算法规制与信息推送异质性．社会学研究，2023，38（2）．

③ 柯荣住，洪伟，郑恩营．“任人唯贤”的制度悖论：以明代科举为例．社会学研究，2023，38（1）．

④ 梁晨，董浩，任韵竹，等．江山代有才人出：中国教育精英的来源与转变（1865—2014）．社会学研究，2017，32（3）．

由标题、前言、主体、总结与讨论等部分组成，有的调查报告在前言之前还有内容简介，在总结与讨论之后还有后记和附录。

一、标题

标题，就是调查报告的题目。标题要有特点，要高度凝练。一个好的标题，除了要承担搭建报告框架结构的任务外，还要呈现报告的内在叙事逻辑，准确传递核心议题，因此有“题好一半文”之说。标题的写作，通常有几种方式。

（一）直叙式

直叙式，又称陈述式，即直接用调查对象或调查内容做标题。例如，《我国公共数字文化服务可及性现状调查研究》①、《“双减”背景下中小学班主任工作现状调查与分析：基于对全国 16 166 名班主任的问卷调查》② 等。这类标题的优点是对象明确、主题突出、简明客观，但显得呆板平淡、缺乏吸引力。这种标题形式多用于专题性较强的调查报告。

（二）判断式

判断式，即用作者的判断或评价做标题。例如，《自选择还是情境分层？——一项健康不平等的准实验研究》③、《“去精英化”抑或“再精英化”：“压力分摊”下人民陪审员选任的实践逻辑》④ 等。这类标题揭示了报告的主题，表明了作者的态度，比较吸引人，但调查对象和报告主题在标题中往往不易看出。这种标题形式多用于经验总结、政策研究、支持新生事物等类型的调查报告。

（三）提问式

提问式，即用提问方式做标题。例如，《乡村电商何以成功？——技术红利兑现机制的社会学分析》⑤、《“公平”价值几何？——当代中国城市夫妻离婚财产分配的公平逻辑》⑥ 等。这类标题直面问题、设置悬念、发人深省，是一种尖锐泼辣、简洁明快的标题形式，有较强的吸引力，但从标题中一般看不出调查结论。这种标题形式多用于揭露问题、总结经验的调查报告。

---

① 刘文艳，完颜邓邓，戴艳清．我国公共数字文化服务可及性现状调查研究．国家图书馆学刊，2023，32（2）．

② 刘京翠，赵福江．“双减”背景下中小学班主任工作现状调查与分析：基于对全国 16 166 名班主任的问卷调查．教育科学研究，2022（8）．

③ 洪岩璧，曾迪洋，沈纪．自选择还是情境分层?：一项健康不平等的准实验研究．社会学研究，2022，37（2）．

④ 王翔．“去精英化”抑或“再精英化”：“压力分摊”下人民陪审员选任的实践逻辑．社会学研究，2022，37（6）．

⑤ 张樹沁，邱泽奇．乡村电商何以成功?：技术红利兑现机制的社会学分析．社会学研究，2022，37（2）．

⑥ 沈奕斐，商建刚．“公平”价值几何?：当代中国城市夫妻离婚财产分配的公平逻辑．社会学研究，2023，38（3）．

（四）抒情式

抒情式，即用抒发作者感情的方式做标题。例如，《将“灰色金融”阳光化：对恩施州258户农民家庭民间借贷的调查与思考》[①]、《为文化产业发展插上新媒体的翅膀》[②]等。这类标题表达了作者的感情，具有较强的感染力和吸引力，但仅从标题很难判断报告的内容。这种标题形式一般用于表彰新生事物或鞭挞消极社会现象的调查报告。

（五）复式标题

复式标题，即两个标题。它又分两种形式：一种是主标题和副标题，如《制度如何选择：谷歌与苹果案例的话语分析》[③]、《“权力”视角下的工作场所侵害：基于CGSS 2015数据的实证分析》[④] 等。另一种是引题和主标题，如《制造“乡愁”：乡村视频博主的内容生产与职业身份生成》[⑤]、《烙印效应：民营企业谁在“不务正业”?》[⑥]、《财大气粗？——私营企业规模与行政纠纷解决的策略选择》[⑦] 等。这类标题比较复杂、冗长，但综合了多种标题的优点，因而是调查报告使用较多的一种标题形式。

标题的写法灵活多样，无论采取哪种标题形式，都要力求概括、简明、新颖、对称。这就是说，标题要概括调查报告的主要内容；要简明表达调查报告的主题；要有新鲜感、吸引力和感染力；要与调查报告的内容相对称，既不应“大头戴小帽”，也不应“大帽盖小头”。

二、内容简介

内容简介，也可称内容摘要、内容提要，是对调查报告主要内容的简要介绍，其目的是引起读者的注意和兴趣。内容摘要与内容提要略有不同，摘要的英文是abstract，有提炼、萃取之意，它是指直接摘取原文精华词句，然后连缀成段，以简练的话语传达作者的核心观点。摘要最好是与原文一一对应的词句，一般不添加原文之外的附加语。由于摘要是要代替原文传情达意，客观上达到“见摘要如见全文”的效果，所以，它不会改变论述主语，论述主语一般就是原文的研究对象。提要的英文是summary，有总结、概括之意。提要是将整篇文章的大意、思路、主旨概括出来，其重点不是对原文进行压缩、再现，而是从第三方角度对原文进行评述，它的写法有点类似于文献综述。提要一般是第三人称的，常常使用文章名作为论述主语，并且往往外在性地描述原文作者是如何得出这样的结论的，常常使用“通过……发现……”，提要有时还会添加对原文的评

---

① 陈志刚，桂立．将“灰色金融”阳光化：对恩施州258户农民家庭民间借贷的调查与思考．中南民族大学学报（人文社会科学版），2009，29（4）.

② 王增成，赵芳华．为文化产业发展插上新媒体的翅膀．人民论坛，2017（3）.

③ 彭长桂，吕源．制度如何选择：谷歌与苹果案例的话语分析．管理世界，2016（2）.

④ 郑路，刘梦玲，陈宗仕．“权力”视角下的工作场所侵害：基于CGSS 2015数据的实证分析．社会学研究，2022，37（5）.

⑤ 王昀，杨寒情．制造“乡愁”：乡村视频博主的内容生产与职业身份生成．社会学研究，2023，38（1）.

⑥ 戴维奇，刘洋，廖明情．烙印效应：民营企业谁在“不务正业”?．管理世界，2016（5）.

⑦ 纪莺莺，范晓光．财大气粗?：私营企业规模与行政纠纷解决的策略选择．社会学研究，2017，32（3）.

价、概括等附加语，这些是在摘要中一般不会出现的。①

虽然摘要与提要有所区别，但是它们的写作原理却是相通的，要想做到形式规范，至少要做到以下两点：第一，言简意赅、逻辑自洽地把主要内容展示出来；第二，表述时应尽量使用不容置疑的判断句和陈述句。构成内容简介的主要观点和结论不能是简单的、没有关联的堆砌，而应紧密围绕研究对象、研究问题来展开，形成一个有明确内在关联的完整组织结构，使每句话之间有内在逻辑关联，段落整体逻辑自洽。内容简介的写作风格大体上有以下几种。

（一）摘要式

摘要式简介，即将调查报告的主要内容摘要列举出来。它要达到四个目的：一是引出研究问题，二是抛出研究方法与视角，三是阐明研究内容与论证过程，四是明确研究结论与文章贡献。例如，《国家数字能力：数字革命中的国家治理能力建设》的摘要是这样写的：

> 国家治理能力主要由国家秩序能力、国家赋权能力和国家创新能力构成。数字革命对于包括数字秩序能力、数字赋权能力与数字创新能力在内的国家数字能力建设提出了新的要求。基于自主性和嵌入性的评价体系，国家数字能力可区分为双强平衡型、国家强力型、社会灵活型、双重脆弱型四种类型。当前，加强国家数字能力建设已成为一个全球性问题。中国的国家数字能力表现出社会灵活型的特征，主要通过平台型企业的委托治理以及激发社会大众的数字参与来实现数字领域的治理目标，因此也面临委托治理的危机。朝向双强平衡型的国家数字能力建设，要注重自主性与嵌入性的动态平衡。②

摘要式简介还有一种列举形式，例如《行为助推对纳税遵从的促进效应研究》的内容简介是这样写的：

> 本文通过设计一项随机实地实验，探讨行为助推干预对股权转让所得个人所得税税收遵从的影响，并比较信息助推、道德助推和威慑助推3种助推方式的有效性。实验结果表明，行为助推能够显著提升纳税人的税收遵从度，使纳税人的纳税申报率增加约一倍，但不同类型的行为助推产生的影响并没有显著差异，在基准提醒信息基础上凸显道德信息和威慑信息不会产生额外的促进作用。基于分组回归和因果森林的异质性分析发现，道德助推产生了最多的负面效应，对纳税主体的税收遵从产生适得其反的影响，不同类型的行为助推在具有不同可观测特征的纳税主体间存在异质处理效应。③

（二）说明式

说明式简介，即用一段文字既说明研究背景、指出研究方法，又阐明主要观点和研

① 王雨磊．学术论文写作与发表指引．北京：文化发展出版社，2022.

② 高奇琦．国家数字能力：数字革命中的国家治理能力建设．中国社会科学，2023（1）.

③ 代志新，高宏宇，程鹏．行为助推对纳税遵从的促进效应研究．管理世界，2023（6）.

究结论，让读者明确通过阅读调查报告能收获什么。这就有点像产品说明书。例如，《“公平”价值几何？——当代中国城市夫妻离婚财产分配的公平逻辑》的内容简介是这样写的：

> 离婚财产分配的公平逻辑对夫妻在婚姻存续期和离异后的行为都有重要影响，而法律制度与民间实践中的公平逻辑既相互依赖又有差异。本文从民间的观念认识来探讨这一问题。通过焦点小组、访谈和问卷调查，本文描述和分析了人们理想中的离婚财产分配的公平逻辑，以潜类别分析总结出四种公平逻辑：财产来源的时点原则、平均原则、照顾女性弱势的性别原则和个体自由主义式的应得原则。文章也对比了民间的家庭正义观和法律的公平权利观，从而更为全面地呈现对这一问题的解读。①

从目前情况看，内容简介的撰写方式已越来越多。为了引起读者的注意和兴趣，各种新颖的内容简介方式正在不断涌现。

在内容简介之后，一般附有关键词。关键词应具备如下几个特征：一是与调查报告的研究议题、与调查报告关注的核心问题之间具有高度相关性；二是在调查报告中出现的频率比较高，是高频词；三是采用高度专业化、学理化的概念，即学术专有名词，而不是日常生活中的普通词语。

三、前言

前言又称导言或导语，是调查报告的开头部分，对全文起着总领和引导作用，其主要任务是向读者简要介绍本次社会调查的背景、主旨、目的和方法等。前言的写作方法主要有以下几种。

（一）主旨陈述法

主旨陈述法，即在前言中说明调查的主要目的、对象、思路和方法。例如，在《手机如何妨害青少年的睡眠？——基于全国数据的实证研究》中，作者在前言中说：

> 现有研究较多关注程度较严重的青少年手机成瘾行为，对手机成瘾的原因和干预效果等进行探讨，聚焦特定年龄段或某个地区的青少年，并且部分研究间结论存在出入，尚缺乏整体性、大规模考察正常的手机使用和依赖对青少年健康影响的研究。
>
> 事实上，未发展为手机成瘾的手机依赖状况，在青少年群体中更具普遍性，已成为一种惯常行为。手机依赖如何影响青少年的健康，尤其对青少年身心发展中至关重要的睡眠和记忆会带来怎样的风险，亟须得到学界关注。本研究受媒介系统依赖理论与社会认知理论启发，通过对全国青少年的随机抽样调查，聚焦手机依赖这

---

① 沈奕斐，商建刚．“公平”价值几何?：当代中国城市夫妻离婚财产分配的公平逻辑．社会学研究，2023，38（3）．

一普遍现象，考察我国不同年龄段青少年的手机依赖水平，以及对睡眠、记忆的风险和作用机制，进而建立手机使用、手机依赖与其对睡眠记忆影响的整合模型，有助于为青少年的合理手机使用提供建设性建议。①

这种写作方法，有利于读者准确把握调查报告的主要宗旨和基本内容，是一种最常见的写作方法。

（二）结论前置法

结论前置法，即在前言中先简要说明调查的基本结论。例如，在《农业产业化过程中的技能重组与小农主体性建构：基于M村制茶产业变迁的过程分析》中，作者在前言中写道：

本文通过对案例村茶叶产业化过程的历时性实证分析发现，农业产业化推动了生产环节细分与制茶技能重组，茶农在产业链不同环节发生的技能提升和技能替代可以有效解释农业产业化过程中“繁荣和恶化”如何并存。本文旨在提醒，当我们将农业产业化视为中国乡村走向振兴的重要基础路径之时，要注意矫正这一发展过程中的结构性不平等因素，赋予弱势农民以可行能力，促进农民技能形成，这是乡村振兴中兼顾效率和公平的重要手段。②

这种写作方法开门见山，直奔主题，有利于读者对调查报告的观点一目了然。

（三）概括全文法

概括全文法，即概括和总领全文，一则引起读者的兴趣，二则让读者尽快掌握全文的内容，帮助读者节省时间，提高效率。例如，《国家政权建设与新中国信访制度的形成及演变》的前言是：

信访问题是近年来包括社会学在内的多个学科的研究热点之一。也许是因为现实信访问题比较紧迫的缘故，当前关于信访问题的绝大多数研究都是对策性研究，基础性研究相对而言比较少。本文旨在做一个基础性研究，即同时从历史和理论两个方面揭示新中国信访制度形成和演变的基本规律。本文所关心的问题是，新中国的信访制度是怎样形成的？它又是怎样演变的？其形成和演变有何规律可循？澄清这些历史和理论问题，有助于更好地把握当前及今后的信访制度改革，同时有助于理解新中国政治发展的历史及规律。

现在人们普遍把信访制度看作一种有中国特色的冲突化解机制，国家也一再强调信访制度的冲突化解功能。但研究发现，除冲突化解之外，国家信访工作中还存在一种可称为“社会动员”的取向。前者致力于化解民众基于个人利益需求而产生的不满和纷争，后者则热衷于围绕国家工作部署去调动民众对相关公共事务的参与。

---

① 李晓静，刘畅．手机如何妨害青少年的睡眠？：基于全国数据的实证研究．中国青年研究，2023（7）.

② 王星，周重礼．农业产业化过程中的技能重组与小农主体性建构：基于M村制茶产业变迁的过程分析．社会学研究，2023，38（2）.

总的来看，信访制度的演变表现为一个矛盾运动过程：首先是国家的意志与功能之间的矛盾，即国家根据自己对社会需要的理解和愿望设计出信访制度，但信访制度在运行过程中发生了国家意料之外的负功能，于是国家不得不修正自己的观点，对信访制度进行调整。而国家的意志与功能之间的矛盾，又是由国家与社会之间的矛盾引起的，即正是社会的自主性使国家不能完全遂行自己的意志，使信访制度时常发生设计之外的负功能。这两对矛盾互为表里，推动着国家对信访制度的调整，从而推动着信访制度的演进。

本文分为五个部分。第一部分概述本文的理论视角；然后，第二部分简单地勾勒新中国信访制度的创立过程，并指出国家围绕群众工作的两个基本内容而来的两种信访工作取向，即社会动员和冲突化解；接下来，第三部分阐述1951—1978年间国家信访工作中社会动员取向的片面发展及其对信访矛盾形态和信访制度建设所造成的影响；第四部分讨论1978年以来国家信访观念的调整，以及相应而来的信访制度的科层化；最后，第五部分总结信访制度演进的历史规律，并指出当前信访矛盾的基本形势和今后信访制度改革的基本方向。①

该前言共三段，第一段交代了所研究的问题，以及研究该问题的学术价值和现实意义；第二段概述了以往研究的特点和倾向以及本研究的继承和创新，顺势给出了本文的基本观点（其实就是结论）；第三段则勾勒出了全文的布局和结构安排。该写作方法使读者能很快对该成果的内容、贡献和价值了然于心。

（四）提问设悬法

提问设悬法，即在前言中对所调查现象的产生原因和影响提出疑问、设置悬念，而不做正面回答。例如，《技术应用何以成功？——一个组织合法性框架的解释》在前言中这样写道：

基于以上知识脉络，本文的问题是：技术应用中是否存在一个合法性的问题？它如何影响技术的应用？技术的组织合法性主要有哪些维度？其作用基础及其作用机制是怎样的？本文从组织成员对技术-组织关系的技术面认知（强调技术之于组织的功能、角色、意义等）而非组织面认知（强调技术应用中的组织运作逻辑）来探讨技术应用的组织合法性问题，包括技术在组织中的绩效合法性、任务合法性和价值合法性如何在不同条件下影响到技术应用的效果。三类合法性分别对应组织成员对技术之于组织的绩效促进能力、技术占用组织资源的资格及其与组织未来发展趋势之契合性的评估与认可。②

这种提问设悬写作方法，能增强对读者的吸引力。

需要注意的是，学术性调查报告的前言应该包括文献综述（除非文献综述单独作为一部分）和研究设计。

---

① 冯仕政．国家政权建设与新中国信访制度的形成及演变．社会学研究，2012，27（4）.

② 任敏．技术应用何以成功?：一个组织合法性框架的解释．社会学研究，2017，32（3）.

文献综述的目的，一是介绍已有研究的基本内容、主要贡献与局限；二是说明自己调查的主要视角和特点，凸显自己调查的意义或价值；三是阐述本次调查的学术定位。文献综述写作中要注意把综述与评论结合起来，通过对不同文献的评估和分析，找出不同文献之间的内在关联（它们之间的分歧是什么？共识是什么?），对众多的观点进行整合、归类，避免罗列堆砌、杂乱无章。文献综述要以研究议题为基点梳理文献。每个研究议题都有一个属于它的“知识圆”，文献综述者首先需要定位自己的研究原点，它是文献综述的坐标原点。文献综述要尽量选择那些核心文献。在引用方面，要尽可能间接引用，用自己的语言表述引文的核心观点。间接引用要求将对方的观点吃透，然后围绕自己的核心问题和行文思路，重新加以组织，这样可以使论述更加紧凑有力，语言更为简洁。如果需要综述和评论的文献非常重要或非常多、篇幅较长，那么也可在前言之外单列一个部分。

研究设计包括以下内容：一是调查的主要方法，是普查、抽样调查，还是个案研究；是文献调查、问卷调查，还是实地观察、实验调查；等等。调查方法不同，资料收集方法、分析方法、工作程序和技术往往不同，介绍的内容和重点也不一样。二是如果是抽样调查，那么还必须说明调查总体的界定，抽样框的编制，抽样的具体方法，样本大小，抽样误差，调查、整理和分析的方法，以及非抽样误差的控制等情况。三是理论分析的基本框架，包括研究假设的说明及理论基础，研究假设中主要概念的界定和讨论，研究假设与理论基础之间的关系，抽象概念如何“降维”到比较具体的变量和指标，以及变量和指标的测量方法，等等。

在学术性调查报告中，研究设计是非常重要的一部分。在定性研究中，说明研究者的设想、研究问题的社会文化背景、收集和分析资料的方法等，是不可缺少的。在定量研究中，研究假设是否合理、调查方法是否正确，关系到研究结论的科学性和研究价值的大小，它是衡量一项研究的科学程度及质量高低的重要尺度之一。

总之，前言的写作方法没有固定不变的模式。究竟采用哪种写作方法，要视调查报告的种类、目的、内容以及篇幅等情况做适当选择。然而，无论采用何种写作方法，前言的文字都应力求简明、精练，具有吸引力。

四、主体

主体，是调查报告的主要部分，它应该有特定的内容和结构。

（一）主体的内容

（1）客观叙述研究对象的基本状况及相关行为，阐明其性质和特点。应该用具体数据和典型事实，叙述社会调查的内容，主要回答“是什么”的问题。

（2）在叙述的基础上，分析各种现象之间的相互关系，解释社会现象、社会行为之间的因果联系，主要回答“为什么”的问题。

（3）如果是应用性调查报告，还必须根据上述叙述和分析，提出必要的对策性建议或方案，主要回答“怎么办”的问题。如果是学术性调查报告，则应该在上述叙述和分析的基础上，做出必要的学术性推论和评价，并阐明本研究的主要特点、贡献和局限性。

（二）主体的结构

调查报告的主体部分应当遵循常规的框架结构，不宜追求框架结构的标新立异。

1. 纵式结构、横式结构和纵横交错式结构

从时间维度看，主体部分可分为纵式结构、横式结构和纵横交错式结构。

（1）纵式结构，就是按事物发展的历史顺序和内在逻辑来叙述事实、阐明观点。例如，《企业家成长 30 年：企业家精神引领企业迈向高质量发展：中国企业家队伍成长与发展 30 年调查综合报告》就是以纵式结构为主的调查报告。这篇调查报告首先分析了企业家队伍成长 30 年的进步与成就、变革与韧性、新发展阶段，接着探讨了企业家引领企业高质量发展面临的新挑战，最后阐述了如何促进企业家成长进入新阶段，以及开创企业高质量发展新格局①。这种结构的优点是，论述有头有尾，过程清清楚楚，有利于做到历史和逻辑的统一，便于读者了解事物发展的全过程。

（2）横式结构，就是把调查的事实和形成的观点，按性质或类别分成几个部分，并列排放、分别叙述，从不同方面共同说明调查报告主题。例如，《当代中国社会结构》在简要介绍中国社会结构的总体特征后，便转为分别论述人口结构、家庭结构、就业结构、收入分配结构、消费结构、城乡结构、区域结构、组织结构和社会阶层结构②。这种结构的优点是，问题展得开，每个问题的论述比较集中，而且条理清楚，观点明确，适用于全景式的概况社会调查报告。

（3）纵横交错式结构，就是纵式结构和横式结构相结合的方式。它一般有两种情况：

其一，以纵为主、纵中有横。《道在屎溺：当代中国的厕所革命》就是这种结构的调查报告，全书分为“农耕文明的厕所文化”“社会运动与厕所改良”“文明形态的转换：外部批评与内部反应”“自上而下的努力：事关‘国家形象’的厕所”“公共性：从旅游厕所到城市公共厕所”“广大乡村的改厕实践”“围绕厕所革命的‘言说’”“‘厕所文明’的全球化进程”“‘厕所文明’在东亚的成长”和“卫生间：追求生活品质的正当性”，共 10 章③，总体结构是纵向为主、横向为辅。

其二，以横为主、横中有纵。例如，《中国国情丛书：百县市经济社会调查·孝感卷》中《“小马”改革之道》的叙述就采用了“以横为主、横中有纵”的结构。该书“总调查报告”部分分为概述、经济、社会结构、社会事业、政治、建设和环境等 6 篇，共 33 章。显然，这是一种按类别并列排放的横式结构。但是，每一章都对 1993—2003 年的变化做了纵向叙述。④

上述两种纵横交错式结构，都既有利于按照历史脉络讲清问题的来龙去脉，又有利于按问题性质或类别分别展开论述，因此，许多大型调查报告的主体部分往往采用纵横

---

① 李兰，王锐，彭泗清．企业家成长 30 年：企业家精神引领企业迈向高质量发展：中国企业家队伍成长与发展 30 年调查综合报告．管理世界，2023，39（3）.

② 陆学艺．当代中国社会结构．北京：社会科学文献出版社，2010.

③ 周星．道在屎溺：当代中国的厕所革命．北京：商务印书馆，2019.

④ 李友清，水延凯．“小马”改革之道．北京：社会科学文献出版社，2006.

交错式结构。

2. “总分总”结构和三段论结构

从分析结构看，主体部分可分为“总分总”结构和三段论结构。

“总分总”结构，一般在开篇时直接进入“总”的部分，如可以是一个整体的说明或描述，呈现一种现象，提出一个问题，介绍一类观点，等等，以这个内容作为全文的总起。然后，进入“分”的部分，对前面提出的现象、问题或观点从不同层面和角度进行分析与论述。在这些不同的层面和角度，研究报告或论文往往会提出一系列或并列或递进的分论点，然后就这些分论点逐一展开论证。最后，在第二个“总”的部分，一般是回顾研究议题，对各个分论点进行总结、概括，归纳研究结论，也包括对于研究前景的展望，作为全文的总结。如《全球化时代何以“反对民族国家”：对“民族国家终结论”、“世界政府”与“全球治理”等观点的析评》一文，在开篇的“总起”部分，论文从民族国家的产生、扩展以及它在全球化时代遭遇的现实挑战谈起，指出西方学界在有关民族国家前途命运的讨论中出现了“反对民族国家”的论调。之后，在简单列举“反对民族国家”的主要观点后，引出一个问题链，即：这些论断是否经得起推敲？“民族国家终结”的时代是否已然来临？“世界政府”与“全球治理”会是取代民族国家的一种国际政治体系新秩序吗？进而，引出“对这些‘反对民族国家’的论断进行分析和回应”作为这篇论文的研究议题。接着，论文围绕“民族国家终结论”“世界政府”和“全球治理”这三个“反对民族国家”的主要观点进行了逐一分析和阐述。论文用“初步结论”作为总结内容的标题，用一个段落来对论文的研究议题及其研究结论做了概括。[①]

三段论结构也有不同形式。例如，应用性调查报告就应当按照常规的三段论结构去写，即提出问题、分析问题、解决问题。描述性调查报告就应当在对特定现象做出描述后，分析现状，阐述个人观点。学术性调查报告的正文围绕着概念或核心议题，从本体论的角度入手来展开，回答“是什么＋为什么＋怎么办”的问题。需要注意的是，定量研究论文，主体部分应包括文献综述（可以并入前言）、研究设计（包括研究假设、样本说明、数据来源与处理、研究方法、变量说明、理论基础/模型）、模型建立、研究结果、讨论等几部分。开头基于一些现象或问题提出一个或一系列相关假设，然后通过对获得的数据和资料进行分析来对假设进行验证，验证成立即被证实，反之则被证伪。之后，通常还会进行一些相关的思考和讨论。

（三）主体的叙述方式

资料就是调查报告的原料，关键是要对资料进行加工。不能简单堆砌资料，而是要对资料进行认真梳理，然后以适当的方式加以铺陈。具体地说，要做到：

其一，立体地围绕问题展开。调查报告最好的叙述方式是“夹叙夹议”，而不是先堆砌一大堆经验描述资料，然后在最后的位置概括出结论。成果的表述要在理论层次上展开，经验资料的描述要从属于理论命题的表述。所以，在写作过程中，既要有理论的阐

---

① 于春洋．全球化时代何以“反对民族国家”：对“民族国家终结论”、“世界政府”与“全球治理”等观点的析评．社会科学研究，2015（2）．

述，又要有经验资料的呈现；既要借助强有力的论点来概括经验，又要靠扎实的经验证据来支撑论点。

其二，抽丝剥茧地对问题做分析阐释。主体部分的逻辑要层层递进，不要写成经验性的碎片化叙述。无论是直接阐释还是间接阐释，都应围绕主题深度展开，论点要紧密连接经验证据，这是调查报告具有说服力的关键。

其三，提炼观点、不断深化。提炼中心观点可以分三步走：一是谋篇布局，即将调查报告分为几个部分，把每个部分的中心意思用一两个句子进行概括；二是把对各个部分的概括合在一起，改写成一个完整的段落；三是总结出这个段落的主题句，这个主题句就是这篇调查报告的中心思想或核心观点。在论述中，这个中心思想作为一个主问题，向相关问题做辐射，使问题扩展、深化。

总之，主体部分是调查报告的基本内容，写作时，究竟采用何种结构，要根据调查报告的内容、主题和所掌握的资料来确定。

五、总结与讨论

总结与讨论，是调查报告的结尾部分，是对研究问题的最后回答。总结与讨论一定要有实质性内容，要言之有物。其步骤具体为：首先，要简要阐释核心结论。其次，要说明研究的边际贡献。再次，要说清楚研究的不足。最后，要提出未来的研究方向。

从形式上看，有两种写作方法，即简短结束语和较长结束语。从内容上看，一般有以下几种写作方法。

（一）概括全文，深化主题

例如，在《共同富裕愿景下的幸福感提升：双重公平论的视角》一文中，作者写道：

> 公平感研究如何切入共同富裕议题，如何将共同富裕这一概念与学术理论脉络联系起来以阐明其理论含义，又如何揭示兼顾宏观与微观公平正义的共同富裕与幸福感之间的关系，都是有待学界回应的问题。本文把共同富裕概念与分配正义和幸福感的相关理论联系起来，回应了上述议题。这一尝试不但把具有中国时代特色的话语体系与社会公平的学术话语体系联系起来，使共同富裕概念在社会公平的学理脉络中有了明确定位，同时还使社会公平研究议题具有了时代特色。
>
> 我们认为，共同富裕概念不但蕴含了按社会成员个体的贡献、努力或能力进行分配的微观分配正义原则，蕴含了社会成员个体基于这些规则获取应得收入的合法性，保障了发展的效率；同时，还体现了社会整体福利最大化的宏观分配正义原则，使收入差距被限制在适当区间内，保障了基本福祉分配的公平性。共同富裕概念兼顾了宏观-微观双重正义原则。
>
> 然而，共同富裕并不仅仅是一个物质富裕的概念，共同富裕的落脚点是使社会成员享有更加幸福的生活。因此，对蕴含宏观-微观双重正义原则的共同富裕概念的讨论自然就延伸到兼顾公平正义的共同富裕与幸福感之间的关系上。我们认为，双重正义原则并重、效率与公平兼顾，更有可能使社会成员个体实现基于符合微观正

义原则认知的应得预期，进而提升其幸福感；同时，也更有可能增强个体对社会有效运作和消减生活不确定性的感知，进而提升其幸福感。不仅如此，由于宏观和微观两种公平感对幸福感产生影响的机制截然不同，前者强调的是符合微观正义原则认知的应得预期实现，而后者强调的是个体对社会有效运作、生活不确定性消减的感知，因此两种公平感对幸福感的影响就具有可加性。换言之，相较于处于其他情况下的社会成员，那些在宏观和微观层次上都感受到公平的社会成员的幸福感程度是最高的。①

这一结束语，就起到了概括全文、深化主题的作用，从而增强了调查报告的说服力和感染力。

（二）总结经验，形成结论

例如，《企业捐赠中的锚定效应研究：基于“汶川地震”和“雅安地震”中企业捐赠的实证研究》在结论中说：

本文的研究结论表明，企业的捐赠决策应该量力而行，从企业战略出发，做出战略性的捐赠决策。本文研究发现，当企业实施社会责任营销战略时，企业管理人员的决策会受到“锚值”的限制，这对于企业与社会而言并不是一个双赢的最优解。企业在履行社会责任时，应该理性分析企业战略和社会需求两个方面，考虑营销策略与股东价值的关系。同时，企业决定捐赠行为时，应根据企业的现金资源等因素，减少“锚值”对企业捐赠行为的影响，从而真正实现企业捐赠的战略性。②

这样的结论，具有重要的参考价值。

（三）指出问题，提出建议

例如，《供应链金融如何促进供应链低碳发展？——基于国网英大的创新实践》一文的结尾部分提出：

“双碳”不是结果而是路径，供应链的低碳发展是一个不断演进的过程。本文的研究结论可以在实践中指导企业利用供应链金融推进供应链低碳发展。第一，低碳资源编排是实现供应链低碳发展的关键路径，由低碳资源到低碳能力再到低碳价值的转化过程由于供应链金融服务的介入可以得到有效推进。应完善供应链金融基础设施建设，构建低碳金融信用标准体系，同时推进企业碳账户试点建设。此外，应加快培育低碳认证、低碳资产评估等低碳金融中介服务机构。第二，在应用供应链金融手段支持供应链低碳发展的过程中，应将企业的低碳转型行为纳入金融机构的企业准入授信模型，基于企业的动态降碳过程给予金融支持。金融机构的信贷决策对经济发展质量具有重要影响。为此，金融机构应承担碳减排责任，加快创新低碳

① 刘欣，胡安宁．共同富裕愿景下的幸福感提升：双重公平论的视角．社会学研究，2023，38（1）．

② 祝继高，辛宇，仇文妍．企业捐赠中的锚定效应研究：基于“汶川地震”和“雅安地震”中企业捐赠的实证研究．管理世界，2017（7）．

领域金融产品和服务，探索与企业降碳行为挂钩的金融服务方案，支持传统高耗能产业低碳转型。第三，数字化转型是供应链低碳发展的基础。应建立供应链企业低碳数据信息共享平台，并将其与金融信用基础数据库相衔接，利用供应链金融服务对细颗粒度行为数据的需求拉动企业进行数字化变革，并主动披露碳排放信息。①

像这样，在指出问题和不足的基础上，提出改进的具体建议，就可大大提高调查报告的现实意义和应用意义。

（四）说明危害，引起重视

例如，《时代之力：我国中等收入群体阶层认同偏差的趋势分析》的结论指出：

本研究运用 APC-I 模型，分析了过去十多年里我国中等收入群体的低位阶层认同偏差情况，有助于更好地认识不同时期、不同年龄段、不同世代的中等收入群体的阶层意识下偏风险的变化趋势。在扩大中等收入群体规模的战略进程中，除了坚持以经济发展为导向之外，尚须善用"时代之力"，有重点、分权重地精准施策，针对不同的宏观政策制度环境、特殊的年龄段以及世代，积极引导中等收入群体以客观社会变化为基础形成对中间阶层的理性预期，这有助于降低其低位阶层认同风险，提高其阶层获得感，推动其更好地发挥应有的阶层作用。②

这样的结论，根据调查情况，说明了问题的严重性，对于引起有关方面的重视是相当有力的。

（五）展望未来，指明意义

例如，《专利审查高速路与中国"技术出海"：基于谷歌专利云数据的分析》的结束语是这样展望未来的：

基于以上研究结论，本文政策建议如下：首先，应秉持积极的开放合作态度，继续推动以互惠互利、合作共赢为导向的双边专利审查高速路建设，注重探索建立新型多边协作体系框架，从而更好地发挥专利审查高速路对中国"技术出海"的促进作用。

其次，为更好地发挥专利审查高速路在中国"技术出海"过程中的重要作用，未来中国在推进专利审查高速路过程中，还需注重专利审查高速路布局的全球协调性，充分考虑世界各国和地区专利审查的实际情况，推动建立与彼此发展相契合的专利审查高速路合作机制体制。

再次，辩证看待中国同知识产权机制体制尚处于探索完善阶段的国家或地区间的专利审查合作关系，在合理范围内拓宽与知识产权保护水平较低的国家或地区间的专利审查合作空间。

---

① 宋华，韩梦玮，胡雪芹．供应链金融如何促进供应链低碳发展?：基于国网英大的创新实践．管理世界，2023，39（5）.

② 邹宇春．时代之力：我国中等收入群体阶层认同偏差的趋势分析．社会学研究，2023，38（3）.

最后，中国在“技术出海”过程中应追求不同分类体系下“技术出海”的动态性与稳定性之间的平衡，结合自身研发实力与技术特征，在合理的情况下增强新材料、新能源汽车等“技术出海”水平，从而平衡不同分类体系下各类“技术出海”水平，达到中国“技术出海”多样化的目的。①

这种写作方法，根据调查情况，由此及彼，展望未来，指出了有关问题的重要意义。

学术性调查报告的结束语，不仅有“总结”，即用简洁明确的语言对调查设计中提出的研究假设做出明确回答，而且常常包括有关“讨论”的内容，即：从调查结果中能够得出什么样的推论？在这些推论中，哪些同调查数据结合得紧密？哪些同抽象理论相关？研究结论的理论内涵和实践意义是什么？本次调查存在的缺陷、尚未解决的问题和新出现的问题有哪些？其结论的推广具备哪些条件或存在哪些限制？进一步研究的建议有哪些？等等。

调查报告的结束语，应根据写作目的、内容的需要采取灵活多样的写作方法，要简明扼要、意尽即止，切不可画蛇添足，弄巧成拙。

六、后记

后记，是撰写在结束语之后的，对与调查报告的形成、写作、出版有关的问题所做的说明。它一般包括以下几个方面的内容：

（1）与调查课题的提出和实施有关的情况和问题；

（2）与调查报告的撰写有关的情况和问题；

（3）与调查课题参与者、调查报告撰写者有关的情况和问题；

（4）与调查报告的发表、出版有关的情况和问题。

应该指出，后记并不是调查报告不可缺少的部分。如果调查报告在前言、主体或结束语中已经说明了上述问题，就不必再写后记了。

七、附录

附录，是调查报告的附加部分。它一般包括以下一些内容：

（1）调查问卷或量表；

（2）访问提纲和访问资料；

（3）对调查指标的解释或说明；

（4）计算公式和统计用表；

（5）项目进度表；

（6）原始统计数据图表；

（7）调查的主要数据；

---

① 韩剑，王星媛，张中意．专利审查高速路与中国“技术出海”：基于谷歌专利云数据的分析．管理世界，2023（4）.

（8）典型案例；

（9）名词注释、人名和专业术语对照表。

附录不是调查报告不可缺少的部分，只有那些与调查报告密切相关，而调查报告正文包括不了（直接放在正文中会打乱调查报告的结构和层次）或者没有说到而又需要说明的情况和问题，才应列入附录。一般而言，附录的资料可以帮助感兴趣的读者去深入理解调查研究的各种细节，或者回答研究者在报告正文部分由于省略某些内容而产生的某些疑问。

第三节　调查报告的写作步骤与撰写要则

调查报告有四大构成要素，即主题、结构、材料和语言。其中，主题是调查报告的灵魂，结构是调查报告的骨架，材料是调查报告的血肉，语言是调查报告的肌肤，四者缺一不可。

撰写调查报告，应该遵循一定的步骤，遵守一定的要则。

一、写作步骤

撰写调查报告的一般步骤是：提炼报告主题，拟定写作提纲，精选调查材料，推敲书面语言。

（一）提炼报告主题

主题是调查报告的灵魂。它是作者分析社会现象、揭示事物本质所形成的中心思想或基本观点。正确提炼主题，是写好调查报告的关键。

正确提炼调查报告主题，必须考虑两个方面的因素，即调查研究的主题和调查所获得的真实材料。调查研究的主题和调查报告的主题是不完全相同的。调查研究的主题受调查目的影响，如有的调查是为了完成政府或企业委托的项目，有的调查是出于学术研究的需要。随着调查工作的深入，有可能出现与原定主题不完全符合或完全不符合的情况。这时，对不完全符合实际的原定主题就应该修改、补充和完善；对完全不符合实际的原定主题就应该毫不犹豫地抛弃，并根据调查的实际情况另行确定主题。这就是说，提炼调查报告主题的过程，既是分析客观社会现象、揭示客观事物本质的过程，又是根据调查实际情况修改、完善或另行确定调查研究主题的过程，是促使主观目的与客观实际密切结合的过程。

提炼主题，要努力做到正确、集中、深刻、新颖和对称。正确，是指主题要真实反映客观情况，对社会实践起指导作用，对社会发展起促进作用。集中，是指主题要突出，要小而实，不要多中心，不要大而空。深刻，是指主题要深入揭示事物内在本质，由现象到本质，由浅层本质到深层本质，而不能只满足于对现象、对浅层本质的认识。新颖，是指主题要有新意，要在前人基础上有所发现、有所前进、有所创造，要努力在别人尚未开垦的地方耕耘。对称，是指主题与材料、观点对称。主题过宽、过大，而材料不充分、观点不成熟，论证就没有力量；主题过窄、过小，就不能充分发挥材料和观点的价值。

（二）拟定写作提纲

写作提纲是对整个调查报告的总体设想和规划，是报告的基本逻辑框架。因此，在提炼报告主题之后，就应精心拟定写作提纲。

拟定写作提纲的过程，实际上就是分析调查材料的过程、形成基本观点的过程、明晰报告主题的过程。一份高质量的写作提纲，从内容角度看应该符合四条基本要求：

（1）突出报告主题，即围绕报告主题科学安排结构层次，充分突出报告主题。

（2）阐明基本观点，即根据报告主题阐明观点，回答现实生活中需要解决的实际问题。

（3）实现观点和材料的统一，即基本观点与调查材料要相吻合，保证观点得到材料的充分论证。

（4）符合内在逻辑，即写作提纲要符合客观事物发展的内在逻辑，努力做到历史与逻辑的统一。

写作提纲的拟定，没有固定不变的模式，应该根据调查报告的主题、内容和作者的写作习惯而定。至于写作提纲的文字表达方式，常用的有两种：一是条目提纲，即按总标题、大标题、小标题、子标题的形式，将内容分层排列。这是一种常用的写作提纲形式，其特点是主题突出，层次清楚，结构严密。二是观点提纲，即按照结构层次，把所要论述的观点概括地表达出来。这种提纲形式的特点是内容明确，表述完整。

（三）精选调查材料

材料是调查报告的血肉。在撰写报告前，一般都要围绕调查报告的主题，依据拟定的写作提纲，对在社会调查中收集的各类资料进行认真研究，精选真实、准确、典型和全面的材料，努力做到既不漏掉重要材料，又使所用材料具有最大的代表性和最强的说服力。

为了充分论证主题，应该精心选择以下几类材料。

1. 典型材料

典型材料是最能反映事物本质、最能说明和表现主题的材料，如典型事件、典型例证、典型经验、典型事迹等。典型材料必须真实、具体、生动，具有代表性。典型材料的运用，有助于说明事物的本质，加深对问题的认识，增强说服力。

2. 综合材料

综合材料是指能说明事物总体概貌的材料。写作时，要注意处理好典型材料和综合材料的关系，没有综合材料说明不了广度，缺少典型材料体现不了深度，只有把这两种材料有机地结合起来，才能充分说明事物总体的状况。

3. 对比材料

对比材料是一组具有可比性的材料。如历史与现实对比，成功与失败对比，新与旧对比，好与坏对比，优点与缺点对比，先进与落后对比，等等。有比较才有鉴别。通过对比，报告主题会更加突出，给人以更强烈、更深刻的印象。

4. 统计材料

统计材料有很强的概括力、表现力，而且有具体性、准确性等特点。许多问题用文字很难表达清楚，但如果选用恰当的统计材料就可一目了然。因此，恰当地使用统计材料，对于论证基本观点，突出报告主题，增强调查报告的科学性、准确性和说服力具有重要作用。

（四）推敲书面语言

语言是调查报告的肌肤。一篇高质量的调查报告，不仅要正确提炼主题，合理安排结构，精选调查材料，而且要反复推敲书面语言，做到言简意赅。

调查报告的书面表达方式，最好用第三人称或非人称代词，尽量避免强加于人之感。当然，在特殊情况下，也可采用第一人称写法。调查报告是一种以叙事为主的说明性文体，应该有其独特的语言风格。一般地说，调查报告的语言应力求做到：

（1）准确。在语言的选择上要仔细斟酌和推敲，陈述事实要真实可靠，引用数据要准确无误，议论要缘事而发、把握分寸，切不可任意拔高或贬低。

（2）统一。使用的概念、名称、术语、变量等等，要前后统一，而不要任意变更、任意与近义词相混淆，以免读者把精力放在对用词细微变化的推测、理解上。

（3）简洁。要开门见山，不拐弯抹角，用尽可能少的字句表达尽可能多的内容。叙述事实，不做过多描绘；阐释观点，不做烦琐论证。一方面，段落应当简短，避免由于连篇累牍破坏了调查报告的美观。另一方面，段落应当尽量避免只包含一个或者两个句子。一个段落至少应该清楚地表达一个特定思想，避免读者被迫从一个观点迅速转换到另一个观点。

（4）朴实。要使用通俗易懂的语言，不要使用深奥的专业术语和华而不实的辞藻，不随便运用夸张手法和奇特比喻。

（5）生动。要采用具体和新颖的资料，使用形象、活泼的语言。可适当使用一些寓意深刻、活泼诙谐的群众语言和通俗比喻，但不要使用那些多数人看不懂的土语、方言。

掌握调查报告语言的独特风格十分重要。语言表达得好，犹如锦上添花，能吸引更多的读者；语言表达得不好，就会功亏一篑，甚至会影响调查报告社会作用的发挥。

二、撰写要则

调查报告的撰写，应当遵循一定的行文要则和撰写格式。

（一）行文要则

行文要则，主要包括主题论证、结构布局和资料使用等方面的要则。

1. 主题论证要则

调查报告的核心是用事实说话，用材料论证主题。研究方法不同、材料不同，调查报告的论证方式也应有所不同。一般地说，主题论证的要则包括：

（1）依据研究方法的不同，采用不同的论证方式。在定量调查报告中，主要通过数据资料和统计分析方法对研究假设进行检验或论证。在定性调查报告中，主要运用定性资料论证主题，特别强调以受访者的“原话”或现场观察资料来说明研究结果。当然，也可以通过调查者对访问资料的概述来进行解释和分析[①]。许多调查报告将定量资料与定性资料结合使用，如运用定量资料反映整体状况，运用定性资料反映个体状况，使调查主题或主要观点得到具体论证和阐释，有利于增强调查报告的说服力。

（2）依据需要采用演绎论证法或归纳论证法。演绎论证法侧重于推理，一般地说，定性研究主要使用演绎论证法，它的特点是：如果前提正确、论证符合逻辑，结论就正确。演绎论证的正确与否，主要取决于论证是否符合逻辑，而不是其前提的真与假。定量研究主要使用归纳论证法，它的特点是：不具有对与错的特性，而只有充分与不充分的问题。在归纳论证中，前提所含有的数值及内容，影响着论证充分的程度。

（3）主题、观点必须与事实相符合。客观性是调查报告撰写的基本原则。在调查报告的撰写中，要用事实阐明观点、论证主题、反映真相，而不能脱离事实空发议论。换句话说，主题、观点要以事实为基础，而不能是撰写者想象或感觉的结果。在撰写过程中，还必须注意保持事实叙述和论证的适当比例。只有事实叙述而缺少论证，或者只有论证而没有事实叙述，都不可能有较强的说服力。

2. 结构布局要则

调查报告的结构布局，一般应遵守以下四个基本要则：

（1）整体性。调查报告是由若干部分构成的整体，撰写调查报告必须有整体性的把握，避免各个部分之间出现“厚此薄彼”“头重脚轻”等现象。要努力使调查报告各个部分之间相互协调，紧密相连，构成一个整体，从而达到 $1+1\geqslant 2$ 的效果。

（2）层次性。调查报告的结构，应该层次分明，段落之间的关系，既可以是层层递进、步步深入、环环相扣的，也可以是“总分总式”“三段论式”“并列式”的，等等。结构中平行的部分，其内容必须是同层次的，而不能上下层次互相混淆。只有层次感强的调查报告，才能更好地展示调查研究的客观事实和基本思想，才能更有利于读者的把握和理解。

（3）逻辑性。调查报告的内容、结构，必须符合逻辑。美国作家、教授津瑟认为，每一个句子都应是其前一个句子的逻辑性延续，那些把句子与句子（或段落与段落）之间的思想联系起来的“钩眼扣”（hook-and-eye）是一种很有用的联结[②]。调查报告要做到环环相扣、前后呼应。

（4）嵌套性。所谓嵌套，是指镶嵌、套用。调查报告阐述的观点要操作化，成为可

---

① 要注明资料的来源，即说明来自哪篇访问资料，调查者自己的看法则以“旁白”方式表述。

② 克雷斯威尔．研究设计与写作指导．重庆：重庆大学出版社，2007：47.

以测量和感知的具体指标，而这些指标又必须嵌入调查报告引用的资料。只有如此，才能增强调查报告的说服力。

3. 资料使用要则

撰写调查报告，要善于取舍资料。一般地说，使用资料的要则包括：

（1）真实性。调查报告使用的资料，应保证真实、客观，既不能任意添加、篡改或删除，也不能夸大或贬低。只有以真实资料为基础，调查报告才具有可靠性和科学性。

（2）原始性。在调查报告中，要尽量使用一手资料。只有在一手资料基础上的分析、概括或解释，才具有较充分的说服力。

（3）典型性。调查报告引用的资料应该具有代表性，注意从收集的资料中选择有说服力的典型材料。只有在此基础上形成的结论，才能正确反映事物的本质，才能增强调查报告的代表性和说服力。

（4）全面性。对材料的考察不能有遗漏，避免以偏概全，确保使用的材料具有最大的代表性和最强的说服力。

（5）准确性。选择的材料要与所研究的主题密切相关，要紧扣主题，有的放矢。

（6）简洁性。选择的材料要少而精，力戒繁杂和不得要领，力争用最直接简明的方式表达材料。如凡是以统计表形式描述的数据，在文字表述中切忌再简单重复，而应该着重说明或概括这些数据所反映的内涵或意义。

（二）撰写格式

撰写格式，主要包括标题格式、使用外来语格式、注释和引文格式。

1. 标题格式

各级标题的表述方式及行文风格要保持一致。如果使用长标题的话，就尽量都使用长标题；如果使用短标题的话，就尽量都使用短标题。如果使用直叙式标题的话，就尽量都使用直叙式标题；如果使用提问式标题的话，就尽量都使用提问式标题。

一般而言，一级标题的数量不要少于三个；二级标题的数量要大于等于两个；单列标题的层级最好控制在三级以内，不要超过四级，层级过多，调查报告就太细琐了，难以展开充分的论证。

标题序号的格式为：一级标题用“一”“二”“三”等中文数字，顿号隔开后接标题名。二级标题用“(一)”“(二)”“(三)”等带括号的中文数字接标题名（括号后不加标点符号）。三级标题用“1”“2”“3”等阿拉伯数字，点号隔开后接标题名。四级标题用“(1)”“(2)”“(3)”等带括号的阿拉伯数字接标题名（括号后不加标点符号）。排版时，一级标题居中或左对齐，二级及以下标题左对齐或左空两格。前三级标题独占一行，标题后不用标点符号，四级以下标题与正文连排。

2. 使用外来语格式

外来语的翻译，尽量采用通行中文译名。首次出现的外来语，要在中文译名后用括号注明外来语，例如，“地域性社区（geographical community）”“功能性社区（functional community)”等等。非通用的外国人名可直接用原文，第一次出现时写全名，之后写姓氏即可，如第一次出现写“Andrew G. Walder”，之后则可写作“Walder”。

3. 注释和引文格式

在撰写调查报告过程中，有时需要引用别人的论述、数据、资料等来支持或证明自己的观点，有时需要引用某些不易理解的内容或概念，这时就应用注释方式对所引用资料的来源、内容或意义做出必要的说明或解释。

注释有三种方式：(1) 夹注，即夹在行文之中，在所引用资料后面用括号对其来源、意义等做出说明或解释。例如，外文的人名、地名，人物生卒年月，较少见的专业名词，等等，多采用夹注方式进行注释。夹注一般不宜太长，否则会影响文义畅通，不利于读者阅读。(2) 脚注，即在加注词右上方（或下方）加一个注释号（如“①”“②”“③”“④”等），然后在该页下端用小一号的字对加注词的来源、内容、意义等情况做出说明或解释。(3) 尾注，即在加注词的右上方（或下方）按顺序标明注释号，然后在本章节末尾或全书/文末尾冠以“注释”的标题，并按注释号顺序、用小一号的字对加注词的来源、内容、意义等情况做出说明或解释。一般地说，调查报告大都采用尾注方式，注释连续编号；著作大多采用脚注方式，每页重新编号。

引文有不同的方式。直接引文，即引用别人的原话、原文，要用双引号把原话、原文引起来，其注释一般采用脚注或尾注方式。间接引文（也称“引意”），即用自己的语言引用他人的观点或结论，则不必用引号把原意引起来，但仍应用脚注或尾注方式说明其来源、内容或意义。提示性引证，即仅说明某书或某文章可用来说明文中某一观点，也不需加上引号。间接引文和提示性引证，都应在说明或解释文字前加上“参见”或“详见”等文字。

需要注意的是，不同出版社、杂志社对撰写格式有不同要求，因此，要出版著作和发表论文，就必须了解有关出版社、杂志社对撰写格式的具体规定。

调查报告的撰写，应适时启动，并具有连续性。一旦开始写作，就应排除各种干扰，保证写作时间，坚持每天写作，一气呵成。完成调查报告初稿后，最好把它放到一边，让它“冷却”一段时间。实践证明，“冷却”往往会让撰写者对调查报告的某些内容产生一些新想法、新观点。这时再去修改、定稿，就会使调查报告更全面、更完善。

在调查报告定稿之前，要反复推敲和修改。修改的主要任务，一是审核内容，即在通读全文的基础上，检查报告的事实是否真实、可靠，观点是否正确、新颖，结构是否科学、合理，论证是否严谨、符合逻辑，等等。二是斟酌文字，即推敲报告的字句、语法和标点符号等，看用词是否准确、恰当，语句是否简练、流畅，标点符号是否正确、规范，等等。

本章要点

1. 调查报告是以文字、图表等形式反映调查对象真实状况、表达调查者观点的书面报告。它是调查研究成果的集中体现，是交流、使用和保存调查成果的重要载体。

2. 调查报告一般由标题、前言、主体、总结与讨论等部分组成，有的调查报告在前言之前还有内容简介，在总结与讨论之后还有后记和附录。

3. 调查报告有四大构成要素，即主题、结构、材料和语言。其中，主题是调查报告的灵魂，结构是调查报告的骨架，材料是调查报告的血肉，语言是调查报告的肌肤。

4. 撰写调查报告的一般步骤：提炼报告主题，拟定写作提纲，精选调查材料，推敲书面语言。

5. 调查报告的撰写，应当遵循一定的行文要则和撰写格式。

基本概念

调查报告　主题　结构　材料

思考与练习

1. 调查报告有哪些类型？它一般由哪些部分组成？
2. 调查报告标题的撰写有哪些方式？
3. 调查报告的主体有哪几种结构？它们各有何优点和缺点？
4. 如何提炼调查报告的主题？
5. 调查材料有哪些类型？如何精选调查材料？
6. 调查报告的文字应该符合哪些要求？
7. 从网上找一份社会调查报告，运用所学知识分析这份报告的优点和不足。

推荐阅读书目

1. 王雨磊．学术论文写作与发表指引．北京：文化发展出版社，2022.
2. 克雷斯威尔．研究设计与写作指导．重庆：重庆大学出版社，2007.
3. 风笑天．社会研究：设计与写作．北京：中国人民大学出版社，2014.
4. 默里．怎样顺利完成论文：论文写作的策略与技巧．北京：新华出版社，2022.
5. 布斯，卡洛姆，威廉姆斯．研究是一门艺术．北京：新华出版社，2009.

知识点

议论

困难与对策

如何撰写高质量的调查报告？

图书在版编目（CIP）数据

社会调查教程：数字教材版 / 江立华主编.
8 版. -- 北京：中国人民大学出版社，2024.8.（2025.8 重印）
（新编 21 世纪社会学系列教材）. -- ISBN 978-7-300
-33047-1

Ⅰ. C915

中国国家版本馆 CIP 数据核字第 20247ZS000 号

新编 21 世纪社会学系列教材
“十二五”普通高等教育本科国家级规划教材
国家社会科学基金资助项目
社会调查教程（第八版·数字教材版）
江立华　主编
Shehui Diaocha Jiaocheng

出版发行	中国人民大学出版社		
社　　址	北京中关村大街 31 号	**邮政编码**	100080
电　　话	010－62511242（总编室）		010－62511770（质管部）
	010－82501766（邮购部）		010－62514148（门市部）
	010－62511173（发行公司）		010－62515275（盗版举报）
网　　址	http://www.crup.com.cn		
经　　销	新华书店		
印　　刷	天津鑫丰华印务有限公司	**版　　次**	1988 年 6 月第 1 版
开　　本	787 mm×1092 mm　1/16		2024 年 8 月第 8 版
印　　张	23.5 插页 1	**印　　次**	2025 年 8 月第 3 次印刷
字　　数	534 000	**定　　价**	68.00 元

关联课程教材推荐

书号	书名	作者	定价
978-7-300-27593-2	社会调查教程精编本（第二版）	江立华 水延凯	59.00 元
978-7-300-30539-4	社会研究方法（第六版·数字教材版）	风笑天	69.90 元
978-7-300-30838-8	定性研究方法	陆益龙	49.00 元
978-7-300-26861-3	社会调查研究方法（第四版）	郝大海	48.00 元
978-7-300-31587-4	看实例、学方法：从研究选题到论文写作	风笑天	89.00 元

配套教学资源支持

尊敬的老师：

衷心感谢您选择人大版教材！相关的配套教学资源，请到中国人民大学出版社官网（www.crup.com.cn）下载。部分教学资源需要验证您的教师身份后，才可以下载，请您登录出版社官网后，点右上角“注册”，填写“会员中心”的“我的教师认证”项目，等待后台审核。我们将尽快为您开通下载权限。如您急需教学资源或教材样书，也可以直接与我们的编辑联系：

龚洪训　　电话：010-62515637　　电子邮箱：6130616@qq.com

专业教师 QQ 群：
195761402（全国社会学教师 QQ 群）
欢迎您登录浏览人大社网站，了解图书信息，共享教学资源
期待您加入专业教师 QQ 群，开展学术讨论，交流教学心得